ars vivendi

alles vom gemüse

sophie gordon

fotografiert von
issy croker

illustriert von
holly ovenden

Einführung S.4   Das A und O: Organisation S.13

Willkommen, Frühling! S.23

Endlich Frühsommer! S.71

Hochsommer-Genüsse S.121

Herbstliebe S.175

Winteranfang S.241

Im tiefsten Winter S.303

Grundrezepte S.351   Danksagung S.374   Register S.375

Einführung

Meine Freunde kennen mich als leidenschaftliche Gemüserestesammlerin. So liegt in meinem Kühlschrank z. B. ein Paprikaschotenviertel, und in einem Glas Wasser stehen ein paar Karotten, deren Grün ich abgeschnitten und eingetütet habe. Manchmal ertappt man mich auch dabei, wie ich Blumenkohlblätter mit Chiliflocken, Salz und Zitronensaft anbrate und aus »ungenießbaren« Zwiebelschalen oder Gemüseabfällen eine Brühe koche. Ich habe ein Talent dafür, aus vorhandenen Vorräten kleine Köstlichkeiten zu zaubern.

Für unsere Mahlzeiten verwenden wir oft unzählige Zutaten, z. B. bei Essenseinladungen, die ohne den Einkauf von 30 neuen Dingen undenkbar scheinen. Ich möchte euch zeigen, dass ihr auch mit weniger keine Kompromisse beim Geschmack eingehen müsst. Wer sich beim Kochen an den Jahreszeiten orientiert, kann aromatische Gerichte auf den Tisch bringen! Nichts schmeckt so gut wie saisonales Obst und Gemüse.

In diesem Buch habe ich versucht, bei allen Rezepten das Gemüse vollständig zu verwerten. Die Teile, die meist in der Tonne landen, könnt ihr für ein anderes Gericht beiseitelegen oder in einem Behälter für Gemüsebrühezutaten, der »Brühebox«, aufbewahren. Was dann noch übrig bleibt, kann kompostiert werden. Ihr könnt die Rezepte auf vielerlei Art an euren Geschmack anpassen und euch an den jeweiligen saisonalen Zutaten eures Landes orientieren.

Diese Methode entspricht hundertprozentig meiner Art zu kochen. Abfallvermeidung ist für mich ein wichtiges Thema: Ich versuche, die Obst- oder Gemüseabschnitte, die normalerweise weggeworfen werden, nicht nur zu verwerten, sondern sogar etwas Gutes daraus zuzubereiten. Gemüsebrühe, Pestos aus Blattgrün, gehackte Brokkolistrünke, salzig geröstete Blätter – ihr versteht, was ich meine. Wir sollten Obst und Gemüse wertschätzen und es unkompliziert zubereiten, lediglich verfeinert durch eine Prise Salz und Pfeffer, einen Schuss Olivenöl und einen Spritzer Aceto balsamico. Als Star der Show kommt das Gemüse bestens zur Geltung, wenn es mit Vollkorngetreide, gesunden Fetten und Ölen, süßsaurem Essig, unraffiniertem Zucker, frischen Kräutern oder anderen Gewürzen kombiniert wird. Ich achte bei meinen Rezepten auf die Balance von Konsistenz, Aroma und Nährstoffen und möchte euch inspirieren, weniger Lebensmittel wegzuwerfen und – falls nötig – an eurer generellen Einstellung zu Nahrungsmitteln zu arbeiten.

Saisonal kochen und essen

Wenn es um Frische geht, verstehe ich keinen Spaß: Ich verwende stets saisonale Zutaten von höchster Qualität. Für die jahreszeitliche Küche kauft ihr am besten in eurer nächsten Umgebung ein: So unterstützt ihr gleichzeitig kleinere Geschäfte, Bauernhöfe, Märkte usw. Dort bekommt ihr alles – von frisch gepflückten Kirschen bis zu Karotten mit Grün und Kohlrabi mit Blättern.

Wer sich saisonal ernährt, hat eine engere Verbindung zu Nahrungsmitteln: Die Produkte sind frischer und schmecken besser, wenn sie zum richtigen Zeitpunkt geerntet und etwa zu einem erfrischenden Sommersalat oder einem wärmenden Crumble verarbeitet werden. Im Sommer sehnt sich unser Körper nach frischen Zutaten mit höherem Wassergehalt, wie z. B. Gurken oder Tomaten, während uns im Winter eher nach stärkehaltigen und bodenständigen Zutaten wie Kartoffeln, Kürbissen und Roter Bete zumute ist. Die saisonale Küche punktet auch mit intensiveren Aromen – die Erbsen schmecken im Mai immer ein bisschen süßer und der Zuckermais ist im Juli butterzart.

Jahreszeitliche Gerichte sind nachhaltiger: Der Anbau von Nahrungsmitteln verbraucht Ressourcen, denn die Aufzucht und Pflege der Nutzpflanzen ist arbeitsintensiv. Wenn wir uns saisonal ernähren, produzieren wir weniger Treibhausgase und verbessern somit unsere CO_2-Bilanz. Wir haben alle schon einmal geschmacklose Tomaten, faserige Avocados und bittere Zucchini oder Zuckerschoten gegessen. Nahrungsmittel, die ungünstigen Umweltbedingungen wie hohen Temperaturen, Trockenheit oder Überflutungen ausgesetzt waren oder aus Transportgründen zu früh geerntet wurden, schmecken oft anders, als sie sollten. Je mehr wir unser Essen an den Jahreszeiten ausrichten und je stärker wir die regionalen Produzenten unterstützen, desto effizienter wird es auf lange Sicht laufen: Denn dann ändert sich die Nachfrage, die Lieferwege werden kürzer und die saftigen Beeren, die wir so sehr lieben, sind in der Saison um einiges günstiger. Obst und Gemüse, das 365 Tage im Jahr erhältlich ist, ist nicht normal. Stattdessen wäre es besser, regionale Lebensmittel und saisonale Ernährung als selbstverständlich anzusehen – so wie früher. Lasst uns dafür sorgen, dass es wieder so wird.

Ich träume davon, irgendwann meinen eigenen Gemüsegarten zu haben, in dem ich fast alles, was ich essen möchte, anbauen kann. Aber im Moment kaufe ich Obst und Gemüse noch auf den Märkten und beim Gemüsehändler in meinem Viertel ein und züchte meine Kräuter selbst (dazu noch ein wenig »Jagen und Sammeln« – ich bin verrückt nach Bärlauch und Holunderblüten), was auch schon supercool ist. Meine anderen Nahrungsmittel besorge ich entweder als Großpackungen oder im Unverpacktladen. Dort kaufe ich nur die Sachen nach, die ich gerade brauche. Da ich beruflich viel reise, kaufe ich unterwegs auch gern regionale Öle oder Saucen, um Produzenten und kleine Geschäfte vor Ort zu unterstützen.

Inzwischen kenne ich die Saisonzeiten für bestimmte Obst- oder Gemüsesorten auswendig. Wenn ich dann die ersten Maronen des Jahres sehe oder Grünkohl mit lila Schimmer, kennt meine Aufregung keine Grenzen. Natürlich spart ihr auch Geld, wenn ihr saisonal einkauft und kocht, was heutzutage ja keine schlechte Idee ist. In der Saison gibt es die entsprechenden Produkte in Hülle und Fülle und die Transportwege sind zudem oft nicht so lang, was sich im Preis niederschlägt.

Meine sechs Jahreszeiten

Die traditionellen vier Jahreszeiten – Frühling, Sommer, Herbst und Winter – kennen wir alle. Aber für frische Produkte existieren Übergangszeiten, wie ihr auch in meinem Buch feststellen werdet. Die Erntezeiten auf den Bauernhöfen und Feldern sind nicht unbedingt identisch mit dem Angebot im Supermarkt, da unzählige Früchte und Gemüse importiert werden. Durch die Einteilung in sechs Jahreszeiten kann ich das Angebot im Laufe des Jahres verfolgen und mich darauf konzentrieren, was genau wann wächst und wie sich die Verfügbarkeit innerhalb weniger Wochen ändern kann.

Die Vorstellung von sechs Jahreszeiten habt ihr schnell verinnerlicht. Von Winterbeginn bis Winterende oder vom Sommeranfang bis zum Hochsommer verändert sich die Produktpalette gewaltig. In Frühjahr und Sommer geht es richtig rund, und da es immer wärmer und teils auch feuchter wird, werden vielleicht Erdbeeren früher angeboten, die Saison für Zuckermais verlängert sich, oder Dicke Bohnen treten an die Stelle von Erbsen. So wie sich die Produkte abwechseln, wandeln sich auch unsere Bedürfnisse und orientieren sich stärker am Wetter.

Dieses Buch funktioniert natürlich am besten für Zentraleuropa und die gemäßigten Breiten. Aber auch, wenn dir anderes Gemüse zur Verfügung steht und/oder die Jahreszeiten bei dir nicht den sechs hier genannten entsprechen, kannst du dich an den Rezepten orientieren, Zutaten entsprechend ersetzen und auf Saisonalität achten.

Und was ist mit dem Abfall?

Die Zahlen und Fakten rund um Abfall und Müll sind von ebenso großer Bedeutung wie die saisonale Komponente: Mehr als 50 % unseres Haushaltsmülls besteht aus Nahrungsmittelresten, wobei der Großteil davon »vermeidbarer« Abfall ist, der anfangs noch essbar war. Die Gründe für diese Verschwendung sind zahlreich – wir planen nicht, wir werfen Produkte mit kleinen Fehlern sofort weg, wir kaufen zu viel ein, wir kennen uns nicht mit Mindesthaltbarkeitsangaben aus, wir lagern Nahrungsmittel nicht richtig und wir portionieren das Essen falsch. Die Lebensmittelverschwendung nimmt zu. Viele von uns geben Unsummen für Essen aus, weil wir häufig teure Produkte kaufen, die gerade keine Saison haben. Oder weil wir in Plastik verpacktes Obst und Gemüse kaufen, anstatt es frisch auf dem Markt zu erstehen.

Ganz unabhängig von unseren Ernährungsgewohnheiten haben wir inzwischen alle akzeptiert, dass Gemüse der Schlüssel zu einer gesunden Ernährung ist. Leider produzieren wir durch Gemüse in Plastikverpackung eine Menge Müll – ehrlich, wer von euch hat noch nie einen Haufen vergammeltes Gemüse aus dem Kühlschrank geholt?

Mit diesem Buch möchte ich euch zeigen, dass saisonale Küche und Müllvermeidung weder hoch kompliziert sind noch zu viel Zeit und Planung erfordern. Wenn wir uns auf das komplette Gemüse konzentrieren, sind wir schon einen großen Schritt weiter, was die Reduzierung von Lebensmittelverschwendung angeht.

Warum koche ich auf diese Weise?

Die Liebe zum Kochen entwickelte sich bei mir schon in früher Kindheit. Ich verbrachte ganze Wochenenden mit dem Backen von Butterfly oder Angel Cakes und wollte immer mitmischen, wenn meine Eltern in der Küche standen. Damals kletterte ich noch auf einen Stuhl und sah ehrfurchtsvoll zu, oder ich schob meine kleinen Hände auf die Arbeitsplatte, um alles herunterzuziehen, was ich zu fassen bekam. Manchmal tauchte ich auch einen Finger in köchelnde Sauce. Pures Glück, dass ich mich nie verbrüht habe! Meine Eltern besaßen eine umfangreiche Kochbuchsammlung und verbrachten viel Zeit mit der Auswahl von Gerichten, die mein Bruder und ich gern essen würden, wie z. B. herzhafter, gebackener Bulgur mit reichlich Gemüse von meiner Mum und eine selbst gemachte Pizza von Dad, mit italienischer Tomatensauce und jedem nur vorstellbaren Belag. Essen wurde bald zu meiner großen Liebe. Ich habe mich immer sehr dafür interessiert, was ich gerade aß und wo es herkam. Meine Eltern haben mich ermutigt, mit den Nahrungsmitteln zu experimentieren, weshalb ich später oft verschiedene Länderküchen, Gewürze und Zutaten miteinander kombiniert habe. Ich bin in der südenglischen Region Devon aufgewachsen, was bei der Entwicklung meiner Kochideen eine große Rolle spielte. Wir hielten uns viel in der freien Natur auf, gingen wandern oder spazierten durch kleine Dörfer und besuchten Freunde der Familie auf dem Bauernhof. Wir sollten so viel Zeit wie möglich draußen verbringen und erlebten dort den Wechsel der Jahreszeiten. Je nach Saison sahen wir unterwegs unterschiedliche Obst- und Gemüsesorten, und die Speisen, die meine Eltern kochten, änderten sich ebenfalls. Devon ist bekannt für die raue Schönheit seiner Moore und die Tier- und Pflanzenwelt des Küstenstreifens. Die Bauern dort haben Zugang zu den wunderbarsten Produkten, und wir kauften bei ihnen ein und lernten, woher die Äpfel für unseren Crumble kamen oder warum der Knoblauch einen Lilastich hatte. Da unser Vater ein begeisterter Koch war, teilten wir seine kulinarischen Abenteuer.

Die Sehnsucht nach frischen Nahrungsmitteln wurde noch stärker, als ich in Australien lebte. Aufgrund des Klimas sind frisches Obst und Gemüse dort wesentlich besser erhältlich, sodass ich in der Lage war, Rezepte mit einer größeren Bandbreite an Zutaten zu entwickeln. In den ersten Wochen lebte ich bei Freunden meiner Familie. Sie waren richtige Foodies, und ich kam immer zum Abendessen heim, da ich wusste, dass Debbie aus den Schätzen vom Bauernmarkt ein fantastisches Essen zaubern würde. Als ich wieder in London war, wurde mir erst klar, was für ein Glück ich gehabt hatte. Es fühlte sich nun falsch an, mitten im Winter eine Avocado zu kaufen, ganz zu schweigen von ihrem wässrigen Geschmack und dem blassen Fruchtfleisch.

Ich verbrachte knapp zwei Jahre in Australien – diese Zeit hat meine Art zu kochen wahrscheinlich aufs Nachhaltigste geprägt. Nach einigen Wochen in Großbritannien musste ich immer noch über den australischen Umgang mit Nahrungsmitteln nachdenken. Natürlich spielt auch das Klima eine große Rolle, aber die Qualität der Zutaten und Produkte war schon bemerkenswert. Bei meiner Rückkehr gründete ich ein Food-Business namens »Dust Granola«. Ich wollte ursprünglich herausfinden, wo mein Platz in der Londoner Food-Szene war, wollte verschiedene Dinge ausprobieren und für andere

Menschen kochen. Aus regelmäßigen Brunches wurden bald Abendessen und Events aller Art. Ich bin von Natur aus sehr gesellig und liebe es, meine Leidenschaft mit anderen zu teilen, schnell ein paar Gerichte zusammenzurühren und meine Gäste zu verwöhnen. Dafür muss ich Menüs zusammenstellen, Veranstaltungsorte ausfindig machen, Zutaten einkaufen, Freunde zusammentrommeln oder Gäste einladen, dekorieren und den Tisch decken … und am liebsten würde ich von früh bis spät nichts anderes tun. Meine Liebe zum Essen und Kochen ist der Mittelpunkt meines Lebens. Und ich genieße es in vollen Zügen, denn es ist etwas ganz Besonderes, den Leuten dabei zuzusehen, wie sie sich auf dein Essen stürzen.

Das Abenteuer geht weiter, und ich habe das Glück, meinen Lebensunterhalt mit meiner Leidenschaft für gute Produkte verdienen zu dürfen. Ich blühe auf, wenn ich auf dem Wochenmarkt regional angebautes Obst, Gemüse oder saisonale Köstlichkeiten entdecke. Diese eher zufälligen Marktkäufe werden oft zu Lieblingsgerichten, die zuerst von den verschiedensten Menschen aus meinem Freundeskreis getestet werden (oder manchmal von den gleichen Menschen, aber dafür mehrfach), bevor sie ganz heimlich, still und leise auf die Speisekarte meiner Cooking Retreats oder Supper Clubs wandern.

Zu meinen Rezepten

Ich bin in der Küche ziemlich entspannt – Kochen soll schließlich Spaß machen und keine Pflichtübung sein. Ich habe keine Angst vor Fehlern und probiere gern Neues aus, denn dabei kommen oft tolle Sachen heraus. Kochen macht mich glücklich und ist für mich wie eine Meditation, auch wenn das ein bisschen klischeehaft klingt. Ich werde ruhig dabei und kann mich besser konzentrieren. Aber am wichtigsten finde ich, dass sich Menschen beim Essen begegnen.

Beim Entwickeln von Rezepten lasse ich mich von meinen Geschmacksknospen leiten und von meinen Reisen inspirieren. Ich spiele beim Kochen gern herum, kombiniere herzhafte Aromen mit frischen Produkten, um appetitliche Gerichte zu kreieren, und nutze die kräftige Konsistenz saisonaler Getreidearten. Ich habe Spaß an ganz einfachen, aber auch an komplizierteren Rezepten.

Die Konsistenz spielt bei mir eine wichtige Rolle – nur eine schlichte Suppe als Mahlzeit geht gar nicht! Ich bestreue sie mit Croûtons aus Dicken Bohnen, reiche frisches Brot dazu oder werfe extra Grünzeug hinein. Beim Kochen bin ich konsequent: Ihr werdet feststellen, dass ich Öl und Essig gern zum Würzen verwende, aber Gerichte ungern damit überlade. Auf die richtige Balance kommt es an – die Würze sollte nicht überwältigen, ob ihr die Gerichte nun mit Salz und Pfeffer oder mit Kräutern und Zitronenabrieb aromatisiert (was ich unheimlich gern mag). Durch jahrelanges Kochen habe ich gelernt, dass der passenden Würze genauso viel Bedeutung zukommt wie dem Gleichgewicht der Zutaten.

Im Mittelpunkt stehen bei mir saisonale Zutaten. Da ich bei Cateringaufträgen im Ausland nie genau weiß, welche Produkte ich zur Verfügung haben werde, habe ich viele Methoden gelernt, um ein bestimmtes Gericht, z. B. durch den Austausch von Gemüse- oder Getreidesorten, anpassen zu können. Durch meine vielen Reisen habe ich eine Reihe von Fähigkeiten entwickelt. Diese Techniken eignen sich nicht nur zum beruflichen Kochen oder gar nur für mich selbst. Deshalb möchte ich sie in diesem Buch mit euch teilen. Wenn ihr euch nach und nach die Rezepte anseht, wird euch auffallen, dass sie viele Vorschläge zum Austausch von Zutaten enthalten, mit denen man ein ähnliches Ergebnis erzielt, sowie zahllose Tipps zu Rezeptvarianten, zur Verwendung des ganzen Gemüses und zur Resteverwertung. So habt ihr einfach mehr vom Gemüse.

Und noch etwas: Ihr werdet schon bald merken, dass ich ein riesiger Fan von Gewürzen und Würzzutaten bin. In meinem Kühlschrank finden sich zahllose Dips, Saucen, Chutneys, Pickles, Pestos und Senfarten, ob nun für ein bestimmtes Rezept oder einfach als kleine Beilage. Meine Freunde können es bezeugen – ich bin einfach verrückt danach!

Meine Rezepte bieten etwas für jeden Geschmack: Wandelt die Rezepte, ob scharf, süß, zitronig oder raffiniert, einfach so ab, dass sie zu euch und euren Bedürfnissen passen.

So kocht ihr mit diesem Buch

Die Rezepte sind nach meinen sechs Jahreszeiten geordnet, damit ihr schnell ein bestimmtes Kapitel aufschlagen und nachsehen könnt, was in dieser Jahreszeit an frischen Produkten erhältlich ist und welches Getreide bzw. welche Hülsenfrüchte ihr dazu auswählen könnt. Für jede Jahreszeit gibt es fünf Hauptzutaten, meist vier Gemüse- und eine Obstsorte. Für jede Hauptzutat findet ihr allgemeine Tipps zur Weiterverwertung von Resten sowie am Ende eines jeden Rezepts einen speziellen Tipp für Alternativen. So könnt ihr das komplette Gemüse besser nutzen und lernt, wie ihr es am besten lagert und Reste des Gerichts umwandelt (eines meiner Lieblingsrezepte ist ein Dal, das zu Hummus mit Curryaroma wird!). Oder welche Zutaten sich ersetzen lassen, wenn ihr es vielleicht in einer anderen Jahreszeit oder in einem anderen Teil der Welt kochen wollt, wenn ihr eine Zutat gerade nicht im Haus habt oder ihr die Rezepte an euren Geschmack anpassen möchtet. Nehmt das Buch einfach als grobe Orientierung.

Die Rezepte sind für unterschiedliche Mengen konzipiert, meist für zwei, vier oder sechs Personen. Jede Zutatenmenge lässt sich leicht halbieren oder dritteln, sodass ihr sie gut abwandeln könnt. Ihr könnt auch nur für euch allein kochen. Oder ihr bereitet gleich größere Mengen zu, damit ihr die Reste weiterverwerten könnt. Der Großteil der Gewürze oder Saucen bei den Haupt- und Grundrezepten (S. 351) ergibt eine ordentliche Portion, deren Menge meist angegeben ist. Manchmal ist sie nur für dieses eine Rezept gedacht, aber es schadet nie, eine größere Menge Pesto oder Cashewkäse zuzubereiten. Alles lässt sich eine Weile im Kühlschrank aufbewahren (siehe Tipps am Rezeptende).

Das Buch enthält auch ein Kapitel, in dem es darum geht, wie ihr euren Kochalltag besser organisieren könnt (S. 13), angefangen beim geschickten Einkauf und bei der Essensplanung bis zu Großpackungen, dem Kochen auf Vorrat und der richtigen Lagerung von frischen Produkten und Zutaten.

Am Ende findet ihr das Kapitel mit den Grundrezepten (S. 351). Es enthält zahllose Basics, die ich für viele Rezepte verwende, wie z. B. Pesto, Harissa oder Hummus, sowie eine Reihe von zusätzlichen Grundrezepten wie Brühen und Dressings. Dazu kommen noch ein paar Extras, etwa Pfannkuchenrezepte, mein Standardrezept für veganen Käse und Knuspermüsli. In diesem Kapitel könnt ihr immer schnell nachschlagen. Im Hauptteil verweise ich zudem oft auf diese Grundrezepte.

Aber in der Hauptsache soll euch dieses Buch in der Küche auf neue Ideen bringen und euch Tipps gegen Lebensmittelverschwendung geben. Ich möchte, dass ihr euch aufs Kochen freut, ob für euch selbst oder für andere. Ihr sollt Spaß daran haben, Fehler machen, nach eurem eigenen Geschmack würzen und einfache und komplexe Genüsse schätzen lernen.

Das A und O: Organisation

Unabhängig von euren Essensvorlieben und eurem Lifestyle kann ein wenig Organisation nie schaden. Ebenso wichtig wie die frischen saisonalen Produkte ist ein Vorrat an Grundzutaten, der euch das Leben erleichtert. Wenn ihr erst mal einen Plan habt, werden ihr schon bald sehen, wie unkompliziert das Kochen dadurch wird. Außerdem fällt beim Einkauf weniger Plastik an, und ihr müsst nicht so viele Lebensmittel wegwerfen. Ich habe dieses Kapitel in vier Abschnitte unterteilt: Kühl- und Vorratsschrank, schlauer Einkauf, Essensvorbereitung und -planung und Mindesthaltbarkeitsdatum.

Kühl- und Vorratsschrank

Kennt ihr das? Ihr wollt etwas kochen, habt alle frischen Zutaten eingekauft, öffnet daheim euren Vorratsschrank – und stellt fest, dass nur noch ein paar Tropfen Sojasauce da sind? Manchmal könnt ihr einige Zutaten ersetzen, indem ihr das Getreide austauscht oder statt einer Kohlsorte einfach eine andere wählt. Aber wenn ihr euch schon auf ein bestimmtes Gericht freut, gibt es nichts Schlimmeres als einen leeren Vorratsschrank. Wenn ihr aber alle Basics im Haus habt, könnt ihr immer schnell ein Dressing zusammenrühren, einen Salat durch ein paar knackige Toppings verfeinern oder aus übrig gebliebenem Gemüse eine schnelle Mahlzeit zaubern.

Fangen wir mit dem Kühlschrank an, am besten mit den Würzen. In meinem Kühlschrank habe ich eine ganze Ablage nur für Senfsorten, Misopaste, selbst gemachte Harissa oder frischen Hummus reserviert. So weiß ich genau, wo alles steht, und habe noch reichlich Platz für frische Produkte. Die Würzen sind am besten im oberen Fach und in den praktischen kleinen Ablagen der Kühlschranktür untergebracht. Zutaten, die schon offen sind oder bald aufgebraucht werden sollten, stelle ich ganz nach vorn. Aber ihr könnt natürlich auch ältere Zutaten nach links und neue nach rechts stellen und eure Lieblingswürze in die Türfächer.

Sehen wir uns als Nächstes die Ablagen für frische Produkte und die Gemüsefächer an. Mein Tipp Nr. 1: Weg mit dem Gerümpel! Wenn ihr alles gut sehen und schnell herausholen könnt, merkt ihr auf einen Blick, was noch vorrätig ist und was fehlt, sodass ihr eure Einkaufsliste ohne großen Stress zusammenstellen könnt. Trennt auch hier alte und neue Produkte und schreibt euch vielleicht sogar eine kurze Liste mit einer Übersicht. Das dauert anfangs ein wenig, lohnt sich aber auf lange Sicht. Organisiert eure Obst- und Gemüsesorten nach bestimmten Kriterien: Sorten, die schnell schlecht werden oder schlappmachen, solltet ihr zusammenlegen, damit ihr sie nicht übersieht und sich die frischeren Produkte nicht daran »anstecken«. Ich lege mein Grünzeug gern auf einen Haufen, die älteren Exemplare nach oben. Kräuter platziere ich vorsichtig auf einer Ablage, festere Früchte nebeneinander etc. Niemand mag Gemüse, das hinten im Kühlschrank vor sich hinvegetiert.

Apropos Gammelgemüse: Hier kommt es auf die richtige Lagerung an. Macht euch am besten allerlei Behälter, Geschirrtücher und Aufbewahrungstüten zum Freund. Eines der besten Mittel, um im Kühlschrank für Ordnung zu sorgen, sind Kunststoffdosen und Schraubgläser. Ihr könnt Gläser jeglicher Größe kaufen oder geleerte aufbewahren. Glaubt mir, sie sind enorm praktisch. Ihr müsst nicht gleich superteure Behälter kaufen, aber denkt daran, dass ihr sie sehr lange nutzen wollt. Wiederverwendbare Lebensmittelbeutel gibt es in unterschiedlichen Größen, sodass ihr Snacks, TK-Obst, Brot und sogar vorbereitetes Gemüse darin aufbewahren könnt. Sie sollten aus 100 % Silikon bestehen, also plastik- und schadstofffrei sein. Ihr könnt manche (gut ausgewaschene) Behälter und Beutel speziell für Speisereste oder frische Produkte verwenden. Schraubgläser und kleine Behälter eignen sich perfekt für Saucen und Würzzutaten wie Pesto, Harissa und Salatdressings. Hier findet sich sogar ein kleiner Bonus: Ein Glas gefüllt mit einer dieser Köstlichkeiten eignet sich nämlich wunderbar als Geschenk für Freunde.

Blattgemüse und frische Kräuter bewahrt man am besten locker in ein feuchtes Geschirrtuch eingewickelt auf. Davor solltet ihr sie gründlich waschen. Auch Grünkohl bewahrt man so am besten auf. Früchte und Beeren halten sich länger, wenn ihr sie wascht und trocken tupft und dann auf einem feuchten Geschirrtuch in eine Schüssel legt und sie mit einem weiteren Geschirrtuch locker abdeckt. So fangen sie nicht so schnell zu schimmeln an. Schimmel ist übrigens völlig natürlich. Wenn allerdings die gesamte Frucht voll Schimmel ist, ist es besser, sie auf den Kompost zu werfen. Wenn ihr die Stiele und Fruchtansätze eures Gemüses nicht abschneidet, hält es länger. Entfernt sie erst bei der Verwendung. Gemüse wie Karotten, Staudensellerie und Radieschen kann man in Wasser aufbewahren.

Viele Gemüse- und Obstsorten lassen sich auch außerhalb des Kühlschranks lagern. Wer wie ich kalte, knackige Äpfel mag, legt einfach ein paar Stunden vor dem Verzehr ein Exemplar in den Kühlschrank, obwohl dies eigentlich nicht der ideale Aufbewahrungsort dafür ist (ebenso wenig für Kartoffeln). Viele Leute glauben immer noch, dass man Kartoffeln getrennt von anderen Produkten lagern soll. Ihr könnt sie jedoch gut mit festeren Früchten wie Äpfeln und Birnen aufbewahren. Bananen passen zu Avocados, deren Reifung sie beschleunigen. Wenn ihr ein paar härtere Zitronen habt, die noch nicht saftig genug sind, könnt ihr sie auch für eine Weile neben die Bananen legen (später fühlen sie sich sowohl außerhalb als auch innerhalb des Kühlschranks wohl). Die meisten Wurzelgemüse wie Zwiebeln und Knoblauch müssen auch nicht ins Kalte. Am besten in Leinenbeuteln aufbewahren, die ihr offen auf die Arbeitsfläche stellt, damit Licht rankommt. Sobald Obst oder Gemüse einen schlappen Eindruck macht, legt ihr es in den Kühlschrank und verbraucht es innerhalb weniger Tage. Reste kommen auf den Kompost oder in euren Behälter für die Brühe – keine Sorge, zu dem Thema kommen wir noch.

Auch eure Schränke profitieren von guter Organisation. Wenn ihr die Zutaten in Schraubgläsern aufbewahrt, sieht das nicht nur hübsch aus, sondern sie bleiben mit luftdichten Verschlüssen auch länger haltbar. Je nach Platz könnt ihr sie unterschiedlich gruppieren. Ich stelle meine (Pseudo-)Getreidesorten zusammen, die meistbenutzten vorn, die anderen dahinter. Dies gilt auch für Haferflocken, Hülsenfrüchte, Nusskerne, Samen, Trockenobst etc. Manchmal mische ich Nusskerne und Trockenfrüchte in einem Glas als »Studentenfutter« oder kombiniere sie gleich mit 70 % Haferflocken zu einem Müsli. Wer wenig Platz hat, kann Schraubgläser auch stapeln. So habt ihr eure Vorräte auf einen Blick vor euch. Schreibt euch wie beim Kühlschrank eine Liste mit allem, was vorhanden ist, auf ein Blatt Papier und klebt es innen an die Schranktür. Das hilft bei der Planung von Mahlzeiten und sorgt dafür, dass nichts Unnötiges gekauft wird.

Die meisten getrockneten Gewürze und Kräuter werden heute in Schraubgläsern verkauft und lassen sich so gut sortieren. Wenn ihr ein Inventar erstellt, sollten die Gewürze ganz oben auf der Liste stehen. Denn häufig kommt es vor, dass wir drei Gläser mit getrocknetem Kreuzkümmel oder eine randvolle Papiertüte mit Oregano entdecken. In den meisten Unverpacktläden gibt es diese Zutaten zum Nachfüllen, worauf ich im nächsten Abschnitt näher eingehe.

Im Folgenden liste ich eine Reihe von Gewürzen und Vorratsprodukten auf, die im Buch immer wieder auftauchen. Sie sind fast überall erhältlich und gehören bei mir zur Grundausstattung. Natürlich müsst ihr nicht alle diese Produkte gleichzeitig vorrätig haben. Passt die Liste an eure Vorlieben an oder stimmt sie auf die Rezepte ab, die ihr bald ausprobieren wollt. Ich kaufe meine Hülsenfrüchte gern getrocknet, aber ihr könnt selbstverständlich auch welche aus der Dose nehmen. Wenn ihr die Dosen auswascht, könnt ihr diese anderweitig für Vorräte benutzen.

Getreide/Hülsenfrüchte: Kichererbsen, verschiedene Sorten weiße Bohnen, Linsen (rot oder gelb), Spalterbsen, Hirse, Reis (Risotto-, Lang- und Rundkornreis, Wildreis), Pasta

—

Fette/Öle: Tahini, natives Olivenöl extra, Kokosöl, Sesamöl, verschiedene Nusssorten, Kerne und Samen (u. a. Sesamsamen), Kokosnuss (Kokos-Chips, -raspel, -milch)

—

Mehle/Backen: Weizen-, Vollkorn-, Buchweizen-, Dinkelmehl, weitere glutenfreie Mehlalternativen, Backpulver, Pfeilwurzelmehl, Backnatron

—

Essigsorten: Apfelessig, Rot- und Weißweinessig, Aceto balsamico/Balsamico-Creme, Mirin und/oder Reisessig (perfekt für asiatische Gerichte), Liquid Aminos (Sojaproteinwürze)

—

Trockenobst: Datteln, Feigen, Sultaninen

Kräuter/Gewürze: Oregano, Chiliflocken, Cayennepfeffer, Kreuzkümmel (gemahlen und Samen), Fenchelsamen, Koriander (gemahlen und Samen), Minze, Thymian, Rosmarin, Zimtpulver, Muskatnuss, Gewürzmischungen, Kardamom, Gewürznelken, Salz, Pfeffer

Weitere Zutaten: Soja-/Tamarisauce, Hefeflocken, Misopaste, Dijonsenf, körniger Senf, Ahornsirup oder andere Siruparten, getrocknete Pilze, Seidentofu, Kakaopulver, unraffinierter Zucker (Kokos-, Rohrohr-, Palmzucker), Tomatenmark, Vanilleextrakt

Hinweis zum Kochen von Bohnen und Hülsenfrüchten:

Am besten über Nacht einweichen und dann gut abspülen. Das Salz beim Kochen nicht gleich am Anfang zugeben, sondern erst, wenn sie schon bissfest sind. Aber auch nicht zu spät salzen und wirklich weich garen. Dies kann je nach Größe zwischen 45 Minuten und 2 Stunden dauern. Generell verdoppelt sich das Trockengewicht beim Kochen: Ihr habt also z. B. 125 g getrocknete Kichererbsen, die nach dem Kochen 250 g wiegen. Im Kühlschrank in etwas Wasser aufbewahren, damit sie frisch bleiben, und vor der Verwendung nochmals gut abspülen.

Schlau eingekauft

Ich weiß – nicht alle finden es toll, einkaufen zu gehen! Auch wenn es ziemlich anstrengend sein kann, zwischen den Regalreihen auf- und abzulaufen, könnt ihr dennoch dafür sorgen, dass es euch mehr Spaß macht. An erster Stelle steht die Planung, damit ihr nichts Unnötiges kauft und Geld spart. Am besten legt ihr euch ein Notizbuch in die Küche. Immer wenn euch eine Sache ausgeht, schreibt ihr sie gleich auf die Liste. Ich teile meine Liste in zwei Spalten auf – eine für »dringende Produkte« und die andere für »weniger wichtige Zutaten«, die ich irgendwann mal besorgen will.

Wenn ihr für Kühl- und Vorratsschrank eine Liste angelegt habt, könnt ihr einfach nachsehen, was ihr gerade braucht. Doch es gibt ein paar Ausnahmen: Vor einer Abendeinladung gehe ich z. B. meine Regale und meinen Kühlschrank durch und sehe nach, ob ich wirklich alle Zutaten habe. Dann erstelle ich eine extra Liste, mit der ich einkaufe. Manchmal bleibt nach einem großen Essen etwas übrig, ob nun ein gesamtes Gericht oder nur das Gemüse. In dem Fall plane ich diese Reste mit ein und erstelle anschließend die weiteren Mahlzeiten. Noch ein Tipp: Berücksichtigt bei eurer Planung die Tage, an denen ihr nicht zu Hause seid. Ihr müsst das ja nicht Tag für Tag festlegen, aber wenn ihr wisst, dass ihr zwei Tage die Woche außer Haus seid, müsst ihr nur die restlichen fünf Tage planen. Je nachdem, wie oft ihr einkaufen wollt und wo ihr lebt, könnt ihr auch »anlassbedingt« shoppen. Das ist zwar etwas aufwendiger in der Vorbereitung und mit häufigerem Einkaufen verbunden, reduziert aber die Lebensmittelverschwendung. Im Grunde kauft ihr dann nur für ein bestimmtes Rezept ein und plant genau, was ihr dafür braucht. Oft habt ihr die Grundzutaten schon daheim und müsst sie nur durch die frischen Produkte ergänzen. Wenn ihr für ein bestimmtes Rezept einkauft, ist es meist am günstigsten, beim Gemüsehändler oder auf dem Markt vorbeizuschauen, da ihr dort immer die genaue Menge bekommt.

Nun aber zum Einkauf selbst … Nachdem ihr eure Liste geschrieben habt, solltet ihr überprüfen, ob ihr reichlich Einkaufstaschen und/oder -boxen eingesteckt habt. Sie müssen nicht schick oder teuer sein, Hauptsache, sie sind wiederverwendbar. Achtet darauf, dass Stofftaschen waschbar sind, da sie oft von am Gemüse anhaftender Erde verschmutzt werden. Ihr könnt einfache Baumwollbeutel, Boxen, Picknicktaschen oder Körbe verwenden, das bleibt ganz euch überlassen. Falls ihr etwas Neues braucht, empfehle ich euch, wiederverwendbare Taschen (am besten mit Kordelzug) zu kaufen. Es gibt sie in verschiedensten Materialien, aus dichter Baumwolle oder als Netz und in allen Größen. Auf vielen Märkten und bei Gemüsehändlern ist es üblich, die Produkte gleich in kleine Plastiktüten zu verpacken, manchmal auch in Papiertüten (was besser als Plastik ist; außerdem könnt ihr sie wiederverwenden); eure eigenen Taschen und Boxen mitzubringen ist aber am nachhaltigsten. Auch Schraubgläser könnt ihr mitnehmen, um getrocknete Nahrungsmittel direkt vor Ort auffüllen zu lassen.

Dies ist eine praktische Überleitung zu Unverpacktläden und Geschäften, die Großpackungen anbieten. Falls ihr einen dieser Läden in eurer Nähe habt, kann es sein, dass ihr ihn nie wieder verlassen wollt, aber vielleicht geht es da auch nur mir so. Es lohnt sich, mal nachzusehen, ob es bei euch in der Nähe einen gibt. Ihr müsst ja nicht sämtliche Produkte dort kaufen, aber meist gibt es dort alles, was man braucht – von getrockneter Pasta zu Reis, Nusskernen und Samen, Öl, Essig, sogar Chips … und getrockneter Mango, einem meiner Lieblingssnacks … Mandeln in Schoko sind auch nicht verkehrt. Das Schöne ist, dass ihr so viel oder wenig kaufen könnt, wie ihr braucht. Es ist echt ganz einfach: abwiegen und bezahlen.

Lasst uns jetzt über Obst und Gemüse sprechen. Wie schon erwähnt, könnt ihr eure Müllmenge minimieren und saisonal essen, wenn ihr eure Produkte z. B. auf dem Markt kauft. Wo sich der nächstgelegene befindet, ist schnell recherchiert. Vielleicht gibt es einen, den ihr schon lange einmal besuchen wolltet und der sich für einen Ausflug anbietet? Märkte finden in den Städten meist mehrmals in der Woche statt. Falls ihr nur schnell euren Einkauf erledigen wollt, solltet ihr in aller Frühe dorthin gehen, wenn es noch nicht so voll ist. Auf dem Markt werden die Produkte unverpackt angeboten. Sie sind frisch, gut sichtbar und werden häufig von Bauern produziert, die stolz auf ihre Erzeugnisse sind. Für die Planung gilt wie immer: Liste vorbereiten und nur kaufen, was ihr wirklich braucht. Lasst aber ein Plätzchen frei für die Dinge, die »frisch reingekommen« sind oder für den Snack auf dem Heimweg. Der Überfluss an frischem Obst und Gemüse ist verführerisch: Gelegentlich nehme ich im Sommer doch ein paar Trauben oder Erdbeeren mit, die nicht auf meiner Liste standen. Aber die werden sowieso aufgegessen. Vergesst eure Einkaufstaschen nicht und stellt vielleicht eine Kiste ins Auto (oder in den Fahrradanhänger), damit ihr die Sachen leichter ins Haus tragen könnt. Noch ein letzter Markt-Tipp: Falls die Zeit reicht, solltet ihr erst einmal quer über den Markt schlendern. Seht euch die Stände an und vergleicht Qualität und Preise. So verschafft ihr euch auch einen Überblick und entdeckt womöglich eine Kleinigkeit, die ihr noch schnell auf die Liste setzen könnt.

Vielleicht könnt ihr euch dort mit einer Freundin oder einem Freund verabreden oder die Kinder mitnehmen, damit sie die schöne frische Ware sehen – dabei lernen sie ganz nebenbei dazu. Falls ihr es gar nicht zum Markt schafft, bestellt euch doch eine Gemüsekiste, die alle Zutaten für ein bestimmtes Rezept enthält. Eine tolle Idee, ob für eine Person oder für mehrere. Die Ware ist immer saisonal und wird frisch auf den Tisch geliefert. Wenn ihr auf dem Markt oder per Gemüsekiste einkauft, fällt euch sicher auf, wie unterschiedlich die Produkte aussehen. Werden weniger oder gar keine Pestizide verwendet, kann das Gemüse nach Lust und Laune wachsen. Es ist vielleicht knubbeliger, länger oder kürzer als die genormten Produkte, aber ihr solltet es nicht »diskriminieren« und links liegen lassen, nur, weil es nicht unseren gewohnten Vorstellungen vom »richtigen Aussehen« entspricht. Dieses Gemüse kann ein Gericht spannender machen, schmeckt wahrscheinlich besser und ist oft preiswerter als die perfekten Kandidaten.

Wenn ihr im Supermarkt einkauft oder verpackte Ware besorgt, solltet ihr euren Verstand einschalten. Supermärkte sind sicher praktisch und ziehen uns aufgrund ihrer Unkompliziertheit an. Versteht mich nicht falsch, die Ware kann von genauso guter Qualität sein, und wir kaufen alle dort ein, wenn wir etwas dringend brauchen. Aber achtet bitte ein wenig auf die Verpackung und kauft so wenig Plastikmüll wie möglich. Falls es gar nicht anders geht, seht zumindest nach, ob die Verpackung kompostierbar oder recycelbar ist, verwendet sie wieder und gleicht es aus, indem ihr andere Produkte auf dem Markt besorgt.

Es ist nicht immer möglich, komplett plastikfrei einzukaufen. Umso wichtiger ist es, dass wir alle immer wieder unser Bestes geben. Sicher habt ihr den Spruch schon oft genug gehört, aber es stimmt einfach: »Jedes kleine bisschen hilft.« Wenn ihr beständig darauf achtet, was ihr esst und wie viel Müll ihr produziert, verfehlt das nicht seine Wirkung. Feiert eure Erfolge beim Einkauf, entwickelt neue Gewohnheiten und freut euch daran und an den Produkten, die ihr nach Hause tragt.

Noch eine letzte Bemerkung: Ich bin sicher nicht die Einzige, die von einem eigenen Gemüsegarten träumt. Auch wenn wir das nicht alle verwirklichen können, können wir doch klein anfangen: Kräuter wachsen auf der Fensterbank wunderbar, und auch einige andere Pflanzen gedeihen im Haus. Viel Spaß beim Ausprobieren und bei der Pflege des Grünzeugs. Um Pflänzchen aus Samen zu ziehen, gibt es viele einfache Ideen, wie z. B. ein aufgeschnittener leerer Milchkarton, der mit Erde gefüllt wird. Ihr könnt sie ganz praktisch in der Küche aufstellen und zusehen, wie die Pflänzchen sprießen. Wer Platz für einen (kleinen oder großen) Gemüsegarten hat, sollte sich wirklich ans Werk machen – ein tolles Hobby, mit dem ihr unserem Planeten auch noch was Gutes tut.

Vorbereitung und Planung von Gerichten

Wie ihr inzwischen sicher wisst, lege ich viel Wert aufs Planen. Im Buch findet ihr viele Hinweise zur Vorbereitung von Mahlzeiten. In den Rezepten weise ich euch darauf hin, falls etwas eingeweicht oder vorbereitet werden muss. Im hinteren Teil des Buches findet ihr eine Auswahl an Grundrezepten, etwa Brühen, Saucen und Würzzutaten, die ihr in größeren Portionen zubereiten und dann im Kühlschrank aufbewahren oder einfrieren könnt. Es ist nicht schwierig, eigene Würzzutaten herzustellen. Damit reduziert ihr wiederum eure Müllmenge und kauft nicht zu viel im Geschäft.

Man kann sich nicht auf alles rechtzeitig einstellen. Aber ihr könnt lernen, eure Mahlzeiten für eine Woche zu planen und euch zu überlegen, was ihr wirklich benötigt. Vergesst die Vorstellung, dass ihr für jede Mahlzeit einen Berg neuer Zutaten braucht. Konzentriert euch auf ein oder zwei Hauptzutaten, aus denen sich viele verschiedene Gerichte zaubern lassen. Diese einfache, aber bewusste Entscheidung kann viel bewirken. Wenn ihr z. B. ein paar Blumenkohlköpfe oder einen großen Beutel Kartoffeln oder Pilze kauft, halten sie bei richtiger Lagerung ziemlich lange und können zu vielen verschiedenen Gerichten verarbeitet werden.

Ich will euch ermutigen, einmal pro Woche ein festes »Kühlschrankessen« einzuplanen. Öffnet euren Kühlschrank, wo ihr vielleicht einen schlappen Blattsalat, ein paar Würzzutaten und ein paar weitere wenig ansprechende Dinge entdeckt. Normalerweise würdet ihr in Panik ausbrechen und vielleicht was bestellen (voller industriell verarbeiteter Zutaten und in reichlich Plastik verpackt) – nun, das wird sich alles ändern. Denn ihr werdet brauchbare Würzzutaten und einen gut gefüllten und aufgeräumten Vorrats-, Kühl- und Gefrierschrank haben. So wird aus dem schlappen Blattsalat der beste Salat, den ihr jemals hattet. Vielleicht schneidet ihr ein paar Scheiben Kartoffeln auf, die ihr mit Oregano, Paprikapulver und Hefeflocken anbratet, kocht Linsen in Brühe, gießt eine Dose Kichererbsen ab, dünstet das restliche Gemüse in etwas Sojasauce, bestreut das Ganze mit zerdrückten Nusskernen und Samen, damit es schön knackig wird, und krönt den Salat mit einem unvergesslich cremigen Tahini-Dressing. Oder ihr habt vor ein paar Tagen eine Portion Pesto zubereitet, die ihr mit ein wenig Zitronensaft oder Pflanzenmilch verfeinert. Ein schlapper Blattsalat verwandelt sich in eine köstliche Mahlzeit. Und es muss auch nicht beim Salat bleiben ... Eintöpfe eignen sich perfekt, um Gemüse und Hülsenfrüchte aufzubrauchen! Sie ergeben auch eine tolle Brühe, falls ihr sie nicht ganz aufgegessen habt.

Zum Schluss noch ein paar Worte zur Vorbereitung von Getreide und Hülsenfrüchten. Ihr wisst vielleicht noch nicht genau, welches Gericht ihr zubereiten wollt, solltet Hülsenfrüchte und Getreide aber trotzdem möglichst gleich in größeren Mengen kochen. Meine Standardbeilagen sind Kichererbsen, Linsen, Reis und Hirse. Oft gare ich schnell eine Portion Hummus für die ganze Woche und variiere sie dann mit verschiedenen Gewürzen. Ich achte auch darauf, dass ich immer ein oder zwei meiner Lieblingsgetreide gekocht im Kühlschrank habe. Hülsenfrüchte benötigen etwas Vorbereitungszeit, da ihr sie vor dem Kochen einweichen müsst. Natürlich ist es einfacher, nach einer Dose Kichererbsen zu greifen, aber getrocknete Hülsenfrüchte könnt ihr genau an eure

Bedürfnisse anpassen, sodass wenig oder nichts übrig bleibt, und Reste könnt ihr weiterverwerten. Wenn ihr plant, ein Gericht aus getrockneten Bohnen bzw. Hülsenfrüchten zuzubereiten, müsst ihr nur rechtzeitig ans Einweichen denken.

Verbrauchs- und Mindesthaltbarkeitsdatum

Verpackte Nahrungsmittel sind meist mit einem Mindesthaltbarkeitsdatum versehen, das oft falsch verstanden wird, besonders, wenn es um Frischware geht. Das Mindesthaltbarkeitsdatum ist das Datum, bis zu dem sich ein verpacktes Lebensmittel mindestens lagern und verzehren lässt, ohne seine spezifischen Eigenschaften zu verlieren. Auf leicht verderblichen, verpackten Lebensmitteln dagegen muss ein Verbrauchsdatum angegeben werden. Das betrifft Lebensmittel wie z. B. Fleisch, Fisch oder Rohmilch. Nach Ablauf des Verbrauchsdatums besteht eine Gesundheitsgefahr für Menschen durch Keime. Während das Verbrauchsdatum dazu dient, uns vom Verzehr von Nahrungsmitteln abzuhalten, die zu einer Lebensmittelinfektion oder -vergiftung führen können, geht es beim Mindesthaltbarkeitsdatum eher um Qualität als um Sicherheit. Meist findet man es auf Produkten für den Vorratsschrank. Bei frischen Zutaten wiederum bedeutet es lediglich, dass dieses spezielle Produkt während der Mindesthaltbarkeitsdauer besser schmeckt und aussieht als danach.

Je frischer das Produkt und je weniger pestizidbelastet es ist, desto höher ist die Qualität des Nahrungsmittels, was Aroma und/oder Konsistenz angeht. Das trifft besonders auf Bioprodukte zu. Stärker behandeltes Obst oder Gemüse ist womöglich weniger aromatisch oder wässriger. Natürlich bekommen wir nicht immer perfekte Erzeugnisse, aber ihr solltet beim Einkauf von Obst und Gemüse auf die Saison, das Herkunftsland und die Biodeklaration achten. Kleine Schimmelflecken auf Beeren kommen vor, die Sommerfrüchte lassen sich nicht so lange lagern wie anderes Obst. Sortiert einfach die schimmligen sowie die umliegenden Beeren aus (die Sporen verbreiten sich schnell). Normal sind kleine Flecken auf Äpfeln oder die dünnen »Haare« auf einer Karotte. Das ist nichts Schädliches. Wascht das Obst und Gemüse, schrubbt den Schmutz ab, und lagert es richtig.

Und noch etwas: Wenn ihr Obst oder Gemüse wegwerft, solltet ihr es kompostieren. Das ist eine der besten Methoden, um die Anzahl von Mülldeponien zu reduzieren und zugleich den Boden unserer Erde zu nähren. Inzwischen werden in vielen Gemeinden Komposttonnen zur Verfügung gestellt. Falls das bei euch nicht der Fall ist, ihr aber eine Terrasse oder einen Balkon mit Blumen habt, für die ihr Kompost benötigt, könnt ihr euch einen Mini-Komposter für die Küche anschaffen. Ich kompostiere so viel wie möglich, und die Sachen, die ich nicht kompostiere, landen in meiner Brühebox im Gefrierschrank. Da kommen größere Gemüsereste oder Zwiebel- und Knoblauchreste hinein. Falls das Gemüse roh noch essbar ist, lege ich es in einen Behälter, den ich in den Kühlschrank stelle. Wenn die Brühebox voll ist, verwende ich den Inhalt für eine Brühe (Rezepte S. 352). Wenn ihr euch erst einmal mit der wirklichen Haltbarkeit von Produkten auskennt und euch einen Mini-Komposter zugelegt habt, wird eure Lebensmittelverschwendung dramatisch schrumpfen.

Endlich Frühling! So sauber, frisch und hell … eine Zeit der schlichten Genüsse. Eine Zeit, die für Erneuerung steht, und somit eine prächtige Gelegenheit für Kreativität. Im Frühling denken wir häufiger an typische Produkte der Jahreszeit, da uns auffällt, dass nach dem langen Winter plötzlich wieder frisches Obst und Gemüse auftaucht, wie z. B. der erste Spargel. Und überall sieht man das Grün sprießen!

Im Frühjahr gedeiht auch eine meiner Lieblingsobstsorten, der Rhabarber. In meiner Kindheit lebten meine Großeltern in Cornwall, nicht weit weg von unserem damaligen Wohnort in Devon (ich bin ein wahres Landei!). Zu ihrem Haus gehörte ein riesiger, herrlicher Garten, in dem ich mit meinem Bruder viele Stunden verbracht habe. Mein Großvater hatte eine beachtliche Fläche für den Rhabarber reserviert, dessen Ansatz zu Frühlingsbeginn aus der Erde lugte. Er konnte gar nicht alles verwerten und gab einen guten Teil an Nachbarn und Besucher. Aus dem Rhabarber kochte er ein süßsaures Kompott. Als Kinder verspeisten wir dieses Kompott natürlich am liebsten mit einer Riesenkugel Vanilleeis, gefolgt von einer zweiten Portion. Mein Großvater war sehr stolz auf seine üppige Ernte und pflegte die Pflanzen das ganze Jahr über sorgfältig, inkl. monatlichem Update für uns über den jeweiligen Entwicklungsstand. Meine Lieblingsrezepte erzählen meist eine besondere Geschichte oder erinnern mich an etwas oder jemanden – so auch das Rhabarberkompott. Häufig probiere ich beim Köcheln des Kompotts einen Löffel nach dem anderen, gebe ein wenig geriebenen Ingwer dazu und eine kleine Prise Salz, meine Geheimzutat, um das süße Aroma zu intensivieren.

Man munkelt, dass ich an den Frühlingswochenenden auf den Märkten kaum an mich halten kann, aber ich brauche immer alles auf, bis zum letzten Stückchen … und wer mich kennt, weiß, wie gern ich Brokkoli- oder Blumenkohlstrünke schnipple und nasche, während ich das Essen zubereite. Meist tunke ich sie in irgendeinen Senf oder ein Chutney … glaubt mir, das muss man wirklich erst mal probiert haben.

Küchenstars

Brokkoli

Blumenkohl

Dicke Bohnen

Rhabarber

Spargel

Weitere Erzeugnisse der Saison: Brokkolisorten (Brokkolini, lila Sprossenbrokkoli), neue Kartoffeln, Ackerlauch und Bärlauch, Rucola, Brunnenkresse, Frühlingszwiebeln, Blattspinat, Holunderblüten, Chilischoten (verschiedene Sorten), Radieschen, Aubergine, Artischocke, Morcheln, Dill, Minze

---

Einige dieser Gemüsesorten entdeckt ihr, je nachdem, in welcher Region (und Anbauzone) ihr lebt, vielleicht auch erst später. Heutzutage gibt es aufgrund des Klimawandels und der veränderten Durchschnittstemperaturen rund um den Globus viele Überschneidungen.

Zu dieser Jahreszeit geerntetes Getreide: Weizen/Weizengras, Buchweizen, Hirse, Haferflocken, Keimsprossen/Luzernensprossen

Brokkoli

Schon in meiner Kindheit war dies eines meiner Lieblingsgemüse. Es kam nur selten vor, dass ich nicht nach einer zweiten großen Portion gefragt habe. Abhängig davon, wo ihr lebt, hat auch der Brokkoli zu unterschiedlichen Zeiten Saison: Oft taucht er gegen Ende des Sommers oder im Frühherbst im Verkauf auf, der »Winterbrokkoli« jedoch hat von März bis Mai Saison. Man kann ihn braten, grillen, dünsten, dämpfen … wenn ihr ihn mit einer Prise Salz und einem Spritzer Zitronensaft oder einem Schuss Olivenöl serviert, könnt ihr nichts verkehrt machen. Seine leuchtende Farbe und sein unverwechselbarer Geschmack sorgen dafür, dass er zu fast allen Gerichten passt. Im Ganzen wirkt der Brokkoli recht robust, doch wenn man ihn klein schneidet, kann man seine hübschen Röschen auf vielerlei Art präsentieren. Ich mag aber auch den Strunk sehr gern. Wenn ihr den gesamten Brokkoli längs aufschneidet, erhaltet ihr einen längeren Querschnitt und könnt das Gemüse in seiner Vielfalt genießen. Romanesco, Brokkolini, Kai-lan, Stängelkohl: Von diesem Wundergemüse existieren unzählige beeindruckende Sorten.

Tipps:

Den aromatischen Strunk solltet ihr in Scheibchen schneiden und entweder in die Pfanne werfen, zusammen mit den Röschen dämpfen oder für einen Smoothie aufheben, denn er enthält zahlreiche Nährstoffe, ist schön knackig und wird im Backofen wunderbar cremig. Wenn ich für ein Rezept nur die Röschen benötige, hacke ich den Strunk in feine Stückchen, brate sie mit etwas Olivenöl zu knusprigen Croûtons und würze sie mit Salz, Pfeffer und einem Hauch Chili, vielleicht sogar mit etwas Kreuzkümmel. Diese Croûtons könnt ihr zu eurem eigentlichen Gericht servieren oder sie in einem Schraubglas einige Tage im Kühlschrank aufbewahren.

Dies ist eines meiner liebsten Frühlingsrezepte! Risotto lässt sich das ganze Jahr über zubereiten und immer wieder neu an die jeweilige Jahreszeit anpassen. Dieses Rezept ist ideal für die Übergangszeit, denn es wärmt euch von innen, wenn es draußen noch ein wenig kühl ist. Es enthält schon das beste Grünzeug der Saison und wird mit einem robusten Brokkolipesto verfeinert.

Für 6–8 Personen

GRÜNES RISOTTO

Zuerst das Brokkolipesto zubereiten (S. 360). Es lässt sich gut im Voraus machen und hält im Kühlschrank in einem Schraubglas etwa 1 Woche, wenn man etwas Olivenöl darüberträufelt.

Für das Risotto das Öl in einer Pfanne erhitzen und die Zwiebel und den Lauch darin anbräunen. Evtl. bis zu 4 EL Wasser zufügen, wenn das Ganze zu trocken ist. Knoblauch zugeben und weich braten.

Den Reis einrühren, etwas anbraten und dabei leicht glasig werden lassen, bevor die Flüssigkeit hinzugegeben wird.

Dann die Brühe schöpflöffelweise zugießen. Häufig umrühren, damit der Reis nicht am Pfannenboden ansetzt. Mit Salz und Pfeffer würzen. Weiter so verfahren, bis die Brühe aufgebraucht ist und das Risotto schön vor sich hin köchelt.

Die Hefeflocken ins Risotto streuen und weiter umrühren. Nach 10–12 Minuten Blattspinat und Dicke Bohnen zugeben. Einige Minuten weitergaren, bis die Bohnen weich und die Spinatblätter in sich zusammengefallen sind. Der Reis sollte keinen Biss mehr haben, sondern weich sein.

Das Brokkolipesto unterrühren. Der Reis verfärbt sich durch Blattspinat und Pesto etwas grünlich. Mit Salz und Pfeffer abschmecken.

1 Portion Brokkolipesto (S. 360)

1 EL natives Olivenöl extra

1 große Zwiebel oder 2 Schalotten, fein gehackt

1 Stange Lauch, längs zerteilt, grob gehackt

3 Knoblauchzehen, zerdrückt oder fein gehackt

500 g Risottoreis

1,5 l Gemüsebrühe (Rezept S. 352), plus evtl. etwas heißes Wasser

Salz und schwarzer Pfeffer aus der Mühle

30 g Hefeflocken

200 g Blattspinat, grob gehackt

240 g enthülste Dicke Bohnen oder TK-Produkt

Zum Servieren

1 Handvoll Nusskerne, leicht geröstet und zerdrückt

frische Kräuter, gehackt, oder Chiliflocken

In Schüsseln füllen, nach Belieben mit den gerösteten Nusskernen und frischen Kräutern oder Chiliflocken bestreuen und warm servieren.

Tipps:

Das Brokkolipesto könnt ihr auch durch ein Grünkohlpesto ersetzen (S. 359). Beide Pestos lassen sich auch in eine cremige Pastasauce verwandeln. Aus Risottoresten könnt ihr Arancini-Bällchen herstellen. Für eine gesündere vegane Form dieser meist frittierten und mit Käse gefüllten Köstlichkeit gebt ihr euer Risotto in eine Rührschüssel und fügt esslöffelweise nach und nach Hefeflocken zu, bis die Mischung andickt. Salz, Pfeffer und getrocknete Kräuter machen sich auch gut darin. Ihr könnt auch (altbackenes) Brot schnell zu Semmelbröseln verarbeiten und zur Risottomasse geben. Die Masse sollte sich gut zu festen Bällchen formen lassen. Rollt die Arancini mit der Hand und bratet sie in der Pfanne. Oder backt sie im Ofen, bis sie knusprig braun sind.

Gebackener Brokkoli ist eine Offenbarung! In meinen Augen eine geniale Zubereitungsmethode, bei der das Gemüse schön knusprig geröstet wird – so wird es zum Highlight im Salat. Der Salat besticht durch Kreuzkümmelsamen und Mandeln mit einem leicht nahöstlichen Aroma, bewahrt sich aber durch die weiteren Salatzutaten seine frühlingshafte Note. Fantastisch allein oder aber als Teil einer Tafel voller Frühjahrsgenüsse.

Für 4 Personen als Beilage, für 2 als Hauptgericht

BROKKOLISALAT

Den Backofen auf 180 °C (Umluft) vorheizen. Den Brokkoli auf ein Backblech legen. Ich beträufle ihn meist nicht mit Öl, da ich finde, dass er ohne besser anbräunt. Aber ihr könnt ruhig ein wenig Öl verwenden und auf dem Brokkoli verteilen. 12–15 Minuten rösten.

Den Brokkoli aus dem Backofen nehmen und den Knoblauch darauf verteilen. Mit Salz und Pfeffer würzen und weitere 10 Minuten rösten. Ihr werdet merken, dass einige Brokkolistückchen nun anbräunen.

Inzwischen für das Dressing alle Zutaten in einer Schüssel oder im Mixer vermengen. Mit Salz und Pfeffer abschmecken und beiseitestellen.

Lauch und Blattspinat in einer Schüssel mit etwas Dressing beträufeln. Das Gemüse vorsichtig mit den Händen kneten, damit es etwas weicher wird.

Petersilie, Apfel, Mandeln und Kreuzkümmelsamen zufügen und gründlich vermengen.

Den Brokkoli aus dem Backofen nehmen und auf Zimmertemperatur abkühlen lassen. Wer lieber einen kalten Salat möchte, lässt ihn komplett abkühlen. Zusammen mit dem restlichen Dressing in die Schüssel geben. Gut vermengen, servieren und genießen.

Für den Salat

- 750 g Brokkoli (ich nehme gern ½ normalen Brokkoli und ½ Brokkolini/lila Sprossenbrokkoli), längs grob gehackt
- 1–2 EL natives Olivenöl extra
- 3 Knoblauchzehen, zerdrückt oder fein gehackt
- Salz und schwarzer Pfeffer aus der Mühle
- 1 große Stange Lauch, längs halbiert, fein gewürfelt
- 100 g Blattspinat, grob gehackt
- 1 gute Handvoll frische Petersilie, fein gehackt
- 1 Apfel oder Birne, Kerngehäuse entfernt, gewürfelt
- 50 g Mandeln, geröstet und zerdrückt
- 1 guter TL gerösteter Kreuzkümmelsamen

Für das Dressing

- 3 EL natives Olivenöl extra
- Abrieb und Saft von 1 großen unbehandelten Zitrone
- 1 EL Senf (Dijon- oder körniger Senf)
- 2 TL Apfel- oder Weißweinessig
- 2 TL reiner Ahornsirup oder ein anderes Süßungsmittel
- Salz und schwarzer Pfeffer aus der Mühle

Tipps:

Falls ihr den Salat als Hauptgericht servieren wollt, rate ich euch zu einer Getreidezugabe, damit er satt macht. Naturreis, Graupen und Orzo passen hier wunderbar, da sie ein wenig Biss haben. Ich ersetze den Blattspinat auch oft durch Blumenkohlblätter – blanchiert sie in Wasser, damit sie weich werden, und verwendet sie dann wie Blattspinat.

Blumenkohl

Wenn ihr mich fragt, hat Blumenkohl das Zeug zum Superstar. Das von Blättern umhüllte Innere schmeckt zart und köstlich. Im Ganzen gebraten, zu Püree verarbeitet, zu einer Paste püriert, zu couscousartiger Konsistenz zerkleinert oder eingelegt. Und erst diese Blätter: Wenn ihr sie mit einem guten Schuss Sojasauce anbratet und mit etwas Pfeffer und einem Spritzer Chili würzt, bekommt ihr ein traumhaft salzig-knackiges Topping mit Röstaromen. Ich koche regelmäßig mit Freundinnen und Freunden und bereite dabei oft Blumenkohl zu, besonders im Frühling und im Laufe des Sommers. Seine Topform erreicht der Blumenkohl zwischen Frühjahr und Sommer, aber es gibt ja Übergangszeiten für Obst und Gemüse.

Wir lieben besonders gebackenen Blumenkohl mit schön angebräunten Strünken und Harissa. Serviert wird er mit frisch gehackten Kräutern und ein wenig Tahini. Das perfekte Hauptgericht zu einem erfrischenden und knackigen Salat. Ich muss gestehen, dass mich der Blumenkohl ziemlich fasziniert: Ich bin geradezu verliebt in ihn! Deshalb spielt er auch in den meisten meiner Lieblingsgerichte eine herausragende Rolle.

Tipps:

Blätter und Strunk – falls ihr sie bisher noch nicht verwendet habt, ist jetzt die Gelegenheit. Die Blätter schmecken gebraten ganz köstlich, aber ihr könnt sie auch roh gehackt im Salat einsetzen, leicht gedünstet als herzhaften Snack servieren oder an einem kälteren Tag in eine Suppe oder einen Eintopf werfen. Zum Aufbewahren im Kühlschrank schneide ich die Basis des Blumenkohls ab und entferne die Blätter, die allerdings noch an einem kleinen Stück Strunk befestigt sind. So hält sich der Blumenkohl etwas länger, da der Kopf atmen kann. Die Blätter wickelt ihr locker in ein feuchtes Geschirrtuch und legt sie ebenfalls in den Kühlschrank.

Ich nenne diese einfachen, aber eindrucksvollen Päckchen gern »Veggie Bombs«. Das Gemüse wird in Alufolie sanft gegart, und der Knoblauch verwandelt sich in köstliche Häppchen, während die milde Würze der Tofucreme die Aromen explodieren lässt. In diesem Rezept wird das Gemüse im Ofen gebacken, aber es lässt sich auch grillen. Das perfekte Gericht für einen faulen Tag.

Für 4 Personen als Beilage

GEBACKENER BLUMENKOHL UND BROKKOLINI

mit Sesamsamen und Tofucreme

Den Backofen auf 220 °C (Umluft) vorheizen. Vier Stück Alufolie (A4-Größe) vorbereiten und beiseitelegen. Blumenkohl, Brokkolini und Brokkoli in eine Schüssel geben. Zitronensaft und -abrieb, Schalotte und Knoblauch zufügen. Mit Olivenöl beträufeln und gut vermengen. Mit Salz und Pfeffer würzen.

Die vier Blätter Alufolie ausbreiten. Das Gemüse darauf verteilen und jeweils in der Mitte platzieren. Mit Salz und Pfeffer würzen. Dann die Alufolie an den Seiten etwas nach oben ziehen, sodass offene Päckchen entstehen. Auf ein Backblech setzen und auf oberer Schiene im Backofen 30 Minuten backen, bis es an einigen Stellen angebräunt und schön weich ist.

Inzwischen den Seidentofu für die Tofucreme mit Apfelessig, Senf, Knoblauch, Zitronensaft und -abrieb, Oregano, Salz und Pfeffer im Mixer glatt pürieren. Dann beiseitestellen oder im Kühlschrank aufbewahren.

Die Alupäckchen aus dem Backofen nehmen und prüfen, ob das Gemüse gar und schön angebräunt ist. Ihr könnt es noch stärker rösten, wenn ihr es knuspriger haben wollt, dafür einfach noch mal in den Backofen schieben.

Das Gemüse zum Servieren entweder auf Teller geben oder direkt in der Folie servieren. Mit noch mal beträufeln und mit Sesamsamen bestreuen.

Für das Gemüse

1 kleiner Blumenkohl mit Blättern, grob gehackt

1 kleines Bund Brokkolini (oder 1 kleiner Brokkoli, grob gehackt)

1 kleiner Brokkoli, grob gehackt

Abrieb und Saft von 1 kleinen unbehandelten Zitrone

1 Schalotte, fein gehackt

5 Knoblauchzehen, mit Löffelrückseite oder Messerklinge zerdrückt, grob geviertelt

natives Olivenöl extra zum Beträufeln

Salz und schwarzer Pfeffer aus der Mühle

Für die Tofucreme (ergibt 1 Schraubglas, ca. 580 ml)

300 g Seidentofu, abgetropft

1 ½ TL Apfelessig

2 TL Dijonsenf

1 Knoblauchzehe, zerdrückt oder fein gehackt

Saft von 1 kleinen unbehandelten Zitrone, plus etwas Abrieb

2 TL getrockneter Oregano

Salz und schwarzer Pfeffer aus der Mühle

Zum Servieren

4 EL leicht geröstete Sesamsamen

Tipps:

Recyclingfolie oder Backmatten bieten sich als müllsparende Alternativen zu Alufolie und Backpapier an. Wiederverwendbare Folie ist auf einer Seite leicht beschichtet, sodass ihr sie einfach abwaschen könnt. Dieses Rezept eignet sich wunderbar für den Grill oder ein Lagerfeuer. Wenn ihr einen Garten habt und dort Feuer machen dürft oder grillen könnt, legt ihr die Päckchen einfach auf das Grillgitter. Wir basteln die »Veggie Bombs« oft aus Gemüseresten aus dem Kühlschrank: Kartoffeln, Zwiebeln – ihr wisst schon, diese Sachen, die irgendwie immer übrig bleiben. Eine tolle Idee für ein Abendessen in der Gruppe, schnell, einfach und ohne große Vorbereitung. Ich mag sie als Beilage zu Tacos und Salaten oder als schnellen Snack.

Ein pürierter Blumenkohl als cremige Sauce ist eine tolle Alternative zum üblichen Carbonara-Rezept mit Käse. Wenn überall Blumenkohl angeboten wird und mich daran erinnert, taucht dieses Gericht häufig in meiner Küche auf. Mit ein wenig untergerührtem Pesto habt ihr einen schönen Farbklecks.

Für 4 Personen

BLUMENKOHL-CARBONARA

mit Pesto-Rest

Den Blumenkohl mit Strunk 10–12 Minuten dämpfen (oder kochen), bis er weich ist. Abgießen und beiseitestellen. Pasta nach Herstellerangaben kochen, abgießen und mit etwas Olivenöl zurück in den Topf geben (das könnt ihr auch weglassen, aber ich finde, die Pasta klebt dadurch nicht so zusammen).

Inzwischen für die Sauce den Blumenkohl im Mixer mit Pflanzenmilch, Knoblauch, Hefeflocken, Zitronensaft und -abrieb, Kurkuma, Muskatnuss und Senf glatt pürieren. Mit Salz und Pfeffer würzen und nach Belieben mit 2–4 EL Wasser oder Olivenöl verdünnen.

Die Blumenkohl-Sauce in den Topf zur Pasta geben und gut vermengen. Bei schwacher Hitze unter vorsichtigem Rühren langsam erwärmen. Basilikum unterrühren.

Zum Servieren das Pesto in den Topf geben oder die Pasta in Schüsseln servieren und jeweils mit einem Klecks Pesto krönen. Nach Belieben noch etwas salzen, pfeffern und mit Chiliflocken bestreuen, um für ein wenig Schärfe zu sorgen.

- 1 großer Blumenkohl mit Strunk und Blättern, grob gehackt
- 350–400 g Fettuccine/Linguine/Rotini/Tagliatelle (siehe Tipp)
- natives Olivenöl extra (nach Belieben)
- 250 ml ungesüßte Pflanzenmilch (ich mag dicke Cashewmilch, aber Hafer-, Mandel, Soja- oder Kokosmilch gehen auch)
- 4 Knoblauchzehen, zerdrückt
- 4 gute EL Hefeflocken
- Saft von 1 unbehandelten Zitrone, plus etwas Abrieb
- 1 Prise gemahlene Kurkuma
- ¼ TL frisch geriebene Muskatnuss
- 1 guter EL Senf (Dijon oder körniger Senf)
- Salz und schwarzer Pfeffer aus der Mühle
- 1 Handvoll Basilikumblätter, grob gehackt
- 3–4 EL Pesto nach Wahl (Basilikum, S. 359, Brokkoli, S. 360 oder Grünkohl, S. 359)
- 1 Prise Chiliflocken

Tipps:

80–100 g Pasta reichen für eine Person, aber ihr könnt die Menge erhöhen oder reduzieren, je nachdem, wie hungrig eure Gäste sind. Das Pesto verleiht der Sauce eine interessante Konsistenz. Wenn ihr es weglasst, ist das auch nicht weiter tragisch. Falls ihr also keines zur Hand habt, gebt ihr einfach mehr Basilikum und Zitronenabrieb zu.

Die meisten vegetarischen Fertigaufstriche enthalten aromatische Pilze mit fleischiger Konsistenz. Aber auch (gerösteter) Blumenkohl sorgt für ein intensives Umami-Aroma. Diese hausgemachte Pâté ist besser für die Umwelt, und ihr braucht nur ein paar einfache Zutaten dafür. Cremig-würzig mit kräftiger Knoblauchnote – was will man mehr? Perfekt als Bruschetta-Aufstrich (S. 38).

Ergibt ca. 350–400 g

BLUMENKOHL-PÂTÉ

Den Backofen auf 180 °C (Umluft) vorheizen. Blumenkohl, Zwiebeln und Knoblauch in eine große Bratform legen und vermengen. Wer will, kann das Gemüse mit etwas Olivenöl beträufeln, was ich allerdings nicht tue. 30 Minuten backen, bis die Zwiebeln gar sind und der Blumenkohl weich ist. Aus dem Backofen nehmen und beiseitestellen.

Zwiebeln und Knoblauch schälen, sobald das Gemüse leicht abgekühlt ist. Die Schalen nach Belieben in die Brühebox geben oder kompostieren.

Blumenkohl, Zwiebeln und Knoblauch mit Zitronensaft, Tahini, Thymianblättchen, Koriandersamen, Chiliflocken, Salz und Pfeffer im Mixer zu einer relativ homogenen Paste pürieren. Ich mag es, wenn die Pâté noch ein bisschen fester und stückig ist, aber je nach gewünschter Konsistenz könnt ihr sie auch mit Wasser verdünnen. Mit Salz und Pfeffer abschmecken.

Die Pâté in einem luftdichten Behälter im Kühlschrank aufbewahren. Beim Abkühlen dickt sie noch etwas ein. Im Kühlschrank ist sie 4–5 Tage haltbar. Als Beilage für Salate, zum Bestreichen von Toast oder Bruschetta (siehe übernächste Seite) oder einfach als Snack zu Crudités.

1 kleiner Blumenkohl mit Strunk und Blättern, grob gehackt

2 kleine Zwiebeln oder Schalotten, mit Schale, ganz

3 Knoblauchzehen, mit Schale, ganz

1–2 EL natives Olivenöl extra (nach Belieben zum Rösten)

Saft von 1 unbehandelten Zitrone

3 gute EL Tahini

Blättchen von 3–4 Zweigen Thymian (Zweige in die Brühebox legen)

1 TL Koriandersamen

1 Prise Chiliflocken oder Cayennepfeffer

Salz und schwarzer Pfeffer aus der Mühle

Die Birne bildet die perfekte Ergänzung zur Blumenkohlcreme – sie versüßt deren Umami-Aroma und sorgt mit etwas Salz für die richtige Balance. Bruschettas eignen sich wunderbar für Gäste, ob nun bei einem entspannten Grillabend oder einer gemütlichen Runde am Kamin. Auf jeden Fall gelingt euch mit diesem Gericht eine große Überraschung.

Für 2 Personen

BRUSCHETTA MIT GESALZENER BIRNE UND BLUMENKOHL-PÂTÉ

Die Birnenspalten mit Sojasauce, 1 Schuss Wasser, Oregano und geräuchertem Paprikapulver in einem Topf bei sehr schwacher Hitze erwärmen. Mit Salz und Pfeffer würzen und 8–10 Minuten köcheln lassen, bis die Birne weich und leicht angebräunt ist.

Anschließend das Brot im Backofen oder im Toaster rösten (ich mag es superknusprig). Mit der Blumenkohl-Pâté dick bestreichen. Mit den Birnenspalten belegen und mit etwas Salz und Pfeffer würzen.

Etwas Olivenöl darüberträufeln und servieren.

- 1 kleine Birne, Kerngehäuse entfernt (in die Brühebox geben), in dünne Spalten geschnitten
- 1 EL Soja- oder Tamarisauce
- 1 guter TL getrockneter Oregano
- ½ TL geräuchertes Paprikapulver
- Salz und schwarzer Pfeffer aus der Mühle
- 2–4 Scheiben (je nach Größe) eures Lieblingsbrotes (ich nehme meist Sauerteigbrot)
- 2–4 EL Blumenkohl-Pâté pro Scheibe (S. 37)
- 1 Schuss natives Olivenöl extra zum Servieren

Tipps:

Ich bereite diese Bruschetta gern zu, wenn ich noch Brot zu Hause habe, das ich aufbrauchen muss, oder wenn einige Birnen oder Äpfel herumliegen, die schon »halb hinüber« sind. Die wertvollen Fette des Olivenöls intensivieren das Aroma. Vielleicht habt ihr Knoblauch- oder Chiliöl zur Hand, das hier fantastisch dazupasst. Eine köstliche Alternative zu eurem üblichen Frühstückstoast und ein schicker Starter oder Snack.

Blumenkohl, aber auch andere Gemüsesorten, backe ich liebend gern im Ganzen. Dieses Gericht ist einfach zuzubereiten. Der komplette Kohlkopf bleibt bei dieser Methode schön saftig, und ihr erhaltet ein herrlich zartes Prachtstück. Ich serviere zu diesem Gericht nur gegartes Getreide und grünes Gemüse. Wenn ihr es noch schön garniert, sieht es beim Servieren einfach umwerfend aus. Toll für alle Gäste, die dringend ein herzhaftes Abendessen brauchen.

Für 4 Personen

GEBACKENER BLUMENKOHL MIT HARISSA

Den Backofen auf 200 °C (Umluft) vorheizen. Die Blumenkohlblätter abtrennen und beiseitelegen. Den Kohlkopf mit einem scharfen Messer aus verschiedenen Winkeln einschneiden, um die Röschen leicht abzutrennen. Der Blumenkohl sollte nicht auseinanderfallen, also nicht zu tief einschneiden.

Den Blumenkohl mit dem Strunk nach unten im Dampfkochtopf oder Dämpfeinsatz 8–10 Minuten dämpfen. Er soll nicht durchgegart werden, sondern nur so weit, dass sich ein eingestochenes Messer leicht wieder herausziehen lässt. Wer keinen Dämpfer hat, kann den Blumenkohl auch 8–10 Minuten kochen.

Den Blumenkohl aus dem Dämpfer nehmen und kopfüber hinstellen, sodass überschüssiges Wasser abläuft – ihr könnt ihn auch zusätzlich trocken tupfen. Ein Backblech einölen oder mit einer (Silikon-)Backmatte oder Backpapier (falls möglich, Recyclingpapier) belegen (siehe Tipp, S. 35).

4 EL Wasser (oder 2 EL Wasser, 2 EL Olivenöl), Harissapaste, Zitronensaft und Salz und Pfeffer in einer kleinen Schüssel verrühren. Ein paar Löffel der Mischung über den Blumenkohl träufeln, damit sie in die Einschnitte sickert und sich im ganzen Blumenkohl verteilen kann. Nicht die ganze Mischung verbrauchen, sondern etwas für die Oberseite reservieren.

Blumenkohlkopf umdrehen, sodass der Strunk unten liegt. Mit etwas Olivenöl bestreichen und mit Salz und Pfeffer

- 1 großer Blumenkohl
- 1–2 EL natives Olivenöl extra/ Kokosöl
- 2–4 EL Harissapaste (S. 361)
- Saft von 1 unbehandelten Zitrone
- Salz und schwarzer Pfeffer aus der Mühle
- 1 Handvoll Kräuter zum Garnieren, gehackt

würzen. 10 Minuten backen. Aus dem Backofen nehmen, die restliche Harissamischung darüberlöffeln und weitere 30–40 Minuten backen. Der Blumenkohl soll zum Schluss angebräunt sein und ziemlich trocken aussehen. Mit einem Messer lässt er sich dann problemlos einstechen.

Ich röste die Blätter (im Ganzen oder gehackt) gern, bis sie richtig knusprig sind. Entweder 10 Minuten vor Ende der Backzeit in den Backofen geben oder eine Pfanne erhitzen und die Blätter ohne Öl braten. Mit Salz und Pfeffer würzen und 8 Minuten braten, bis sie zart und knusprig sind.

Den Blumenkohlkopf aus dem Backofen nehmen und im Ganzen servieren: Mit den knusprigen Blättern und den Kräutern bestreuen. Entweder als »Steak« in dicke Scheiben schneiden oder nach Belieben in anderer Form anrichten.

Tipps:

Blumenkohlreste lassen sich gut zu einem Aufstrich (S. 37) pürieren. Ich habe das Rezept auch schon mit Brokkoli ausprobiert. Die Harissa könnt ihr mit Kräutern der Saison aufpeppen. Mit weniger Chili schmeckt es milder. Falls ihr keine Harissa mehr habt oder eine Alternative braucht, könnt ihr aus Öl, etwas Ahornsirup, verschiedenen Gewürzen, Salz und Pfeffer auch eine schnelle Sauce zusammenrühren. Oder ihr nehmt einfach eine andere Sauce oder Pesto.

Auf einer Reise nach Kalifornien entdeckte ich eine neu interpretierte Version des Caesar Salad, was mich zu meiner ganz eigenen Version anregte: Ein herzhafter Salat mit einer Prise Paprikapulver, die ihm eine extravagante Note verleiht.

Für 4 Personen

CAESAR SALAD AUS BLUMENKOHL

mit knusprigen Dicken Bohnen und Tahini-Dressing

Den Backofen auf 190 °C (Umluft) vorheizen. Blumenkohl, Paprikapulver, Sojasauce, Oregano und Hefeflocken in einer Schüssel gut vermengen, bis die Röschen rundherum überzogen sind. 20 Minuten gar und knusprig rösten.

Für die Croûtons das Brot mit Olivenöl, Knoblauch, Salz und Pfeffer vermengen. 10 Minuten im Backofen rösten, am besten zusammen mit dem Blumenkohl.

Für den Salat Kichererbsen, Blattsalat, Zwiebel, Staudensellerie und Kapern in einer Schüssel vermengen. Beiseitestellen und inzwischen das Dressing und die Dicken Bohnen zubereiten.

Für die Dicken Bohnen das Kokosöl bei schwacher Hitze erwärmen. Dicke Bohnen, Knoblauch und etwas Salz und Pfeffer zufügen. Unter ständigem Rühren braten, bis die Bohnen an einigen Stellen leicht angebräunt sind. Sie wirken vielleicht ein wenig schrumpelig, aber das ist ganz normal.

Für das Dressing Tahini, Knoblauch, Hefeflocken, Sojasauce, Zitronensaft und -abrieb, Senf, Paprikapulver, Oregano, Salz und Pfeffer verrühren. Etwas Wasser zugeben, falls das Dressing dünnflüssiger werden soll.

Den Blumenkohl in die Schüssel zu den Kichererbsen geben. Die Hälfte der Croûtons und der Dicken Bohnen zufügen. Die Hälfte des Dressings zugießen und alles vorsichtig mischen. Zum Servieren mit den restlichen Dicken Bohnen und Croûtons bestreuen und mit dem restlichen Dressing beträufeln. Auf Teller verteilen oder in einer großen Schüssel servieren.

Für den Salat

1 kleiner/mittelgroßer Blumenkohl, in Röschen geteilt, Strunk klein geschnitten

1–2 TL geräuchertes Paprikapulver

3–4 EL Soja- oder Tamarisauce

4 TL getrockneter Oregano

3 gute EL Hefeflocken

200 g gekochte Kichererbsen, abgespült

1 mittelgroßer Blattsalat (Kopf-, Romana-, Eisbergsalat)

1 kleine rote Zwiebel, in dünne Ringe geschnitten

2 Stangen Staudensellerie, mit Blättern, in dünne Stücke geschnitten

2 EL Kapern, abgegossen

Für die Croûtons

3–4 Scheiben altbackenes Brot, in kleine Stücke gezupft

2 EL natives Olivenöl extra

2 Knoblauchzehen, zerdrückt

Salz und schwarzer Pfeffer aus der Mühle

Für die knusprigen Dicken Bohnen

1 EL Kokosöl

180 g enthülste, enthäutete Dicke Bohnen

1 Knoblauchzehe, zerdrückt

Salz und schwarzer Pfeffer aus der Mühle

Für das Tahini-Dressing

- 2 gute EL Tahini
- 2 Knoblauchzehen, zerdrückt
- 3 EL Hefeflocken
- 2 EL Soja- oder Tamarisauce
- Abrieb und Saft von 1 unbehandelten Zitrone
- 2 EL Dijonsenf
- ½ TL Paprikapulver
- 2 TL getrockneter Oregano
- Salz und schwarzer Pfeffer aus der Mühle

Tipps:

Diese Croûtons sind wunderbar, um altbackenes Brot aufzubrauchen. Sie passen perfekt zu Salaten und gebackenem Gemüse. Zu Semmelbröseln zermahlen sind sie im Kühlschrank ein paar Tage haltbar. Das Häuten der Dicken Bohnen ist ein wenig mühsam. Die Häute könnt ihr in eure Brühebox stecken, aber da sie etwas bitter sind, solltet ihr für eine Brühe genügend andere Reste darin sammeln (S. 352). Als Alternative bieten sich getrocknete halbierte Dicke Bohnen an. Kocht sie zuerst und bratet sie dann wie im Rezept beschrieben.

In diesem Rohkostsalat verfeinere ich einige der besten Frühlingsprodukte mit spritzigem Orangen-Dressing und Mandelfeta. Mit knusprigem Brot perfekt für die ersten warmen Tage, ob als Hauptgericht oder als Beilage. Es kann auch nicht schaden, die Brotscheiben mit extra Mandelfeta zu bestreichen.

Für 4 Personen als Hauptgericht, für 6 als Beilage

SALAT AUS GERASPELTEM BLUMENKOHL UND BROKKOLI

mit Spargel und zerbröckeltem Mandelfeta

Den Backofen auf 180 °C (Umluft) vorheizen. Ein Backblech leicht einölen oder mit Backpapier (siehe Tipp, S. 35) belegen.

Für den Mandelfeta die Mandeln abspülen und abtropfen lassen. Mandeln, Zitronensaft und -abrieb, Salz, Miso, Oregano, Knoblauch, Apfelessig, Pfeffer, Pflanzenmilch und Hefeflocken im Mixer glatt pürieren. Sollte die Mischung zu stückig oder dickflüssig sein, einfach etwas Wasser zugießen. Je mehr Flüssigkeit, desto sämiger die Konsistenz. Ich mag gern ein wenig Biss, damit es eher an richtigen Feta erinnert.

Die Mischung auf dem Backblech verteilen. Die Schicht sollte relativ dick und eben sein, auf die äußere Form kommt es nicht an. Mit 1 Prise Salz bestreuen und dann im Backofen 30–40 Minuten backen. Sobald die Schicht oben anbräunt, knusprig wird und sich etwas fester anfühlt, aus dem Backofen nehmen und komplett abkühlen lassen.

Für den Salat Blumenkohl und Brokkoli in einer Schüssel vermengen. Den Spargel 5–6 Minuten dünsten, dann mit fließend kaltem Wasser abspülen, um den Garprozess zu stoppen. Die Stangen längs und quer halbieren und zu Blumenkohl und Brokkoli geben. Frühlingszwiebeln, Apfel und Staudensellerie zufügen. Gut vermengen und mit Salz und Pfeffer würzen.

Für den Mandelfeta

110 g Mandeln, mind. 2 Stunden (am besten über Nacht) eingeweicht

Saft von 1 kleinen unbehandelten Zitrone, plus etwas Abrieb

1 guter TL Salz, plus 1 Prise

1 TL Miso (vorzugsweise gelb oder hell)

2 TL getrockneter Oregano

2 Knoblauchzehen, zerdrückt oder fein gehackt

1 TL Apfelessig

1 Prise schwarzer Pfeffer aus der Mühle

80 ml Pflanzenmilch

3 gute EL Hefeflocken

Für den Salat

1 kleiner Blumenkohl, geraspelt, gerieben oder fein gehackt

1 Brokkoli (ich nehme gern Brokkolini), geraspelt, gerieben oder fein gehackt

10–15 Stangen grüner Spargel

6 Frühlingszwiebeln, in feine Ringe geschnitten

1 Apfel, Kerngehäuse entfernt, in dünne Spalten geschnitten

2 Stangen Staudensellerie, in dünne Stücke geschnitten

Salz und schwarzer Pfeffer aus der Mühle

natives Olivenöl extra zum Beträufeln

Für das Dressing im Mixer oder mit einem Schneebesen/ einer Gabel Orangensaft und -abrieb, Knoblauch, Ingwer, Tahini, Senf, Ahornsirup, Essig, Cayennepfeffer, Salz und Pfeffer verrühren. Etwas Wasser zugießen, falls es dünnflüssiger werden soll.

Das Dressing über den Salat gießen und alles mit den Händen vermengen und leicht durchkneten, bis das Gemüse gut damit bedeckt ist und weicher wird.

Auf Teller verteilen oder in einer großen Schüssel servieren. Mandelfeta über den Salat bröckeln. Mit etwas Olivenöl beträufeln – oder das Olivenöl über den Feta träufeln, bevor ihr ihn zerbröckelt. Falls nötig, mit Salz und Pfeffer würzen.

Für das Dressing

Abrieb von ½ und Saft von 2 unbehandelten Orangen

1 Knoblauchzehe, zerdrückt oder fein gehackt

einige cm Ingwer, fein gehackt oder gerieben

2 gute EL Tahini

2 TL körniger Senf

1 TL reiner Ahornsirup oder ein anderes Süßungsmittel

1 TL Apfel- oder Weißweinessig

1 Prise Cayennepfeffer

Salz und schwarzer Pfeffer aus der Mühle

Dicke Bohnen

Eines meiner liebsten Gemüse ab Mai sind diese süßen, kleinen Bohnen, die so schön nach Butter schmecken. Mir macht schon das Enthülsen einen Riesenspaß – keine große Sache, aber man hat das Gefühl, etwas geschafft zu haben, besonders, wenn man sie hinterher noch isst. Ehrlich gesagt mag ich Dicke Bohnen am liebsten in einem nur mit Salz und Pfeffer und einem Spritzer Zitronensaft gewürzten Salat. So schmeckt der Frühling – süß, zart und saftig! In der Welt der Kulinarik werden sie oft auch Favabohnen genannt, weshalb ihr sie manchmal in Restaurants auf der Speisekarte unter diesem Namen findet. Aber das ist im Grunde dasselbe, auch wenn man diese frischen Bohnen nicht mit den getrockneten Favabohnen verwechseln darf. Dicke Bohnen wachsen bis in den Spätsommer hinein: Gegen Ende der Saison findet ihr gelegentlich größere Bohnen in dickeren, pelzigen Schoten.

Tipps:

Hier kommt der Haken: Zwar schmecken die Bohnen, wenn man sie einfach kurz dämpft oder kocht, herrlich aromatisch. Aber mit den Schoten ist es so eine Sache – obwohl die meisten Leute denken, dass man sie auf den Kompost werfen sollte, kann man doch so einiges machen, um wirklich das ganze Gemüse zu verwerten. Die Schoten kann man nämlich im Ganzen oder gehackt mit etwas Salz, Pfeffer, Weizenmehl und Kräutern/Gewürzen nach Wahl (wie gemahlenem Kreuzkümmel oder Koriander) vermengen und bei schwacher Hitze in etwas Öl braten. Vielleicht nicht gerade das gesündeste Gericht der Welt, aber dennoch köstlich und eine schöne Beilage. Die Schoten sind roh sehr bitter und faserig, lassen sich aber gut klein hacken und gegen Ende der Garzeit zu Eintöpfen geben.

Die oft übersehenen Dicken Bohnen sind so vielseitig: Mit ihrer zarten Süße, der cremigen Konsistenz und der nussigen Note können sie bei diesem Rezept all ihre Vorzüge ausspielen. Ich mag die Bruschetta als Snack oder als Teil eines Frühlingsbüffets – eine dicke Scheibe warmes Röstbrot mit einem beachtlichen Bohnenberg!

Für 4 Personen

BRUSCHETTA MIT DICKEN BOHNEN

Die Dicken Bohnen 5 Minuten in Salzwasser kochen. Abgießen, abspülen und in eine Schüssel füllen. Mit einer Gabel zerdrücken.

Zitronensaft und drei Viertel des Abriebs, Zucchini, Olivenöl, Minze, Knoblauch, Chili und Hefeflocken zufügen. Mit Salz und Pfeffer würzen. Gut zerdrücken und vermengen. Die Mischung sollte eine eher stückige Konsistenz haben, aber dennoch einen kompakten Aufstrich ergeben.

Das Brot rösten, grillen oder in einer heißen Pfanne auf dem Herd braten. Dann in kleinere Stücke schneiden. Die Bohnenmischung auf die Brotstücke häufen. Mit etwas Olivenöl beträufeln, mit dem restlichen Zitronenabrieb bestreuen und mit den Minzblättern garnieren.

240 g enthülste Dicke Bohnen
Salz
Abrieb und Saft von 1 unbehandelten Zitrone
1 kleine Zucchini, gerieben
2 EL natives Olivenöl extra, plus mehr zum Servieren
1 kleine Handvoll Minzblätter, fein gehackt (oder 2 TL getrocknete Minze), plus einige ganze Blätter zum Garnieren
2 Knoblauchzehen, zerdrückt oder fein gehackt
1 Prise Chiliflocken
1–2 gute EL Hefeflocken
schwarzer Pfeffer aus der Mühle
Brot nach Wahl, geröstet (je nach Größe reichen 4–8 Scheiben)

Tipps:

Ihr könnt noch einen veganen gebackenen Käse als Topping zerbröckeln. Oder ihr träufelt Olivenöl darüber. Falls gerade keine Zucchinisaison ist, lasst ihr sie einfach weg. Alternativ ersetzt ihr sie durch Erbsen oder Salatgurke. So könnt ihr die Sachen verwerten, die ihr gerade im Haus habt. Der Dicke-Bohnen-Mix ergibt einen tollen Dip – falls ihr etwas mehr zubereiten möchtet, solltet ihr noch einen guten Schuss Olivenöl zugeben. Wenn die Mischung etwas lockerer ist, eignet sie sich auch perfekt als heiße oder kalte Pastasauce. Dazu 1 Handvoll frisches Basilikum und ein weiteres grünes Gemüse und schon ist die Pasta komplett. Mit diesem Rezept lässt sich altbackenes oder tiefgekühltes Brot aufbrauchen.

Fregola erinnert eher an Getreide und sieht aus wie riesiger Couscous. Die sardinische Pastasorte wird aus Weizenmehl hergestellt, gerollt und sonnengetrocknet, damit sie etwas Biss bekommt. Sie bildet eine tolle Basis für viele Gerichte. Dieses Rezept eignet sich bestens für einen herzhaften Brunch, ein rustikales Mittagessen oder ein wärmendes Abendessen. Die kräftige Farbe der Dicken Bohnen und des Zitronenabriebs leuchtet wie der Frühling.

Für 4–6 Personen

FREGOLA MIT DICKEN BOHNEN

mit Zitrone und Nuss-Parmesan

Die Fregola-Nudeln in leicht gesalzenem Wasser unter gelegentlichem Rühren 10–12 Minuten köcheln lassen, bis sie *al dente* sind. Abgießen und wieder in den Topf geben. 1 Schuss Olivenöl zufügen, damit die Körnchen nicht aneinanderkleben, und beiseitestellen.

Die Zwiebel in etwas Wasser in einem weiteren Topf dünsten, bis sie weich ist und duftet. Dann 1 Prise Salz und den Knoblauch zugeben und 1 weitere Minute dünsten. Die Dicken Bohnen zufügen und leicht anbraten, dann das Olivenöl zugießen. Langsam die Brühe einrühren, bis die Bohnen bedeckt sind. Zum Kochen bringen, dann die Temperatur reduzieren und köcheln lassen. Anfangs wird vielleicht nicht die gesamte Brühe benötigt: Den Rest beiseitestellen.

Zitronensaft und -abrieb, Hefeflocken, Tahini, Petersilie, Minze und Oregano zugeben. Ordentlich mit Salz und Pfeffer würzen und gut vermengen. Einen Deckel auflegen und 15 Minuten köcheln lassen, bis die Flüssigkeit allmählich eindickt. Falls die Mischung zu trocken wird, 1 Schuss Brühe oder Wasser zugießen.

Für den Nuss-Parmesan die Cashewkerne im Mixer grob zerkleinern. Sonnenblumenkerne, Salz, Hefeflocken, Knoblauchpulver und Kurkuma zufügen. Zerkleinern, bis das Ganze eine bröselige Konsistenz hat. Nicht zu lange mixen, sonst erhält man eine Paste. In ein Schraubglas füllen und in den Kühlschrank stellen.

200 g Fregola Sarda
Salz
2 EL natives Olivenöl extra, plus mehr für die Nudeln
1 große Zwiebel, fein gehackt
4 Knoblauchzehen, zerdrückt oder fein gehackt
450 g Dicke Bohnen, enthülst und gehäutet
500 ml Brühe
Abrieb von 1 und Saft von 2 unbehandelten Zitronen
2 EL Hefeflocken
1 EL Tahini
1 Handvoll frische Petersilie, fein gehackt (oder 2 gute TL getrocknete)
1 Handvoll Minzblätter, fein gehackt (oder 2 gute TL getrocknete)
2 TL getrockneter Oregano
schwarzer Pfeffer aus der Mühle
1 Prise Chiliflocken oder Cayennepfeffer

Für den Nuss-Parmesan

70 g rohe Cashewnusskerne
45 g Sonnenblumenkerne
1 TL Salz
3 gute EL Hefeflocken
¼ TL Knoblauchpulver
¼ TL gemahlene Kurkuma

Die Chiliflocken zu den Dicken Bohnen geben, mit Salz und Pfeffer abschmecken. Die Bohnen sollten nun sehr weich sein und ein wenig zerfallen. Die Nudeln zugeben und alles gut vermengen. Erneut salzen und pfeffern, falls nötig. Die Mischung soll an einen Eintopf erinnern – mit ein wenig Flüssigkeit, aber nicht zu viel Sauce.

Zum Servieren in Schüsseln füllen und mit reichlich Nuss-Parmesan bestreuen.

Ich liebe Hummus! Wenn ich ihn auch noch aus einer meiner Lieblingsgemüsesorten zubereite, bekomme ich einfach nicht genug davon. Diese leichte Variante passt hervorragend zu Salaten, Gemüse, Getreide oder einer kleinen Brotzeit. Die gehackte Minze sorgt für echte Frühlingsgefühle!

HUMMUS MIT DICKEN BOHNEN UND MINZE

Ergibt ca. 8–10 Portionen

Die Dicken Bohnen 5 Minuten in Salzwasser kochen. Abgießen, abspülen und in den Mixer geben.

Zitronenabrieb, -saft, Olivenöl, Tahini, Minze, Knoblauch und Chili zufügen. Mit Salz und Pfeffer würzen und zerkleinern, bis die gewünschte Konsistenz erreicht ist. Für stückigen Hummus nur kurz vermengen. Wer homogenen Hummus möchte, gibt während des Mixens 1 Schuss Wasser zu.

In einen verschließbaren Behälter füllen und mit etwas Olivenöl beträufeln, damit die Mischung nicht austrocknet. Zu einem Salat, als Snack mit Gemüsesticks oder als Toasttopping servieren.

450 g Dicke Bohnen, enthülst

Salz

Abrieb und Saft von 1 unbehandelten Zitrone

2 EL natives Olivenöl extra, plus mehr zum Servieren

2 gute EL Tahini

1 kleine Handvoll Minzblätter, fein gehackt (oder 2 TL getrocknete Minze)

2 Knoblauchzehen, zerdrückt oder fein gehackt

1 Prise Chiliflocken

schwarzer Pfeffer aus der Mühle

Als ich endlich begriffen hatte, dass man Couscous auch aus Gemüse herstellen kann, probierte ich es mit Blumenkohl. Wichtig ist, dass er gegart wird, das macht den feinen Unterschied. Dieses leichte Gericht ergibt mit Hummus oder einem Dip auch ein tolles Topping für Ofenkartoffeln.

Für 4 Personen als Beilage

KNOBLAUCH-BLUMENKOHL-COUSCOUS

mit Erbsensprossen und Dicken Bohnen

Die Blumenkohlröschen im Mixer (portionsweise) zu groben Krümeln zerkleinern. Die am Rand haftenden Stücke dabei immer wieder nach unten schieben.

Den »Couscous« in einen Topf geben und knapp mit Wasser bedecken. 1 Prise Salz zufügen und bei schwacher Hitze mit aufgelegtem Deckel 5 Minuten garen. Den Blumenkohl zum Abkühlen und Trocknen auf ein großes Tablett geben.

Olivenöl in einer Pfanne erhitzen und Knoblauch, Frühlingszwiebeln, Koriandersamen und Staudensellerie kurz anbraten, bis der Koriander duftet und die Mischung allmählich anbräunt.

Die Dicken Bohnen in Salzwasser einige Minuten kochen, abgießen und mit kaltem Wasser abspülen. Abtropfen lassen.

Blumenkohl-Couscous, Staudenselleriemischung und Dicke Bohnen in einer großen Schüssel mischen. Alle Kräuter, Erbsensprossen, Rosinen, Zitronensaft und -abrieb, Essig und Senf zufügen und vorsichtig mit den Händen vermengen, bis alles gut mit Dressing bedeckt ist. Mit Salz, Pfeffer und Olivenöl würzen, dann servieren.

- 1 Blumenkohl, in Röschen zerteilt
- Salz
- 1 TL natives Olivenöl extra, plus 1 Schuss zum Servieren
- 4 Knoblauchzehen, zerdrückt oder fein gehackt
- 4 Frühlingszwiebeln, fein gehackt
- ½ TL Koriandersamen
- 2 Stangen Staudensellerie, fein gehackt
- 120 g Dicke Bohnen, enthülst
- je 1 TL getrockneter Oregano, Minze und Thymian
- je 1 gute Handvoll frische Petersilie und Minzblätter
- 80 g Erbsensprossen (oder andere Mikrosprossen bzw. Schnittlauchröllchen)
- 80 g Rosinen oder Sultaninen
- Abrieb und Saft von 1 unbehandelten Zitrone
- 1 TL Weißwein- oder Apfelessig
- 1 EL körniger Senf
- schwarzer Pfeffer aus der Mühle

Tipps:

Damit der Couscous süßer und knackiger schmeckt, gebe ich gern etwas Obst dazu, z. B. Äpfel, Birnen oder Granatapfelkerne. Auch geröstete Nüsse oder Kerne machen sich super darin. Wenn ihr gleich eine größere Portion Blumenkohl-Couscous zubereitet, sie mit einem Spritzer Zitronensaft, Salz und Olivenöl verfeinert und im Kühlschrank aufbewahrt, habt ihr ein tolles Extra zu Salaten oder Eintöpfen. Dieser Salat hält sich im Kühlschrank einige Tage, der Essig macht ihn besser haltbar. Reste mit Blattsalat und Tomaten als Sandwichfüllung verwenden.

Rhabarber

Eine herrlich kräftige und saftige Frucht ... na ja, rein botanisch betrachtet, ist er eigentlich ein Gemüse. Aber wegen des unverwechselbar süßsauren Geschmacks fällt der Rhabarber in die Kategorie Obst. Er ist knackig und sieht mit seiner rosaroten Färbung überdies gut aus. Mit Rhabarber könnt ihr super experimentieren, da er bestens mit vielen herzhaften Gerichten harmoniert. Man isst ihn oft als Kompott oder in einem Crumble, aber er macht sich, kombiniert mit den in Nusskernen oder Avocados enthaltenen gesunden Fetten, auch toll in einem Dressing. Mit Zitrusfrüchten verträgt er sich wunderbar, weshalb ich bei einem Rhabarber-Dressing viel Limette verwende. Zur Rhabarbersaison bin ich bester Laune, wahrscheinlich, weil er mich an früher erinnert. Aber da er nur für kurze Zeit erhältlich ist, werdet ihr meine Begeisterung sicher verstehen.

Tipps:

Lasst uns diese rosarot schimmernde Frucht feiern: Die Saison ist wie gesagt kurz, weshalb ihr am besten auf Vorrat kocht. Er hält sich ungegart im Kühlschrank einige Tage und das Aroma wird von Tag zu Tag intensiver. Den gekochten Rhabarber könnt ihr auch einfrieren, er hält sich so bis zu einen Monat. Die Blätter solltet ihr möglichst bis zur Verwendung nicht abschneiden, da er so länger frisch bleibt – oft werden sie wegen ihrer Größe entfernt oder gekürzt. Aber falls ihr genügend Platz habt, solltet ihr sie am Stängel lassen. Rhabarberreste sind die ideale Crumble-Zutat, passen zum Frühstück und machen sich gut in Dressings (siehe oben). Einer meiner Lieblingssalate (S. 60) wird mit Rhabarber-Dressing angemacht.

Wenn der erste Rhabarber auf den Markt kommt, drehe ich durch und kaufe zu viel davon, weshalb ich mir immer wieder neue Rezepte dafür ausdenken muss: Dieser Kuchen, der ohne Backen funktioniert, wird euch sicher nicht enttäuschen. Der Rhabarber bildet ein Gegengewicht zum cremigen Cashew-Topping. Der ideale Kuchen für Gäste.

Ergibt 12–16 Stücke

RHABARBER-CASHEW-CHEESECAKE

Rhabarber, Ahornsirup, Zitronensaft und -abrieb, Ingwer und Salz in einen kleinen Topf geben. Nach und nach 60 ml Wasser zugießen. Der Rhabarber sollte knapp bedeckt sein und nicht im Wasser schwimmen – bei Bedarf mehr Wasser zugießen. Bei schwacher Hitze sanft köcheln lassen, bis der Rhabarber weich ist und die Konsistenz eines Kompotts hat. Die Mischung sollte eine dickflüssige, homogene Konsistenz haben.

Für den Boden die Mandeln im Mixer zu groben Krümeln verarbeiten. Datteln, Kokosöl und Ahornsirup zufügen und zerkleinern, bis sich ein schöner grober Teig bildet.

Eine Springform (26 cm Ø) mit Kokosöl einfetten (auch den Rand rundherum). Die Mandelmasse in die Form füllen und gleichmäßig als Boden andrücken. Zum Festwerden in den Gefrierschrank stellen und inzwischen das Topping zubereiten.

Für das Topping die Cashewkerne mit Ahornsirup, Kokosöl, Pflanzenmilch, Zitronensaft und -abrieb sowie Salz auf hoher Stufe im Mixer zu einer glatten, cremigen Paste vermengen. Etwas mehr Pflanzenmilch zugießen, falls die Mischung zu dickflüssig ist.

Die Mischung in eine Schüssel füllen und den Rhabarber zugeben. Ganz langsam und vorsichtig einen Pfannenwender oder großen Löffel durch die Mischung ziehen, sodass ein Wirbelmuster entsteht. Nicht vermengen!

Für den Rhabarber

4–5 Stangen Rhabarber, grob gehackt

60 ml reiner Ahornsirup

Abrieb und Saft von ½ unbehandelten Zitrone

1 TL fein gehackter oder geriebener Ingwer

1 Prise Salz

Für den Boden

240 g Mandeln oder Walnusskerne oder eine Mischung aus beiden

140 g Datteln, entkernt

1–2 EL Kokosöl, zerlassen, plus mehr zum Einfetten

1 EL reiner Ahornsirup

Für das Topping

300 g Cashewnusskerne, über Nacht eingeweicht

2–3 EL reiner Ahornsirup (je nach gewünschter Süße mehr oder weniger)

2 gute EL Kokosöl

150 ml Pflanzenmilch (evtl. etwas mehr)

Abrieb und Saft von 2 unbehandelten Zitronen (etwas Abrieb für die Garnierung beiseitelegen)

1 Prise Salz

Die Kuchenform aus dem Gefrierschrank nehmen und die verwirbelte Mischung auf dem Kuchenboden verteilen. Mit dem restlichen Zitronenabrieb garnieren und zum Festwerden mindestens 2 Stunden tiefgefrieren. Falls ihr den Kuchen später am Abend servieren möchtet, würde ich ihn schon tagsüber zubereiten.

Zum Servieren aus dem Gefrierschrank nehmen. Einige Minuten stehen lassen und dann den Boden aus der Springform lösen. Wenn ihr die Form gut eingefettet habt, sollte das ganz einfach gehen. In Stücke schneiden, servieren und genießen!

Willkommen, Frühling!

Ich erinnere mich noch genau an meine erste Begegnung mit Birchermüsli. Im Laufe der Jahre habe ich mit diversen Zutaten herumgespielt, um verschiedene Konsistenzen auszuprobieren. Dabei habe ich festgestellt, dass andere Getreideflocken und Kerne genauso gut dazu passen wie Haferflocken. Die feine Prise Kardamom verwandelt ein schlichtes Müsli in eine schicke Sache.

Für 2–3 Personen

BIRCHERMÜSLI AUS DREIERLEI GETREIDE

mit Rhabarberkompott und Kardamom

Für das Müsli Hafer-, Dinkel-, Roggenflocken, Kürbiskerne, Sesamsamen, Kokosraspel, Salz und Zimtpulver in einer Schüssel vermengen. Unter Rühren langsam die Flüssigkeit zugießen. Möglicherweise benötigt ihr mehr oder weniger als die angegebene Menge. Die Mischung sollte recht dick sein, aber noch sichtbare Flüssigkeit enthalten. Einen Deckel auflegen und über Nacht in den Kühlschrank stellen. Je länger, desto besser verdaulich wird es.

Für das Rhabarberkompott den Rhabarber in einem Topf knapp mit Wasser bedecken. Zucker, Zitronensaft und -abrieb, Kardamom, Ingwer und Salz zufügen und alles gut vermengen. Zum Kochen bringen, dann bei schwacher Hitze 10–15 Minuten sanft köcheln lassen, bis der Rhabarber gar ist. Unter gelegentlichem Rühren ein wenig Wasser zugießen, falls die Mischung zu trocken wirkt. Zum Abkühlen beiseitestellen.

Das Birchermüsli aus dem Kühlschrank holen und durchrühren. Falls die Mischung zu dickflüssig ist, mit einigen EL Pflanzenmilch verdünnen, bis sie die gewünschte Konsistenz erreicht hat.

Zum Servieren das Birchermüsli auf Schüsseln verteilen und mit einer ordentlichen Portion Rhabarberkompott krönen. Es bleibt sicher etwas Kompott übrig, das ihr in einem verschließbaren Behälter im Kühlschrank aufbewahren könnt. Das Müsli mit den zusätzlichen Toppings bestreuen – und dann loslöffeln.

Für das Müsli

100 g kernige Haferflocken

50 g Dinkelflocken

50 g Roggenflocken

1 EL Kürbiskerne

1 EL Sesamsamen

1 EL Kokosraspel/-chips

1 kleine Prise Salz

1 TL Zimtpulver (wer ein mildes Zimtaroma bevorzugt, nimmt weniger)

350 ml Pflanzenmilch (oder halb Wasser, halb Pflanzenmilch), plus einige weitere EL nach dem Einweichen

Für das Rhabarberkompott

400 g Rhabarber, grob gehackt

2 gute EL Kokos-/Palm-/ oder ein anderer unraffinierter Zucker

Abrieb von ½ und Saft von 1 unbehandelten Zitrone

4–5 Kardamomkapseln, Schalen entfernt, Samen zerdrückt, oder 1–2 TL getrocknete Samen

2,5 cm Ingwer, fein gehackt oder gerieben

1 Prise Salz

Tipps:

Dies war lange Zeit eines meiner Standardfrühstücke. Gelegentlich sorge ich durch eine andere Getreidesorte für Abwechslung, je nachdem, was ich gerade im Haus habe. Wenn ich eine große Menge Getreide gekocht habe, ersetze ich damit eine Flockensorte. Ihr könnt auch eine größere Portion Bircher Basis zubereiten und einige Tage im Kühlschrank aufbewahren. Dann bedient ihr euch einfach jeden Morgen und wechselt mit dem Obst ab – das Beerenkompott von S. 371 ist ein Klassiker. Oder das Kürbiskern-Granola von S. 220, falls es bereits herbstlich wird. Ein tolles Frühstücks- oder Brunchrezept, das wunderbar satt macht. Falls euch nach etwas Warmem zumute ist, könnt ihr ein wenig mehr Flüssigkeit zugießen und dann alles in einem Topf bei schwacher Hitze aufwärmen.

Toppings nach Wahl

Granola (S. 366)
weitere Kerne
Nusskerne, zerdrückt
veganer Joghurt
frisches Obst

Willkommen, Frühling!

Ein recht bodenständiges Rezept für ein »Schauen wir mal, was noch im Kühlschrank ist«-Essen. Das Dressing macht den Salat richtig spannend, da man normalerweise nicht auf die Idee käme, Rhabarber dafür zu nehmen. Der Rhabarber verleiht dem Ganzen ein intensiv säuerliches Aroma, betont den Geschmack des Gemüses und bietet einen hübschen Anblick.

Für 4 Personen als Beilage, für 2 als Hauptgericht

KÜHLSCHRANKSALAT

mit Rhabarber-Dressing

Für das Dressing 1–2 TL Olivenöl in einer Pfanne erhitzen und den Rhabarber darin anbraten, bis er weich ist, und allmählich anbräunt und zerfällt. Knoblauch zufügen und 1 Minute mitbraten.

Rhabarber, Knoblauch, restliches Olivenöl, Zitronensaft, Limettensaft und -abrieb, Ahornsirup, Tahini, Oregano, Chiliflocken, Salz und Pfeffer im Mixer zu einem glatten, dickflüssigen Dressing vermengen. Wer es lieber dünnflüssig mag, gießt etwas Wasser zu und püriert die Mischung erneut. Anschließend beiseitestellen.

Für den Salat Blattgemüse, Minze, Petersilie, Radieschen und ausgewählte Gemüsereste in eine Schüssel geben. Zitronensaft, Essig und Salz zufügen. Den Salat mit den Händen vermengen und leicht kneten, damit das Gemüse und die Kräuter etwas weicher werden. Die Hälfte des Dressings zufügen und den Salat erneut mit den Händen vermengen.

Apfel und Nusskerne zugeben, mit Salz und Pfeffer würzen und wieder vermengen. Zum Servieren entweder das restliche Dressing direkt in die Salatschüssel gießen oder den Salat portionieren und jeweils mit etwas Dressing beträufeln.

Für das Dressing

2 EL natives Olivenöl extra

125 g Rhabarber, gehackt

2 Knoblauchzehen, zerdrückt oder fein gehackt

Saft von 1 unbehandelten Zitrone

Abrieb und Saft von 1 unbehandelten Limette

1–2 TL reiner Ahornsirup (nimmt Rhabarber die bittere Note)

1 EL Tahini

2 TL getrockneter Oregano

1 Prise Chiliflocken

Salz und schwarzer Pfeffer aus der Mühle

Für den Salat

1 gute Handvoll dunkles Blattgemüse (je nachdem, was ihr bekommt – Grünkohl, Blattkohl, Mangold), grob gehackt

1 Handvoll Minzblätter, grob gehackt

1 Handvoll frische Petersilie, grob gehackt

4 kleine Radieschen mit Blättern, in dünne Scheiben geschnitten

800–950 g rohes Gemüse (nehmt das, was in eurem Kühlschrank herumliegt – Blumenkohl, Brokkoli, Wurzelgemüse etc.), fein gehackt

Saft von 1 unbehandelten Zitrone

1–2 TL Apfel- oder Weißweinessig

1 TL Salz

1 Apfel, Kerngehäuse entfernt, in feine Spalten geschnitten

70 g Nusskerne, leicht geröstet (Mandeln, Cashewnusskerne, Haselnusskerne oder eine Mischung)

Salz und schwarzer Pfeffer aus der Mühle

Tipps:

Die Dressingmenge lässt sich gut verdoppeln – im Kühlschrank hält es sich etwa eine Woche. Welches Gemüse ihr in den Salat geben möchtet, bleibt ganz euch überlassen – gern eine wilde Mischung. Falls ihr viel Wurzelgemüse habt, könnt ihr es reiben. Und dann werft ihr noch ein paar Sachen dazu, die in eurem Kühlschrank herumliegen.

Spargel

Bis vor ein paar Jahren war mir nicht klar, wie fantastisch gebratener Spargel schmeckt. Keine Ahnung, warum ich nie auf die Idee kam, ihn zu braten. Ich habe ihn immer nur gedämpft, bis er leuchtend grün wurde, und ihn nicht zu schnell erhitzt, damit er nicht anbräunt. Aber Spargel ist ein köstliches Gemüse, das ihr in der Saison überall auf den Märkten findet. Ich sehe ihn das ganze Jahr über in den Supermärkten, was mich etwas ärgert: Denn sein einzigartiger Geschmack wird verwässert, wenn seine Saison hinter ihm liegt. Während des Frühlings und bis in den Sommer hinein verbessert sich sein Aroma. Er lässt sich bestens mit anderem milden Gemüse kombinieren. Ehrlich gesagt, ich liebe Spargelrisotto, den guten alten Klassiker, wobei ich die Stangen dafür manchmal nur dünste und ein anderes Mal in der Grillpfanne richtig anbräune. Spargel schmeckt auch perfekt mit einer schlichten Vinaigrette aus Olivenöl, Essig, Senf, Zitronensaft und einer Prise Salz. Wer abenteuerlich veranlagt ist, gibt noch sehr fein gehackte Schalotte dazu.

Ich persönlich mag am liebsten grünen Spargel, er schmeckt würziger als weißer Spargel, weil er über der Erde wächst und von der Sonne verwöhnt wird. Weißer Spargel wächst unter der Erde in sogenannten Erdwällen heran und wird gestochen, wenn seine Köpfe die Erde ein wenig anheben. Lässt man die Köpfe herauswachsen, verfärben sie sich lila. Spargel mit lila Köpfen schmeckt ebenfalls würzig, weißer Spargel eher mild. Ihr könnt jede Sorte verwenden.

Tipps:

Holzige Spargelenden lassen sich wunderbar für Suppen oder Saucen verwenden. Man kann sie problemlos essen, auch wenn sie wesentlich zäher als der Rest der Stangen sind und deshalb länger gegart werden müssen. Viele Leute glauben, dass man sie besser wegwirft, aber die Spargelenden verleihen einem Gericht ein intensives Aroma, wenn man sie mitkocht. Sind sie euch zu faserig, könnt ihr sie einfach pürieren.

Auf einer Solo-Reise nach Bali stolperte ich abseits der Touristenpfade über ein traumhaftes Café, das von zwei Schwestern geführt wurde. Ich kam fast jeden Tag vorbei und futterte mich durch ihre Speisekarte. Unwiderstehlich fand ich ihre köstliche Suppe, die bis zum Rand mit balinesischem Gemüse und Kräutern gefüllt war und mit Reis und gerösteten Schalotten serviert wurde. Das folgende Rezept habe ich zu Ehren dieser Schwestern entwickelt: leicht verdaulich, aber sehr sättigend.

Für 4–6 Personen

BALINESISCHE FRÜHLINGSSUPPE

Hier kommt es auf die Vorbereitung an: Habt ihr alle Zutaten hergerichtet, geht es ganz schnell.

Das Kokosöl bei schwacher Hitze in einer Pfanne zerlassen und die Schalotten darin braten, bis sie weich sind und aromatisch duften. Knoblauch, Koriandersamen, Ingwer, Zitronengras und Korianderstängel zufügen und anbräunen. Falls die Mischung zu trocken wird, 1 Schuss Wasser zugeben.

Sojasauce, Brühe und Cayennepfeffer zufügen. Zum Kochen bringen und dann die Karotten zugeben. Die Temperatur reduzieren und einige Minuten köcheln lassen. Die Karotten benötigen zum Garwerden etwas länger als das restliche Gemüse.

Tomaten, Spargel, Dicke Bohnen und Blattgemüse zufügen und weiter sanft köcheln lassen.

Die Hälfte der Korianderblätter zugeben und mit Salz und Pfeffer würzen. Wer es scharf mag, gibt jetzt die grüne Chilischote dazu.

Während des Kochens dickt die Suppe etwas ein und die Tomaten werden sehr weich. Sobald das Gemüse gar ist, noch einige Korianderblätter zufügen. Die restlichen Blätter zum Garnieren beiseitestellen.

Die Suppe in Schüsseln verteilen und mit den Cashewkernen und den restlichen Korianderblättchen bestreuen.

2 TL Kokosöl

2 Schalotten, fein gehackt

4 Knoblauchzehen, zerdrückt oder fein gehackt

1 TL Koriandersamen

1 großes Stück Ingwer, fein gehackt oder gerieben

1 Stängel Zitronengras, fein gehackt

1 gute Handvoll Koriandergrün, Stängel fein gehackt, Blätter ganz

4 EL Soja- oder Tamarisauce

1,5 l Brühe

1 TL Cayennepfeffer

2 Karotten (jegliche Sorte), in feine Scheiben geschnitten

2 mittelgroße (oder 4 kleine) Tomaten, geviertelt

10–15 Stangen grüner Spargel, erst längs, dann quer halbiert

200 g Dicke Bohnen, enthülst

200 g Blattgemüse (Blattspinat, Mangold, Grünkohl – oder, falls erhältlich, asiatisches Blattgemüse), gehackt

Salz und schwarzer Pfeffer aus der Mühle

1 grüne Chilischote, fein gehackt (nach Belieben)

70 g Cashewnusskerne, geröstet

> Tipps:

Dieses Gericht könnt ihr auch mit Getreide oder Hülsenfrüchten servieren: Löffelt die Suppe z. B. über etwas Reis oder Hirse oder werft ein paar gegarte Kichererbsen hinein. Reste der Suppe lassen sich gut ganz oder zur Hälfte pürieren: Wärmt sie auf dem Herd auf und lasst sie euch schmecken. Ihr könnt die Suppe auch als Basis verwenden und mit dem Gemüse aus eurem Kühlschrank oder dem, was ihr während der Woche gekauft habt, abwandeln.

Willkommen, Frühling!

Eine Mischung aus herzhaft und süß – das erdig-nussige Reisaroma verbindet sich mit der Kokosnuss und mit meinem Frühlingsliebling, dem Spargel, der nur kurz Saison hat. Ihr solltet ihn wirklich zur besten Reifezeit essen, denn dann ist er am aromatischsten.

Für 4 Personen

SCHWARZER REISSALAT MIT KOKOS

und gebackenem Spargel mit Balsamicoglasur

Den Reis gut waschen, bis das Wasser klar bleibt. Dann mit 1 l Wasser und 1 Prise Salz in einem Topf zum Kochen bringen. Einen Deckel auflegen, die Temperatur reduzieren und köcheln lassen.

Nach 20 Minuten Kokosöl, Kokosraspel, Knoblauch und Ingwer zufügen. Weitere 30–40 Minuten köcheln, bis der Reis weich ist, aber noch ein klein wenig Biss hat. Danach kurz abkühlen lassen. Falls nötig, nun ein wenig Wasser zugießen, damit der Reis nicht am Topfboden anbrennt. Schwarzer Reis hat etwas mehr Biss als normaler Reis. Den Backofen auf 180 °C (Umluft) vorheizen.

Inzwischen Spargel und Zwiebeln auf ein Backblech legen und mit Aceto balsamico und Olivenöl beträufeln. Mit Salz und Pfeffer würzen und 15 Minuten backen.

Danach in eine Schüssel geben und Kräuter, Staudensellerie, Rosinen, Granatapfelkerne, Limettensaft und die Hälfte des Abriebs zufügen. Mit Salz und Pfeffer würzen und gründlich vermengen.

Zum Servieren den schwarzen Reis auf Teller verteilen und etwas Salat darüberhäufen. Mit der restlichen Limettenschale bestreuen und mit Olivenöl beträufeln.

250 g schwarzer Reis
Salz
1–2 EL Kokosöl
1–2 EL Kokosraspel
2 Knoblauchzehen, zerdrückt oder fein gehackt
1 cm Ingwer, fein gehackt oder gerieben
10–15 Stangen grüner Spargel, quer und längs halbiert
3 kleine rote Zwiebeln, geviertelt, Schichten getrennt
2–4 EL Aceto balsamico
1 EL natives Olivenöl extra, plus mehr zum Beträufeln
schwarzer Pfeffer aus der Mühle
1 Handvoll frische Kräuter (Koriandergrün, Petersilie, Minze oder Mischung), gehackt
2 Stangen Staudensellerie, fein gehackt
35 g Rosinen oder Sultaninen
Kerne von 1 Granatapfel (falls keine Saison ist oder keiner erhältlich ist, nehmt für den fruchtigen Zitruskick ein Stück Obst eurer Wahl und hackt es klein)
Abrieb von 1 und Saft von 2 unbehandelten Limetten

Tipps:

Mit dem Kokosreis könnt ihr auch andere Salate aufpeppen. Oder ihr esst ihn einfach pur. Mit seinem zarten Kokosaroma passt er gut zu asiatisch-indischen Gerichten. Warum gebt ihr nicht mal frisches gehacktes Blattgemüse und Kräuter dazu und serviert den Reis mit anderen Gerichten bei einem Picknick oder Büffet? Im Kühlschrank könnt ihr ihn bis zu einer Woche aufbewahren, da das Öl die anderen Zutaten und den Reis haltbarer macht.

Willkommen, Frühling!

Das perfekte Rezept für kühle Frühlingsabende, wenn man fürchtet, dass der Winter noch mal zurückkommt. Püree ist für mich das ultimative Soulfood. Den Trick, Püree mit Senf zu verfeinern, hat mir mein Dad verraten. Im Rezept ist Dijonsenf angegeben, aber ich habe auch schon schärferen Senf genommen, wenn mir danach war. Dazu zwei Sorten Frühlingsgemüse, und schon ist der Winterfrust vorbei.

Für ca. 6 Personen

KARTOFFELPÜREE MIT WEISSEN BOHNEN UND SENF

mit gebratenem Spargel und Brokkolini

Für das Püree die Kartoffelwürfel in Salzwasser aufkochen und weich garen. Abgießen und wieder in den Topf geben.

Knoblauch, Senf, Bohnen, Pflanzenmilch, Olivenöl, Salz und Pfeffer zu den noch heißen Kartoffeln geben. Mit dem Kartoffelstampfer (nehmt eine Gabel, falls ihr keinen habt; dauert nur etwas länger) zerdrücken. Mit Salz, Pfeffer und Paprikapulver abschmecken. Weiter »pürieren«, bis die gewünschte Konsistenz erreicht ist. Einen Deckel auflegen und dann das Gemüse zubereiten.

Oliven- und Kokosöl bei schwacher Hitze in einem weiteren Topf erwärmen. Spargelstangen und Brokkolinistängel zufügen und 5 Minuten darin braten. Sobald sie leicht angebräunt sind, Essig, Zitronensaft, Oregano, Pfefferkörner und Salz zugeben und weitere 5 Minuten braten, bis das Gemüse gar ist.

Den Topf mit dem Kartoffelpüree wieder auf den Herd stellen und bei schwacher Hitze aufwärmen. Dabei mit einem Holzlöffel umrühren.

Püree auf Tellern anrichten, das Gemüse dazugeben. Mit Nusskernen (oder was ihr gerade dahabt) bestreuen und, falls nötig, nochmals mit Salz und Pfeffer würzen.

Für das Püree

- 4 große mehligkochende Kartoffeln, nicht geschält, gewürfelt
- Salz
- 6 Knoblauchzehen, zerdrückt oder fein gehackt
- 2 gute EL Dijonsenf
- 200 g weiße Bohnen (aus der Dose)
- 250 ml Pflanzenmilch, plus mehr, falls das Püree richtig cremig werden soll
- 2 EL natives Olivenöl extra
- schwarzer Pfeffer aus der Mühle
- ½ TL geräuchertes Paprikapulver

Für das Gemüse

- 1 EL natives Olivenöl extra
- 1 EL Kokosöl
- 12 Stangen Spargel, im Ganzen
- 12 Stängel Brokkolini, im Ganzen
- 1 TL Weißweinessig (oder Weißwein, falls gerade eine Flasche zur Hand ist)
- Saft von 1 unbehandelten Zitrone
- 2 TL getrockneter Oregano
- 1 TL Pfefferkörner, zerdrückt
- Salz

Zum Servieren

- 1 Handvoll geröstete, gehackte Nusskerne

Willkommen, Frühling!

Ich weiß ja nicht, wie es euch geht, aber vom Duft des Frühsommers wird mir immer schwindlig. Ich liebe diesen zarten Geruch, der zwischen Frühjahr und Sommer in der Luft liegt. Die Morgenluft ist leicht und prickelnd und scheint den halben Tag zu verweilen, gelegentlich ein Hauch von frisch gemähtem Gras und dazu der feine Duft der Blüten … und von der Meeresbrise will ich gar nicht erst anfangen, denn nach diesen ozeanischen Aromen bin ich absolut verrückt. Im Frühsommer esse ich abends liebend gern im Freien. Das ist der schönste Teil des Tages – ein ausgiebiges Picknick mit Blick auf den Sonnenuntergang, ein gekühlter Drink in der Hand, Freunde um mich herum und ein richtiges Gelage vor uns.

Selbst unterwegs kann ich nicht auf entspannte Abendessen auf dem Rasen oder sandige Sundowners am Strand verzichten. So kurz nach Beginn der Sommerzeit ziehe ich abends gern noch einen kuscheligen Pullover an. Da ich mit viel Fantasie begabt bin, verliere ich mich schnell in Tagträumen und denke über bevorstehende Events nach, die ich bis ins Detail plane – Deko, Farbe, Gerichte, Zutaten.

Für mich schreit diese Jahreszeit förmlich nach Salaten, Barbecues, gerösteten Maiskolben und Würzzutaten wie Dips, Salsas, Pestos und in meinem Fall auch Senf! Salate werden gern unterschätzt: Wer behauptet, dass sie langweilig seien, muss auf einem anderen Planeten leben. Blätter sind ganz simpel, okay, aber sogar Salatblätter kann man mit ein wenig Zitronenabrieb und -saft, mit Salz und Pfeffer, einem klitzekleinen bisschen Olivenöl, Essig und einem Löffel Senf in einen sexy Salat verwandeln. Wir haben so eine riesige Auswahl an Obst und Gemüse, dass es einfach keinen Grund dafür gibt, immer nur Gurke, Blattsalat und Tomaten zu essen (versteht mich nicht falsch, auch das kann eine tolle Kombi sein, besonders, wenn sie gerade Saison haben). In Salaten lassen sich unterschiedlichste Arten von Zutaten miteinander verbinden, die man durch Salz, Säure, gesunde Fette und manchmal etwas Hitze und Schärfe (durchs Kochen und durch Chili) ins Gleichgewicht bringt. Variiert ein wenig beim Gemüsezuschnitt und fürchtet euch nicht vor Obst im Salat … nicht mal vor Trockenobst!

Küchenstars:

Aprikosen

Auberginen

Zucchini

Fenchel

Frühkartoffeln

Weitere Erzeugnisse der Saison: Artischocken, Chicorée, Blattsalat (verschiedene Sorten), Kirschen, Feuerbohnen, Meerfenchel, Mangold, Sommerkürbis, Chilis, Gurken, Stachelbeeren, Marrow-Kürbis, schwarze Johannisbeeren, verschiedene Beten, Erbsen, Schnittlauch, Nektarinen, Erdbeeren, Rucola, Mais

---

Einige dieser Obst- und Gemüsesorten entdeckt ihr auch zu anderen Jahreszeiten. Heutzutage gibt es aufgrund des Klimawandels und der veränderten Durchschnittstemperaturen rund um den Globus viele Überschneidungen.

Zu dieser Jahreszeit geerntetes Getreide: Mais, Hirse/Perlhirse, Roggen, Amaranth, Freekeh, Kamut, Bulgur, Dinkel, Sorghumhirse

Aprikosen

Ehrlich gesagt, früher waren Aprikosen für mich nicht der Hit. Ich war beim Essen wirklich nicht mäkelig, aber Aprikosen waren echt nicht mein Ding. Hassen wäre zu viel gesagt; es war eher eine milde Form der Abneigung, und die Vorstellung von ein paar Kugeln Vanilleeis zum Dessert erschien mir wesentlich attraktiver als ein paar Aprikosen. Heute finde ich die Kombination von zart-flaumiger Haut und körnig-glattem Fruchtfleisch ziemlich anziehend. Das meist recht feste Fruchtfleisch ist nicht so saftig wie das anderer Steinfrüchte, aber nicht minder herrlich. Wenn ich frische Aprikosen sehe, kaufe ich gleich eine ordentliche Menge und kann es kaum erwarten, sie nach Hause zu tragen. Unterwegs landen schon ein paar im Mund, und den Rest verarbeite ich zu Hause zu Kompott, das ich in den folgenden Tagen teils heiß, teils kalt serviere. Inzwischen hege ich nostalgische Gefühle für Aprikosen. Das süßsäuerliche Aroma passt ideal zu Salaten mit Getreide. Ich garantiere euch, dass ihr süchtig danach werdet.

Kauft euch Bio-Aprikosen, am besten noch regional – ihr werdet es nicht bereuen. Sie sollten einen zarten Orangeton haben, leicht duften und angenehm in der Hand liegen.

Tipps:

Ich sage nur: Aprikosenkonfitüre. Richtig lecker, wenn ihr mich fragt. Ganz fix zubereitet, superaromatisch, eine Spur von Säure in all der Süße. Nehmt für eine Portion euren Lieblingszucker, einen Schuss Wasser, ein wenig Zitronensaft und eine Prise Salz. Lasst die Mischung köcheln, bis die Aprikosen weich sind und die Konfitüre nach und nach eindickt. Die Mutter einer Freundin, die ich noch aus Kindertagen kenne, hat mir einen kleinen Trick verraten: Konfitüre als Dressingzutat … ihr habt richtig gelesen. Das ist total logisch, wenn man sowieso Obst in den Salat gibt. Die (Aprikosen-)Konfitüre macht das Dressing cremig und balanciert säuerliche Komponenten oder Salz und Essigaroma wunderbar aus. Nicht mehr ganz frische oder superreife Aprikosen lassen sich auch gut zu einem Kompott verarbeiten oder in einem Crumble, in Schnitten und Kuchen – vermischt mit Olivenöl, Fenchelsamen und etwas Salz wird daraus sogar eine Glasur für Tofu.

Wenn ihr mich fragt, sollte eigentlich jeden Tag Pancake-Tag sein, gerade für so luftige Exemplare wie diese. Ich verwende gern Mehlmischungen und kernige Haferflocken, denn so wird die Sache noch interessanter. Diese Pfannkuchen mit den saftigen Würzaprikosen sind wirklich ganz speziell, besonders, wenn ihr sie, sagen wir, an einem Dienstag zubereitet!

MEHRKORNPFANNKUCHEN

und Aprikosen mit Ahornsirup und Kardamom

Ergibt ca. 4 kleine oder 2 große Pfannkuchen

Für die Aprikosen in einer Pfanne bei schwacher Hitze Ahornsirup und Kokosöl erwärmen. Salz und Kardamom zufügen und nach einigen Sekunden die Aprikosen zugeben. Langsam vermengen, bis die Früchte rundum von Sirup und Öl bedeckt sind. Bei schwacher Hitze dünsten, bis die Aprikosen das Aroma aufgenommen haben und allmählich weich werden. Anschließend vom Herd nehmen.

Für die Pancakes Buchweizenmehl, Hafermehl, Haferflocken, Backpulver, Salz, Zimt und Chiasamen in einer Schüssel vermengen.

Ahornsirup und Pflanzenmilch nach und nach zugießen und gut unterrühren, damit sich keine Klümpchen bilden, sondern ein glatter, dünnflüssiger Teig entsteht. Er sollte nicht zu flüssig sein, aber sich gut ausgießen lassen. Falls nötig, mehr Flüssigkeit zugeben.

Die Pfanne stark erhitzen. Ein Viertel oder die Hälfte des Teigs in die heiße Pfanne gießen. Falls die Pfanne groß genug ist, könnt ihr alle Pfannkuchen gleichzeitig backen. Von jeder Seite 2–4 Minuten backen. Erst wenden, wenn sich an der Oberfläche Blasen bilden und der Rand anbräunt. Wird Kokosöl verwendet, dieses bei schwacher Hitze zerlassen, die Pfannkuchen brauchen dann pro Seite etwas länger.

Die Pancakes mit den Aprikosen krönen. Nach Belieben mit extra Ahornsirup beträufeln und mit weiteren Toppings bestreuen.

Für die Aprikosen

2 EL Ahornsirup
1 EL Kokosöl
1 Prise Salz
½ TL gemahlene Kardamomsamen oder 3 Kardamomkapseln, Schale entfernt, Samen zerdrückt
4 kleine Aprikosen, entsteint, geviertelt

Für die Pfannkuchen

70 g Buchweizenmehl
70 g Hafermehl
1 EL Haferflocken
½ TL Backpulver
1 Prise Salz
¼ TL Zimtpulver
1 TL Chiasamen
1 TL Ahornsirup
125–250 ml ungesüßte Pflanzenmilch
Kokosöl (nach Belieben zum Braten, aber wer eine gute Pfanne mit Antihaftbeschichtung hat, sollte besser ohne Öl backen)

Dinkel ist meiner Ansicht nach ein tolles Getreide, und am besten schmecken die herrlich nussigen Körner: Sie haben ordentlich Biss und erinnern an Graupen. Ein schlichtes, erfrischendes Gericht, wenn wir uns gerade zu Beginn des Sommers eher nach Salaten sehnen und weniger nach Eintöpfen.

Für 3–4 Personen

APRIKOSEN-GETREIDE-SALAT

mit gerösteten Walnusskernen und grünem Gemüse

500 ml Wasser in einem Topf zum Kochen bringen. Dinkel und 1 Prise Salz zufügen und das Ganze bei mittlerer Temperatur ca. 25 Minuten köcheln, bis der Dinkel weich ist. Abgießen, mit fließend kaltem Wasser abspülen, um restliche Stärke zu entfernen. Abtropfen lassen.

Die Zwiebel in einer Schüssel mit Essig bedecken. Mit einer Gabel umrühren, dabei leicht drücken, damit die Zwiebel weich wird. So lässt sich die rohe Zwiebel besser verdauen, da dadurch ein Großteil der enthaltenen Fruktose entfernt wird. Beiseitestellen.

Das Olivenöl in einer Pfanne erhitzen. Den Mangold zugeben und einige Minuten darin braten, bis er zusammenfällt. Den Knoblauch zufügen und weiterbraten, bis der Mangold schön weich ist. Kurz abkühlen lassen und dann in eine große Schüssel füllen.

Aprikosen, Rucola, Kirschtomaten und Walnusskerne in die Schüssel geben. Zitronensaft sowie -abrieb zufügen und gut vermengen. Zwiebel (plus restlichem Essig) unterrühren und mit Salz und Pfeffer würzen.

Wer will, kann den Dinkel direkt in die Schüssel geben und alles vermengen. Zum getrennten Servieren auf einem Teller neben einer guten Portion Salat anrichten. Nach Belieben mit extra Salz und Pfeffer und etwas Olivenöl abschmecken.

- 180 g Dinkel, mind. 1 Stunde eingeweicht, abgegossen, gut abgespült
- Salz
- 1 große rote Zwiebel, fein gehackt
- 2–4 EL Apfel- oder Weißweinessig
- 1–2 EL natives Olivenöl extra
- 5 Stiele Mangold, fein gehackt
- 2 Knoblauchzehen, fein gehackt
- 4 Aprikosen, entsteint, geviertelt
- 80 g Rucola
- 1 kleine Handvoll Kirschtomaten, geviertelt
- 80–100 g Walnusskerne, geröstet, grob gehackt
- Abrieb von 1 und Saft von 2 unbehandelten Zitronen
- schwarzer Pfeffer aus der Mühle

Tipps:

Falls ihr keinen Dinkel habt oder ihn nicht mögt, könnt ihr euer Lieblingsgetreide, eine Getreidemischung oder das, was ihr eben im Haus habt, nehmen. Vielleicht habt ihr die Tage zuvor schon eine größere Portion zubereitet, die ihr verwenden könnt? Pesto passt wunderbar zu diesem Salat – entweder untergerührt oder als Topping.

Eine sommerliche Köstlichkeit, inspiriert von einer Marokkoreise. Dort hat man die Aprikosenhälften auf dem Grill zubereitet. In diesem Rezept kombiniere ich sie mit eher persisch anmutendem Kümmel und stimme die Aromen fein aufeinander ab. Ihr könnt das Gericht in einer flachen Schale, in einem Glasschälchen oder in einem Becher servieren.

Für 4–6 Personen

GEBACKENE APRIKOSEN

mit Kümmel und gerösteter Quinoa

Den Backofen auf 180 °C (Umluft) vorheizen. Wer einen Backofen mit mehreren Schienen hat, kann alles gleichzeitig backen. Die Aprikosen mit der Schnittseite nach oben auf ein Backblech legen. Gleichmäßig mit Kümmelsamen, Zimt und Zitronenabrieb bestreuen. Zitronensaft und 2 EL Ahornsirup darüberträufeln. Insgesamt 15 Minuten backen, dabei nach der Hälfte der Backzeit ein wenig vermengen, damit alle Aprikosen rundum bedeckt sind und gleichmäßig garen.

Quinoa, Kokosöl, restlichen Ahornsirup und 1 Prise Salz in einer Schüssel verrühren. Auf einem Backblech verteilen und 12–15 Minuten rösten. Während der Backzeit mehrfach wenden, sodass alles schön knusprig wird.

Ihr könnt die Aprikosen auf einem großen Servierteller neben der knusprigen Quinoa servieren, sodass sich alle bedienen können. Oder ihr reicht sie portionsweise bzw. macht einen Snack daraus.

- 10–12 Aprikosen, halbiert und entsteint
- 2 TL Kümmelsamen
- 1–2 TL Zimtpulver
- Abrieb und Saft von 1 unbehandelten Zitrone
- 3 EL reiner Ahornsirup oder anderes Süßungsmittel, plus 1 EL für die Quinoa
- 200 g Quinoa, gut abgespült
- 2 EL Kokosöl
- 1 Prise Salz

Tipps:

Für dieses Rezept kann man auch anderes Steinobst oder eine Mischung verwenden. Reste könnt ihr als Kompott auf Porridge, mit Joghurt oder pur essen. Manchmal gebe ich die Aprikosen auch in Sommersalate. Auch der Panzanella-Salat auf S. 104 enthält diese Aprikosen, da sich süße Früchte oft hervorragend in herzhaften Gerichten machen. Die knusprige Quinoa ist in einem verschließbaren Behälter oder einem Schraubglas bis zu 2 Wochen haltbar, wenn ihr sie im Kühlschrank aufbewahrt. Ihr könnt sie über süße oder pikante Gerichte streuen, wie z. B. gebackenes Gemüse.

Auberginen

Die Liebe zu Auberginen ist eine der vielen Eigenheiten, die meine beste Freundin und ich teilen. Sobald die Saison beginnt, kaufen wir Auberginen und hören den ganzen Sommer nicht mehr damit auf ... wir reservieren sogar ein Fach im Kühlschrank nur für Auberginen. Ob wir nun kochen oder einfach nur zusammen shoppen, wir kaufen immer bei unserem Lieblingsgemüsehändler in Nunhead (Südlondon) ein. Da wir so häufig dort vorbeischauen, manchmal nur, um zu sehen, was es so gibt, kennt der Besitzer uns und unsere sommerliche Auberginensucht nur zu gut.

Auberginen könnte ich einfach jeden Tag essen, ob gebacken, gegrillt, gefüllt oder als sensationelles Baba Ganoush. Ich weiß, dass nicht jeder von Auberginen begeistert ist, aber mit diesem Dip kriegt ihr sie alle. Sein rauchiges Aroma und seine cremige Konsistenz überwinden jegliche Abneigung. Der Trick beim Baba Ganoush ist das Raucharoma: Im Rezept auf S. 85 lernt ihr, dass es darauf ankommt, die Auberginen wirklich über einer Flamme zu rösten. Ihr müsst gar nicht viel machen – ihr könnt Auberginen auch einfach mit etwas Olivenöl, Salz, Pfeffer und getrocknetem Oregano würzen und dann grillen. Das schmeckt so fantastisch, dass mir allein bei dem Gedanken das Wasser im Munde zusammenläuft. Wir haben wirklich Glück, dass wir inzwischen Auberginen länger als früher bekommen und sie den ganzen Sommer über in Topform ist. »Baba Ganoush für alle« sag ich da nur!

Tipps:

Falls ihr der Ansicht seid, dass ich mich noch nicht genug über Baba Ganoush ausgelassen habe, empfehle ich euch, Reste dieses üppigen Dips in ein Risotto zu rühren. Klingt etwas schräg, ist aber echt mal was anderes, glaubt mir. Aroma und Konsistenz passen bestens zusammen und ergänzen den Reis. Was auch noch toll ist, besonders bei einer Aubergine, die schon halb hinüber ist: Röstet sie im Ganzen, schabt dann das Fruchtfleisch heraus und füllt sie mit eurem Lieblingsgetreide, wobei ihr natürlich das köstliche Fruchtfleisch nicht vergessen dürft und es mit der Füllung vermengt. Ein super Gemüse mit »fleischiger« Konsistenz und die ideale Ergänzung zu den meisten Pastagerichten, Aufläufen, Currys usw.

Nudelsalat erinnert mich sehr an meine Kindheit, als meine Eltern alles, was sie im Kühlschrank fanden, dazugaben, um ihn »aufregender« zu machen. Den Salat füllten sie dann an sonnigen Wochenenden in der Frühe in Behälter, bevor wir zu einem Ausflug aufbrachen. Das Dressing betont die Aromen; wichtig ist die Gemüsevielfalt. Falls ihr immer noch eure Zweifel habt, was Nudelsalat angeht, werdet ihr eure Meinung jetzt ändern.

Für 4–6 Personen

SOMMERLICHER NUDELSALAT

mit gegrillter Aubergine, Steinobst und gehobeltem Fenchel

Die Pasta in Salzwasser *al dente* kochen. Abgießen, unter fließend kaltem Wasser abspülen, um den Garprozess zu stoppen. Mit 1 Schuss Olivenöl wieder in den Topf geben und einen Deckel auflegen.

Falls euer Backofen eine Grillfunktion hat, stellt ihr sie auf höchste Stufe. Ansonsten Ober-/Unterhitze verwenden. Die Auberginenscheiben auf einem großen Backblech verteilen, mit 1 Prise Salz bestreuen und 10–12 Minuten grillen. Danach aus dem Backofen nehmen und beiseitestellen.

Steinobst, Fenchel, Kohl, Kräuter und die Hälfte der Nusskerne in eine Servierschüssel geben. Paprikapulver, Zitronensaft und -abrieb, Hefeflocken, Olivenöl und Knoblauch zufügen. Mit Salz und Pfeffer würzen und gut vermengen. Mit den Händen kneten, um Kohl und Fenchel etwas weicher zu machen.

Die Auberginenscheiben zufügen. Während des Abkühlens ist vielleicht etwas Flüssigkeit ausgetreten, die ebenfalls in die Schüssel kommt. Dann die Pasta zugeben. Vorsichtig mischen.

Mit den restlichen Nusskernen bestreuen. Falls nötig, erneut salzen und pfeffern, dann servieren.

200 g getrocknete Pasta (ich nehme gern Rotini oder Fusilli)

Salz

1 Schuss, plus 2 EL natives Olivenöl extra

2 mittelgroße Auberginen, in 1 cm dicke Scheiben geschnitten

6 kleine Stück Steinobst (Aprikosen, Pflaumen etc.), halbiert, entsteint, in 1 cm dicke Scheiben geschnitten

½ Fenchelknolle, halbiert, fein aufgeschnitten

¼–½ kleiner Kohlkopf (Sorte egal), in feine Streifen geschnitten

1 gute Handvoll frische Kräuter (Basilikum, Minze, Petersilie), grob gehackt

50 g Pinienkerne (oder Pistazien, Haselnusskerne oder Mandeln), leicht geröstet

1 TL geräuchertes Paprikapulver

Abrieb von 1 und Saft von 2 unbehandelten Zitronen

2 EL Hefeflocken

2 Knoblauchzehen, fein gehackt

schwarzer Pfeffer aus der Mühle

Tipps:

Der ideale Salat für laue Abende oder fürs Picknick. Im Kühlschrank gut haltbar. Ihr könnt jegliche Nudelsorte verwenden, sogar kleinere Pasta wie z. B. Orzo.

Ein vegetarisches Standardgericht, ganz einfach – ihr braucht fast nur Zutaten aus dem Vorratsschrank –, und es schmeckt fantastisch. Die Marinade peppt die Aubergine, die beim Backen ganz weich und klebrig karamellisiert wird, richtig auf. Dann garniert ihr sie mit frischen Kräutern, Frühlingszwiebeln und knackigen Sesamsamen und kreiert so ein perfektes Hauptgericht oder eine wunderbare Beilage.

Für 4 Personen als Beilage

AUBERGINE MIT INGWER, PETERSILIE UND MISO

Den Backofen auf 180 °C (Umluft) vorheizen. Die Auberginen auf ein Backblech legen. Die halbierten Auberginen mit einem scharfen Messer auf einer Seite kreuzweise einschneiden. Halbierte Auberginen oder Scheiben dünn mit Sesamöl bestreichen und mit 1 Prise Salz bestreuen. 15 Minuten backen, bis die Oberseite allmählich anbräunt und etwas schrumpelig wird.

Inzwischen die Marinade zubereiten: Dafür Misopaste, Mirin, Reisessig, Sojasauce, Zucker, Knoblauch, Ingwer und Petersilienstängel verrühren.

Die Auberginen aus dem Backofen nehmen und mit der Marinade übergießen, sodass sie komplett bedeckt sind. Weitere 5–10 Minuten (je nach gewünschter Konsistenz) backen.

Aus dem Backofen nehmen, mit Petersilienblättern, Frühlingszwiebeln, Sesamsamen, Limettensaft und -abrieb sowie evtl. Salz bestreuen und servieren.

6 kleine oder 2 große Auberginen, diagonal in 1–2 cm dicke Scheiben geschnitten (die kleinen halbieren)
1 EL Sesamöl
1 Prise Salz
3 gute EL Misopaste (gelb, braun oder rot)
2 EL Mirin
2 EL Reisessig
2–3 EL Soja- oder Tamarisauce
1 EL Kokos-/Palmzucker (Rohrohrzucker oder brauner Zucker sind auch okay)
2 Knoblauchzehen, zerdrückt oder fein gehackt
2 EL fein gehackter oder geriebener Ingwer
1 kleine Handvoll frische Petersilie, Stängel und Blätter getrennt, grob gehackt
2 Frühlingszwiebeln, grob gehackt
2 EL Sesamsamen
Abrieb und Saft von 1 unbehandelten Limette
Salz, nur falls nötig (Miso und Sojasauce enthalten bereits Salz)

Tipps:

Aus Resten lässt sich ein köstlicher Dip zubereiten, der an Baba Ganoush ohne Raucharoma erinnert. Außerdem passen Reste bestens in Pastasaucen und Salate. Ihr könnt sie auch kalt essen, vielleicht mit etwas Hummus und Röstbrot dazu.

Baba Ganoush war zweifellos schon immer einer meiner Lieblingsdips. Diese zarte Rauchnote, das Knoblaucharoma, die cremige Konsistenz ... da leben meine Geschmacksknospen auf. Die perfekte Ergänzung einer Sommertafel, wie langjährige Tests bei meinen Kunden, Freunden und Familienmitgliedern beweisen!

Ergibt ca. 8–10 Portionen

BABA GANOUSH

Das Geheimnis des Raucharomas liegt in der Flamme des Gasherds. Ihr könnt natürlich auch einen Grill verwenden. Die Auberginen werden nacheinander über die Flamme gehalten. Damit sie schön rösten und weich werden, müsst ihr sie mehrmals drehen. Dabei wird etwas Flüssigkeit austreten. (Wer keinen Gasherd hat, kann die Auberginen im Ofen backen. Dazu rundum einstechen, damit die Haut nicht aufplatzt, und dann bei 180 °C (Umluft) 25–30 Minuten backen, bis sie weich und gar sind. Anschließend aus dem Backofen nehmen und etwa abkühlen lassen.)

Die angeschwärzten Auberginen (keine Panik, falls manche Stellen schwärzer als andere aussehen) zum Abkühlen in einen Behälter legen: Dabei wird noch mehr Flüssigkeit austreten, die für den Dip aufbewahrt werden sollte.

Nach dem Abkühlen möglichst viel Haut abziehen. Ihr könnt sie in eure Brühebox geben. Verkohlte Stückchen, die sich nicht abziehen lassen, intensivieren das Aroma.

Die Auberginen mit Saft in eine Schüssel geben. Knoblauch, Tahini, Zitronensaft und -abrieb, Chiliflocken, Salz und Pfeffer zufügen. Mit den Händen vermengen und kneten, sodass die Auberginen zerfallen. Falls die Mischung etwas trocken ist, mehr Tahini oder Olivenöl zufügen. Falls nötig, nochmals salzen und pfeffern. (Ihr könnt die Auberginen auch im Mixer zerkleinern, aber von Hand wird die Konsistenz viel cremiger.)

Zum Servieren mit etwa Olivenöl beträufeln und nach Belieben würzen oder garnieren. Ein toller Dip für ein sommerliches Abendessen.

3 mittelgroße Auberginen

4 Knoblauchzehen, zerdrückt oder fein gerieben

4–5 gute EL Tahini

Saft von 1 ½ unbehandelten Zitronen, plus etwas Abrieb

1 Prise Chiliflocken

Salz und schwarzer Pfeffer aus der Mühle

natives Olivenöl extra (nach Belieben zum Garnieren)

Tipps:

Eigentlich bleibt bei mir nie etwas übrig. Falls das bei euch der Fall sein sollte oder ihr eine große Portion vorbereiten wollt, könnt ihr sie in einem verschließbaren Behälter im Kühlschrank aufbewahren. Aufgepeppt mit fein gewürfelten Tomaten und roten Zwiebeln plus etwas Oregano wird daraus ein eher klassischer griechischer Auberginensalat. Wer kein Tahini im Haus hat, nimmt stattdessen Olivenöl. Ich würde erst einmal 3–4 EL verwenden und dann weitersehen. Ihr könnt das Baba Ganoush auch in ein Risotto einrühren, das dadurch ein unglaubliches Raucharoma entwickelt.

Eine gebackene (ganze) Aubergine ist eine schöne Sache: Die Haut wird geröstet und das weiche Fruchtfleisch schmeckt leicht nach Karamell. Im Ganzen zubereitete Gemüsesorten müssen durch Gewürze und Saucen verfeinert werden. Diese Aioli ist die perfekte Ergänzung zum saftigen Star der Mahlzeit.

Für 2 Personen als Beilage

GEBACKENE AUBERGINE MIT RAUCHAROMA

grünem Blattgemüse und veganer Aioli

Den Backofen auf 200 °C (Umluft) vorheizen. Für die Aioli die Cashewkerne mit 100 ml Wasser, Knoblauch, Senf, Essig, Zitronensaft und -abrieb und 1 Prise Salz im Mixer zu einem cremigen Dip pürieren. Mit Salz und Pfeffer abschmecken und, falls nötig, noch etwas Wasser zugießen. Die Mischung sollte dickflüssig sein. In einem Schraubglas oder einem Behälter im Kühlschrank aufbewahren.

Die Aubergine rundum einstechen (damit die Haut beim Backen nicht aufplatzt), auf ein Backblech legen und auf mittlerer Schiene 10 Minuten backen. Aus dem Backofen nehmen.

Knoblauch, Paprikapulver, Kreuzkümmel, Chiliflocken, Olivenöl und 1 Prise Salz in einer kleinen Schüssel verrühren. Die Aubergine an den Einstichstellen vorsichtig etwas auseinanderziehen. In jede Öffnung ein wenig Marinade gießen. Weitere 20 Minuten backen. Beim Backen werden sie allmählich schrumpelig und es tritt etwas Saft aus.

Das Blattgemüse dämpfen oder in Wasser mit Salz dünsten. Herausnehmen und unter fließend kaltem Wasser abspülen, um den Garprozess zu unterbrechen. Falls euch das Gemüse warm besser schmeckt, haltet ihr es nur kurz unter das kalte Wasser. Mit Zitronensaft und -abrieb und 1 guten Prise Salz und Pfeffer in eine Schüssel geben und abdecken.

Die Aubergine aus dem Backofen nehmen. Ganz oder längs halbiert servieren. Mit den Nusskernen bestreuen, mit 1 Schuss Olivenöl beträufeln und mit dem Gemüse und einem Klecks Aioli servieren.

Für die Aioli (mehr als benötigt)

120 g Cashewnusskerne, über Nacht in kaltem Wasser eingeweicht (oder 4 Stunden in kochendem Wasser), abgegossen

3 Knoblauchzehen

2 TL Dijonsenf

½ TL Apfelessig

Saft von ½–1 unbehandelten Zitrone, plus etwas Abrieb

Salz und schwarzer Pfeffer aus der Mühle

Für die Aubergine und das grüne Blattgemüse

1 große oder 2 kleine Auberginen

4 Knoblauchzehen, zerdrückt oder fein gehackt

2 TL geräuchertes Paprikapulver

1 TL gemahlener Kreuzkümmel

1 Prise Chiliflocken

1–2 EL natives Olivenöl extra, plus 1 Schuss mehr zum Beträufeln

Salz

5–6 Stängel grünes Blattgemüse (Mangold oder anderer Blattkohl)

Abrieb und Saft von 1 unbehandelten Zitrone

schwarzer Pfeffer aus der Mühle

1 Handvoll Nusskerne (ich liebe Pistazienkerne), zerdrückt

Tipps:

Diese Auberginen schmecken leicht rauchig, sodass sich Reste perfekt für Baba Ganoush (S. 85) eignen. Die Aioli ist im Kühlschrank bis zu einer Woche haltbar. Auch wunderbar als Würzsauce zu Dressings, Pesto oder Harissa, die damit cremiger werden. Ergibt außerdem eine köstliche Marinade.

Endlich Frühsommer!

Wenn mir der Duft von Ras el-Hanout in die Nase steigt, muss ich an die Märkte Marokkos denken: Unzählige Einheimische kaufen dort ein, es gibt Gewürze, Obst und Gemüse oder kleine Läden für Korbwaren … ein wahrhaft magisches Gewürz. Meine Reisen nach Marokko haben mich zu diesem Rezept inspiriert. Ich widme es den wundervollen Menschen, die mir ihre Berufsgeheimnisse verraten haben – na ja, zumindest das Geheimnis dieser betörenden, typisch marokkanischen Gewürzmischung.

Für 2 Personen als Hauptgericht, für 4 als Beilage

GEBACKENE AUBERGINEN MIT RAS EL-HANOUT
und Tahini-Tapenade

Den Backofen auf 200 °C (Umluft) vorheizen. Die Auberginenscheiben auf ein Backblech legen. Mit Ras el-Hanout bestreuen und Kirschtomaten, Olivenöl und Knoblauch darauf verteilen. Mit Salz und Pfeffer würzen und vermengen, bis Auberginen und Tomaten gut damit bedeckt sind. 20–25 Minuten backen. Nach der Hälfte der Garzeit oder gegen Ende nach Belieben etwas Wasser zufügen, falls sich auf dem Backblech nicht genügend Garsaft angesammelt hat.

Das Getreide (falls verwendet) nun kochen, bis die gewünschte Konsistenz erreicht ist. Dann zum Warmhalten einen Deckel auflegen.

Für die Tapenade Oliven, Pinienkerne, Kapern, Knoblauch, Olivenöl, Petersilie und Zitronensaft im Mixer zu einer Paste pürieren (wer es stückiger mag, zerkleinert die Mischung im Mörser mit dem Stößel). In eine Schüssel füllen, mit Salz und Pfeffer würzen und Tahini unterrühren. Wer es dünnflüssiger mag, gießt noch etwas mehr Zitronensaft zu.

Die gebackenen Auberginen aus dem Backofen nehmen. Mit 1 Klecks Tapenade krönen und mit dem Getreide als Beilage servieren. Falls nötig, mit Salz und Pfeffer würzen und mit etwas mehr Petersilie oder ein paar Chiliflocken bestreuen.

Für die Auberginen

- 2 mittelgroße Auberginen, diagonal in 2 cm dicke Scheiben geschnitten
- 3 EL Ras el-Hanout (siehe Hinweis S. 89)
- 150 g Kirschtomaten
- 3–4 EL natives Olivenöl extra
- 2 Knoblauchzehen, zerdrückt oder fein gehackt
- Salz und schwarzer Pfeffer aus der Mühle
- 90–180 g Getreide nach Wahl zum Servieren, z. B. Dinkel, Gerste/Graupen (für ein leichtes Gericht oder eine Beilage weglassen)

Für die Tahini-Tapenade (ergibt ca. 150 ml)

- 160 g entkernte schwarze Oliven, abgegossen
- 35 g Pinienkerne
- 1 guter EL Kapern
- 2 Knoblauchzehen, zerdrückt oder fein gehackt
- 2 EL natives Olivenöl extra
- 1 kleine Handvoll frische Petersilie, grob gehackt (getrocknete ist auch okay, ca. 1 EL)
- Saft von ½ unbehandelten Zitrone
- Salz und schwarzer Pfeffer aus der Mühle
- 2 EL Tahini
- Chiliflocken (nach Belieben) zum Servieren

Hinweise:

Ras el-Hanout zählt zu den Gewürzmischungen, die man leicht selbst mixen kann, wenn man sie nicht kaufen möchte. Es ist eine Kombination so ziemlich aller aromatischen Gewürze – gibt's was Besseres? Gebt für Ras el-Hanout einfach folgende Zutaten in ein Schraubglas und vermengt sie. Dieses Rezept ergibt ca. 35 g (ausreichend für ein kleines Gewürzglas).

2 TL gemahlener Ingwer
2 TL Zimtpulver
2 TL gemahlener Piment
2 TL gemahlene Kardamomsamen
2 TL gemahlener Koriander
1 TL frisch geriebene Muskatnuss
1 TL gemahlene Kurkuma
½–1 TL Cayennepfeffer (oder mehr, wenn es scharf sein soll)
½ TL gemahlene Fenchelsamen
½ TL gemahlene Gewürznelken
½ TL weißer oder schwarzer Pfeffer aus der Mühle

Zucchini

Zucchini gibt es in unterschiedlichen Formen, Farben und Größen. Sie gehören zur Familie der Sommerkürbisse. Bekannt sind vor allem die gelben und dunkelgrünen Zucchini, aber es gibt auch gestreifte und weiße Sorten.

Die vielseitigen Zucchini kann man z. B. grillen oder raspeln und zum Salat geben. Ich habe eine Menge Lieblingsrezepte, die ich hervorhole, sobald die Saison beginnt. Auch mein Dad war verrückt nach Zucchini – sie landeten meist in seinem berühmt-berüchtigten Pastagericht, dessen Rezept ihr auf S. 160 nachlesen könnt. Ich habe viel ausprobiert und einige Rezepte entwickelt, meist, als ich mit anderen Zutaten aus meinem Kühlschrank experimentierte oder Gerichte nachzukochen versuchte, die mir früher besonders gut geschmeckt haben.

Auch die grandiosen Blüten darf man nicht vergessen. Sie sind recht schwer erhältlich, da sie sich schnell schließen und dahinwelken, sobald man sie von den Zucchini trennt. Falls ihr zufällig welche entdeckt, die vielleicht auch noch mit dem Gemüse verbunden sind, solltet ihr gleich zuschlagen! Wenn ich unvermutet welche sehe, fühlt sich das an wie ein Lottogewinn. Ich rühre dann spontan einen Nuss-Ricotta an und fülle sie vorsichtig damit. Mit den Blüten müsst ihr wirklich behutsam umgehen, da sie sehr empfindlich sind, aber es lohnt sich definitiv. Die gefüllten Exemplare könnt ihr dann vorsichtig braten oder 5–6 Minuten im Backofen erhitzen und leicht backen. Trotz ihres opulenten Aussehens duften sie nicht sehr intensiv. Dafür schmecken sie aber unfassbar köstlich.

Tipps:

Salatrezepte fordern meist Zucchini, die in Streifen geschnitten werden. Nur allzu oft wirft man dann den Mittelteil, der sich nicht mehr hobeln lässt, einfach weg. Er sieht zwar nicht so hübsch wie die Streifen aus, ist aber am aromatischsten, da dort die Kerne sitzen. Ihr könnt ihn in dünne Scheiben schneiden und verwenden. Nur zur Hälfte aufgebrauchte oder etwas schlapp wirkende Zucchini lassen sich wunderbar raspeln und machen sich bestens in Salaten oder als Farbklecks in Getreide. Zucchini enthalten viel Flüssigkeit, die sie kurz nach dem Raspeln abgeben: Ihr könnt sie gut fürs Salatdressing verwenden. Manchmal muss man diese Flüssigkeit aber auch ausdrücken, z. B. wenn ihr Zucchini-Küchlein macht, da das Gemüse dafür nicht so saftig sein darf. Aber ernsthaft, schüttet die Flüssigkeit nicht weg, sondern nehmt sie für ein Salatdressing.

Diese Lasagne schmeckt genauso gut wie eine klassische. Eine Lage aus Gemüse anstelle der Pasta kommt einer Revolution gleich. Wenn ich nur an die Schichten aus üppiger Tomatensauce, veganem Ricotta und Pesto denke, läuft mir das Wasser im Munde zusammen. Lässt sich sehr gut tagsüber zubereiten, sodass ihr sie abends mit einem frischen Salat servieren könnt.

Ergibt 1 Servierschale, ca. 9 Quadrate in einer Form von 20 cm x 25 cm

ZUCCHINILASAGNE

Den Backofen auf 180 °C (Umluft) vorheizen. Für den Ricotta die Mandeln abgießen und gut abspülen. Dann grob hacken und mit Zitronensaft und -abrieb, Salz, Miso, Oregano, Knoblauch, Essig, Hefeflocken und Pfeffer in einen Mixer geben. Langsam die Pflanzenmilch zugießen (erst einmal 60 ml) und alles zu einer Paste pürieren. Falls nötig, noch mehr Pflanzenmilch zugießen. Die Paste sollte dickflüssig und leicht stückig sein. In den Kühlschrank stellen, wo sie etwas fest wird.

Für die Tomatensauce die Zwiebel in 1 Schuss Wasser glasig dünsten. Den Knoblauch zufügen und 1 Minute mitdünsten. Tomaten, Tomatenmark, 125 ml Wasser, Basilikum und Oregano zugeben. Mit Salz und Pfeffer würzen und bei schwacher Hitze 12 Minuten köcheln lassen. Die Sauce soll zwar dickflüssig werden, aber nicht zu trocken sein. Falls nötig, bis zu 125 ml mehr Wasser zugießen. 10 Minuten köcheln lassen. Den Herd ausschalten und die Sauce auf dem Herd ziehen lassen.

Inzwischen alle Zutaten für das Pesto in den Mixer geben und zu einer Paste oder einer pestoartigen Mischung pürieren. Falls sie dünnflüssiger werden soll, etwas extra Olivenöl zugeben.

Nun für die Béchamelsauce die gekochten Bohnen im Mixer mit Zitronensaft, Olivenöl, 60–125 ml Wasser, Hefeflocken, Senf, Muskatnuss und Oregano pürieren. Mit Salz und Pfeffer würzen und zu einer möglichst homogenen Sauce verarbeiten, die einer mit Mehl zubereiteten Béchamelsauce gleicht.

Für die Ricottaschicht (mehr als benötigt)

120 g Mandeln, mind. 2 Stunden (am besten über Nacht) eingeweicht

Saft von 1 kleinen unbehandelten Zitrone, plus etwas Abrieb

1 guter TL Salz

1 TL Miso (gelb oder hell)

2 TL getrockneter Oregano

2 Knoblauchzehen, zerdrückt oder fein gehackt

1 TL Apfelessig

4 gute EL Hefeflocken

1 Prise schwarzer Pfeffer aus der Mühle

60–125 ml Pflanzenmilch

Für die Tomatensauce

1 kleine Zwiebel, fein gehackt

2 Knoblauchzehen, zerdrückt oder fein gehackt

12 Kirschtomaten oder 6 größere Tomaten, geviertelt

2–4 gute EL Tomatenmark

1 Handvoll frisches Basilikum, grob gehackt (nicht zerdrücken)

2 TL getrockneter Oregano

Salz und schwarzer Pfeffer aus der Mühle

»

Endlich Frühsommer! 93

Für die Lasagne den Boden der Form mit einer Schicht Zucchinischeiben belegen. Mit einer Schicht Tomatensauce, dann einer Lage Pesto und abschließend einer Schicht Béchamelsauce bedecken. Diese Schichtung wiederholen, bis alles aufgebraucht ist. Es macht nichts, wenn die Schichten ein wenig ineinander übergehen. Die obere Schicht sollte eher Ricotta und keine Béchamelsauce sein. Wer es besonders schick haben will, kann mit einer Gabel oben ein feines Muster einritzen.

15 Minuten backen, bis die Lasagne oben angebräunt ist und die Zucchini gar sind. Dies könnt ihr testen, indem ihr mit einem scharfen Messer in der Mitte einstecht. Nach dem Backen kurz durchziehen lassen und dann zu Quadraten aufschneiden.

Tipps:

Dies ist eines meiner Lieblingsrestegerichte, ob aufgewärmt oder kalt mit Salatbeilage. Im Kühlschrank hält sich die Lasagne bis zu 5 Tage, tiefgekühlt wesentlich länger, nämlich ca. 3–4 Wochen … also ein ideales Gericht zum Vorkochen und Einfrieren, das ihr dann später an faulen Tagen auftauen könnt. Ihr könnt auch mit verschiedenen Gemüsesorten experimentieren: Sommer-/Winterkürbis, Kartoffeln etc. eignen sich perfekt. Ich habe dieses Gericht auch schon mit normalen Lasagneblättern aus Pasta zubereitet. Dafür benötigt man jedoch vielleicht eine etwas tiefere oder größere Schale.

Für das Pesto

- 150 g Walnusskerne
- 4 Knoblauchzehen, zerdrückt oder fein gehackt
- 60 g frisches Basilikum
- Abrieb von 1 und Saft von 2 kleinen unbehandelten Zitronen
- 125–250 ml natives Olivenöl extra
- 6–8 gute EL Hefeflocken
- 1 Prise Chiliflocken
- Salz und schwarzer Pfeffer aus der Mühle
- 1 Prise frisch geriebene Muskatnuss
- 1 Prise Cayennepfeffer

Für die Béchamelsauce

- 240 g weiße Bohnen (aus der Dose, Abtropfgewicht), abgegossen
- Saft von ½ unbehandelten Zitrone
- 1 EL natives Olivenöl extra
- 2 EL Hefeflocken
- ½ EL Senf
- 1 Prise frisch geriebene Muskatnuss
- 1 Prise getrockneter Oregano
- Salz und schwarzer Pfeffer aus der Mühle

Dieses Gericht kommt bei meinen Retreats immer sehr gut an: Die Bohnen stecken voll sommerlicher Aromen und werden in leichtem Weißwein geköchelt! Dazu passt knuspriges Brot zum Auftunken der Sauce. Auch frische Artischocken lassen sich verwenden. 25–30 Minuten in Salzwasser garen, bis sich die Blätter leicht ablösen lassen (zusammen mit dem Stängel kompostieren). Bei frischen Artischockenherzen benötigt ihr vielleicht weniger als im Rezept angegeben.

Für 2 Personen

CREMIGE WEISSE BOHNEN

mit Zucchini und Artischocken in Weißweinsauce

Die Zwiebel in einer großen Pfanne mit 1 Schuss Wasser dünsten. Sobald sie weich und glasig wird, Knoblauch, Petersilienstängel und ein paar Petersilienblätter zufügen. Weiterbraten, bis die Mischung angenehm duftet. Bei schwacher Hitze die Zucchini einrühren. Die Pfanne sollte nun etwas trockener sein.

Bohnen, Hefeflocken, Tahini, 125 ml Pflanzenmilch, Zitronensaft und -abrieb und Senf zufügen. Mit Salz und Pfeffer würzen und gut vermengen.

Falls die Mischung zu dickflüssig ist, mehr Pflanzenmilch zugießen. Dann Paprikapulver, Oregano, Sojasauce und Chiliflocken unterrühren. 8–10 Minuten köcheln, sodass die Bohnen die Flüssigkeit aufnehmen und ein intensives Aroma entwickeln.

Unter langsamem Rühren Artischockenherzen und Weißwein zugeben. Der Weißwein soll leicht verdampfen, während das Gericht das Weinaroma bewahrt. Weitere 10 Minuten sanft köcheln lassen.

Die restlichen Petersilienblätter zufügen und, falls nötig, mit Salz und Pfeffer abschmecken. Mit etwas Olivenöl beträufeln und heiß servieren.

- 1 mittelgroße Zwiebel, in feine Ringe geschnitten
- 4 Knoblauchzehen, zerdrückt oder fein gehackt
- 100 g frische Petersilie (Blätter und Stängel), fein gehackt
- 2 Zucchini, geviertelt, dann gewürfelt
- 250 g weiße Bohnen (aus der Dose, Abtropfgewicht), abgegossen und abgespült (oder 125 g getrocknete Bohnen, über Nacht eingeweicht und gegart)
- 2 EL Hefeflocken
- 2 EL Tahini
- 125–250 ml Pflanzenmilch
- Abrieb und Saft von ½ unbehandelten Zitrone
- 1 EL Dijonsenf
- Salz und schwarzer Pfeffer aus der Mühle
- 1 TL geräuchertes Paprikapulver
- 1 TL getrockneter Oregano
- 1 EL Soja-/Tamarisauce
- 1 Prise Chiliflocken
- 200 g Artischockenherzen (aus der Dose)
- 60–125 ml Weißwein
- natives Olivenöl extra zum Servieren

Tipps:

Statt weißer Bohnen könnt ihr auch eine andere Sorte oder Kichererbsen verwenden bzw. Kidneybohnen, wenn es mexikanisch zugehen soll. Auch die Menge der Gewürze ist variabel. 1 oder 2 Handvoll Grünzeug machen sich gut, z. B. Blattkohl, Blattspinat, Brokkoli etc. – zum Schluss hineinwerfen, damit es noch mitgart.

Endlich Frühsommer!

Der Frühsommer steht für Frische und schlichte Genüsse, was beides auf diesen Salat zutrifft. Wer hätte gedacht, dass ein Salat aus nur einem Gemüse so eine Wirkung entfalten kann? Aber mit seiner säuerlichen Zitrusnote, dem Olivenöl und einer ordentlichen Prise Salz und Pfeffer kitzelt er die Geschmacksknospen.

Für 4 Personen als Salatbeilage

SALAT AUS ZUCCHINISTREIFEN

mit Zitrone und Knoblauch

Die Zucchini mit einem Gemüseschäler in Streifen hobeln, bis die Mitte mit den Kernen erreicht ist. Den Mittelteil in dünne Scheiben schneiden und alles zusammen in eine Servierschüssel geben.

Zitronensaft und -abrieb, Olivenöl, Knoblauch, Essig, Minze und Oregano zufügen. Mit Salz und Pfeffer würzen.

Zucchini und Dressing gut mit den Händen vermengen, bis die Zucchini damit überzogen ist. Dabei tritt Flüssigkeit aus, und die Zucchini werden schön weich.

Als Beilage zu einem Hauptgericht oder als Teil eines Picknicks oder Büffets servieren.

- 3 mittelgroße Zucchini, Enden abgeschnitten
- Abrieb von 1 und Saft von 2 kleinen unbehandelten Zitronen
- 2–4 EL natives Olivenöl extra
- 2 Knoblauchzehen, zerdrückt oder fein gehackt
- 1 TL Apfel- oder Weißweinessig
- 1 kleine Handvoll frische Minzeblätter (oder 1 TL getrocknete Minze)
- 1 TL getrockneter Oregano
- Salz und schwarzer Pfeffer aus der Mühle

Tipps:

Dies ist einer meiner Lieblingssalate – herrlich erfrischend und aromatisch. Ihr könnt mit verschiedenfarbigen Zucchini experimentieren und sogar eine Gurke oder Frühlingszwiebeln zugeben, damit es knackiger wird. Auch andere frische Kräuter, die ihr vielleicht habt, machen sich hier gut. Für diesen leichten Salat lassen sich auch ältere Zucchini gut aufbrauchen.

Dieses Rezept ist aus einer Laune heraus entstanden, als ich einen Rest Pesto und veganen Ricotta in meinem Kühlschrank entdeckte. Ich hatte schon oft Sommerkürbisse gefüllt und wollte dies nun mit Zucchini ausprobieren. Dafür verwende ich die ganze Zucchini und vermische das Fruchtfleisch mit der Füllung.

Für 4 Personen

STUFFED COURGETTES

mit Walnusspesto und veganem Ricotta

Für den Ricotta die Mandeln abgießen und gut abspülen. Dann grob hacken und mit Zitronensaft und -abrieb, 1 guter TL Salz, Miso, Oregano, Knoblauch, Essig, Hefeflocken und Pfeffer in den Mixer füllen. Nach und nach 60 ml Pflanzenmilch zugießen und alles zu einer glatten Paste vermengen. Die restlichen 65 ml nur zugießen, falls nötig. Die Mandeln in der dickflüssigen Mischung sollten komplett zerkleinert sein. Im Kühlschrank etwas fest werden lassen.

Alle Zutaten für das Pesto in den Mixer geben und zu einer Paste verarbeiten. Falls nötig, zum Verdünnen extra Olivenöl zugießen.

Den Backofen auf 180 °C (Umluft) vorheizen. Die Zucchini längs halbieren und mit einem Teelöffel vorsichtig das Fruchtfleisch herausschaben und beiseitestellen. Die Zucchini auf ein Backblech legen, mit 1 Prise Salz bestreuen und mit der Schnittseite nach oben 5 Minuten backen, damit sie später schneller gar werden.

Inzwischen den Mittelteil der Zucchini klein hacken. 6–8 EL Pesto, Semmelbrösel und 2 EL Ricotta zufügen. Gut vermengen und, falls nötig, mit Salz und Pfeffer würzen.

Die Zucchini aus dem Backofen nehmen und mit der Pesto-Ricotta-Mischung füllen (Füllhöhe nach Belieben). Im Backofen in weiteren 10–12 Minuten goldbraun backen.

Zum Servieren mit restlichem Pesto und Ricotta krönen, mit Salz und Pfeffer würzen und mit etwas Olivenöl beträufeln. So schmecken die Zucchini nicht zu trocken und werden noch aromatischer.

Für den Ricotta (ergibt mehr als benötigt)

120 g Mandeln, mind. 2 Stunden oder am besten über Nacht eingeweicht

Saft von 1 kleinen unbehandelten Zitrone, plus etwas Abrieb

Salz

1 TL gelbes oder helles Miso

2 TL getrockneter Oregano

2 Knoblauchzehen, zerdrückt oder fein gehackt

1 TL Apfelessig

4 gute EL Hefeflocken

1 Prise schwarzer Pfeffer aus der Mühle

60–125 ml Pflanzenmilch

4 mittelgroße Zucchini

60–120 g Semmelbrösel (je nach Größe der Zucchini)

natives Olivenöl extra zum Servieren

Für das Pesto

150 g Walnusskerne

4 Knoblauchzehen, zerdrückt oder fein gehackt

60 g frisches Basilikum

Abrieb von 1 und Saft von 2 unbehandelten Zitronen

125–250 ml natives Olivenöl extra

6–8 gute EL Hefeflocken

1 Prise Chiliflocken

Salz und schwarzer Pfeffer aus der Mühle

1 Prise frisch geriebene Muskatnuss

1 Prise Cayennepfeffer

Tipps:

Pesto und Ricotta könnt ihr auch für die Zucchinilasagne auf S. 92 verwenden.

Fenchel

Der Fenchel mit seinem Grün, das an Dill erinnert und mir zum Saisonbeginn zuzuwinken scheint, hat etwas Einzigartiges. Das anisartige Aroma ist einer seiner großen Vorzüge, auch wenn da nicht alle meiner Meinung sind. Fenchel zählt zu den Gemüsesorten, die je nach Zubereitungsart ganz unterschiedlich schmecken. Eine Zeit lang habe ich ihn immer samt Stängel und Grün gebacken, nur mit einer guten Prise Salz, Oregano und Olivenöl gewürzt, und ihn als Beilage serviert. Gegart schmeckt er etwas süßer und milder und ergibt ein sehr zartes Gemüse, mit dem man wunderbar ein wenig Abwechslung auf den Tisch bringen kann. Roher Fenchel lässt sich sehr gut mit Zitrusfrüchten kombinieren, die ein Gegengewicht zum leichten Lakritzgeschmack bilden. Ich erinnere mich an eine Reise nach Kopenhagen, wo ich in einem Restaurant aß, dessen Entwicklung ich seit Jahren verfolgt hatte: Dort wurden sogenannte Fenchelsteaks mit cremigem veganem Joghurt, gerösteten Mandeln und Orangenschale serviert, die meine Geschmacksknospen völlig überwältigten.

Tipps:

Das Fenchelgrün ergibt auch einen erfrischenden Tee. Schneidet das Kraut und ein Stück des Stängels ab, bevor ihr die Knollen zubereitet, und übergießt es mit kochendem Wasser. Der verdauungsfördernde Tee wird gern nach einer größeren Mahlzeit getrunken. Fenchel macht sich auch als Basis für eine Brühe sehr gut – ob ihr nun ein paar Stängel übrig habt oder einfach etwas Grün in den Topf mit eurer Brühe werft. Ich hacke das Kraut gern klein und gebe es überall dazu (Salate, Suppen, Aufläufe, Pastagerichte). Wenn ihr ein bisschen in ein Pesto oder eine Salsa einrührt, wird aus einem gewöhnlichen Gericht etwas ganz Besonderes. Ihr könnt den Fenchel auch wie Pickles einlegen: Eine etwas traurig aussehende Knolle aus dem Kühlschrank schneidet ihr dünn auf und vermengt sie mit einer Mischung aus Salz, Essig und einem Spritzer Zitronensaft – ihr werdet es nicht bereuen. Auf S. 372 findet ihr weitere Ideen für Pickles. Sie lassen sich gut für den Fenchel oder eine Mischung aus Fenchel und anderem Gemüse abwandeln.

Ein Salat mit dem gewissen Etwas, der sich auf jeder sommerlichen Tafel sehen lassen kann! Die Orange im Dressing verbindet die verschiedenen Aromen mit ihrer Zitruskraft und mildert die leichte Bitternote des Fenchels ab. Dieser Salat macht eine Entwicklung durch: Wenn ich Reste davon esse oder ihn im Voraus zubereitet habe, hatte das frische Gemüse genügend Zeit, um das luxuriöse Dressing ordentlich aufzunehmen.

Für 4–6 Personen

FENCHEL-KOHLRABI-SALAT

Kohlrabi, Fenchel, Zucchini, Petersilie, Blattgemüse, Kümmelsamen und Frühlingszwiebeln in einer Schüssel mit Salz und Pfeffer würzen und kurz vermengen.

Orangensaft und -abrieb zufügen und das Gemüse leicht mit den Händen kneten, damit es etwas weicher wird. Die Hälfte der Walnüsse, Senf, Essig, Olivenöl und Ahornsirup zufügen und gründlich vermengen.

Zum Servieren mit den restlichen Walnusskernen und Petersilie bestreuen. Falls nötig, erneut mit Salz und Pfeffer würzen.

- 2 mittelgroße Kohlrabi, geschält (gut für Kompost), mit Gemüsemandoline oder Messer fein aufgeschnitten
- 1 Fenchelknolle, Strunk entfernt, mit Gemüsemandoline oder Messer fein aufgeschnitten
- 1 Zucchini, gerieben
- 1 gute Handvoll frische Petersilie, fein gehackt (ein wenig zum Garnieren beiseitelegen)
- 150–200 g grünes Blattgemüse (Blattspinat, Mangold, Brunnenkresse, Rucola oder eine Mischung)
- 1 TL Kümmelsamen
- 2 Frühlingszwiebeln, in feine Ringe geschnitten
- Salz und schwarzer Pfeffer aus der Mühle
- Saft von 1 unbehandelten Orange, plus etwas Abrieb
- 55 g Walnusskerne, leicht geröstet
- 1 EL körniger Senf
- 2 TL Weißweinessig
- 1 EL natives Olivenöl extra
- 1 EL reiner Ahornsirup oder ein anderes Süßungsmittel

Ich rühre gern die Werbetrommel für Obst im Salat, wie auch hier in diesem Rezept. Gebackene Aprikosen sorgen für eine angenehm süßsäuerliche Note. Ein richtiger Publikumsliebling, der bei jedem Picknick gut ankommt.

Für 4 Personen als Hauptgericht, für 6 als Beilage

SAUERTEIG-PANZANELLA-SALAT

mit gebackenen Aprikosen und Fenchel

Für die Aprikosen

10–12 Aprikosen, halbiert, entsteint

2 TL Kümmelsamen

1–2 TL Zimtpulver

Abrieb und Saft von 1 unbehandelten Zitrone

2 EL reiner Ahornsirup oder ein anderes Süßungsmittel

Salz

Für den Salat

4 Scheiben altbackenes Sauerteigbrot, mundgerecht zerpflückt

4 EL natives Olivenöl extra

Salz

1 rote Zwiebel, in dünne Ringe geschnitten

12 Kirschtomaten oder 7 größere Tomaten, unterschiedlich aufgeschnitten (in Scheiben, geviertelt, halbiert etc.)

60 g Kapern (Abtropfgewicht)

1 Fenchelknolle, mit Gemüsemandoline oder Messer fein aufgeschnitten

1 EL Aceto balsamico

Saft von 1 unbehandelten Zitrone

1 Handvoll frisches Basilikum (oder 2 TL getrocknetes Basilikum)

2–4 TL getrockneter Oregano

schwarzer Pfeffer aus der Mühle

Den Backofen auf 180 °C (Umluft) vorheizen. Für die Aprikosen die halbierten Früchte mit der Schnittseite nach oben auf ein Backblech legen. Gleichmäßig mit Kümmelsamen, Zimt und Zitronenabrieb bestreuen. Zitronensaft, Ahornsirup und 1 Prise Salz darauf verteilen. 15 Minuten backen und dabei nach der Hälfte der Backzeit ein wenig vermengen, damit die Aprikosen gleichmäßig garen.

Für den Salat das Brot mit 2 EL Olivenöl und 1 Prise Salz vermengen. Auf einem Backblech verteilen und 5 Minuten rösten. Das Brot wird ziemlich schnell knusprig – besser nicht aus den Augen lassen. Nach der Hälfte der Backzeit das Blech ein wenig schwenken. Das Brot soll braun und knusprig werden, aber in der Mitte noch etwas weich sein. Danach aus dem Backofen nehmen und abkühlen lassen.

Zwiebel, Tomaten, Kapern und Fenchel in eine Schüssel geben. Mit restlichem Olivenöl, Essig und Zitronensaft beträufeln und gründlich vermengen. Aprikosen, Brot, Basilikum, Oregano, Salz und Pfeffer zufügen und vorsichtig mischen.

Tipps:

Panzanella ist ein tolles Rezept, um altbackene Brotreste zu verwerten. Ihr könnt jede Sorte nehmen; ich mag die luftige Konsistenz von geröstetem Sauerteigbrot besonders gern. Meist kaufe ich jede Woche einen frischen Laib. Die Hälfte davon schneide ich auf und friere die Scheiben ein, wenn ich weiß, dass ich nicht den ganzen Laib aufbrauche, oder um später für einen schnellen Salat etwas Brot zur Hand zu haben. Der Fenchel sorgt für die saisonale Komponente, aber ihr könnt ihn auch weglassen und/oder anderes Gemüse verwenden, das ihr gerade im Kühlschrank habt (Zucchini-, Gurkenscheiben etc.). Mit Getreide wird der Salat noch sättigender. Oder ihr nehmt frischen Blattsalat.

Dinkel ist ein sehr vielseitiges Getreide, das ich schon immer gern mochte und oft verwendet habe (Körner und Mehl). Vor ein paar Jahren wurde ich im Sommer geradezu fanatisch und bereitete dieses Rezept so oft zu, dass es schon nicht mehr normal war. Da es so einfach ist, kann man kaum etwas verkehrt machen. Bei dieser Pizza mit rustikaler hausgemachter Sauce und saisonalem Gemüse spürt man trotz Regen die Sonne scheinen, nicht wahr?

Ergibt 4–6 Minipizzas

DINKELPIZZA

mit gerösteten Fenchel, Kohl und Tofucreme

Den Backofen auf 200 °C (Umluft) vorheizen. Für den Boden die Zutaten in einer großen Schüssel mischen. Nach und nach etwa 250 ml Wasser (vielleicht auch weniger) zugießen und alles vermengen, bis ein Teig entsteht. Den Teig mit den Händen kneten und, falls nötig, noch etwas mehr Wasser unterarbeiten, bis ein homogener Teig entsteht. Beiseitestellen.

Für die Tomatensauce die Zwiebel in 1 Schuss Wasser dünsten, bis sie glasig wird. Den Knoblauch zugeben und 1 Minute mitdünsten. Tomaten, Tomatenmark, sonnengetrocknete Tomaten, 250 ml Wasser, Basilikum und Oregano zufügen. Mit Salz und Pfeffer würzen und bei schwacher Hitze 12 Minuten köcheln lassen. Die Sauce soll sämig werden. Falls sie zu dickflüssig ist, noch etwas mehr Wasser zufügen. Bei sehr schwacher Hitze 10–12 Minuten köcheln lassen. Danach den Herd ausschalten und die Sauce auf dem Herd weiterziehen lassen. Entweder so lassen oder im Mixer leicht pürieren.

Für die Tofucreme Seidentofu, Apfelessig, Senf, Knoblauch, Zitronensaft und -abrieb, Oregano, Salz und Pfeffer im Mixer zu einer cremigen Paste vermengen. Beiseitestellen oder im Kühlschrank aufbewahren. Das Trüffelöl nach Belieben einrühren, nachdem die Creme fertig ist und umgefüllt wurde.

Für den Boden

300 g Dinkelmehl, plus mehr zum Arbeiten

4 TL Backpulver

1 Prise Salz

5 TL getrockneter Oregano/getrocknete gemischte Kräuter

Für die Tomatensauce

(Diese Sauce entspricht der Tomatensauce für die Lasagne auf S. 92. Ihr könnt also die Menge verdoppeln und aufbewahren, um sie für beide Rezepte zu verwenden.)

1 kleine Zwiebel, fein gehackt

2 Knoblauchzehen, zerdrückt oder fein gehackt

12 Kirschtomaten oder 6 größere Tomaten, geviertelt

2–4 EL Tomatenmark

6 sonnengetrocknete Tomaten, grob gehackt

1 Handvoll frisches Basilikum, grob gehackt

2 TL getrockneter Oregano

Salz und schwarzer Pfeffer aus der Mühle

»

Für den Belag die Fenchelscheiben mit einer Küchenzange einige Sekunden über eine Flamme halten und wenden, damit sie von beiden Seiten dunkel angebräunt werden (alternativ in einer heißen Pfanne ohne Fett anbräunen). Der Fenchel wird später im Backofen noch weitergegart.

Eine saubere Arbeitsfläche mit etwas Mehl bestäuben und den Dinkelteig halbieren oder vierteln (je nachdem, wie viele Pizzen geplant sind). Mit einem mit Mehl bestäubten Nudelholz jedes Stück zu einem Pizzaboden ausrollen. Beim Ausrollen einmal wenden. Die Böden sollten ½–1 cm dick sein (je nach Vorliebe).

Die Böden auf eine Lage Backpapier (siehe Tipp, S. 35) legen, die auf ein Backblech oder Backgitter passt.

Mit einem Schöpf- oder Servierlöffel die Tomatensauce auf den Böden verteilen. Sie sollten nicht durchweichen, aber auch nicht zu spärlich bedeckt sein.

Mit Zwiebel, Fenchel, Blattgemüse, Kohl und der Hälfte des Basilikums belegen. Je nach Anzahl der Böden könnt ihr bei der Mischung eurer Kreativität freien Lauf lassen. Pizzen auf mittlerer Schiene 8 Minuten backen.

Mit Oregano, Hefeflocken, Salz und Pfeffer würzen. Die Böden sollten durchgegart und nicht feucht sein. Weitere 4–5 Minuten backen, bis das Gemüse weich und gar ist. Einige Minuten vor Ende der Backzeit mit Tofucreme beträufeln, sodass sie noch kurz überbacken wird.

Für die Tofucreme (ergibt 1 kleines Schraubglas mit ca. 580 ml)

300 g Seidentofu, abgetropft

1 ½ TL Apfelessig

2 TL Dijonsenf

1 Knoblauchzehe, zerdrückt oder fein gehackt

Saft von 1 kleinen unbehandelten Zitrone, plus etwas Abrieb

2 TL getrockneter Oregano

Salz und schwarzer Pfeffer aus der Mühle

Trüffelöl (nach Belieben)

Für den Belag

1 mittelgroße Fenchelknolle, von oben nach unten in Scheiben geschnitten

1 kleine rote Zwiebel, in dünne Ringe geschnitten

einige gute Handvoll grünes Blattgemüse nach Wahl (Blattspinat, Grünkohl, Cavolo nero)

¼ Kohlkopf (eine grüne Sorte), inkl. Strunk, in feine Streifen geschnitten

1 Bund Basilikum, grob gehackt

getrockneter Oregano zum Bestreuen

Hefeflocken (nach Belieben)

Salz und schwarzer Pfeffer aus der Mühle

Tipps:

Wer gerade ein bisschen auf dem Abenteuertrip ist, belegt die Pizzen zur Abwechslung zusätzlich mit ganz dünnen Kartoffelscheiben. Da im Frühsommer viele Kartoffelsorten Saison haben, ist reichlich Auswahl geboten. Der Teig ist im Kühlschrank einige Tage haltbar, falls ihr ihn nicht aufgebraucht habt: Formt ihn zu einer Kugel, legt ihn in eine Schüssel und deckt diese mit einem Teller ab. Dies gilt auch für die Sauce. Ihr müsst euch natürlich nicht streng an die im Rezept genannten Gemüsesorten halten, sondern könnt kreativ eure Reste verwerten.

Gnocchi habe ich zum ersten Mal auf einer Reise in die Toskana probiert. Sie waren frisch zubereitet und wurden in aufgeschlagenem Olivenölpesto mit einigen Beilagen serviert, darunter diese gegarte Fenchelknolle – für mich eine außerordentliche geschmackliche Erfahrung. Als ich später versuchte, selbst Gnocchi zuzubereiten, war ich verblüfft, wie einfach es ist. Dieses Rezept steckt voller Erinnerungen – gibt es etwas Schöneres als die Vorstellung, unter der warmen Sonne der Toskana frische hausgemachte Gnocchi zu mampfen?

Für 2–3 Personen als Beilage

PESTO-GNOCCHI MIT GEBACKENEM FENCHEL

und knusprigen Kartoffelschalen

Den Backofen auf 180 °C (Umluft) vorheizen. Kartoffelwürfel in Salzwasser 12–15 Minuten garen, bis sie sich leicht mit einer Gabel einstechen lassen. Abgießen, beiseitestellen und komplett abkühlen lassen.

In der Zwischenzeit die Kartoffelschalen knusprig braten: Das Öl in einer Pfanne erhitzen, die Schalen zufügen und mit Salz und Pfeffer würzen. Nach Belieben mit Zimt bestreuen. Die Schalen sollten bei schwacher Hitze braten, da sie schnell knusprig werden und nicht anbrennen dürfen. Die gebratenen Schalen auf Küchenpapier abtropfen lassen. Sie werden während des Abkühlens noch knuspriger.

Für den Fenchel die Fenchelstücke gleichmäßig auf einem Backblech verteilen. Ich röste ihn gern ohne Öl mit ein wenig Salz und Pfeffer, aber ihr könnt natürlich auch ein Öl eurer Wahl verwenden. 15 Minuten backen, bis er angebräunt und weich ist. Dann aus dem Backofen nehmen und zum Warmhalten abdecken.

Für das Pesto alle Zutaten im Mixer zu einer Paste verarbeiten. Gebt erst 125 ml Öl hinzu und bei Bedarf, wenn die Paste zu dick ist, nach und nach etwas mehr. Beiseitestellen.

Für die Gnocchi

500 g mehlige Kartoffeln, geschält und gewürfelt (Schalen aufbewahren, siehe unten)

Salz

120 g Weizenmehl, plus bei Bedarf etwas zum Bestäuben

1 EL natives Olivenöl extra

Für die knusprigen Kartoffelschalen

Kartoffelschalen (siehe oben), gehackt oder zerkleinert

1–2 EL natives Olivenöl extra

Salz und schwarzer Pfeffer aus der Mühle

1–2 TL Zimtpulver (nach Belieben)

Für den Fenchel

1 Fenchelknolle, grob gehackt

Öl eurer Wahl (nach Belieben)

Salz und schwarzer Pfeffer aus der Mühle

Für das Pesto

150 g Walnusskerne

2 Knoblauchzehen, zerdrückt oder fein gehackt

60 g frisches Basilikum

Für die Gnocchi die abgekühlten Kartoffeln mit dem Kartoffelstampfer oder der Kartoffelpresse zu Püree verarbeiten. Dann Mehl, ½ TL Salz und Olivenöl zufügen und mit bemehlten Händen vorsichtig kneten. Falls die Mischung zu klebrig ist, etwas mehr Mehl zugeben. Ist sie zu trocken, etwas Öl zugießen. Der Teig sollte weich, aber nicht klebrig sein.

Den Teig in vier gleich große Stücke teilen. Jedes Stück auf einer bemehlten Arbeitsfläche zu einer Rolle (2 cm Ø) formen. Die Teigrollen mit einem scharfen Messer in 2,5 cm dicke Scheiben schneiden. Die Gnocchi nach Belieben mit einer Gabel oben und unten leicht eindrücken, wenn sie besonders hübsch aussehen sollen.

Wasser in einem großen Topf zum Kochen bringen. Die Gnocchi portionsweise hineingeben und einige Minuten kochen lassen. Die Garzeit variiert – sobald die Gnocchi an die Wasseroberfläche steigen, sind sie fertig. Unbedingt portionsweise kochen, da die Gnocchi sonst leicht zu lange garen.

Zum Abschluss das Olivenöl in einer Pfanne erhitzen und die Gnocchi vorsichtig (ebenfalls portionsweise, je nach Pfannengröße) von jeder Seite einige Minuten braten, bis sie angebräunt und knusprig sind. So bleiben sie auch stabiler, wenn man sie mit einer Sauce vermengt.

Zum Servieren die Gnocchi in eine Schüssel füllen. Fenchel, Basilikum, Walnusskerne, einige gehäufte EL Pesto, Zitronensaft und -abrieb zufügen. Nach Belieben mit Olivenöl beträufeln, mit Salz und Pfeffer würzen und mit den knusprigen Kartoffelschalen servieren.

- Abrieb von 1 und Saft von 2 kleinen unbehandelten Zitronen
- 125–250 ml natives Olivenöl extra
- 6–8 gute EL Hefeflocken
- 1 Prise Chiliflocken
- Salz und schwarzer Pfeffer aus der Mühle
- 1 Prise frisch geriebene Muskatnuss

Zum Servieren

- 1 Handvoll frisches Basilikum, grob gehackt
- 2 EL Walnusskerne, leicht geröstet, zerdrückt
- Saft von 1 unbehandelten Zitrone, plus etwas Abrieb
- natives Olivenöl extra zum Anmachen/Garnieren

Hinweise:

Wer genügend Zeit hat, kann die Kartoffeln auch backen. So sind die Schalen bereits knusprig, und das Innere bleibt schön saftig. Die Kartoffeln ungefähr 1 Stunde backen und dann der Rezeptanweisung folgen. Vielleicht braucht ihr nicht ganz so viel Mehl – fangt besser mit etwas weniger als 120 g an und seht, wie viel ihr letztendlich braucht.

Tipps:

Ihr könnt die Gnocchi auch einfrieren und für eine andere Gelegenheit aufheben. Dazu den Teig in Stückchen schneiden und mit etwas Mehl bestäuben, damit die Gnocchi nicht zusammenkleben. Tiefgekühlt sind sie 1 Monat haltbar. Zur Zubereitung auftauen lassen, bis sie ganz weich sind und wie im Rezept angegeben kochen. Danach knusprig anbraten. Diesen Teig kann man auch wunderbar für Kartoffel-Roti verwenden. Den Teig wie gewohnt zubereiten, kleine Stücke abtrennen, mit den Händen zu Bällchen formen und dann zu flachen Pfannkuchen/Roti ausrollen. Die Größe bleibt euch überlassen. Serviert sie mit dem Pesto und gern mit einem Salat.

Frühkartoffeln

Den Beginn der Kartoffelsaison kann ich kaum abwarten. Ich halte ständig die Augen offen, ob ich auf dem Markt schon die ersten Exemplare entdecke. Die frühen Knollen sind nur begrenzt lagerfähig und sollten deshalb zügig verzehrt werden. Aber sie schmecken so lecker, dass das überhaupt kein Problem ist. Mein Liebling ist die britische Kartoffelsorte Jersey Royals. Sie schmeckt unverwechselbar nussig und leicht süßlich. Auch andere frühe Sorten, wie etwa Annabelle, Glorietta, Roter Erstling oder Marabel bestechen mit einem feinen, leicht süßlichen Aroma.

Kartoffeln gelten oft als langweilig. Da bin ich völlig anderer Ansicht! Wenn ihr einmal Frühkartoffeln probiert habt, die nur mit etwas Salz, Olivenöl und einem Zweig Rosmarin perfekt gebacken wurden, werdet ihr eure Meinung hoffentlich ändern. Die ersten Knollen der Saison machen sich auch gut im Salat. Bei der Zubereitung muss man nur auf ein paar kleine Details achten.

Im Laufe der Zeit habe ich gelernt, dass es beim Kochen mit Kartoffeln vor allem darauf ankommt, nicht zu viele zu verwenden. Sie brauchen Platz, um ihr wahres Aroma zu entfalten. Werft also keinen ganzen Berg Kartoffeln in den Topf oder die Pfanne, sondern nehmt noch anderes Gemüse dazu, um eine ausgewogene Mischung von Aromen und Konsistenzen zu erhalten. Für die Gnocchirezepte in diesem Buch verwendet ihr lieber mehligkochende Kartoffeln, oder ihr nehmt eine rote Sorte, auch das macht sich gut. Kartoffeln lieben Salz – seid also konsequent und nicht sparsam: Streut ordentlich Salz drüber, und achtet auf die Ölmenge, wenn ihr sie bratet. Wenn ihr die Kartoffeln in Öl badet, werden sie nicht unbedingt aromatischer und bekommen auch, je nach Sorte, keine perfekt knusprige Schale.

Tipps:

Aus übrig gebliebenen Kartoffeln, ob gekocht oder traurig im Korb herumliegend, kann man ein tolles Püree zaubern. Bratkartoffelreste sind perfekt für einen herzhaften Brunch. Die meisten meiner Freundinnen und Freunde wissen, dass ich morgens selten Lust auf Deftiges habe, aber ein paar einsamen Kartoffeln, die ich zu einer Art »Bubble and Squeak« (Kartoffelfladen) verarbeite oder mit Gemüse, Tomaten und Zwiebeln brate (dazu eine Scheibe Sauerteigbrot) nicht widerstehen kann. Für viele Rezepte müssen die Kartoffeln geschält werden. Statt die Schalen auf den Kompost zu geben, könnt ihr sie als besondere Kleinigkeit mit etwas Öl, Kräutern, Salz und Pfeffer und eine Prise Zimtpulver leicht braten.

Röstkartoffeln lieben wir alle, oder? Dieses Rezept ist ein Tribut an meine Lieblingskartoffeln, es lässt sich aber mit jeder festkochenden Frühkartoffel zubereiten. Sie werden leicht zerdrückt und nur mit ein paar Aromazutaten pur serviert. Außen goldbraun und knusprig, innen luftig-weich. Die Vorbereitungszeit dauert gerade mal 5 Minuten, und im Backofen entfalten sie dann ihre ganze Magie.

Für 6 Personen als Beilage

RÖSTKARTOFFELN MIT PETERSILIE, KNOBLAUCH UND ESTRAGON

Den Backofen auf 200 °C (Umluft) vorheizen. Um knusprige Kartoffeln zu erhalten, müsst ihr sie erst vorkochen: Die Kartoffeln in Salzwasser aufkochen, dann bei mittlerer Hitze 10 Minuten köcheln lassen, bis sie gar, aber nicht zu weich sind. Nicht zu lange garen!

Abgießen und ausdämpfen lassen, um überschüssiges Wasser zu entfernen. Mit Knoblauch, drei Viertel des Estragons, der Petersilie und dem Oregano auf einem Backblech verteilen. Mit Olivenöl beträufeln (ich würde mit 2 EL anfangen) und mit Salz und Pfeffer würzen. Vermengen, bis die Kartoffeln von allen Seiten mit Öl überzogen sind und, falls nötig, noch mit mehr Olivenöl beträufeln.

30 Minuten backen, bis die Schale knusprig und goldbraun ist. Das Innere sollte weich und luftig sein. Mit dem restlichen Estragon bestreuen und heiß servieren.

- 700 g Frühkartoffeln, in große Stücke geschnitten, kleinere ganz lassen
- Salz
- 1 ganze Knoblauchknolle (ca. 10 Zehen), vereinzelt und in der Schale belassen
- einige Stängel Estragon, grob gehackt
- 1 kleine Handvoll frische Petersilie, grob gehackt
- 1 TL getrockneter Oregano
- 2–4 EL natives Olivenöl extra
- schwarzer Pfeffer aus der Mühle

Tipps:

Falls ihr Reste habt oder gleich die doppelte Menge Kartoffeln gekocht habt, könnt ihr ein paar Sachen ausprobieren: Gebt z. B. einen Klecks Pesto und Kokosjoghurt dazu, bevor ihr sie zu einem Püree weiterverarbeitet. Kalte oder übrig gebliebene Kartoffeln lassen sich auch gut braten. Klein gehackt bilden sie die Grundlage für eine Art Kartoffelpuffer. Etwas ältere oder weich gewordene Kartoffeln kann man immer noch gut zu Röstkartoffeln verarbeiten. Durch das Kochen und durchs Rösten erhalten sie ihre übliche Konsistenz. Schnell zubereitet und eine ideale Beilage zu sommerlichen Salaten.

Endlich Frühsommer! 113

Ich liebe es, im Frühsommer zu einem ausschweifenden Essen einzuladen, das Obst und Gemüse der Saison zu feiern und für andere zu kochen: Dies ist mein klassisches Kartoffelsalatrezept. Es braucht nicht viel Vorbereitung, und wenn ich die warmen Kartoffeln ins cremige Dressing gebe, gerate ich ins Schwärmen. Chili und Kapern sorgen für Schärfe und Salz. Zusammen mit den schnellsten Pickles der Welt wird er zum Must-have fürs Gemüsebüffet!

Für 3 Personen als Hauptgericht, für 4 als Beilage

SALAT AUS ZERDRÜCKTEN KARTOFFELN

mit schnellen Gurken-Dill-Pickles

Für die Gurken-Pickles die Gurken mit dem Gemüseschäler in Streifen schneiden, bis der Mittelteil erreicht ist. Die Streifen in eine Schüssel geben. Den Mittelteil fein hacken und ebenfalls in die Schüssel geben.

Essig, Zucker, Koriandersamen, Kreuzkümmelsamen und Salz zufügen und gut vermengen. Die genaue Essigmenge lässt sich hier nicht angeben: Einfach so viel Essig verwenden, dass die Gurke bedeckt ist. In den Kühlschrank stellen und dann den restlichen Salat zubereiten.

Für den Salat die Kartoffeln in Salzwasser 12 Minuten kochen, bis sie sich mit einem Messer leicht einstechen lassen. Nicht zu lange kochen, da sie nicht zu weich werden sollen. Abgießen und ausdämpfen lassen, um überschüssiges Wasser zu entfernen. Dann abkühlen lassen.

Die Kartoffeln mit Staudensellerie, Frühlingszwiebeln, 2 TL Kapern, Senf, Tahini, 2 EL Olivenöl, Dill, Chiliflocken, Salz und Pfeffer in eine Schüssel geben. Mit einer Gabel vermengen und dabei die Kartoffeln vorsichtig zerdrücken. Ich finde die Konsistenz interessanter, wenn man sie mit einer Gabel statt einem Stampfer zerdrückt. Außerdem werden sie dadurch besser von Senf und Tahini bedeckt.

Für die Gurken-Pickles (für 2–3 Personen als Beilage/Snack)

2 kleine Gurken oder 1 große

Apfel- oder Weißweinessig (oder eine Mischung)

1 TL Zucker nach Wahl (Kokos-, Palm-, Rohrohrzucker etc.)

1 TL Koriandersamen

1 TL Kreuzkümmelsamen

1 gute Prise Salz

Für den Kartoffelsalat

700 g frühe kleine Salatkartoffeln mit Schale, gleichmäßig grob gewürfelt

Salz

2 Stangen Staudensellerie, in feine Scheiben geschnitten

4 Frühlingszwiebeln, in feine Ringe geschnitten

2–4 TL Kapern

2 EL Senf

2 EL Tahini

2–4 EL natives Olivenöl extra

einige Stängel Dill, fein gehackt

1 Prise Chiliflocken

schwarzer Pfeffer aus der Mühle

Die Gurken-Pickles aus dem Kühlschrank holen, die Gurken abgießen (Flüssigkeit auffangen) und zu den Kartoffeln geben. Von der verbleibenden Flüssigkeit mehr oder weniger dazugießen. Ich hebe sie gern für eine weitere Portion auf. Die Kartoffeln erneut vermengen und mit Salz und Pfeffer abschmecken.

Zum Servieren nach Belieben restliches Olivenöl und restliche Kapern zufügen. Guten Appetit!

Tipps:

Ihr könnt dieses Gericht auch in ein Püree verwandeln, das ihr heiß serviert. Kocht dazu die Kartoffeln etwas länger und zerstampft sie danach. Dann gebt ihr die restlichen Zutaten dazu. Die Pickles lasst ihr aus und serviert das Püree solo. Oder aber ihr krönt das Püree damit, wenn ihr nicht beides vermengen wollt. Wenn beim Originalrezept etwas übrig bleibt, könnt ihr den Rest wie »Bubble and Squeak« braten. Gebt noch klein gehacktes oder geriebenes Gemüse dazu, falls ihr Gemüsereste habt. Oder bratet ihn in einer Pfanne mit Öl an, verfeinert mit ein paar Gewürzen.

Ich bin ja immer sehr dafür, Süßes und Pikantes zu kombinieren. Aber was Frühstück oder Brunch angeht, bin ich doch eher eine Süße. Dieses Rezept habe ich extra entwickelt – der Appetit auf Herzhaftes wird trotz milder Süße gestillt. Und dieses Gericht passt nicht nur zum Frühstück, sondern ergibt auch ein herzhaftes, aber leichtes Mittag- oder Abendessen. Umami meets earthy.

Für 4 Personen

HERZHAFTES HIRSEPORRIDGE

mit Frühkartoffeln und Miso

Das Kokosöl in einem kleinen Topf zerlassen. Die Zwiebel zugeben und braten, bis sie allmählich anbräunt und duftet. Knoblauch, Ingwer und Korianderstängel zufügen und 1 weitere Minute braten. Bei schwacher Hitze die Hirse einrühren, anschließend die Brühe zugießen.

Die Brühe zum Kochen bringen, dann bei reduzierter Hitze die Hirse 12 Minuten köcheln lassen. Wenn die Hirse nach der Hälfte der Garzeit allmählich die Flüssigkeit aufnimmt, Misopaste, Cayennepfeffer und Tahini unterrühren und mit Salz und Pfeffer würzen. Weiter köcheln lassen, bis die Hirse gar ist.

Die Kartoffeln in Salzwasser 10–12 Minuten garen. Gut abgießen und in die Hirse rühren. Das Blattgemüse zufügen und zusammenfallen lassen. Falls die Flüssigkeit bereits komplett aufgenommen wurde und die Mischung ein wenig zu fest wirkt, mit etwas Wasser auflockern. Mit Salz und Pfeffer würzen.

Zum Servieren mit etwas Olivenöl beträufeln und mit Frühlingszwiebeln, Koriandergrün und Sesamsamen bestreuen.

- 1 EL Kokosöl
- 1 mittelgroße Zwiebel, fein gehackt
- 2 Knoblauchzehen, zerdrückt oder fein gehackt
- 2,5 cm Ingwer, fein gehackt oder gerieben
- 1 kleine Handvoll Koriandergrün, Blätter und Stängel getrennt, fein gehackt
- 100 g Hirse
- 375 ml Gemüsebrühe (Rezept S. 352)
- 2 gute EL Misopaste (gelb, braun oder rot)
- ½ TL Cayennepfeffer
- 2 EL Tahini
- Salz und schwarzer Pfeffer aus der Mühle
- 5–6 Kartoffeln, mit Schale, geviertelt
- 1 gute Handvoll frisches Blattgemüse nach Wahl (Blattspinat, Grünkohl, Mangold)
- natives Olivenöl extra zum Beträufeln
- 2 Frühlingszwiebeln, in feine Ringe geschnitten
- 1–2 EL Sesamsamen

Hinweise:

Frischer Zuckermais passt hervorragend zu diesem Rezept. Manchmal ist er schwer erhältlich oder kommt erst etwas später im Jahr auf den Markt (je nach Wohnort), aber vielleicht habt ihr ja Glück. Ihr könnt den Mais mit Hüllblättern im Backofen 30–40 Minuten backen (je nach Größe) oder in Wasser kochen. Nach dem Garen die noch verbliebenen Hüllblätter abziehen und die Körner mit einem scharfen Messer nahe am Mittelteil des Kolbens abschneiden. Die Körner zur Hirsemischung geben und gut vermengen.

Tipps:

Ein herzhaftes Gericht für einen Brunch am Wochenende. Da es ein wenig aufwendiger in der Zubereitung ist, passt es gut zu einem eher späten Frühstück. Natürlich könnt ihr es auch als Mittag- oder Abendessen servieren. Oder mal eine rohe geraspelte Kartoffel dazugeben, die gleichzeitig mit der Hirse gar wird und das Ganze etwas dickflüssiger macht. Frischer Schnittlauch schmeckt sehr gut dazu, und falls ihr es noch mit Mais verfeinert, habt ihr eine tolle Kombi.

Endlich Frühsommer!

Genau das Richtige für einen kühleren, wolkigen Frühsommertag. So eine herzhafte dicke Kartoffel mit allem Drum und Dran ist für mich einmalig. Die Füllung ist schnell gemacht und kann auch im Voraus zubereitet werden. Oder ihr rührt sie zusammen, während die Kartoffeln das erste Mal backen. Durch das doppelte Backen nehmen die Kartoffeln das Aroma der Füllung auf, und die Schale bleibt knusprig.

Für 4 Personen

ZWEIFACH GEBACKENE KARTOFFELN
mit Zucchinifüllung

Den Backofen auf 200 °C (Umluft) vorheizen. Die Kartoffeln säubern. Rundum mehrfach einstechen. Jeweils mit etwas Öl bestreichen, damit sie knuspriger werden, und mit Salz bestreuen. Auf einem Backblech 45 Minuten backen, bis die Schale knusprig und goldbraun ist.

Inzwischen die Kichererbsen für die Zucchinifüllung in einer Schüssel mit einer Gabel zerdrücken. Dabei löst sich die Haut von den Kichererbsen, was völlig normal ist. Zucchini, Staudensellerie, rote Zwiebel und Knoblauch zufügen und alles mit einer Gabel gründlich vermengen.

2 EL Tahini und 1 EL Senf zugeben. Zitronensaft und -abrieb, Hefeflocken, Petersilie, geräuchertes Paprikapulver, Chiliflocken, Salz und Pfeffer zufügen und gut vermengen. Bei Bedarf noch mehr Tahini und Senf zugeben. Falls die Mischung trockener als gewünscht ist, einfach ein wenig Olivenöl zugießen.

Die Kartoffeln im Backofen mit einem scharfen Messer einstechen, um zu überprüfen, ob das Innere schön weich ist. Wenn ja, aus dem Backofen nehmen. Vorsichtig längs halbieren und mit der Schnittseite nach oben wieder auf das Backblech legen. Einen großen Klecks Zucchinimischung auf jede Kartoffelhälfte geben. Weitere 10 Minuten backen, bis die Zucchinifüllung durcherhitzt und leicht goldgelb ist.

4 mittelgroße Kartoffeln (oder 8 kleinere)

1 EL natives Olivenöl extra (oder ein anderes Öl von guter Qualität wie z. B. Avocado)

Salz oder Salzflocken

Für die Zucchinifüllung

240 g Kichererbsen (aus der Dose, Abtropfgewicht), abgegossen

1 große Zucchini oder 2 kleine, geraspelt

1 Stange Staudensellerie, fein aufgeschnitten

1 kleine rote Zwiebel, fein gehackt

2 Knoblauchzehen, zerdrückt oder fein gehackt

2–3 EL Tahini

1–2 EL Dijonsenf (körniger Senf ist auch in Ordnung)

Saft von 1 unbehandelten Zitrone, plus etwas Abrieb

2 EL Hefeflocken

1 kleine Handvoll frische Petersilie, fein gehackt

½ TL geräuchertes Paprikapulver

1 Prise Chiliflocken

Salz und schwarzer Pfeffer aus der Mühle

Aus dem Backofen nehmen und mit gewünschter Beilage oder Topping servieren. Mit Salz und Pfeffer würzen.

Tipps:

Ältere Kartoffeln eignen sich immer noch perfekt zum Backen. Das Innere wird weich und die Schale knusprig, auch wenn sie davor schon etwas schrumpelig war. Ihr könnt die Ofenkartoffeln im Voraus zubereiten: Backt die Kartoffeln und wickelt sie dann in Alufolie (siehe Tipp, S. 35), damit sie schön saftig bleiben. Später halbiert ihr sie dann und füllt sie. Die rohe Zucchinifüllung ergibt auch einen tollen Beilagensalat oder eine Sandwichfüllung. Reste könnt ihr wie Küchlein braten: Formt die Füllung zu Bällchen, drückt sie dann flach und bratet sie leicht in Öl. Ihr könnt die Mischung auch mit verschiedenen anderen Gemüsesorten anreichern, solltet die flüssigen Zutaten dann aber in der Menge anpassen. Falls gerade keine Zucchinisaison ist, könnt ihr Karotten, Pastinaken oder sogar Kohl ausprobieren. Die Zucchinifüllung taucht später noch in einem weiteren Rezept auf – obendrauf macht sie sich genauso gut wie als Füllung.

Zur Garnierung nach Belieben

frische Kräuter, fein gehackt (Schnittlauch, Petersilie, Dill)

Joghurt auf Pflanzenbasis

Dressings/Cremes nach Wunsch (für Ideen siehe Kapitel Grundrezepte auf S. 353)

Hochsommer-Genüsse

Ich bin eine echte Sonnenanbeterin: Ich liebe das Meer, die Füße im Sand, idyllisches Abendlicht und die vielen entspannten Begegnungen, die der Sommer so mit sich bringt. Der Sommer ist definitiv meine liebste Jahreszeit, die ich bis zur letzten Minute auskoste.

Obst und Gemüse sind umwerfend frisch und im Übermaß vorhanden. Deshalb möchte ich euch Mut zu einer sorgenfreien Zeit in der Küche machen, wo das Kochen nun eher der Entspannung dient. Ein relaxtes Abendessen nach einem erfolgreichen Markteinkauf ist etwas Besonderes. Lasst die Zutaten glänzen: Die Tomaten sind saftiger, aromatischer und kräftiger; ihr müsst sie nur in Scheiben schneiden und mit gegrilltem Gemüse und knusprigem Knoblauchbrot servieren. Spontane Ideen sind angesagt, weil niemand ein mehrgängiges Menü von euch erwartet, sondern nur ein paar Kleinigkeiten und kalte Getränke. Seit einigen Jahren genieße ich es sehr, wenn zum Essen einfach alle etwas mitbringen. Es tut so gut, wenn man schnell ein paar Zutaten für ein improvisiertes Treffen zusammenwirft (obwohl diese Treffen bei mir und meinem Freundeskreis ehrlich gesagt meist im Voraus geplant werden). Ich liebe jeden einzelnen Moment, von der Zubereitung übers Teilen bis dahin, den Leuten beim Probieren zusehen.

Ich erinnere mich an Sommerurlaube in Cornwall, nicht weit von dem Ort, wo ich aufgewachsen bin. Ich genoss die letzten Sonnenstrahlen und träumte von den schönen Augenblicken des Tages. Die Zeit war immer viel zu schnell vorbei, und ich wusste diese sommerliche Entspannungspause damals sicher nicht so sehr zu schätzen wie heute. Wir kamen oft salzverkrustet vom Strand zurück und warteten dann ungeduldig auf das bunt gemischte Abendessen, das unser Dad wieder einmal völlig mühelos zusammengestellt hatte. Heute bewundere ich den Mut meines Vaters, der uns manchmal recht ungewohnte Aromen und Speisen probieren ließ. Meist wollten wir dann eine zweite Portion. Besonders bei grünen Bohnen konnte und kann ich kaum widerstehen.

Küchenstars:

Kirschen

Karotten

Grüne Bohnen

Blattsalat

Tomaten

Weitere Erzeugnisse der Saison: Aprikosen, Auberginen, Zucchini, Fenchel, Zwetschgen, Prinzessbohnen, Feuerbohnen, Paprikaschoten, Kartoffeln (verschiedene Sorten), Zuckererbsen, Queller, Zuckermais, Erdbeeren, Himbeeren, Frühlingszwiebeln, Gurken, Staudensellerie, Pflaumen, Pastinaken (Sommersorte), Loganbeeren, Renekloden, Brunnenkresse, Sommerkürbis

---

Einige dieser Gemüsesorten entdeckt ihr auch in anderen Jahreszeiten. Heutzutage gibt es aufgrund des Klimawandels und der veränderten Durchschnittstemperaturen rund um den Globus viele Überschneidungen.

Zu dieser Jahreszeit geerntetes Getreide: Hafer, Buchweizen, Perlhirse, Farro, Riesencouscous (eine israelische Sorte), Kamut, Quinoa (besonders die rote Sorte), Orzo

---

Kirschen

Die Königin der Früchte ist schon cool, oder? Verführerisch, saftig, mit einer feinen Säure. Vielleicht seid ihr schon selbst darauf gekommen, dass ich Kirschen liebe … war ja nicht schwer, oder? Ich könnte mich endlos für sie begeistern. Wer frische Kirschen im Obstgeschäft um die Ecke ersteht, kann sich nur freuen. Aber wie furchtbar, wenn man dann mal schlechte erwischt. Gute Früchte haben eine kräftige Farbe, sind prall und saftig, aber nicht sauer. Der Anbau von Kirschen ist nicht ganz so einfach, weshalb wir sie wertschätzen sollten. Häufig sind sie stark mit Pestiziden belastet, was ein weiterer Grund dafür ist, sie in der Saison zu essen, wenn die Belastung wahrscheinlich nicht so stark ist. Obst und Gemüse sollte man immer waschen, und gerade Kirschen spült man besser unter fließend kaltem Wasser ab. Ich fülle das Körbchen Kirschen immer gleich nach dem Kauf in ein Sieb, wasche sie und stelle sie dann in den Kühlschrank.

Kirschen werden gern als Snack gegessen oder aber in Crumbles, Tartes oder Pies verarbeitet. Doch schon als Kind habe ich gelernt, dass Kirschen auch hervorragend zu kräftigen Kräutern wie Basilikum oder Zitronenthymian, ja sogar Zitronengras passen. Die Mischung betont ihr Aroma, besonders in einer Salsa oder einem Salat. Eine Reise nach Marrakesch hat mich zu einem meiner Lieblingsrezepte in diesem Buch inspiriert: Dort entdeckte ich geräucherte Kirschen, deren Aroma mich total faszinierte – von allein wäre ich nie auf die Idee gekommen. So entstand das Rezept von S. 164: langsam gegarte, geräucherte Kirschen, die mit frischem Basilikum zu einer Art Chutney gekocht und mit Butterbohnen und Tomaten serviert werden.

Tipps:

Es gibt nichts Besseres als ein selbst gemachtes Kirschkompott. Ein Kirschenentsteiner erleichtert euch das Leben. Wenn ihr schon etwas traurig aussehende Exemplare habt, könnt ihr sie einfach mit etwas Wasser, einem Spritzer Zitronensaft und ein bisschen Zitronenabrieb in einen Topf kippen: Sobald sie beim Erhitzen weich werden, löst sich das Fruchtfleisch vom Kern und ihr könnt die Kerne ganz easy mit dem Löffel herausfischen. Natürlich funktioniert der Trick auch bei frischeren Kirschen, aber da dauert es ein wenig, bis sich Kern und Fruchtfleisch trennen.

Ihr sitzt an einem Sommermorgen draußen an einem hübschen Plätzchen und die Sonne strahlt vom Himmel. Vor euch ein Frühstücks-Crumble mit saftigen Kirschen. Als ich einmal vor dem Frühstück Kirschen im Kühlschrank entdeckte und vor Kreativität nicht wusste, wohin mit mir, habe ich mir dieses Rezept ausgedacht. Ich verfeinere meine Crumble gern mit Nusskernen, nicht nur aus Gesundheitsgründen. Hier serviere ich ihn mit selbst gemachter Kokosmilch, wahrscheinlich eine der köstlichsten pflanzenbasierten Milchsorten dieser Erde.

Ergibt ca.
10–12 Portionen

CHERRY BREAKFAST CRUMBLE

mit Milch aus gerösteten Kokosflocken

Den Backofen auf 180 °C (Umluft) vorheizen. Für den Crumble Mehl, Haferflocken und Nusskerne in einer Schüssel mischen. Ahornsirup, Kokosöl, Zimtpulver, Kardamom und Salz zufügen. Mit den Fingerspitzen verreiben, bis sich grobe Streusel bilden. Falls die Mischung zu trocken ist, esslöffelweise etwas mehr Kokosöl zugeben. Dann in den Kühlschrank stellen, damit das Topping etwas fester wird.

Die Kirschen entsteinen und halbieren. Dazu die Kirschen am besten rundum einschneiden, die beiden Hälften mit einer Drehbewegung voneinander lösen und den Kern vorsichtig entfernen. Die Kirschhälften in eine Auflaufform (20–23 cm) legen. Kokoszucker, Zitronensaft und -abrieb, Vanille, Zimtpulver und Salz zufügen. Mit den Händen oder einem Löffel vermengen, bis die Kirschen von allen Seiten gut bedeckt sind.

Die Crumble-Mischung aus dem Kühlschrank nehmen und die Kirschen gleichmäßig mit den Streuseln bedecken. Dabei leicht andrücken. 25–30 Minuten backen. Der Belag wird kräftig goldbraun und die Kirschen weich.

Für den Crumble

120 g Mehl (z. B. Dinkel, Roggen, Buchweizen, Weizen, Mandel)

30 g Haferflocken (ich nehme gern kernige, aber feine sind auch okay)

45 g Nusskerne (z. B. Walnusskerne, Mandeln, Haselnusskerne, Cashewnusskerne etc., oder eine Mischung), gehackt

3 EL reiner Ahornsirup

125 ml Kokosöl (nicht zerlassen, aber weich), plus bei Bedarf etwas mehr

1 TL Zimtpulver

1 TL gemahlene Kardamomsamen

1 Prise Salz

Für die Kirschen

600 g Kirschen

90 g Kokos-/Palm- oder Rohrohrzucker (falls die Kirschen ziemlich weich und süß sind, könnt ihr weniger Zucker verwenden)

Saft von ½ unbehandelten Zitrone, plus etwas Abrieb

1 TL Vanillepaste/-extrakt

1 TL Zimtpulver

1 Prise Salz

Für die Kokosmilch Kokosflocken im Backofen oder in einer Pfanne ohne Fett leicht rösten. Sie bräunen schnell, sollten aber nicht anbrennen. Leicht abkühlen lassen und mit 1 l Wasser (mehr, falls die Milch dünnflüssiger sein soll), Salz und der Dattel (nach Belieben) im Mixer auf höchster Stufe einige Minuten pürieren, bis die Milch eine glatte, cremige Konsistenz hat.

Die Flüssigkeit durch ein feines Sieb oder ein Mulltuch passieren, um Nussstückchen zu entfernen, die im Mixer nicht püriert wurden. Die im Sieb verbleibende Nussmasse kann für andere Rezepte aufbewahrt werden. In einer Flasche hält sich die Milch im Kühlschrank 4–5 Tage.

Den Crumble aus dem Backofen nehmen. Ich serviere gern warme Kokosmilch dazu und erhitze sie deshalb ein wenig in einem Topf.

Für die Kokosmilch

- 100 g Kokosflocken oder -raspel, leicht geröstet
- 1 Prise Salz
- 1 entkernte Dattel (zum Süßen, nach Belieben)

Tipps:

Falls ihr keine Kirschen habt, könnt ihr dieses Rezept mit so ziemlich jeder anderen Frucht ausprobieren. Steinobst passt bestens, mit Äpfeln oder Birnen bekommt ihr einen eher traditionellen Crumble. Vielleicht fällt euch auf, dass dies ein tolles Vorratsschrank-Rezept ist, denn die meisten Zutaten habt ihr sicher daheim. Nusskerne und Mehl könnt ihr ganz nach Geschmack verwenden.

Diese Kombi mit würzig-säuerlicher Note weckt eure Geschmacksknospen, auch wenn ihr euch das jetzt nicht vorstellen könnt. Beim Backen verlieren die Kirschen ein wenig Säure und werden richtig süß, sodass die Mischung wunderbar zusammenpasst. Die Kirschen werden mit Keksen serviert, die außen knusprig und innen weich sind – sozusagen ein Keks wie aus dem Bilderbuch, voller Aromen, mit einem Hauch Orange und einer Prise Salz, also die perfekte Verbindung von Geschmack und Konsistenz.

Für ca. 6 Personen

GEBACKENE KIRSCHEN MIT SUMACH

und Tahini-Orangen-Keksen

Den Backofen auf 180 °C (Umluft) vorheizen. Für die Kirschen die Kirschhälften in eine Schüssel geben. Sumach, Ahornsirup, Zitronensaft und -abrieb sowie Salz zufügen und gut mischen, bis die Kirschen von allen Seiten überzogen sind. Auf einem Backblech verteilen und auf unterer oder mittlerer Schiene 15–20 Minuten backen (je nach Backofen variiert die Backzeit), bis sie sehr weich sind, Saft austritt und sie zu karamellisieren beginnen. Nach der Hälfte der Backzeit prüfen, ob sie am Backblech kleben und gewendet werden müssen. Die fertig gegarten Kirschen aus dem Backofen nehmen und zum Abkühlen beiseitestellen.

Die Kekse zubereiten, während die Kirschen backen: Gemahlene Mandeln, Zimtpulver, Kardamom, Muskatnuss, Kurkuma, Salz und Pfeffer in einer Schüssel vermengen.

Nach und nach Dattelsirup, Tahini, Vanille, Orangensaft und -abrieb zufügen und zu einem Teig vermengen. Falls die Mischung etwas zu feucht ist, mehr gemahlene Mandeln zugeben. Ist sie zu trocken, ein wenig Tahini zufügen. Die Mischung sollte relativ weich und etwas klebrig sein, aber fest genug, um kleine Bällchen daraus formen zu können.

Für die Kirschen

600 g Kirschen, entsteint, halbiert

1 ½–2 EL Sumach

1–2 EL reiner Ahornsirup

Abrieb und Saft von ½ unbehandelten Zitrone

1 Prise Salz

Für die Kekse (ergibt ca. 10 Stück)

125 g gemahlene Mandeln/Mandelmehl

1 TL Zimtpulver

½ TL gemahlene Kardamomsamen

¼ TL frisch geriebene Muskatnuss

¼ TL gemahlene Kurkuma

1 Prise Salz und schwarzer Pfeffer aus der Mühle

60 ml Dattelsirup (oder ein anderes Süßungsmittel, z. B. Ahornsirup)

120 g Tahini

2 TL Vanilleextrakt

Abrieb von 1 unbehandelten Orange oder Zitrone, plus 1 Spritzer Saft

Kokosöl fürs Blech

2 EL Sesamsamen (oder zerdrückte Nusskerne)

Zur Garnierung nach Belieben

Joghurt auf Pflanzenbasis

Tahini zum Beträufeln

1 Schuss Pflanzenmilch zum Beträufeln

»

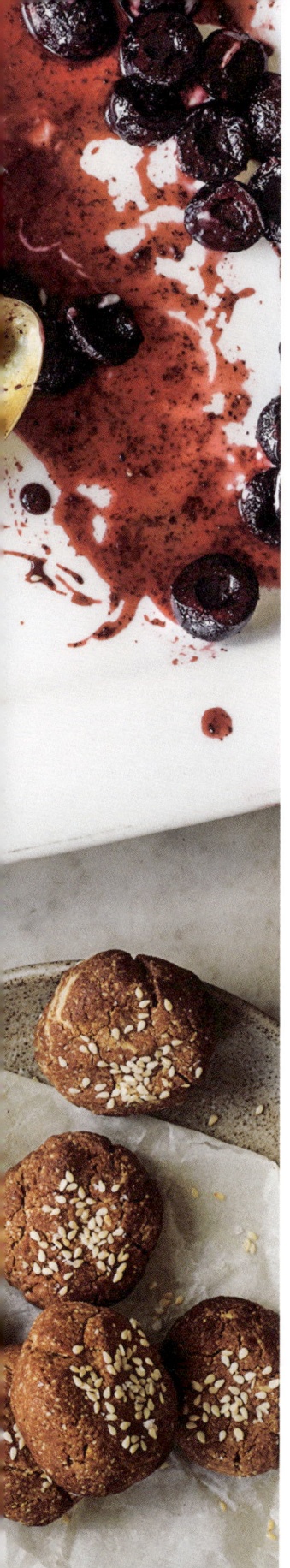

Ein Backblech mit etwas Kokosöl einfetten oder mit Backpapier belegen (siehe Tipp, S. 35). Kleine Bällchen formen und etwas flach drücken. Mit fingerbreitem Abstand auf dem Backblech verteilen. Nicht ganz flach drücken, da sie beim Backen noch ein wenig zerfließen.

Die Sesamsamen darüberstreuen und leicht andrücken. Die Kekse 10–12 Minuten backen, bis sie angebräunt und etwas knusprig sind. Dann aus dem Backofen nehmen und abkühlen lassen.

Zum Servieren die gewünschte Menge Kirschen in eine oder mehrere Schüsseln geben und einen Keks dazureichen. Alternativ den Keks darüberbröseln.

Tipps:

Sumach passt hervorragend zu einer Reihe von Früchten, besonders aber zu Steinobst, das im Sommer überall erhältlich ist, und zu Beeren aller Art. Die Tahini-Kekse könnt ihr ganz oder zerbröselt servieren. Im Kühlschrank halten sie sich in einem luftdichten Behälter mindestens eine Woche. Natürlich schmecken sie leicht warm aus dem Backofen am besten! Ich serviere zu diesem Gericht gern einen Joghurt auf Pflanzenbasis oder pflanzliche Sahne. Die Kirschen eignen sich auch als Kompott zu Porridge und schmecken heiß ebenso gut wie kalt. Auch als Chutney machen sie sich wunderbar. Dazu einfach ein paar rote Zwiebeln braten und dann die Kirschen zugeben. Wer will, kann es noch mit einem Schuss Aceto balsamico und ein wenig Knoblauch verfeinern.

Ich hätte vorher nie gedacht, dass aus eingeweichten Nüssen traumhaft guter veganer Käse werden kann. Dieses Rezept ist in meinen Augen die reinste Lovestory: Der Cashewkäse wird wie normaler Käse (natürlich auf einem schicken Holzbrett) serviert. Dazu gibt es eine erfrischende Kirsch-Salsa, als Kontrast zum üppigen Käsegeschmack. Ein echter Hingucker für Gäste oder aber ein toller Snack für zu Hause.

Ergibt
1 Backblech (ca. 20 Portionen)

CASHEWKÄSE MIT KIRSCH-SALSA

Den Backofen auf 160 °C (Umluft) vorheizen und ein flaches Backblech mit Backpapier (siehe Tipp, S. 35) belegen.

Für den Käse die Cashewkerne abgießen und mit Zitronensaft und -abrieb, Apfelessig, Hefeflocken, gut der Hälfte der Kräuter, Senf, Knoblauch, Pflanzenmilch, 125 ml Wasser, Salz und Pfeffer einige Minuten im Mixer pürieren, bis die Masse eine homogene Konsistenz hat. Evtl. die Wände des Mixbehälters mehrfach abschaben. Falls die Mischung etwas zu fest ist, zum Verdünnen mehr Wasser zugießen. Die Masse sollte geschmeidig sein, aber so fest, dass sie nicht vom Löffel fällt oder tropft.

Die Cashewmasse mitten auf das Backblech geben. Ich häufe sie zuerst zu einem Berg auf, sodass sich ein grober Kreis ergibt. Dann mit einem Pfannenwender oder der Rückseite eines Löffels auf dem Backblech verteilen. Mit 1 guten Prise Salz und mit den restlichen Kräutern bestreuen.

Im Backofen auf mittlerer Schiene 30–40 Minuten (je nach Backofentyp) backen, bis die Oberseite Risse aufweist und goldbraun wird. Die Oberseite wird knusprig, während das Innere etwas weicher ist. Den fertigen Käse aus dem Backofen nehmen. Abkühlen und etwas fest werden lassen.

Für den Cashewkäse

240 g Cashewnusskerne, über Nacht in kaltem Wasser eingeweicht (oder mit kochendem Wasser übergossen und 4 Stunden eingeweicht)

Saft von 1 unbehandelten Zitrone, plus etwas Abrieb

1 TL Apfelessig

50–70 g Hefeflocken

2–4 gute TL getrockneter Oregano, Thymian, Rosmarin oder eine Mischung

1–2 EL Dijonsenf

2 Knoblauchzehen, zerdrückt oder fein gehackt

125 ml Pflanzenmilch

Salz und schwarzer Pfeffer aus der Mühle

Für die Kirsch-Salsa

280 g Kirschen, entsteint, grob gehackt

1 kleine grüne Chili, Samen entfernt, fein gehackt

1 kleine rote Zwiebel, fein gehackt

1 gute Handvoll frisches Basilikum, fein gehackt

1 TL Koriandersamen

2 TL Aceto balsamico

Saft von 1 unbehandelten Limette, plus etwas Abrieb

Salz und schwarzer Pfeffer aus der Mühle

Für die Salsa Kirschen, Chili, rote Zwiebel, Basilikum und Koriandersamen in einer Schüssel vermengen. Aceto balsamico, Limettensaft und -abrieb, 1 gute Prise Salz und Pfeffer zufügen und vermengen.

Mit Röstbrot, Crackers, Gemüse-Crudités etc. servieren. Einige Scheiben Käse abschneiden, einen Klecks Salsa danebensetzen. Guten Appetit!

Dazu nach Belieben

Brot nach Wahl
Cracker nach Wahl
Gemüse-Crudités

Tipps:

Ihr könnt für die Salsa auch anderes Obst verwenden. Oder wie mein guter Freund Jaime immer sagt: »Wer hätte gedacht, dass sich Erdbeeren so toll in einer Salsa machen?« Aprikosen oder anderes Steinobst schmecken ebenso gut. Weiches Obst passt besser. Dieser Käse zählt inzwischen zu meinen Standardrezepten. Ich mache immer wieder mal eine große Portion, die im Kühlschrank in einem luftdichten Behälter mindestens eine Woche haltbar ist. Schmeckt toll über einen Salat gebröckelt, als Brot- oder Crackerbelag oder wie in diesem Rezept als Snack. Eine super Idee für Gäste: Wenn ihr das Rezept für eine vegane Käseplatte zubereitet, werdet ihr bis in alle Ewigkeit dafür gerühmt. Falls ihr keine Cashewkerne im Haus habt, könnt ihr auch Macadamia- oder Paranüsse ausprobieren oder sie sogar mischen. Ein ähnliches Rezept, allerdings mit Mandelbasis, findet ihr auf S. 365.

Karotten

Für andere Leute zu kochen, ist mein Hobby, mir macht das einfach Spaß. Ich bereite anderen gern eine Freude und serviere ein Gericht, auf das ich stolz bin. Wenn ich weiß, dass ich leere Bäuche gefüllt habe, erfüllt mich das mit einem Glücksgefühl. Das schlichte Karottengrün-Pesto (S. 136) gehört hundertprozentig zu diesen Gerichten: Kompakt schmeckt es ebenso köstlich wie mit etwas mehr Zitronensaft und Olivenöl verdünnt oder kombiniert mit den dazugehörigen Karotten, die bei schwacher Hitze gebacken werden, bis ihr Inneres fast an einen Kuchen erinnert. Ich habe es im Sommer oft für Cateringaufträge zubereitet – es ist eine tolle Methode, um dieses nach Pfeffer schmeckende Grün zu verwerten. Auch beim Picknick kommt es gut an. Ihr könnt mal andere Nusskerne für dieses Pesto ausprobieren oder das Verhältnis von Basilikum und Karottengrün etwas abändern und ein wenig frische Chili dazugeben. Karotten habe ich schon immer geliebt, besonders, wenn sie ganz schlicht zubereitet werden, z. B. gedämpft. Wir haben Glück, dass dieses Wurzelgemüse fast das ganze Jahr über erhältlich ist. Aber am intensivsten schmeckt es im Sommer!

Tipps:

Karottengrün lässt sich auch als frisches Kraut verwenden. Allerdings muss man es sehr fein hacken, da es etwas zäh sein kann. Der herrlich pfeffrige Geschmack erinnert ein wenig an Rucola. Aus einem Berg Karotten könnt ihr ein fantastisches Hummus zubereiten, wenn ihr die Wurzeln backt oder dämpft und dann wie für ein Hummus weiterverarbeitet. Eine Art Muhammara aus gebackener Karotte (eine nicht gerade traditionelle Variante des klassisch mediterranen Dips) wird euch einfach umhauen. Die Paprikaschoten kann man auch weglassen oder zusammen mit den restlichen Gewürzen zufügen.

Karotten zählen schon seit Ewigkeiten zu meinem Lieblingsgemüse, vor allem im Sommer. Beim Backen tritt die Süße der saftigen und aromatischen Wurzel deutlich hervor. Und gibt es etwas Besseres, als mal nicht nur die Wurzel dieser Pflanze, sondern auch das Kraut zu servieren? Dieses kleine Trio erinnert mich ans sommerliche Grillen oder an Antipasti, wenn ich ganz fix mehrere kleine Speisen zubereite, von denen keiner genug bekommt.

Für 4–6 Personen als Beilage

GEBACKENE KAROTTEN

mit Kirsch-Salsa und Karottengrün-Pesto

Den Backofen auf 200 °C (Umluft) vorheizen. Das Grün der Karotten abschneiden und für das Pesto beiseitelegen. Die Karotten gut waschen und auf einem Backblech verteilen. Mit Olivenöl beträufeln, mit Salz und Pfeffer würzen und 30–40 Minuten (je nach Ofentyp) backen, bis sie außen angebräunt und leicht knusprig sind, aber im Inneren ganz weich. Zum Überprüfen mit einem scharfen Messer einstechen.

Für die Salsa Kirschen, Chili, rote Zwiebel, Basilikum, Koriandersamen, Essig, Limettensaft und -abrieb, plus 1 gute Prise Salz und Pfeffer in einer Schüssel vermengen. Danach in den Kühlschrank stellen.

Für das Pesto das Karottengrün waschen und hacken. Es kann recht zäh sein, weshalb man es besser sehr fein hackt, damit es im Mixer nicht am Schneidemesser hängen bleibt.

Mit Basilikum, Walnusskernen, Hefeflocken, Knoblauch, 125 ml Olivenöl, Zitronensaft und -abrieb, Chili, Salz und Pfeffer im Mixer zu einer glatten Paste pürieren. Bei Bedarf mehr Olivenöl zugießen. In eine Schüssel füllen und beiseitestellen.

Für die Karotten

1 kg Karotten (mit Grün für das Pesto)

1–2 EL natives Olivenöl extra

Salz und schwarzer Pfeffer aus der Mühle

Für die Salsa

280 g Kirschen, entsteint, grob gehackt

1 kleine grüne Chili, Samen entfernt, fein gehackt

1 kleine rote Zwiebel, fein gehackt

1 gute Handvoll frisches Basilikum, fein gehackt

1 TL Koriandersamen

2 TL Aceto balsamico

Saft von 1 unbehandelten Limette, plus etwas Abrieb

Salz und schwarzer Pfeffer aus der Mühle

Für das Pesto

Grün der Karotten

1 gute Handvoll frisches Basilikum (oder Petersilie oder eine Mischung)

50 g Walnusskerne (oder Mandeln/Cashewnusskerne/Haselnusskerne oder eine Mischung)

4 gute EL Hefeflocken

Nach Belieben einige EL Pesto zu den gebackenen Karotten geben und sie damit bestreichen. Weitere 4–5 Minuten backen. So werden Pesto und Karottenschale leicht knusprig.

Mit (dem restlichen) Pesto und einem guten Löffel Salsa oder nur mit Salsa servieren. Die zitronige Säure der Salsa harmoniert in jedem Fall aufs Schönste mit den Karotten.

4 kleine Knoblauchzehen, zerdrückt oder fein gehackt

125–250 ml natives Olivenöl extra

Abrieb und Saft von 1 unbehandelten Zitrone

1 Prise Chiliflocken

Salz und schwarzer Pfeffer aus der Mühle

Tipps:

Das Ganze funktioniert nicht nur mit Karottengrün: Betebätter, Knollen- und Staudensellerie- sowie Kohlrabiblätter eignen sich auch wunderbar als Pestogrundlage. Oft wird das Gemüse ohne Grün verkauft. Seht euch besser auf Märkten um. Ihr könnt eine Mischung aus Blättern und Kräutern verwenden und endlose Variationen ausprobieren. Die gebackenen Karotten lassen sich auch für den Dip aus gebackenen Karotten, Ingwer und Kichererbsen auf S. 140 verwenden. Ihr habt gerade keine Karotten da? Pastinaken passen ebenso gut: Gebackene Pastinaken sind außen schön knusprig und im Inneren weich wie ein Kuchen. Mit diesem Rezept könnt ihr auch einen großen Salat updaten, falls ihr ihn als Hauptgericht essen wollt. Folgt zum Backen den Rezeptanweisungen und hackt die Karotten danach mit Pesto und/oder Salsa klein. Dazu ein knackiger Blattsalat, Getreide/Hülsenfrüchte, etwas Olivenöl und 1 extra Schuss Zitronensaft für das Dressing. Das Pesto ist im Kühlschrank mindestens eine Woche haltbar. Es sollte allerdings mit einer Ölschicht bedeckt sein, damit es feucht bleibt. Verwendet es zu Gemüse, Pasta, Reis, als Snack, in euren Lieblingssaucen oder -suppen, auf Brot usw. Ihr könnt für dieses Rezept auch eine Mischung aus verschiedenen Grüns nehmen und euch mit Staudensellerie- oder Betebättern kreativ austoben. Oder ihr nehmt diverse Kräuter, dann habt ihr eine Variante des klassischen Basilikumpestos.

Mein Dad hat immer gern verschiedene Gemüsesorten (wie Süßkartoffeln, Steckrüben, Knollensellerie) zu Püree verarbeitet. Ob er jemals ein klassisches Püree nur aus Kartoffeln gemacht hat, wage ich zu bezweifeln. Meine Lieblingskombi waren zarte Steckrübe und Karotte, die meist mit seinem berühmt-berüchtigten polnischen Rotkohl und einer Zwiebelsauce serviert wurden. Das Püree schmeckte richtig nach Butter, enthielt aber zu meiner Überraschung gar keine. Die zwei verschiedenen Öle verbinden sich mit der Brühe zur perfekten Flüssigkeit für das Püree.

Für ca. 4 Personen als Beilage

»BUTTER«-KAROTTENPÜREE MIT GEWÜRZEN

Wasser mit Salz in einem großen Topf zum Kochen bringen. Karotten und Knoblauch zufügen und 15–20 Minuten garen, bis die Karotten schön zart sind und sich ein Messer leicht einstechen und herausziehen lässt.

Karotten und Knoblauch abgießen, kurz hacken (so lassen sie sich besser pürieren) und dann wieder in den Topf geben. Kokosöl, Olivenöl, Brühe, Senf, Cayennepfeffer, Muskatnuss, Zimtpulver, Kreuzkümmel, Chiliflocken, Salz und Pfeffer zufügen. Alles im Topf mit dem Kartoffelstampfer zerdrücken, bis die gewünschte Konsistenz erreicht ist. Wer ein ganz feines Püree möchte, zerkleinert das Gemüse im Mixer. Ich mag es lieber etwas stückiger.

Zum Servieren in eine große Schüssel füllen, erneut mit Salz und Pfeffer würzen und mit gehackten Kräutern bestreuen.

Salz
10–12 große Karotten, quer halbiert
4 Knoblauchzehen, geschält, ganz
2 EL Kokosöl, zerlassen
1 EL natives Olivenöl extra
125 ml Gemüsebrühe (Rezept S. 352)
1 EL Dijonsenf (für einen ordentlichen Senfkick etwas mehr)
1 TL Cayennepfeffer
½ TL frisch geriebene Muskatnuss
½ TL Zimtpulver
½ TL gemahlener Kreuzkümmel
1 Prise Chiliflocken
schwarzer Pfeffer aus der Mühle
frische Kräuter nach Wahl, grob gehackt, zur Garnierung (Petersilie, Koriandergrün, Schnittlauch)

Tipps:

Ihr könnt für dieses Püree auch Pastinaken statt Karotten verwenden oder sogar 1–2 Süßkartoffeln oder große Kartoffeln zugeben, damit das Püree etwas fester wird. Das Püree lässt sich auch als Dip abwandeln: Gebt es zu gekochten Bohnen und püriert die Mischung. Auch toll als warme Ergänzung zu einem Salat oder als Beilage zu Grillgerichten. Die Mischung aus Oliven- und Kokosöl sorgt für das Butteraroma, wobei ihr natürlich auch die Öle verwenden könnt, die ihr gerade im Haus habt, wie z. B. Nussöle oder Avocadoöl.

Gegen Ende der Woche habe ich oft noch Karotten übrig. Ich liebe gebackene Karotten. Und wenn ihr wie ich kleine Hummusfanatiker seid, ist dieser Dip garantiert das Richtige für euch. Sein herrlich cremig-scharfes Aroma steht im Kontrast zu den süßen gebackenen Karotten. Der Dip passt bestens zu Brot und Crudités, kann aber, wenn wir mal ehrlich sind, auch pur gegessen werden – zückt schon mal den Löffel!

Für 12–16 Portionen

DIP AUS GEBACKENEN KAROTTEN, INGWER UND KICHERERBSEN

Den Backofen auf 200 °C (Umluft) vorheizen. Die Karotten waschen, auf ein Backblech legen und mit Olivenöl beträufeln. Mit Salz und Pfeffer würzen und 30–45 Minuten backen. Die Karotten nach der Hälfte der Garzeit wenden. Sie werden außen angebräunt und im Inneren weich und zart. Aus dem Backofen nehmen und beiseitestellen.

Inzwischen Knoblauch, Zitronensaft und -abrieb, Kichererbsen, Tahini, Kreuzkümmel, Ingwer und 2 EL Wasser im Mixer zu einer groben Paste verarbeiten.

Die leicht abgekühlten Karotten grob hacken und in den Mixer geben. Weitere 2 EL Wasser, Chiliflocken, Salz und Pfeffer zufügen und alles vermengen, bis die Konsistenz der Mischung an Hummus erinnert. Etwas mehr Wasser zugeben, falls die Creme homogener werden soll.

Ich esse diesen Dip gern noch leicht warm. Oder ihr stellt ihn vor dem Servieren kalt, falls euch das lieber ist. Zum Servieren in eine Schüssel füllen, mit etwas Olivenöl beträufeln, damit er schön feucht bleibt, und mit Koriandergrün und etwas Salz und Pfeffer bestreuen.

- 4–5 mittelgroße Karotten
- 2 EL natives Olivenöl extra, plus mehr zum Beträufeln
- Salz und schwarzer Pfeffer aus der Mühle
- 2 Knoblauchzehen, zerdrückt oder fein gehackt
- Saft von 1 großen oder 2 kleinen unbehandelten Zitronen, plus ein wenig Abrieb
- 250 g Kichererbsen (aus der Dose, Abtropfgewicht), abgegossen
- 3 EL Tahini
- 1 TL gemahlener Kreuzkümmel
- 2 gute TL fein gehackter oder geriebener Ingwer
- 1 Prise Chiliflocken
- 1 kleine Handvoll Koriandergrün, grob gehackt, zum Garnieren

Tipps:

Karotten haben fast das ganze Jahr Saison, sodass ihr den Dip nicht nur im Sommer zubereiten könnt. Oder ihr verwendet Pastinaken, Kürbis oder sogar Süßkartoffel dafür. Der Ingwerkick ist nicht schlecht, aber ihr könnt eure kreative Seite auch mit extra Kräutern und Gewürzen ausleben. Ein Löffel Pesto, kurz umgerührt, oder sogar Harissa oder eine cremige Sauce sorgen für das gewisse Etwas. Der Dip hält sich in einem luftdichten Behälter im Kühlschrank 5–7 Tage. Mit etwas Olivenöl bedeckt bleibt er länger feucht.

Grüne Bohnen

Wenn es wärmer wird, kommen einige der besten Gemüse zum Vorschein. Auch wenn grüne Bohnen nicht als besonders vielseitig gelten, wäre es doch schade, die schlaksigen Stangen nicht gebührend zu präsentieren. Ganz klassisch würden wir sie in gesalzener Butter ertränken und als Beilage reichen. Aber inzwischen habe ich der Butter abgeschworen und verwende die Bohnen für eines meiner gebratenen Lieblingsgerichte mit Sri-Lanka-Touch und Butteraroma. Einer der wichtigsten Fakten, die ich über grüne Bohnen gelernt habe, betrifft das Kochen: Das Wasser muss reichlich Salz enthalten. Wenn es erst mal kocht, sollte es so salzig wie Meerwasser sein. Erst dann gebt ihr die Bohnen hinein und kocht sie gar. Dann gießt ihr sie ab und serviert sie. So erhaltet ihr den Butter-Geschmack, obwohl die Bohnen immer noch »au naturel« sind! Im Sommer soll es in der Küche ja ein bisschen relaxter zugehen: Ihr könnt die Bohnen also auch einfach frisch gedämpft servieren, verfeinert mit einer guten Prise Salz, einem Spritzer frisch gepresstem Zitronensaft und einem Schuss Olivenöl. Oder ihr peppt sie mit Nusskernen auf und kombiniert sie mit einer cremigen Weißweinsauce. Die folgenden Rezepte sind ganz easy – schnell gekocht und unkompliziert in der Zubereitung.

Tipps:

Wie der Klassiker »Saure Sahne mit Schnittlauch« lassen sich auch grüne Bohnen zu einem perfekten Dip verarbeiten. Kurz dämpfen, dann mit einem pflanzlichen Joghurt, gehackten Frühlingszwiebeln, Zitronensaft, Knoblauch, frischem Schnittlauch und einem Spritzer Essig vermengen. Und schon habt ihr einen tollen Dip. Oder ihr püriert sie mit einem Nusskäse, der mit Kräutern verfeinert wurde (siehe z. B. S. 364 und 365).

Dies ist zweifellos einer meiner Favoriten. Dazu inspiriert haben mich zahlreiche Reisen nach Sri Lanka mit Koch-lektionen von den Einheimischen. Kräuter und Gewürze sollten superfrisch sein, bevor ihr sie langsam in Kokosöl gart, bis sie einen leuchtenden Grünton annehmen. Bei diesem Gericht träume ich von meinen Reisen und der regionalen Küche.

Für 4 Personen als Beilage

GEBRATENE SRI-LANKA-BOHNEN MIT SCHALOTTEN

½ EL Kokosöl in einer großen Pfanne erhitzen. Die Senfkörner bei schwacher Hitze erwärmen, bis sie aufplatzen. In eine kleine Schüssel füllen und beiseitestellen. Restliches Kokosöl in der Pfanne erhitzen. Die Schalotten zufügen und einige Minuten braten, bis sie allmählich weich werden und duften.

Knoblauch, Ingwer, Kurkuma, 1 Prise Pfeffer und Chili zugeben und 1 Minute mitbraten. Curryblätter, grüne Bohnen, Limettensaft und Currypulver zufügen und einige Minuten dünsten, bis die Bohnen eine leuchtend grüne Farbe haben. Die Mischung ist inzwischen etwas trockener geworden, weshalb sie während des Bratens ständig umgerührt werden sollte.

Die Senfkörner wieder in die Pfanne geben. Die geraspelte Kokosnuss einrühren und mit Salz und Pfeffer würzen. 2–4 EL Wasser (wer getrocknete Kokosraspel genommen hat, kann etwas Einweichwasser verwenden) zugeben, damit nichts ansetzt, und unter Rühren alles gut vermengen.

Das Gericht ist fertig, wenn die grünen Bohnen zart sind und alles herrlich duftet. Dann mit Salz und Pfeffer abschmecken und servieren. Ich garniere die Bohnen gern noch mit 1 Spritzer Limettensaft und ein wenig Limettenabrieb.

- 1 EL Kokosöl
- 1 TL schwarze Senfkörner
- 2 Schalotten, fein gehackt
- 4 Knoblauchzehen, zerdrückt oder fein gehackt
- 2 TL Ingwer, fein gehackt oder gerieben
- 1 TL gemahlene Kurkuma
- schwarzer Pfeffer aus der Mühle
- ½ kleine grüne Chili, fein gehackt
- 5–6 frische Curryblätter
- 500 g grüne Bohnen, gewaschen
- Saft von ½ unbehandelten Limette, plus Saft und Abrieb zum Servieren
- 2 gute EL ungeröstetes Currypulver
- 3 EL frisch geraspelte Kokosnuss (oder getrocknete Kokosraspel: zuvor in etwas Wasser einweichen)
- Salz

> Tipps:

Die Bohnen sind luftdicht verpackt im Kühlschrank mindestens 5 Tage haltbar. Sie passen perfekt zu Salaten. Oder ihr wärmt sie als Curry mit 1 Schuss Kokosmilch auf. Dazu Hülsenfrüchte eurer Wahl oder Reis reichen. Dieses Gericht könnt ihr auch mit anderem Grünzeug ausprobieren, wie z. B. Okraschoten oder Zucchini. Ihr könnt ganz kreativ eine Mischung wählen oder aufbrauchen, was ihr gerade habt. Raspelt als Farbklecks eine Karotte rein, wenn ihr die Kokosraspel zugebt, oder werft noch gehackte Tomaten hinterher. Falls ihr frische Pandanblätter (eine Pflanze aus Sri Lanka) auftreiben könnt, lohnt es sich, ein 5 cm großes Stück mit in die Pfanne zu geben.

Hochsommer-Genüsse

Schwarzer Reis macht sich prächtig in Salaten. Er wird nicht so weich wie weißer Reis, sondern behält seinen Biss. Ein Salat mit vielen unterschiedlichen Konsistenzen und Aromen schmeckt nicht nur fantastisch, sondern enthält auch zahllose Nährstoffe. Dazu noch Steinobst, das die Geschmacksknospen kitzelt und für den Frischekick sorgt. Ein leichtes, aber sättigendes Gericht, ob solo oder als Beilage für ein sommerliches Büffet.

Für 4–6 Personen

SALAT AUS GRÜNEN BOHNEN

mit Steinobst, Pistazien, Nuss-Parmesan und schwarzem Reis

Für den Salat den schwarzen Reis laut Packungsangabe kochen. Oder den Reis in einen großen Topf mit kaltem Wasser und 1 Prise Salz geben, zum Kochen bringen und 35 Minuten köcheln lassen. Dann abgießen und zum Abkühlen beiseitestellen. Schwarzer Reis hat nach dem Kochen noch Biss und ein wunderbar nussiges Aroma.

Die grünen Bohnen 8 Minuten dämpfen oder kochen, bis sie leuchtend grün und weich sind. Dann unter fließend kaltem Wasser abschrecken, um den Garprozess zu stoppen und Nährstoffe und Farbe zu bewahren. Gut abtropfen lassen.

Zwiebel, Steinobst (siehe Hinweis zum Rösten), Radieschen, Petersilie, Schnittlauch, Kapern und drei Viertel der Pistazien in einer Schüssel vermengen und dann die Bohnen zugeben.

Den Reis leicht anrösten: Das Kokosöl in einer Pfanne erhitzen und den Reis zugeben. Dabei umrühren, damit er einen Teil des Öls aufnimmt. 2 Minuten braten, dann erneut umrühren. Weiter so verfahren, bis der Reis allmählich knusprig wird. Je nach Größe der Pfanne kann dies unterschiedlich lange dauern. Es ist völlig normal, wenn manche Reiskörner nicht so knusprig wie andere werden. Sobald der Reis knusprig genug ist, zum Abkühlen beiseitestellen.

150 g schwarzer Reis

Salz

300 g grüne Bohnen, quer halbiert

1 Zwiebel, in dünne Ringe geschnitten

2 große oder 4 kleine Stücke Steinobst nach Wahl (Pfirsiche, Nektarinen, Pflaumen oder eine Mischung), entsteint, in feine Scheiben geschnitten

4 kleine Radieschen (jegliche Sorte, haben alle gerade Saison), in feine Scheiben geschnitten

1 Handvoll frische Petersilie, grob gehackt

1 Handvoll Schnittlauch, grob gehackt

1 EL Kapern, abgegossen

70 g geschälte Pistazienkerne, grob gehackt

1 EL Kokosöl (oder natives Olivenöl extra, Avocadoöl etc.)

2–4 EL Rotweinessig

1 EL körniger Senf

Saft von 1 unbehandelten Zitrone, plus etwas Abrieb

1 Prise Chiliflocken

schwarzer Pfeffer aus der Mühle

Für den Nuss-Parmesan Cashewkerne, Sonnenblumenkerne, Salz, Hefeflocken, Knoblauchpulver und Kurkuma im Mixer zu einer feinen, krümeligen Mischung zerkleinern. Nicht zu stark zermahlen. In eine Schüssel oder ein Schraubglas füllen.

Den knusprigen Reis zum restlichen Salat geben und langsam vermengen. Essig, Senf, Zitronensaft und -abrieb, Chiliflocken, Salz und Pfeffer zufügen und den Salat vorsichtig anmachen.

Auf Teller verteilen und mit den restlichen Pistazien und einer guten Portion Nuss-Parmesan bestreuen.

Für den Nuss-Parmesan

60 g rohe Cashewnusskerne

35 g rohe Sonnenblumenkerne

1 TL Salz

3 gute EL Hefeflocken

¼ TL Knoblauchpulver

¼ TL gemahlene Kurkuma

Hinweis:

Für dieses Gericht röste oder grille ich das Obst. Das ist zwar nicht unbedingt notwendig, verleiht dem Salat aber eine sommerliche Note. Ihr könnt die Spalten 5 Minuten im Backofen grillen oder sie auf einen Holzkohlengrill legen. Falls ihr eine Grillpfanne mit Rillen habt, bratet das Obst darin von beiden Seiten, bis es leicht angebräunt ist. Danach wie oben zum Salat geben.

Tipps:

Ihr könnt alle frischen Kräuter verwenden: Basilikum, Dill und Koriandergrün sind fast überall erhältlich und passen hier bestens. Falls ihr keinen schwarzen Reis habt, nehmt einen anderen Reis, der euch schmeckt. Oder ihr probiert als Alternative Quinoa, die ein ebenso erdig-nussiges Aroma hat. Der Nuss-Parmesan ist im Kühlschrank ca. 2 Wochen haltbar. Eine größere Portion oder Reste könnt ihr also aufheben und bei Bedarf verwenden.

Wenn ich von einer meiner Reisen nach Hause komme, habe ich oft richtig Lust auf die Aromen der Orte, die ich gerade besucht habe. Diese kleine Nudelei hilft mir dabei, noch ein bisschen länger vom Thailand-Feeling zu zehren. Ein tolles Pfannengericht, für das man nur wenig schnippeln und kaum abspülen muss. Beim Gemüse kann man variieren, sodass sich das Rezept für verschiedene Jahreszeiten eignet. Ich gebe oft noch ein oder zwei Löffel Pesto dazu, wenn ich gerade welches im Kühlschrank habe – von Basilikum bekomme ich manchmal einfach nicht genug.

Für 2–3 Personen

THAI-NUDELN MIT TAHINI

Die Nudeln in Salzwasser *al dente* kochen – die Garzeit hängt von den verwendeten Nudeln ab. Dann abgießen und unter fließend kaltem Wasser abspülen, um überschüssige Stärke zu entfernen.

Die Frühlingszwiebeln mit einem Schuss Wasser in einer großen Pfanne oder im Wok einige Minuten dünsten, bis sie eine leuchtend grüne Farbe haben und angenehm duften. Knoblauch und Ingwer zufügen und 1 Minute mitdünsten.

Die Zitronengrashälften mit der Rückseite eines Löffels oder dem Nudelholz zerdrücken und mit Sojasauce, Kaffirlimettenblättern, 2 EL Wasser und der Hälfte des Basilikums und Koriandergrüns in die Pfanne geben. Temperatur reduzieren und alles gut vermengen.

Limettensaft und -abrieb, grüne Bohnen, Karotte, Paprika und Chili zufügen. Vermengen, weitere 2 EL Wasser zufügen und weitere 5 Minuten (oder länger, wenn das Gemüse weicher sein soll) garen. Sobald das Gemüse gar ist, Tahini und Nudeln untermischen. Mit Salz und Pfeffer würzen und einige weitere Minuten köcheln lassen, damit die Nudeln erhitzt werden und einen Teil der Sauce aufnehmen können.

180 g Vollkornreisnudeln (jegliche Sorte, flach, dünn etc.)

Salz

4 Frühlingszwiebeln, fein gehackt

4 Knoblauchzehen, zerdrückt oder fein gehackt

5 cm Ingwer, gerieben

2 Stängel Zitronengras, quer halbiert

2 EL Sojasauce

4–6 Kaffirlimettenblätter, leicht zerdrückt, damit sich das Aroma entfaltet

1 gute Handvoll frisches Basilikum, grob gehackt (oder Thai-Basilikum)

1 gute Handvoll Koriandergrün, grob gehackt

Saft von 1 unbehandelten Limette, plus etwas Abrieb

150 g grüne Bohnen, grob gehackt

1 mittelgroße Karotte, in Juliennestreifen oder feine Scheiben geschnitten

1 kleine Paprikaschote (jegliche Farbe und Sorte), Kerngehäuse entfernt, in feine Streifen geschnitten

1 kleine grüne Chili, fein gehackt

4 EL Tahini

schwarzer Pfeffer aus der Mühle

1 kleiner Blattsalatkopf, fein gehackt

6 Eiertomaten, längs halbiert, dann jede Hälfte geviertelt

1 Handvoll Kerne zum Garnieren (z. B. Sesam, Sonnenblume, Kürbis)

Vom Herd nehmen und in eine Schüssel geben. Blattsalat, Tomaten und restliches Basilikum und Koriandergrün zufügen. Mit Salz und Pfeffer abschmecken und die Zutaten vorsichtig vermengen. Die frischen Kräuter und der Blattsalat fallen ein wenig zusammen, was ganz normal ist. Mit Samen oder Kernen garnieren. Guten Appetit!

Tipps:

Ihr müsst euch nicht auf das hier angegebene Gemüse beschränken, sondern könnt alles nehmen, was ihr gerade zur Hand habt. Falls ihr kein Zitronengras oder keine Kaffirlimettenblätter auftreiben könnt, gebt einfach mehr Ingwer und Zitronenabrieb dazu – das Gericht schmeckt genauso fantastisch. Statt Nudeln könnt ihr auch Reis verwenden. Toll schmeckt es auch mit einer weiteren Sauce (z. B. Pesto).

Hochsommer-Genüsse

Blattsalat

Kopf-, Romana-, roter Batavia-, Eisbergsalat ... ich liebe die Vielfalt der Blattsalate. Manche Sorten schmecken leicht bitter, einige etwas pfeffrig, andere frisch und saftig oder weich und nach Butter. Ich esse mit Begeisterung Salat, ob schlicht mit einer Vinaigrette angemacht oder mit einem opulenten Dressing. Tahini-Dressing mag ich sehr – oft versuche ich ein ganz bestimmtes Dressing nachzuahmen, das ich früher immer beim Pizza-Lieferdienst bestellt habe. In meiner Kindheit gehörte es einfach dazu, immer einen Vorrat dieses House Dressings in unserem Kühlschrank zu haben, und noch heute liebe ich diesen Geschmack. Vor ein paar Jahren fing ich dann an zu experimentieren, um die richtige Balance aus Salz, Säure, Zitrusaroma und Kräutern hinzubekommen. Inzwischen habe ich mehrere Versionen entwickelt (S. 356), mit denen ich jeden Salat aufpeppen kann.

Als ich in Australien lebte, gab es dort ein Tacolokal, das ich einfach toll fand. Die Tacos schmeckten genau so, wie ich es in Mexiko oder Kalifornien erwartet hätte. Je nach Saison wechselten die Zutaten, und man konnte sich alles selbst aussuchen. Besonders begeistert hat mich ein Taco in einer Hülle aus Blattsalat, die bis zum Rand mit gegrillter Avocado (eine weitere Offenbarung), eingelegten Zwiebeln, einer Chipotlesauce auf Cashewbasis, gerösteten Blumenkohlröschen und reichlich frischem Koriandergrün gefüllt war. Einfach, aber brillant! Die Konsistenz der Füllung bildete einen herrlichen Gegensatz zum knackigen Blattsalat. Natürlich mag ich auch ganz normale Tacos, doch diese Variante war so außergewöhnlich, dass ich noch heute daran denke.

Tipps:

Bis vor Kurzem hatte ich so meine Probleme mit schlappem Blattsalat und wollte ihn immer durch tausend Zutaten wiederbeleben. Zu meiner und vielleicht auch eurer Überraschung macht scharf angebratener Blattsalat wirklich was her. Je nach Größe und Sorte könnt ihr ihn längs halbieren oder vierteln. Dann eine kleine Menge Öl in einer (Grill-)Pfanne erhitzen und den Blattsalat jeweils mit der Schnittseite nach unten rösten, bis er leicht knusprig wird. Dabei fällt er natürlich zusammen, was euch aber nicht zu beunruhigen braucht. Ganz nach Belieben mit knusprigem Topping und mit eurem Lieblingsdressing servieren. Damit euer Blattsalat generell ein wenig länger hält, solltet ihr ihn waschen, bevor ihr ihn in den Kühlschrank legt. Es hilft auch, den Strunk nicht abzuschneiden. Zuerst gut abtropfen lassen und trocken tupfen, dann entweder in ein feuchtes Geschirrtuch wickeln oder in einen verschließbaren Gefrierbeutel legen.

Ich ich ein echter Salat-Fan. Wenn ich ein Salatrezept entwickle oder einen Salat zubereite bzw. esse, darf es nicht langweilig werden. Frischer knackiger Blattsalat, ein aromatisches Dressing und reichlich Kräuter sind die Grundvoraussetzung. Hier könnt ihr altbackenes Brot aufbrauchen und werdet satt!

Für 4 Personen als Beilage

GEBRATENER BLATTSALAT MIT TAHINI-DRESSING

Kapern und Sauerteig-Croûtons

Für die Croûtons den Backofen auf 180 °C (Umluft) vorheizen. Die Brotscheiben in mundgerechte Stücke zupfen und mit Olivenöl und Oregano auf ein Backblech geben. Mit Salz und Pfeffer würzen und gut vermengen, bis das Brot von allen Seiten mit Öl, Kräutern und Würze überzogen ist.

10 Minuten rösten, bis die Croûtons knusprig sind. Nicht zu stark rösten – sie werden beim Abkühlen noch härter. Sie sollten außen leicht goldbraun sein, aber auf Druck noch etwas nachgeben. Dann aus dem Backofen nehmen und abkühlen lassen.

Für den Salat die Zwiebelringe in einer Schüssel mit Essig bedecken. Die Zwiebel soll leicht mariniert werden, sodass die enthaltene Fruktose abgebaut und die Zwiebel besser verdaulich wird. Eingelegt lassen, bis das restliche Gericht fast fertig ist.

Restliches Olivenöl in einer Pfanne (in einer Grillpfanne mit Rillen bekommt der Salat sogar Röststreifen) bei schwacher Hitze erwärmen. Die Blattsalatviertel im heißen Öl von jeder Seite 3–4 Minuten braten. Die beiden Schnittseiten sollen jeweils nur angebräunt sein. Den Salat auf keinen Fall so lange braten, bis er schwarz wird oder völlig schlapp in der Pfanne liegt. Den fertigen Salat auf einen Teller legen und abkühlen lassen.

Für die Croûtons

2 Scheiben altbackenes Sauerteigbrot

2 EL natives Olivenöl extra

2 TL getrockneter Oregano (oder getrocknete gemischte Kräuter wie Thymian, Rosmarin etc.)

Salz und schwarzer Pfeffer aus der Mühle

Für den gebratenen Blattsalat

1 kleine rote Zwiebel, in feine Ringe geschnitten

1–2 EL Weißweinessig

1 EL natives Olivenöl extra

2 große Köpfe Romanasalat, längs geviertelt

2 EL Kapern

1 Handvoll Nusskerne, zerdrückt, leicht geröstet (z. B. Pistazien, Mandeln, Cashews)

Für das Dressing

2 gute EL Tahini

Saft von 1 unbehandelten Zitrone, plus etwas Abrieb

1 EL Soja- oder Tamarisauce

1 guter EL Dijonsenf

1 TL Apfel- oder Weißweinessig

2 TL getrockneter Oregano

1 TL Kapern

Salz und schwarzer Pfeffer aus der Mühle

Für das Dressing Tahini, Zitronensaft und -abrieb, Sojasauce, Senf, Essig, Oregano, Kapern, Salz und Pfeffer im Mixer zu einem sämigen Dressing pürieren. Wer es dünnflüssiger will, gibt etwas Wasser hinzu, bis die gewünschte Konsistenz erreicht ist.

Den Blattsalat mit der angerösteten Seite nach oben auf Servierteller legen. Die Zwiebelringe vorsichtig aus dem Essig nehmen und zusammen mit den Kapern auf dem Salat verteilen. Mit Dressing beträufeln (nach Belieben etwas Dressing zum Dippen aufheben und in einer kleinen Schüssel extra reichen) und dann mit Nüssen und Sauerteig-Croûtons bestreuen. Falls nötig, nochmals mit Salz und Pfeffer würzen.

Tipps:

Eine tolle Beilage zu Gegrilltem oder zu einem etwas deftigeren Gericht. Brotreste und nicht mehr ganz so tadelloser Blattsalat lassen sich mit diesem Rezept gut aufbrauchen. Bei den Zutaten ist Romanasalat angegeben, doch ihr könnt auch andere Blattsalate verwenden, die dann hinterher nur ein wenig anders aussehen. Falls euer Kühlschrank gerade eher spärlich gefüllt ist und ihr den Salat als Basis nehmen wollt, folgt einfach den Anweisungen, aber schneidet den Blattsalat nach dem Braten klein. Dann gebt ihr die Gemüsereste aus dem Kühlschrank dazu oder sogar ein paar gekochte Kartoffeln, damit der Bauch voll wird.

Die Sandwiches, die ich als Kind mit in die Schule nahm, erlangten Berühmtheit: Wenn meine Eltern einen kreativen Tag hatten, packten sie mir einige verrückte Überraschungen als Brotzeit ein – z. B. ein Sandwich mit Frischkäse und Trauben oder mit Gemüse, Mayonnaise und Kräutern. Diese Kindheitserinnerungen haben mich zu diesem Rezept inspiriert. Die sättigende Füllung aus cremigem Dressing und Kichererbsen steckt ihr zwischen zwei Scheiben eures Lieblingsbrotes.

Für 2–4 Personen, je nach Brot und Belagdicke

KICHERERBSEN-SANDWICH MIT SCHNITTLAUCH

Kichererbsen in einer Schüssel mit einer Gabel zerdrücken. Dabei löst sich die Haut ab, was ganz normal ist. Zucchini oder Karotte, Staudensellerie, rote Zwiebel und Knoblauch zufügen und mit der Gabel gut vermengen.

2 EL Tahini und 1 EL Senf unterrühren. Zitronensaft und -abrieb, Hefeflocken, Schnittlauch, geräuchertes Paprikapulver und Chiliflocken zugeben. Mit Salz und Pfeffer würzen und die Zutaten gründlich mischen. Nach Belieben mehr Tahini und Senf unterrühren. Falls die Mischung zu trocken ist, etwas Olivenöl zugießen, aber meist reicht die Feuchtigkeit von Tahini und Senf aus.

Zum Servieren jeweils 1 Brotscheibe mit 1 Salatblatt belegen. Dann eine gute Portion Kichererbsenmischung daraufgeben und mit 1 weiteren Scheibe Brot bedecken.

- 240 g Kichererbsen (aus der Dose, Abtropfgewicht), abgegossen
- 1 große Zucchini oder Karotte (oder 2 kleine), geraspelt
- 1 Stange Staudensellerie, fein aufgeschnitten
- 1 kleine rote Zwiebel, fein gehackt
- 1 Knoblauchzehe, zerdrückt oder fein gehackt
- 2–3 EL Tahini
- 1–2 EL Dijonsenf (oder körniger Senf)
- Saft von 1 unbehandelten Zitrone, plus etwas Abrieb
- 2 EL Hefeflocken
- 1 kleine Handvoll Schnittlauchröllchen
- ½ TL geräuchertes Paprikapulver
- 1 Prise Chiliflocken
- Salz und schwarzer Pfeffer aus der Mühle
- Olivenöl nach Belieben
- 4 Scheiben Sauerteigbrot oder mehr für weitere Sandwiches (zur Abwechslung könnt ihr es auch rösten)
- 4 Salatblätter (Romanasalat passt gut)

Tipps:

Wenn ich eine große Portion Kichererbsen gekocht habe, verwende ich Reste davon gern für dieses Rezept und ergänze es oft durch weitere Zutaten aus dem Kühlschrank. Ihr könnt ebenso Bohnen dafür nehmen, auch wenn die Mischung dadurch etwas weicher wird, da Kichererbsen eine robustere Konsistenz als Bohnen haben. Oder ihr probiert die mexikanische Variante mit Kidneybohnen und Mais. Falls euer Brot etwas zu altbacken ist, könnt ihr es rösten, indem ihr die Scheiben vorher in den Toaster steckt oder das ganze Sandwich 5 Minuten grillt oder in der Pfanne röstet. Zum Befeuchten mit etwas Olivenöl beträufeln.

Ein superguter, supergrüner Salat. Das Trio aus saisonalen Salatblättern, vermischt mit Getreide, ist eine leichte Angelegenheit, die euch dennoch satt und zufrieden macht. Ich bereite gern eine Riesenportion zu und mache ihn erst an, wenn ich ihn tatsächlich verspeise. Unter der Woche esse ich ihn pur als Salat. Aber manchmal kommt er auch als Beilage auf den Tisch, und zwar zu schlichten, in Olivenöl gebratenen Röstkartoffeln, die nur mit Salz und Pfeffer gewürzt werden.

Für 2 Personen als Hauptgericht, für 4 als Beilage

BLATTSALAT MIT ERBSEN UND GRÜNEN BOHNEN

Für den Salat das Getreide in kochendem Salzwasser garen und gelegentlich umrühren. Dann abgießen und zum Abkühlen auf Zimmertemperatur beiseitestellen.

Für das Dressing Tahini, Knoblauch, Zitronensaft und -abrieb, Dill, Senf und Ahornsirup im Mixer unter Zugabe von Wasser zu einer glatten Sauce pürieren, bis die gewünschte Konsistenz erreicht ist (oder mit Gabel bzw. Schneebesen verrühren, wobei die Konsistenz dann etwas anders wird). Mit Salz und Pfeffer würzen und in den Kühlschrank stellen.

Für den Salat die grünen Bohnen 5 Minuten in Salzwasser garen, dann die Erbsen zugeben und weitere 2–3 Minuten kochen. Das Gemüse soll zart und leuchtend grün sein. Dann abgießen und unter fließend kaltem Wasser kurz abschrecken, um den Garprozess zu stoppen. Zur Seite stellen und den restlichen Salat zubereiten.

Blattsalat, Blattspinat, Staudensellerie, Schalotte, Dill und Kümmelsamen in eine große Schüssel geben. Getreide, grüne Bohnen und Erbsen zufügen und gut vermengen.

Das Dressing aus dem Kühlschrank nehmen und kurz mit der Gabel verrühren. Die Hälfte des Dressings über die Salatzutaten gießen. Mit Salz und Pfeffer würzen und gründlich vermengen.

Für das Dill-Dressing

120 g Tahini

2 Knoblauchzehen, zerdrückt oder fein gehackt

Saft von 1 unbehandelten Zitrone, plus etwas Abrieb

20–35 g fein gehackter Dill (ich liebe Dill, ihr könnt weniger verwenden, falls ihr kein intensives Dillaroma mögt)

1 guter EL Dijonsenf

½–1 EL reiner Ahornsirup (bei weniger Dill anfangs erst einmal ½ EL verwenden – das Süßungsmittel überdeckt die bittere Note des Dills)

Salz und schwarzer Pfeffer aus der Mühle

Für den Salat

180 g Getreide nach Wahl (Reis, Hirse, Buchweizen, Graupen etc.)

Salz

250 g grüne Bohnen, gedrittelt

150 g Erbsen (frische Erbsen auslösen, TK-Erbsen auftauen lassen)

1 kleiner Kopf Romanasalat, fein gehackt (siehe Hinweis S. 157)

1 kleiner Kopfsalat/roter Eichblattsalat, fein gehackt

1 gute Handvoll Blattspinat, fein gehackt

2 Stangen Staudensellerie mit Blättern, fein gehackt

1 kleine Schalotte, fein gehackt

1 kleine Handvoll frischer Dill, fein gehackt

Zum Servieren das restliche Dressing darüberträufeln oder den Salat auf Schüsseln verteilen und dann mit Dressing beträufeln. Wer will, kann noch 1 Spritzer Olivenöl dazugeben. Damit wird das Aroma noch intensiver.

1–2 TL Kümmelsamen, geröstet

schwarzer Pfeffer aus der Mühle

natives Olivenöl extra zum Beträufeln

Hinweise:

Dieses Rezept entstand, als ich einmal verschiedenste Blattsalate und -gemüse in meinem Kühlschrank entdeckte. Mir gefallen ihre unterschiedlichen Eigenschaften: Der Blattspinat sorgt z. B. für dunkle Farbtupfer und ein besonderes Aroma. Ihr könnt Romana-, Eisberg- oder Kopfsalat verwenden, je nachdem, was erhältlich ist oder was ihr gerade im Haus habt.

Tipps:

Dieser Salat lässt sich je nach Saison wunderbar abwandeln, da ihr jeden Blattsalat und unterschiedlichste Getreidearten verwenden könnt. Statt Dill, der nur recht kurz erhältlich ist (aber toll schmeckt), könnt ihr auch andere Kräuter nehmen. Damit der Salat richtig satt macht, gibt man gekochte oder gebratene Kartoffeln dazu oder reicht sie als Beilage. Vielleicht mit etwas mehr Zitronensaft und Olivenöl bzw. irgendeinem anderen Öl, das euch schmeckt. Wenn ich Lust auf Abwechslung habe oder mir das Olivenöl ausgegangen ist, probiere ich Avocado- oder Sesamöl.

Tomaten

Eine in Scheiben geschnittene Tomate mit ein paar Meersalzflocken und schwarzem Pfeffer aus der Mühle bestreut und mit ein wenig gutem Olivenöl beträufelt ... das ist doch einfach sensationell, oder? Eine reife Tomate, schön prall und saftig, die auch noch einen einzigartigen Duft verströmt, ist echt unschlagbar. Genau genommen ist die Tomate aus der Familie der Nachtschattengewächse eine Frucht. Wir kennen sie eher als Gemüse, auch wenn ich ehrlich gesagt eine eigene Kategorie für sie erfinden würde. Tomaten sind für mich die Verkörperung des Sommers: Zu unzähligen Gelegenheiten serviere ich sie als schlicht angemachten Salat, den ich, wenn ich übermütig bin, noch mit einem Schuss Aceto balsamico, fein gehackten Frühlingszwiebeln und Basilikum verfeinere. Die unterschiedlichsten (alten) Sorten können dafür verwendet werden – Kirsch-, Eier-, Ochsenherztomaten, grüne oder gelbe ... Ich finde die Aromen der verschiedenen Sorten absolut faszinierend. Auf meinen Urlaubsreisen durch Europa habe ich so viele verschiedene probiert: Manche habe ich auf dem Markt gekauft, andere in einem Tomatensalat irgendwo in einem Restaurant gegessen. Ich erinnere mich noch an einen Sommer, in dem ich wie besessen davon war, verschiedene Kombinationen auszuprobieren, z. B. mit Getreide oder Hülsenfrüchten, einer kräftigen Sauce, knackigen Nusskernen oder Samen oder salzig im Mund explodierenden Kapern. Mit Zutaten, die man eh gern mag, experimentiert es sich auch leichter, da man schon im Voraus ahnt, dass einem das Endergebnis schmecken wird. Tomaten sind vielseitige Schönheiten, die zwar oft als Salat angemacht, aber ebenso häufig zu einer grandiosen Sauce verarbeitet werden. Was ich auch schon immer gern gegessen habe, sind gebackene Strauchtomaten – die reinste love affair!

Tipps:

Wer einige Tomatendosen im Schrank stehen hat, um ganz spontan eine Sauce zusammenrühren zu können, bricht vielleicht in Panik aus, wenn das Regal plötzlich leer ist. Aber mit frischen Tomaten reduziert ihr den Verpackungsmüll und bekommt eine Sauce mit feinem Aroma. Zerkleinert sie, gebt etwas Wasser dazu, ein wenig Tomatenmark, falls ihr etwas zur Hand habt, und einen Schuss Aceto balsamico und lasst sie köcheln, bis sie die gewünschte Konsistenz erreicht haben. Zum Schluss werft ihr frische Kräuter hinein.

Mein Dad kann sich angeblich nicht mehr daran erinnern, dass mein Bruder und ich ihm unbedingt ein ähnliches Rezept entlocken wollten. Er hatte schon immer ein Talent dafür, ein Gericht aus dem Nichts zu zaubern, und er tat dies mit großer Begeisterung. Mein Rezept ist ganz einfach, so wie das meines Dads.

Für 4 Personen

NUDELAUFLAUF MIT GEMÜSE UND GEBACKENEN TOMATEN

Den Backofen auf 200 °C (Umluft) vorheizen. Die ganzen oder halbierten Tomaten auf einem Backblech verteilen und mit 1 guten Prise Salz und Pfeffer bestreuen. 15–20 Minuten backen, bis der Saft austritt und die Tomaten schön weich werden und angebräunt sind. Aus dem Backofen nehmen und beiseitestellen.

Das Gemüse auf einem weiteren Backblech verteilen. Mit etwas Salz und Pfeffer bestreuen und mit 1 EL Olivenöl beträufeln, vermengen und 15–20 Minuten backen, bis das Gemüse gar und leicht angebräunt ist. Die Garzeit hängt von Größe und Art des Gemüses ab. Nach dem Backen abdecken und beiseitestellen.

Die Pasta in Salzwasser *al dente* kochen. Danach abgießen, mit 1 EL Olivenöl (damit die Nudeln nicht zusammenkleben) wieder in den Topf geben und einen Deckel auflegen.

Wahrscheinlich bereitet ihr die Sauce zu, während Tomaten und Gemüse im Backofen sind, sodass es insgesamt nicht so lange dauert. Die Schalotten in 1 EL Olivenöl oder 2 EL Wasser braten, bis sie leicht glasig sind und angenehm duften. Dann den Knoblauch zufügen und 1 Minute mitbraten. Die Temperatur reduzieren, den Weißwein zugießen und 1 Minute umrühren, damit der Alkohol ein wenig verdampft. Pflanzenmilch, Brühe, 2 EL Mehl, Hefeflocken, Oregano und drei Viertel der frischen Kräuter zugeben und gut salzen und pfeffern. Gründlich vermengen und unter gelegentlichem

- 250 g Tomaten (jegliche Sorte), kleine im Ganzen, größere halbiert
- Salz und schwarzer Pfeffer aus der Mühle
- 160–180 g Gemüse der Saison (Auberginen, Zucchini, Fenchel, grüne Bohnen, Pilze etc.), klein gehackt
- 2–4 EL natives Olivenöl extra, oder 2 EL natives Olivenöl extra plus 2 EL Wasser (siehe Hinweis S. 163)
- 270–340 g Pasta nach Wahl (Fusilli, Orecchiette, Penne)
- 2 Schalotten oder 1 große Zwiebel, fein gehackt
- 6–8 Knoblauchzehen, zerdrückt oder fein gehackt
- 2 EL Weißwein oder 1 EL Weißweinessig
- 300–375 ml ungesüßte Pflanzenmilch (Hafer, Reis oder Soja passen wunderbar)
- 250 ml Gemüsebrühe (Rezept S. 352)
- 3 EL Weizenmehl zum Andicken
- 2 EL Hefeflocken
- 2 TL getrockneter Oregano
- 1 gute Handvoll frische Kräuter (Petersilie, Basilikum oder eine Mischung), fein gehackt

Rühren 8–10 Minuten köcheln lassen. Die Sauce wird während des Köchelns dickflüssiger. Falls sie nach 10 Minuten noch zu dünn ist, könnt ihr 1 extra EL Mehl zugeben. Falls nötig, nochmals mit Salz und Pfeffer würzen.

Sauce, Tomaten (mit ausgetretenem Saft) und gebackenes Gemüse zur Pasta in den Topf geben. Restliche Kräuter zugeben und vorsichtig alles vermengen, bis Pasta und Gemüse rundum gut mit Sauce bedeckt sind.

Auf ein tiefes Backblech geben und gut verteilen. Im Backofen 5 Minuten durcherhitzen, bis die Oberseite leicht knusprig wird. Zum Servieren nach Belieben noch mit etwas Olivenöl beträufeln und dann auftischen.

Hinweis:

Mein Dad dünstet das Gemüse für diese Sauce in etwas Wasser an: Er beginnt mit Zwiebel und Knoblauch, gibt dann Gewürze dazu, noch etwas Wasser, und dann die nächste Runde Gemüse etc. Diesen Trick habe ich mir bei ihm abgeschaut. Zum Servieren beträufelt er das Ganze mit etwas Olivenöl: Er verwendet das Öl also als Garnierung und Geschmacksverstärker.

Tipps:

Ein geniales Rezept, um Gemüse aus dem Kühlschrank und Vorräte aus dem Schrank aufzubrauchen. Ihr könnt das Gemüse auch weglassen, wenn ihr es lieber unkompliziert mögt, oder nur eine Gemüsesorte, wie z. B. die Pilze, als Ergänzung zur cremigen Sauce verwenden. Auch backen müsst ihr die Pasta nicht, obwohl ich die schöne Kruste liebe, die sich dabei bildet. Außerdem kann ich währenddessen ein wenig aufräumen, bevor ich mich zum Essen setze und loslöffle. Das Gericht ist im Kühlschrank 4–5 Tage haltbar. Es schmeckt auch kalt sehr gut (mit etwas Öl auflockern). Mit ein paar gehackten Blattspinatblättern wird ein Nudelsalat daraus.

Dies ist fast ein One-Pot-Wunder, das sich tagsüber vorbereiten und auf den Herd stellen lässt. Der Spritzer Liquid Smoke sorgt für ein rauchiges Aroma, wie man es sonst nur vom Smoker kennt. Liquid Smoke ist eine dieser Zutaten, die ein Gericht wirklich zu etwas Besonderem machen und die Aromen intensivieren – dafür reichen schon ein paar Tropfen dieser Köstlichkeit. Die Flüssigkeit schmeckt sehr kräftig, weshalb man als Neuling besser mit wenig anfängt – wie bei Salz reicht schon eine winzige Menge. Nachwürzen geht immer, wieder herausnehmen ist dagegen schwierig. Hier kombiniere ich Liquid Smoke mit Sommertomaten, Riesenbohnen und Basilikum.

Für 6–8 Personen

LANGSAM GEGARTE RAUCH-TOMATEN

mit Kirschen, Riesenbohnen und Basilikum

Die Bohnen abgießen und gut abspülen. In einen großen Topf geben, mit Wasser bedecken (es sollte die Bohnen mindestens 10 cm hoch bedecken). 1 Prise Salz zufügen und zum Kochen bringen. Dann die Temperatur reduzieren und die Bohnen 45–50 Minuten köcheln lassen. Die Zeit variiert, je nach Länge der Einweichzeit. Es sollte immer genügend Wasser im Topf sein. Die Bohnen nur bissfest kochen, da sie später noch in der Tomatensauce weitergaren. Den Herd ausschalten, einen Deckel auflegen und die Bohnen durchziehen lassen, sobald sie *al dente* sind.

Inzwischen die Tomaten zubereiten: Das Olivenöl in einem großen Topf erhitzen, die Zwiebeln zufügen und anbräunen. Den Knoblauch zugeben und unter ständigem Rühren einige Minuten mitbraten, ohne dass er anbrennt. Tomatenmark, frische Tomaten, 500 ml Wasser, sonnengetrocknete Tomaten, 1 TL Liquid Smoke, 2 TL geräuchertes Paprikapulver und Oregano zufügen. Mit Salz und Pfeffer würzen und alles gut vermengen. Erneut zum Kochen bringen, dann die Temperatur reduzieren, einen Deckel auflegen und bei schwacher Hitze unter gelegentlichem Rühren ½ Stunde köcheln

300 g getrocknete Riesenbohnen, über Nacht eingeweicht

Salz

1–2 EL natives Olivenöl extra

2 mittelgroße Zwiebeln, fein gehackt

6 Knoblauchzehen, zerdrückt oder fein gehackt

2 gute EL Tomatenmark

600 g Tomaten, grob gehackt

8 sonnengetrocknete Tomaten, grob gehackt

2 TL Liquid Smoke (Hinweise S. 185)

4 TL geräuchertes Paprikapulver

2–4 gute TL getrockneter Oregano

schwarzer Pfeffer aus der Mühle

140 g Kirschen, halbiert, entkernt

1 gute Handvoll frisches Basilikum, grob gehackt

1 Prise frisch geriebene Muskatnuss

1 TL Zucker (um die Säure abzumildern)

natives Olivenöl extra zum Servieren

lassen. Dann Kirschen, die Hälfte des frischen Basilikums, Muskatnuss, 1 TL Liquid Smoke und 2 TL Paprikapulver zugeben. Mit Salz und Pfeffer würzen. Den Zucker zufügen. Falls die Mischung recht säurehaltig ist, könnt ihr auch noch einen weiteren TL Zucker einrühren. Wird die Sauce zu trocken, etwas Wasser zugießen. Erneut einen Deckel auflegen und weitere 10 Minuten köcheln lassen.

Die Tomatenmischung ist inzwischen schön sämig. Die Bohnen abgießen (Kochflüssigkeit aufbewahren) und zu den Tomaten geben. Gut vermengen und langsam ein wenig Kochflüssigkeit zugießen, um die Mischung zu verdünnen. Falls wenig Kochflüssigkeit vorhanden ist, einfach etwas Wasser nehmen. Ohne Deckel 10–15 Minuten köcheln lassen, bis die Bohnen ganz weich sind und die Mischung wieder dickflüssig.

Zum Servieren mit dem restlichen Basilikum bestreuen und mit Salz und Pfeffer würzen. Beim Auftischen mit etwas Olivenöl beträufeln: Das enthaltene Fett intensiviert die Aromen.

Tipps:

Wenn ihr statt Wasser selbst gemachte Brühe verwendet, wird das Ganze noch aromatischer. Ihr könnt die Bohnen darin garen oder sie zu den Tomaten geben. Zur Abwechslung könnt ihr auch zusätzlich Hefeflocken unterrühren und die Mischung backen, sodass ihr eine Kruste habt. Reste lassen sich gut zu einem Dip pürieren, eine Art kräftigen Tomaten-Riesenbohnen-Hummus mit Raucharoma. Diese Creme gebe ich gern zu gebackenem Gemüse. Falls ihr keine Kirschen im Haus habt, lasst ihr sie einfach weg oder nehmt ein anderes Steinobst. Das Obst sorgt bei diesem Gericht für eine interessante Konsistenz und bildet ein Gegengewicht zu den Tomaten, die manchmal recht viel Säure enthalten.

Die perfekte Beilage zu den Rauch-Tomaten. Hier habe ich ein klassisches griechisches Gericht abgewandelt. Diese kleine Köstlichkeit esse ich oft in der Woche. Sie lässt sich auch noch in Hummus verwandeln, als Salatzutat verwerten (wie die Rauch-Tomaten auch) oder in Suppen/Eintöpfen verwenden. Von dieser mit saisonalen Kräutern und ein wenig Zitronenabrieb verfeinerten Beilage habe ich noch immer nicht genug bekommen.

Für 2–3 Personen als Beilage

DIE BESTEN RIESENBOHNEN MEINER MUM

Bohnen, Zitronensaft und -abrieb, Olivenöl, 4 EL Wasser, Knoblauch, Oregano, 1 EL Kräuter, Chiliflocken und großzügig Salz und Pfeffer in einen Topf geben.

Die Bohnen bei mittlerer Hitze langsam erwärmen. Die Flüssigkeit kocht schnell ein: Sobald sie zu sprudeln beginnt, auf niedrigste Temperatur reduzieren. 10 Minuten sanft köcheln lassen. Falls die Mischung zu trocken wird, 2 EL Wasser zufügen.

Restliche Kräuter zugeben und mit Salz und Pfeffer abschmecken. Als herzhafte kleine Beilage mit Salat und frischem Brot servieren.

- 270 g gekochte Riesenbohnen (135 g getrocknete Bohnen, über Nacht eingeweicht und dann gekocht)
- Abrieb von 1 und Saft von 2 unbehandelten Zitronen
- 2 EL natives Olivenöl extra
- 2 Knoblauchzehen, zerdrückt oder fein gehackt
- 1 TL getrockneter Oregano
- 2 gute EL frische Kräuter (Petersilie, Basilikum, Dill oder eine Mischung), fein gehackt
- 1 Prise Chiliflocken (nach Belieben)
- Salz und schwarzer Pfeffer aus der Mühle

TOMATENSALAT AUF DREIERLEI ART

Tomaten – der Inbegriff des Sommers. Ich liebe die vielen Farben und Formen! Besonders gern esse ich daheim Salat aus frischen, reifen Tomaten. Die im Folgenden beschriebenen Salate basieren auf einem Basisrezept: Mit ein paar Ergänzungen lassen sie sich leicht aufpeppen, sodass ihr den Salat in eine Beilage oder ein Hauptgericht verwandeln könnt.

EINFACHER TOMATENSALAT

Für 4–6 Personen als Beilage (Basisrezept für die zwei folgenden Varianten)

- 1 kleine rote Zwiebel, fein gehackt
- 1 kleine Knoblauchzehe, zerdrückt oder fein gehackt
- 1–2 EL Weiß- oder Rotweinessig
- 450 g Tomaten (jegliche Sorte/Farbe, Mischung), halbiert oder geviertelt, kleine im Ganzen
- 1 großes Bund Basilikum, grob gehackt (oder ein anderes Kraut bzw. eine Mischung)
- Salz und schwarzer Pfeffer aus der Mühle
- 1–2 EL natives Olivenöl extra
- Saft von ½ unbehandelten Zitrone, plus etwas Abrieb
- 1 Prise Chiliflocken

Zwiebel, Knoblauch und 1 EL Essig in einer Schüssel vermengen. 1 Prise Salz zufügen. Zwiebel und Knoblauch sollten mit Flüssigkeit bedeckt sein: Bei Bedarf den zweiten EL Essig zugeben. Durchziehen lassen, damit die Zwiebel ihre Schärfe verliert.

Tomaten und Basilikum in eine große Schüssel geben. Mit Salz und Pfeffer würzen, dann Olivenöl, Zitronensaft, -abrieb und Chiliflocken zufügen. Gut vermengen, sodass die Tomaten von allen Seiten bedeckt sind.

Zwiebel-Knoblauch-Mischung zugeben. Ich verwende gern reichlich Essig, der zudem die bittere Note der Tomaten abmildert. Wer will, kann auch einen Teil des Essigs weglassen – die Menge bleibt hier ganz euch überlassen. Als Beilage servieren (siehe Tipps).

TOMATENSALAT MIT STAUDENSELLERIE, FENCHEL UND KAPERN

Für 6 Personen als Beilage

Basisrezept plus:
- 4 Stangen Staudensellerie mit Blättern, fein gehackt
- 1–2 EL Fenchelsamen
- 2 TL Kapern, abgetropft und abgespült
- 2 EL Tahini

Den Tomatensalat nach Basisrezept zubereiten. Dann Staudensellerie, Fenchelsamen und Kapern in die Schüssel geben und gut vermengen. Tahini passt hier wunderbar dazu und sorgt für Balance: So wird der Salat schön cremig, und die Gemüsearomen zeigen sich von ihrer besten Seite. Tahini zugeben und alles vorsichtig vermengen. Als Beilage servieren (siehe Tipps).

Tipps:

Tomatensalate geben jeder Mahlzeit einen zusätzlichen Frischekick. Sie harmonieren mit Nudeln, Reis oder Brot (Bruschetta) und sogar mit gebratenem Tofu – die Möglichkeiten sind endlos. Diese Salate lassen sich auch schnell in eine Salsa verwandeln: Die Tomaten etwas kleiner schneiden, noch einen Schuss Olivenöl und einen Spritzer Zitronensaft oder Essig dazu und los geht's. Zu jedem dieser Salate passt auch eine Avocado. Oft sind Avocados importiert oder haben gerade keine Saison (das ist sogar die meiste Zeit der Fall), aber im Hochsommer bekommt ihr sie in perfekter Reife!

TOMATENSALAT MIT ORZO UND KNUSPRIGEM BLATTGEMÜSE

Für 4 Personen als Hauptgericht

—

Basisrezept plus:

210 g getrocknete Orzo-Pasta

Salz

2 EL natives Olivenöl extra

1 großes Bund dunkles Blattgemüse (Grünkohl, Cavolo nero etc.), grob gehackt

2 große Knoblauchzehen, in dünne Scheiben geschnitten

Abrieb und Saft von 1 kleinen unbehandelten Zitrone

schwarzer Pfeffer aus der Mühle

1 Prise Chiliflocken

Orzo in Salzwasser in 8–10 Minuten *al dente* kochen. Dann abgießen und mit 1 EL Olivenöl in einer Schüssel vermengen, damit die Pasta nicht aneinanderklebt. Beiseitestellen und den restlichen Salat zubereiten.

Den Tomatensalat nach Basisrezept zubereiten, zur Orzo-Pasta geben und gut vermengen. So nimmt die Pasta die Aromen gut auf.

1 EL Olivenöl bei schwacher Temperatur in einer Pfanne erhitzen. Blattgemüse, Knoblauch, Zitronensaft und -abrieb, Salz und Pfeffer und 1 Prise Chiliflocken zugeben. Das Blattgemüse knusprig braten (es schrumpft dabei ein wenig). Die Blätter trocknen etwas aus, was völlig normal ist und das Gemüse schön knusprig macht.

Zum Servieren das Blattgemüse zu Tomaten und Orzo geben oder die Tomaten-Pasta-Mischung auf Teller verteilen und mit dem Gemüse bestreuen, sodass es knusprig bleibt. Falls nötig, nochmals mit Salz und Pfeffer würzen.

—

ZWEIERLEI GRIECHISCHE TOMATEN

In der griechischen Küche werden oft die gleichen Kräuter, Gewürze und Gemüsesorten verwendet, sodass sich die Aromen der Gerichte ähneln – eine tolle Sache, finde ich. Viele traditionelle Gerichte sind nicht vegan, aber ihre vegetarischen Klassiker basieren auf Tomaten und schmecken sehr aromatisch, da sie reichlich Oregano und Olivenöl enthalten. Dazu wird frisches, warmes Brot serviert. In meiner Kindheit verbrachten wir viel Zeit in Griechenland, da wir Verwandte dort hatten. Ich reise immer noch auf diese herrlichen Inseln, um dort mit einer meiner besten Freundinnen zu arbeiten. Bis heute feiere ich griechische Tomaten, die ich nur mit etwas Salz und einem Schuss Olivenöl serviere. Einfach unschlagbar.

—

TOMATEN MIT REISFÜLLUNG
(Yemista)

Eine Griechin als beste Freundin zu haben, ist wundervoll und hat den Vorteil, dass man auch die Rezepte ihrer Oma kennenlernt. Als ich zum ersten Mal diese Tomaten zubereitete, nachdem ich mit Kats Oma telefoniert hatte, war ich völlig fertig. Trotz der recht dubiosen griechischen Telefonverbindung hatte ich versucht, mir alles zu notieren, fürchtete aber, Kats Erinnerungen nicht gerecht zu werden. Doch ich darf voll Stolz sagen, dass alle Erwartungen erfüllt wurden. Seither habe ich regelmäßig gefüllte Paprikaschoten oder Tomaten aufgetischt.

»

Hochsommer-Genüsse 171

- 10–15 große, reife Tomaten (nicht zu weich und mit relativ flacher Unterseite)
- 1 große Zwiebel, fein gehackt
- 1 EL natives Olivenöl extra
- Salz
- 8 Knoblauchzehen, zerdrückt
- 1 gute Handvoll Petersilie, mit Stängeln, grob gehackt
- 1 gute Handvoll Minze, grob gehackt
- 400 g ganze Tomaten (aus der Dose)
- 2–4 EL Tomatenmark
- 35 g Pinienkerne
- 2 gute EL getrockneter Oregano
- 300 g Langkorn-, Jasmin- oder weißer Basmatireis
- schwarzer Pfeffer aus der Mühle
- 2 EL Rosinen oder Sultaninen (nach Belieben)
- natives Olivenöl extra zum Servieren
- Aceto balsamico zum Servieren

Den Backofen auf 180 °C (Umluft) vorheizen. Den oberen Teil der Tomaten (die Deckel) abschneiden. Das Innere vorsichtig herauslöffeln. Den Boden der Tomaten nicht durchstechen. Die Tomatendeckel wieder auflegen. Das herausgelöste Innere grob hacken und dann beiseitestellen.

Die Zwiebel bei mittlerer Hitze im Olivenöl mit 1 Prise Salz in einem großen Topf anbraten, bis sie duftet und glasig wird. Den Knoblauch zufügen und unter häufigem Rühren 1 weitere Minute braten. Dann die Hälfte der Petersilie und der Minze unterrühren.

Die Tomaten aus der Dose und 2 EL Tomatenmark zufügen. Das gehackte Innere der ausgehöhlten Tomaten, Pinienkerne, Oregano, Reis und 560 ml Wasser zugeben. Zum Kochen bringen, dann die Temperatur reduzieren und köcheln lassen. Mit Salz und Pfeffer würzen.

Den Reis *al dente* garen, also je nach Sorte ca. 20 Minuten. Er sollte noch Biss haben. Im Topf verbleibt nur wenig Flüssigkeit. Falls er zu schnell austrocknet, einfach etwas mehr Wasser zugeben. Den Reis mit Salz und Pfeffer abschmecken und anschließend Rosinen einrühren.

Etwas Reismischung in jede Tomate geben und ein wenig Flüssigkeit aus dem Topf darüberträufeln, damit der Reis noch weitergart. Bis knapp an den Rand füllen und dann mit den Tomatendeckeln belegen. Tomaten nebeneinander in eine Auflaufform oder auf ein tiefes Backblech setzen.

20–30 Minuten backen (Zeit variiert je nach Größe der Tomaten). Die Deckel sollten leicht goldbraun, der Reis gar und die Tomaten schön weich sein.

Aus dem Backofen nehmen. Auf Teller verteilen, mit etwas Olivenöl und Aceto balsamico beträufeln und mit Salz und Pfeffer abschmecken. Ich gieße noch gern ein wenig Garsaft aus dem Topf darüber: Entweder träufle ich die Sauce gleich über die ganzen Tomaten oder ich nehme die Deckel ab und gieße sie ins Innere über den Reis.

Tipps:

Ihr werdet merken, dass die beiden Rezepte fast aus den gleichen Zutaten bestehen: Man kann sie ohne Probleme auch für andere Gerichte verwenden, wenn man sie mit verschiedenen Dingen kombiniert. Das Gericht mit Reis ist allein schon sättigend, während die andere Variante sich eher als Beilage zu einem Getreide, zu gegrillten Kartoffeln, zu Salaten usw. eignet.

TOMATENVIERTEL AUS DEM OFEN

mit veganen Fetastückchen

Dies ist die vegane Variante eines Gerichts, das wir oft den ganzen Sommer über zubereiteten und das ich jahrelang falsch bezeichnet habe. Das Gericht wird lange gebacken, sodass der Fruchtsaft der Tomaten austritt und mit Knoblauch und Kräutern gegart wird. Der vegane Feta nimmt diesen Garsaft später auf. Ich esse dazu gern ein warmes, knuspriges Brot, mit dem ich den restlichen Saft auftunken kann!

Für etwa 5 Personen

Für die Tomaten

- 10 große Tomaten, geviertelt
- 4 EL natives Olivenöl extra
- 1 große Zwiebel, in dünne Ringe geschnitten
- 8 Knoblauchzehen, zerdrückt oder fein gehackt
- 1 gute Handvoll Petersilie, mit Stängeln, grob gehackt
- 1 kleine Handvoll Dill, grob gehackt
- 1 Prise Chiliflocken
- 35 g Pinienkerne
- 2 gute EL getrockneter Oregano
- Salz und schwarzer Pfeffer aus der Mühle

Für den Mandel-Feta (ergibt 1 große Portion, von der wahrscheinlich etwas übrig bleibt)

- 120 g Mandeln (mind. 2 Stunden, am besten über Nacht eingeweicht)
- Saft von 1 kleinen unbehandelten Zitrone, plus etwas Abrieb
- 1 guter TL Salz
- 1 TL Miso (gelb oder hell)
- 2 TL getrockneter Oregano
- 2 Knoblauchzehen, zerdrückt oder fein gehackt
- 1 TL Apfelessig
- 1 Prise schwarzer Pfeffer aus der Mühle
- 125 ml Pflanzenmilch
- 4 gute EL Hefeflocken

Den Backofen auf 180 °C (Umluft) vorheizen. Tomatenviertel, Olivenöl, Zwiebel, Knoblauch, die Hälfte der Petersilie und des Dills, Chiliflocken, Pinienkerne, Oregano, Salz und Pfeffer in einer großen Auflaufform mit den Händen vorsichtig, aber gründlich vermengen. 30–40 Minuten backen, bis die Tomaten schön braun sind und ihr Saft austritt. Nach der Hälfte der Garzeit einmal umrühren.

Für den veganen Feta die Mandeln abgießen und abspülen. Mit Zitronensaft und -abrieb, Salz, Miso, Oregano, Knoblauch, Essig, Pfeffer, Pflanzenmilch, Hefeflocken und 80–125 ml Wasser im Mixer pürieren, bis eine glatte Paste entsteht. Etwas mehr Wasser zugießen, falls sie noch feiner werden soll. Die Masse ist nicht ganz homogen, sondern enthält noch ein paar bissfeste Stückchen, damit sie an Fetakäse erinnert. Sie sollte nicht zu dickflüssig sein, aber von einem Löffel eher herunterfallen und nicht -tropfen.

Auf ein mit etwas Öl bestrichenes oder mit Backpapier belegtes Backblech geben (siehe Tipp, S. 35) und gleichmäßig verteilen. Die Masse sollte eben sein, muss aber keine bestimmte Form haben. Mit etwas Salz bestreuen und dann 30–40 Minuten backen. Der vegane Feta bräunt oben an, wird knusprig und fühlt sich bei Berührung etwas fester an. Aus dem Backofen nehmen und abkühlen lassen.

Die Tomaten servieren, und die gewünschte Menge Feta darüber zerbröckeln. Restliche Petersilie und Dill darüberstreuen. Guten Appetit!

Herbst-liebe

Der Sommer ist traumhaft, keine Frage, doch ich mag die sanfte Septemberstimmung mit frischer Morgenluft, warmen Tagen und angenehmer Kühle nachts. Der Herbst bringt eine ganz eigene Struktur mit sich, und ich freue mich auf neue Küchenabenteuer. Die Vorstellung vom Herbst als eine Zeit des Neuanfangs ist tief in mir verwurzelt. Vielleicht liegt das daran, dass ich gleich zu Beginn Geburtstag habe und der Herbst den Beginn des neuen Schuljahrs markierte.

Beim Kochen dreht sich nun alles um Kräuter und wärmende Gewürze wie Zimtpulver, Nelke oder Piment, die sich wunderbar sowohl in süßen als auch herzhaften Gerichten machen. Immer häufiger wird der Frühherbst von warmen Tagen bestimmt, weshalb typisch sommerliche Erzeugnisse auch wesentlich länger gedeihen: Die Überschneidungen während der jahreszeitlichen Übergänge sind beachtlich und sorgen in der Küche für kreative Höhenflüge. Obwohl ich mich schweren Herzens von den prallen Sommertomaten verabschieden muss, freue ich mich auf meine herbstlichen Favoriten. In meiner Vorstellung sammle ich bereits Brombeeren auf langen gemütlichen Spaziergängen und esse den Großteil davon unterwegs, während ich die neuen, warmen Farben der Bäume bewundere.

Ich erinnere mich gern an einen Nachmittag in meiner Kindheit: Kurz nachdem wir von Devon nach London gezogen waren, ging ich mit meinem Dad zum Kastaniensammeln. Als wir danach heimkamen, wartete dort eine schnelle, aber köstliche »Pasta aus dem Kühlschrank« als Abendessen auf uns. Mein Dad hatte immer ein großes Talent dafür, aus dem Nichts eine Mahlzeit zu zaubern ... ein Talent, das ich zum Glück geerbt habe.

Im milden Frühherbst stellen wir uns beim Kochen ein wenig um. Nun ist es Zeit, sich langsam von rohen Salaten zu verabschieden und sich wieder häufiger mit dem Backofen zu beschäftigen. Wir wenden uns den neuen herbstlichen Erzeugnissen auf dem Markt zu, denn die Vielseitigkeit der Produkte ist einfach fantastisch. So existieren z. B. unzählige Rezepte allein für Kürbisse, deren Kerne ihr ebenso wenig wegwerfen müsst wie die Blätter der Beten.

Küchenstars:

Brombeeren

Rote Bete

Pastinaken

Grünkohl

Kürbisse

Weitere Erzeugnisse der Saison: verschiedene Grünkohlsorten, Cavolo nero (Schwarzkohl), Äpfel, Kaki, Blumenkohl, Mangold/Blattkohl, Granatäpfel, Wildpilze, Trauben, Schalotten, Speiserüben, Knollensellerie, Koriander, Feigen, Zwetschgen

Einige dieser Obst- und Gemüsesorten entdeckt ihr auch zu anderen Jahreszeiten. Heutzutage gibt es aufgrund des Klimawandels und der veränderten Durchschnittstemperaturen rund um den Globus viele Überschneidungen.

Zu dieser Jahreszeit geerntetes Getreide: Dinkel, Haferflocken, Amaranth, Hirse, Freekeh, Teff (Zwerghirse)

Brombeeren

Zu meinen schönsten Kindheitserinnerungen zählen einige lange Sonntagsspaziergänge mit meinen Eltern. Für mich als Sechsjährige war das vielleicht nicht die alleraufregendste Beschäftigung, aber wenn es dann ans Brombeerpflücken ging, hatten mein Bruder und ich jede Menge Spaß. Wir pflückten so viele Beeren, wie wir nur konnten, damit meine Mum aus den süßsäuerlichen Früchten einen Crumble backen konnte, in den sie auch noch Äpfel gab (mit einer Prise Salz wirklich unvergleichlich gut). Obendrauf kam eine Riesenportion Vanillesauce. Crumble-Reste zum Frühstück waren das ultimative Verwöhnprogramm. Mich hat immer die Vielseitigkeit der Brombeeren beeindruckt, die sich auch gut in herzhaften Gerichten machen. Eines meiner Lieblingsgerichte in der Brombeersaison ist eine große Portion Kompott, das ich zu Porridge, Pancakes, Crumbles und als Sauce zu gegrilltem Gemüse (ich mag's gern schräg) servieren kann. Stellt euch die Brombeeren einfach als süße Würzzutat in einem pikanten Gericht vor. Wir alle lieben Sweet Chilisauce, oder? Also, die glänzend leuchtende Brombeersauce ist etwas Ähnliches, jedoch auf natürlicher Basis.

Tipps:

Wenn ihr wie ich verrückt nach Brombeeren seid, wisst ihr, dass sie nach dem Pflücken nicht allzu lange haltbar sind. Nach ein paar Tagen werden sie schlecht, oder es zeigen sich kleine Schimmelflecken. Vor ein paar Jahren habe ich mir in Spanien einen kleinen Trick abgeschaut (übrigens, fantastische Brombeeren dort!) – man wäscht die Brombeeren in Apfelessig: Gießt Essig und Wasser im Verhältnis 1:3 in eine Schüssel und legt die Brombeeren 1 Minute hinein. Danach spült ihr sie ab und lasst sie gut abtropfen. Tupft sie mit einem Geschirrtuch vorsichtig trocken und legt sie in den Kühlschrank. Ich gebe sie meist in eine verschließbare Dose, wo sie noch länger halten. Ihr könnt sie auch zwischen zwei Lagen Küchenpapier aufbewahren, sodass überschüssige Flüssigkeit aufgesaugt wird. Diese Methode funktioniert bei allen Beerensorten; Apfelessig ist echt eine tolle Zutat.

Ein geradezu romantischer Pfannkuchen, der leicht und locker wie ein Crêpe daherkommt. Ich liebe das kräftige Aroma von Kurkuma. Wenn ihr nur ein wenig davon verwendet, erhaltet ihr nicht nur einen schönen Farbton, sondern auch eine unverwechselbare Geschmacksnote. Als Teigzutat sorgt Kurkuma für extra Nährstoffe. In Kombination mit den süßen, gewürzten Apfelstücken und dem säuerlichen Brombeercoulis ergibt sich ein perfekt ausgewogenes Aroma. Am liebsten esse ich die Pfannkuchen an einem gemütlichen Wochenendmorgen und streue zur Abrundung 1 Prise Salzflocken darüber.

Für 2 Personen

KURKUMAPFANNKUCHEN

mit gewürztem Apfel und Brombeercoulis

Für die Pfannkuchen Buchweizen- und Hafermehl mit Backpulver, Zimtpulver, Kurkuma sowie je 1 Prise Pfeffer und Salz in einer großen Rührschüssel mit einem Holzlöffel vermengen. In die Mitte für die flüssigen Zutaten eine Vertiefung formen.

Zuerst löffelweise den Ahornsirup zugeben. Dann langsam die Pflanzenmilch zugießen und die Zutaten verrühren. Der Teig sollte nicht zu flüssig sein und keine Klümpchen enthalten. Beiseitestellen und Coulis und Apfel zubereiten.

Für das Coulis die Brombeeren mit Zitronensaft und -abrieb, Zucker und 80 ml Wasser in einen kleinen Topf geben. 1 kleine Prise Salz zufügen und langsam zum Kochen bringen. Bei reduzierter Hitze 8–10 Minuten köcheln lassen, bis die Brombeeren an ein weiches Kompott oder eine lockere Marmelade erinnern. Falls die Mischung zu trocken wirkt, 1 Schuss Wasser zugießen. Das fertige Coulis vom Herd nehmen, beiseitestellen und abdecken.

Für die Pfannkuchen (ergibt ca. 6 dünne Pfannkuchen, je nach Größe)

60 g Buchweizenmehl

40 g Hafermehl (dafür könnt ihr Haferflocken im Mixer zerkleinern)

½ TL Backpulver

1 TL Zimtpulver

2 TL gemahlene Kurkuma

Salz und schwarzer Pfeffer aus der Mühle

1 EL reiner Ahornsirup

125–185 ml Pflanzenmilch

Kokosöl zum Braten (bei einer Pfanne mit Antihaftbeschichtung könnt ihr es weglassen)

Für das Coulis (ergibt wahrscheinlich mehr als benötigt)

200 g frische oder TK-Brombeeren

Saft von 1 unbehandelten Zitrone, plus etwas Abrieb

½ EL Zucker (Kokos-, Palm-, Rohrohrzucker)

Salz

»

Herbstliebe 181

Für den Apfel das Kokosöl in einer kleinen Pfanne zerlassen. Dann bei schwacher Hitze Apfelspalten, Ahornsirup, Zimtpulver, Piment, Muskatnuss und Kardamom zufügen. 1 Prise Salz zugeben und die Apfelspalten schwenken, bis sie von allen Seiten gut bedeckt sind. 2–3 Minuten köcheln lassen, dann wenden und von der anderen Seite braten. Sie bräunen dabei allmählich an, und die Flüssigkeit karamellisiert. Danach vom Herd nehmen, zum Warmhalten einen Deckel auflegen und beiseitestellen.

Für die Pfannkuchen ein wenig Kokosöl in einer großen Pfanne bei schwacher bis mittlerer Hitze zerlassen. Die gewünschte Menge Teig mit dem Schöpflöffel in die Pfanne gießen (je nachdem, wie groß oder klein, dünn oder dick eure Pfannkuchen werden sollen und wie groß eure Pfanne ist). Von jeder Seite einige Minuten backen. Wenn der Teig Blasen wirft, den Pfannkuchen wenden. Beim Backen bräunen sie leicht an.

Am besten serviert ihr sie heiß, gekrönt mit Coulis und Apfelspalten. Weitere Toppings wählt ihr ganz nach eurem Geschmack.

Für den gewürzten Apfel (½ mittelgroßer Apfel pro Person)

1 EL Kokosöl

1 Apfel, halbiert, Kerngehäuse entfernt, in feine Spalten geschnitten (ca. ¾–1 cm)

2 EL reiner Ahornsirup

1 TL Zimtpulver

½ TL gemahlener Piment

½ TL frisch geriebene Muskatnuss

½ TL gemahlene Kardamomsamen

Salz

Toppings nach Wahl

Knuspermüsli

frisches Obst

(Nuss-)Kerne, zerdrückt

Joghurt auf pflanzlicher Basis

Tipps:

Ich mache vom Coulis gern eine Extraportion, wenn ich ein ganzes Körbchen mit Brombeeren habe. Natürlich schmecken sie frisch am besten, aber sie halten eben nicht lange, weshalb ihr die Beeren, die schon etwas weich sind, gut für dieses Rezept verwenden könnt. Das Coulis könnt ihr im Kühlschrank aufbewahren und am nächsten Morgen zum Müsli essen. Oder ihr streicht es wie Konfitüre auf euren Toast. Je länger ihr es im Kühlschrank stehen lasst, desto fester wird es. Es hält sich maximal eine Woche. Ihr könnt auch eine größere Menge einfrieren. So hält es sich ein paar Monate und lässt sich ganz nach Bedarf portionsweise auftauen. Das Coulis ergibt eine gute Basis für einen Crumble und kann mit anderem Obst vermischt werden. Falls ihr keine Brombeeren bekommt, nehmt Him-, Blau- oder Erdbeeren. Andere Konsistenz, toller Geschmack. Es klingt unglaublich, aber auch Süßkartoffeln und Kürbis eignen sich statt der Äpfel für dieses Gericht. So könnt ihr Reste gut aufbrauchen und euch kreativ austoben: Zuerst leicht dämpfen und dann weiter dem Rezept folgen, die Spalten aber etwas dicker schneiden, damit sie nicht zerfallen. Das Rezept wird dadurch ein wenig herzhafter – falls ihr also lieber nicht so süß frühstückt, wäre das hier eine tolle herbstliche Alternative!

Euch ist sicher schon aufgefallen, dass ich ein großer Fan von Kombis aus süßen und herzhaften Zutaten bin und Obst nicht nur für süße Gerichte verwende. Dieses Rezept passt bestens zu wärmeren Herbsttagen und erinnert euch an den Sommer. Die Brombeeren verleihen dem Chimichurri eine leicht säuerliche Note, intensivieren das Aroma des gegrillten Gemüses und verwandeln eine eher langweilige Sache in das genaue Gegenteil. Ich serviere dazu gern selbst gebackene Fladenbrote, wodurch es ein wenig »tacoartig« wird. Außerdem hat es mich zu einem weiteren Rezept in diesem Kapitel inspiriert (S. 195).

Für 3–4 Personen

GEGRILLTE GEMÜSESPIESSE

und Brombeer-Chimichurri mit Raucharoma

Den Grill auf höchste Stufe vorheizen oder den Holzkohlegrill anfeuern. Gar kein Grill? Macht nix: Einfach den Backofen auf 200 °C (Umluft) vorheizen.

Für die Chimichurri Brombeeren, Petersilie, Kapern, Knoblauch, 2 EL Olivenöl, Apfelessig, Zitronensaft und -abrieb, Chiliflocken, geräuchertes Paprikapulver, Liquid Smoke und 1 gute Prise Salz und Pfeffer im Mixer zu einer Paste vermengen. Die Mischung sollte nicht zu dünn sein, also erst einmal abwarten, bevor ihr den letzten EL Olivenöl noch zugebt.

Gemüse- und Apfelstücke abwechselnd auf die Spieße stecken. Die Reihenfolge des Gemüses ist egal. Aber an beiden Enden muss etwas Platz bleiben.

Mit ein wenig Olivenöl bestreichen und mit Salz und Pfeffer würzen. Die Spieße unter mehrfachem Wenden grillen, bis das Gemüse leicht geröstet ist. Nach 10–15 Minuten sollten sie gar sein. Einige Gemüsesorten sind schneller gar als andere, und die Zwiebeln karamellisieren erst allmählich. Wenn ihr die Spieße im Backofen röstet, solltet ihr beim Wenden auf eure Hände aufpassen.

Für die Chimichurri (siehe Rezept auf S. 197; statt Beteblättern Brombeeren nehmen)

- 200 g frische Brombeeren
- 2 gute Handvoll frische Petersilie, mit Stängeln, fein gehackt (auch Koriandergrün passt wunderbar)
- 2 EL Kapern
- 2 Knoblauchzehen, zerdrückt oder fein gehackt
- 2–3 EL natives Olivenöl extra
- 1 TL Apfelessig
- Saft von 1 unbehandelten Zitrone, plus etwas Abrieb
- 1 Prise Chiliflocken
- 1 guter TL geräuchertes Paprikapulver
- 1 TL Liquid Smoke (nach Belieben, siehe Hinweis)
- Salz und schwarzer Pfeffer aus der Mühle

»

Die fertigen Spieße vom Grill nehmen und höchstens die Hälfte der Chimichurri auf den Spießen verteilen. Erneut 4–5 Minuten grillen, damit sie schön knusprig werden.

Die Spieße zum Servieren auf Teller legen und mit der restlichen Chimichurri-Sauce beträufeln. Wer will, kann die Chimichurri kurz erwärmen. Ich mag sie lieber kalt, als schöne Ergänzung zum warmen Gemüse. Mit frischen Kräutern bestreuen, mit Salz und Pfeffer würzen. Guten Appetit!

Für die Spieße
(ich nehme 4 (mittel-)lange Metallspieße; falls ihr Holzspieße verwendet, solltet ihr sie unbedingt einweichen, da sie sonst anbrennen)

- 1 kleiner Kürbis, in mundgerechte Stücke geschnitten
- 8 braune oder weiße Champignons, geviertelt
- 4 kleine Rote Beten, gründlich gewaschen
- 1 großer Apfel, in große Würfel geschnitten
- 2 rote Zwiebeln, in dicke Ringe geschnitten
- natives Olivenöl extra
- Salz und schwarzer Pfeffer aus der Mühle
- extra Kräuter nach Wahl, fein gehackt, zum Garnieren

Tipps:

Diese Spieße schmecken das ganze Jahr über. Ihr könnt dafür jeweils Gemüse der Saison nehmen. Seid kreativ, gebt Früchte dazu oder Tofu. Auch dünne Kartoffelscheiben passen gut. Im Sommer verwende ich gern Steinobst. Die Chimichurri lässt sich für viele andere Rezepte einsetzen. Ihr könnt also ruhig eine größere Portion zubereiten und sie im Kühlschrank luftdicht verschlossen aufbewahren. Ihr könnt sie auch einfrieren, sie wird dann im Laufe der Zeit aber etwas wässrig. Mit einem Schuss Olivenöl dickt ihr sie wieder an. Diese Spieße grille ich oft im Sommer. Dann lege ich zusätzlich noch ein paar ganze Maiskolben samt Hüllblättern auf den Grill, die ich dann als Beilage mit einem großen Blattsalat serviere. Übrig gebliebenes Gemüse einfach von den Spießen streifen und aufbewahren – eine tolle Zugabe zu Salaten oder als Snack für zwischendurch.

Hinweise:

Liquid Smoke ist eine tolle, aber nicht unbedingt nötige Zutat. Allerdings ist sie lange haltbar. Für das Raucharoma könnt ihr auch einen zusätzlichen Teelöffel geräuchertes Paprikapulver verwenden, falls ihr die flüssige Rauchversion nicht vorrätig habt. Liquid Smoke ist manchmal schwer erhältlich.

Ein bisschen durchgeknallt und mal anders: Damit werdet ihr schon bald Überzeugungstäter, was die Verwendung von Obst in euren Lieblingsrezepten betrifft. Verwendet dazu die allerbesten Linguine. Dies ist sicher eines meiner herbstlichen Standardgerichte! Eine einfache Pasta, die ein bisschen an traditionelle Carbonara erinnert. Die cremige Knoblauchnote wird von süßen, kleinen Brombeeraroma-Explosionen auf der Zunge durchbrochen, die ein Gegengewicht zur üppigen Sauce bilden. Zitronen und Brombeeren – eine himmlische Kombi für ein Pastagericht. Die gebackenen Schalotten verleihen dem Gericht geschmackliche Tiefe und sorgen für das gewisse Etwas.

Für 4–6 Personen

SAHNIGE ZITRONENLINGUINE

mit gebackenen Schalotten und Brombeeren

Den Backofen auf 190 °C (Umluft) vorheizen. Die Schalotten auf einem Backblech 20 Minuten rösten und karamellisieren. Die Schale wird knusprig, das Innere weich. Danach aus dem Ofen nehmen und auf Zimmertemperatur abkühlen lassen.

Den Knoblauch mit 1 EL Olivenöl in einem Topf anbraten. Das geht relativ schnell. Bei reduzierter Temperatur Zitronensaft und die Hälfte des Abriebs zufügen und köcheln lassen, um die Flüssigkeit etwas zu reduzieren.

Pflanzenmilch, Hefeflocken, drei Viertel der Petersilie und die Muskatnuss einrühren. Mit Salz und Pfeffer würzen und bei schwacher Hitze unter gelegentlichem Rühren 10 Minuten köcheln lassen. Die Flüssigkeit soll ein wenig dickflüssiger werden. Linguine in Salzwasser 10–12 Minuten kochen, bis sie *al dente* sind.

Die Sauce sollte inzwischen dickflüssig sein. Nun restlichen Zitronenabrieb und restliches Olivenöl und, falls nötig, erneut Salz und Pfeffer zugeben und gründlich vermengen. Die Schalotten sollten inzwischen abgekühlt sein: Das Innere vorsichtig aus der Schale drücken und

- 4 mittelgroße Schalotten, im Ganzen mit Schale
- 3 Knoblauchzehen, in Scheiben geschnitten
- 2 EL natives Olivenöl extra, plus mehr zum Servieren
- Abrieb von 1 und Saft von 2 unbehandelten Zitronen
- 125 ml Pflanzenmilch (Hafer- oder Cashewmilch passen gut, je dickflüssiger, desto besser)
- 25 g Hefeflocken
- 1 kleine Handvoll frische Petersilie, fein gehackt
- ¼–½ TL frisch geriebene Muskatnuss
- Salz und schwarzer Pfeffer aus der Mühle
- 350 g Linguine
- 150 g frische Brombeeren, halbiert

zur Sauce geben (die Schale könnt ihr in die Brühebox geben oder kompostieren). Die Schalotten mit einem Messer und der Rückseite eines Holzlöffels grob zerdrücken.

Die Linguine abgießen und direkt zur cremigen Sauce geben. Vorsichtig vermengen, bis die Pasta rundum mit Sauce bedeckt ist. Die Brombeerhälften und die restliche Petersilie zufügen und abschmecken.

Zum Servieren auf Teller verteilen, mit etwas extra Olivenöl beträufeln und mit 1 Prise Muskatnuss bestreuen.

Tipps:

Statt Brombeeren könnt ihr auch eine andere weiche Frucht der Saison wählen. Wer es scharf mag, gibt 1 Prise Chiliflocken zu. Oder ihr rührt ein wenig Grünzeug ein. Die Schalotten lassen sich durch normale Speisezwiebeln ersetzen (nur 2–3 Stück, da sie etwas größer sind).

Rote Bete und Varianten

Die Bete-Varianten sind stark unterschätzt. Zart, zugleich kräftig und süß. Ich finde, einen deutlich »gemüsigen« Geschmack kann man ihr nicht absprechen, ebenso wenig ein unvergleichlich erdig-bodenständiges Aroma und eine unverwechselbare Konsistenz. Aus all diesen Gründen gilt sie als richtig vielseitige Kochzutat. Wenn die Saison vor der Tür steht, weiß ich nicht wo anfangen. Chioggia, Pablo, Red Ace, Blankoma – bei diesen Sortennamen kommt Neugierde auf. Am meisten fasziniert mich die Chioggia: Ihre weiche orange-pinke Haut und ihre rot-weißen Ringe im Inneren machen sie zu einem echten Hingucker. Zudem sorgt sie bei jedem Salat für Knackigkeit, zeigt sich selbstbewusst auf Toastbrot oder lässt sich geröstet als elegante Beigabe zum gewöhnlichen Hummus präsentieren. Auch die eingelegte Bete liebe ich sehr. Ich könnte noch eine halbe Ewigkeit über die Knolle sprechen, aber die Blätter, deren Textur an Mangold erinnert, sind ebenso wichtig: Gekocht können sie sich mit jedem anderen Blattgemüse messen.

Tipps:

Jahrelang habe ich die Blätter weggeworfen und nur die Bete verwendet. Aber inzwischen wisst ihr, dass ich aus Überzeugung das ganze Gemüse verwerte. Die Blätter verleihen einem grünen Salat ein besonderes Aroma, ob ihr sie nun zerpflückt oder hackt, roh oder gekocht einsetzt. Falls ihr genügend Zeit habt, solltet ihr sie eine Weile im Salatdressing einlegen, damit sie weicher werden und die eventuell vorhandene bittere Note verlieren. Auf S. 201 werdet ihr feststellen, dass eine meiner liebsten Hummusvarianten gebackene oder gekochte Bete sowie eine Prise Kreuzkümmel enthält.

So verwertet ihr die ganze Bete: Ich verwende die Blätter gern für Salate, denn sie bringen Farbe ins Spiel. Geschmacklich erinnern sie an Mangoldblätter. Oft wirft man sie weg oder bekommt sie erst gar nicht, weil sie bereits vor dem Verkauf entfernt werden. Doch sie sind sehr nährstoff- und vitaminreich und schmecken köstlich. Im Sommer könnt ihr für eine Extraportion gesunder Fette (ja, das gibt es!) noch ein paar Avocadospalten dazugeben. Sie machen den Salat in Kombination mit dem sämigen Dressing zum Sommerhit.

Für ca. 4 Personen als Beilage oder für 2 als Hauptgericht

BETE-HIRSE-SALAT

in Tahini-Dill-Dressing

Den Backofen auf 200 °C (Umluft) vorheizen. Stängel und Blätter der Bete möglichst knapp an der Wurzel abschneiden. Die Blätter beiseitelegen und die Knollen gründlich von Schmutz befreien. Mit Olivenöl bestreichen und mit 1 Prise Salz und Pfeffer bestreuen. Auf mittlerer Schiene in den Backofen schieben und 45–55 Minuten backen. Die Garzeit variiert je nach Größe. Um zu überprüfen, ob sie komplett durchgegart sind, kann man ein Messer einstechen.

Inzwischen die Beteblätter gründlich waschen und fein hacken. Mit Mangold in eine große Schüssel geben und den Zitronensaft zufügen. 1 gute Prise Salz und Pfeffer zugeben und den Salat mit den Händen kneten, damit er weicher wird und seine bittere Note verliert. Beiseitestellen.

Die Hirse mit 750 ml Wasser und 1 Prise Salz in einem Topf zum Kochen bringen. Dann die Temperatur reduzieren und 12 Minuten garen, bis die Hirse weich und locker ist. Verbleibende Flüssigkeit durch ein feines Sieb abgießen. Die Hirse in die Schüssel zu den Beteblättern und zum Mangold geben.

Frühlingszwiebeln, Dill, Apfel, die Hälfte der geviertelten Feigen und der Sonnenblumenkerne und Sesamsamen zufügen. Mit Salz und Pfeffer würzen und vorsichtig vermengen. Die gegarte Bete aus dem Backofen nehmen und zum Abkühlen kurz beiseitestellen.

Für den Salat

- 4 kleine oder 2 große Beten mit Blättern
- 1 EL natives Olivenöl extra
- Salz und schwarzer Pfeffer aus der Mühle
- 1 Bund Mangold, fein gehackt
- Saft von 1 unbehandelten Zitrone
- 200 g Hirse
- 4 Frühlingszwiebeln, fein gehackt
- 1 gute Handvoll frischer Dill, fein gehackt
- 1 Apfel, in feine Spalten geschnitten
- 6 frische Feigen, geviertelt
- 2 gute EL Sonnenblumenkerne, leicht geröstet
- 2 gute EL Sesamsamen, leicht geröstet

Für das Dressing

- 4 EL Tahini
- Abrieb von ½ und Saft von 1 unbehandelten Zitrone
- ½ EL Apfelessig
- 2 EL Kokos-Aminos oder Soja-/Tamarisauce
- 1 EL reiner Ahornsirup
- 1 guter EL körniger Senf
- 1 gute Handvoll frischer Dill
- 2 Knoblauchzehen, zerdrückt oder fein gehackt
- Salz und schwarzer Pfeffer aus der Mühle

»

Für das Dressing Tahini, Zitronensaft und -abrieb, Essig, Kokos-Aminos, Ahornsirup, Senf, Dill und Knoblauch verrühren. Mit Salz und Pfeffer würzen. Ein wenig Wasser zugießen, falls das Dressing zu dickflüssig ist. Wer will, kann das Dressing im Mixer verquirlen, damit es schön sämig wird. Ich rühre lieber von Hand, da ich es gern rustikal mag.

Schwarz geröstete Stellen von den Beteknollen abziehen und kompostieren. Dann die Bete in mundgerechte Stücke schneiden und zum Salat geben. Drei Viertel des Dressings zugießen und die Zutaten vorsichtig vermengen.

Zum Servieren in eine Salatschüssel füllen, mit den restlichen Feigenvierteln, Kernen und Samen bestreuen und mit etwas mehr Dressing beträufeln.

Tipps:

Nicht nur eine tolle Methode, um den Nährstoffgehalt des Salats zu erhöhen, sondern auch, um sonst weggeworfene Gemüseabschnitte zu verwerten. Ihr könnt die Blätter in etwas Öl einlegen, dann schmecken sie nicht mehr bitter. Mit Salz, Pfeffer und 1 Schuss Zitronensaft angemacht, ergeben sie eine tolle Beilage. Falls ihr keine frischen Feigen bekommt, verwendet getrocknete Feigen oder anderes Trockenobst. Wenn es nicht gerade Herbst ist, könnt ihr auch Steinobst nehmen. Ich esse dieses Gericht oft als Beilage mit frisch gebackenem (Fladen-)Brot, dazu einen Klecks Pesto oder Harissa und manchmal etwas Hummus als Eiweißergänzung. Auch das Getreide könnt ihr austauschen, je nachdem, was ihr mögt. Dies ist eines meiner Lieblingsdressings, weshalb ich häufig gleich eine größere Portion für den Kühlschrank zubereite.

Mein Aufenthalt in Sri Lanka hat mich zu diesem Rezept inspiriert. Nicht traditionell, aber dafür mit Zutaten, die nicht nur dort, sondern auf der ganzen Welt erhältlich sind. Das Kichererbsenmehl lässt sich gut verarbeiten, besonders für Fladenbrote. Ich habe es in Sri Lanka kennengelernt und bin seitdem fasziniert davon. Die Fladenbrote enthalten viele Gewürze und werden mit dem in meinen Augen besten Herbstgemüse kombiniert – dem Kürbis. Die schnellen Pickles werden sicher zu einem Favoriten für den Kühlschrank – ich bereite immer eine Riesenportion zu. Ein beruhigender Gedanke, dass man einsatzbereite Pickles hat.

Für ca. 2 Personen

FLADENBROTE AUS BETE UND KICHERERBSENMEHL

mit Kürbispüree und schnellen Pickles

Für die Pickles geraspeltes Gemüse und Zwiebel in eine Schüssel geben. ½ cm hoch mit Essig bedecken (meist einige EL). Zucker, Koriandersamen, Kreuzkümmelsamen und je 1 Prise Salz und Pfeffer zufügen. Gründlich vermengen und in den Kühlschrank stellen.

Für den Kürbis die Kürbiswürfel 8–10 Minuten in Salzwasser garen. Wer möchte, kann den Kürbis auch dämpfen. Den Kürbis abgießen und wieder in den Topf geben. Tahini, Limettensaft und -abrieb, 1 EL Sojasauce und 1 TL Currypulver zufügen und mit Salz und Pfeffer abschmecken. Den Kürbis mit einer Gabel zerdrücken und mit den restlichen Zutaten vermengen. Ich mag es gern stückig. Aber ihr könnt ihn natürlich feiner pürieren. Falls nötig, mit extra Sojasauce, Currypulver, Salz und Pfeffer abschmecken. Einen Deckel auflegen und die Fladenbrote zubereiten.

Bete, Zwiebel, Kichererbsenmehl, Kreuzkümmelsamen, Koriandersamen, Fenchelsamen, Salz und Pfeffer in einer Schüssel vermengen. 190 ml Wasser zugießen und alles zu einem glatten Teig vermengen, der keine Klümpchen mehr enthält. Falls die Mischung zu trocken ist, noch etwas mehr Wasser zufügen.

Für die Pickles

1 kleine Gurke/ 2 Daikon-Rettiche/1 große Karotte, geraspelt

1 kleine rote Zwiebel, in feine Scheiben geschnitten

Apfel- oder Weißweinessig (oder eine Mischung), zum kompletten Bedecken des Gemüses

1 TL Zucker nach Wahl (Kokos-, Palm, Rohrohrzucker etc.)

1 TL Koriandersamen

1 TL Kreuzkümmelsamen

Salz und schwarzer Pfeffer aus der Mühle

Für das Kürbispüree

300 g Kürbis, in mundgerechte Stücke geschnitten

2 gute EL Tahini

Saft von 2 unbehandelten Limetten, plus ein wenig Abrieb

1–2 TL Sojasauce

1–2 TL Currypulver

Salz und schwarzer Pfeffer aus der Mühle

»

Das Kokosöl bei schwacher bis mittlerer Hitze in einer Pfanne zerlassen. Den Teig mit dem Schöpflöffel ins heiße Öl geben und gleichmäßig verteilen. Ihr könnt mehrere Fladenbrote gleichzeitig backen oder ein einziges großes Fladenbrot, je nach Pfannengröße. Ich mag mein Fladenbrot gern ½ –1 cm dick. Von jeder Seite 3– 4 Minuten backen, bis sich Blasen bilden und die Unterseite knusprig und leicht angebräunt (nicht zu dunkel) ist. Wenden und von der anderen Seite backen. Weiter so verfahren, bis der Teig aufgebraucht ist.

Zum Servieren die Kürbismischung kurz aufwärmen. Die Fladenbrote auf Teller verteilen und jeweils eine ordentliche Portion Kürbispüree in der Mitte platzieren. Mit einigen TL Pickles krönen und mit frischen Kräutern bestreuen. Mit Salz und Pfeffer würzen. Je nach Größe der Fladenbrote und nach Füllmenge könnt ihr sie rollen oder zusammenklappen und wie einen Taco essen.

Für die Fladenbrote

1 kleine Bete, mit Schale, geraspelt

1 kleine rote Zwiebel, fein gehackt

120 g Kichererbsenmehl

1 TL Kreuzkümmelsamen

1 TL Koriandersamen

¼ TL Fenchelsamen

Salz und schwarzer Pfeffer aus der Mühle

Kokosöl zum Braten

frische Kräuter nach Wahl, fein gehackt, zum Garnieren

Tipps:

Dieses Rezept lässt sich sehr gut abwandeln: Bei den Pickles sind bereits verschiedene Gemüsesorten angegeben, aber ihr könnt natürlich je nach Jahreszeit auch noch andere ausprobieren: Zucchini sind ideal, oder ihr nehmt Zwiebeln pur. Ich mag die Kombi Salz & Essig – dafür eignen sich die Pickles perfekt (im Kühlschrank aufbewahren). Bei den Fladenbroten sieht es ähnlich aus – ihr könnt geraspelte Karotte, Süßkartoffel, Rettich etc. dazugeben. Auch 1 Handvoll frisch gehackte Kräuter macht sich gut im Teig und sorgt für ein tolles Aroma. Okay, okay, auch das Püree könnt ihr abändern: Nehmt irgendeinen Kürbis oder auch Kartoffeln, falls ihr keinen bekommt. Es ist wirklich praktisch, wenn man ein verlässliches Basisrezept hat, bei dem man die frischen Erzeugnisse einfach austauschen kann.

Ich liebe es, die Bete und ihre Blätter zusammen zu verwenden! Hier kommt ein Rezept, das bei mir zu den Tophits zählt und von einer unvergleichlichen Chimichurri begleitet wird. Wenn mein Freund Bete im Kühlschrank entdeckt, kommt garantiert dieses Gericht zur Sprache. Der im Ganzen geröstete Knoblauch entwickelt eine geradezu buttrige Konsistenz: Ihr zerdrückt ihn mit Bete und Bohnen zu einer Art stückigem Hummus.

Für ca. 2–3 Personen

TACOS MIT BETE UND WEISSEN BOHNEN

mit Chimichurri aus Beteblättern und Kapern

Den Backofen auf 200 °C (Umluft) vorheizen. Die Beten in mundgerechte Stücke schneiden und mit Zwiebel und Knoblauch auf einem Backblech verteilen. Mit Salz und Pfeffer würzen und mit etwas Olivenöl beträufeln. Gut vermengen, bis alles mit Öl überzogen ist. Dann 35–40 Minuten backen.

Die Bohnen mit Limettensaft und -abrieb, Tahini, Chiliflocken, Paprikapulver, Salz und Pfeffer in einer Schüssel vermengen. Nach Belieben die Hefeflocken zugeben, alles vermengen und die Bohnen mit einem Kartoffelstampfer oder einer Gabel grob zerdrücken.

Den Knoblauch nach dem Backen vom Blech nehmen und beiseitelegen. Bete und Zwiebel sowie den ausgetretenen Garsaft vom Backblech zu den Bohnen geben. Die Knoblauchzehen aus der Knolle (und Schale) drücken und zufügen. Zerstampfen und gut vermengen. Die Schüssel abdecken und beiseitestellen.

Für den Tacoteig Mehl und Salz in einer Schüssel mischen. Zuerst das Öl und dann nach und nach 190 ml Wasser zugießen. Zu einem Teig kneten und, falls nötig, etwas mehr Wasser zugießen bzw. noch ein wenig Mehl zufügen, falls die Mischung zu feucht ist. Beiseitestellen und 8 Minuten ruhen lassen.

Für die Betefüllung

4 kleine oder 2 große Beten, gründlich gewaschen, Blätter beiseitegelegt (Verwendung siehe unten)

1 rote Zwiebel, geachtelt

1 Knoblauchknolle, quer halbiert

Salz und schwarzer Pfeffer aus der Mühle

natives Olivenöl extra zum Braten

400 g weiße Bohnen (aus der Dose), abgegossen und abgespült

Saft von 2 unbehandelten Limetten oder 1 großen unbehandelten Zitrone, plus ein wenig Abrieb

2 gute EL Tahini

1 Prise Chiliflocken

1–2 TL geräuchertes Paprikapulver

3 gute EL Hefeflocken nach Belieben

Sesamsamen zum Garnieren

Für die Tacos (ergibt ca. 8–10 eher kleine Tacos oder weniger, wenn ihr größere Exemplare wollt)

240 g Weizenmehl, plus mehr zum Ausrollen

½ TL Salz

2 EL natives Olivenöl extra, plus mehr zum Backen

»

Für die Chimichurri Petersilie, Beteblätter, Kapern, Knoblauch, Olivenöl, Apfelessig, Zitronensaft und -abrieb, Chili, Salz und Pfeffer im Mixer zu einer Paste verarbeiten. Bei Bedarf noch mehr Salz und Pfeffer zufügen und etwas mehr Olivenöl, falls die Mischung zu trocken ist. In eine Schüssel füllen und ein Viertel bis die Hälfte der Paste zu den Bohnen und der Bete geben und untermengen. Die restliche Paste beiseite- oder in den Kühlschrank stellen.

Für die Tacos die Arbeitsfläche, die Hände und das Nudelholz bemehlen. Den Teig in gleich große Portionen teilen – meist werden es etwa 8 Tacos. Jedes Teigstück zu einer Kugel formen. Dann mit dem Nudelholz flach ausrollen. Dicke und Größe bleiben ganz euch überlassen – die Garzeit unterscheidet sich nicht allzu sehr.

Sobald alle Tacos ausgerollt sind, etwas Olivenöl in einer Pfanne ordentlich erhitzen. Die Tacos zugeben (Anzahl hängt von Pfannengröße ab) und 2 Minuten backen. Wenden und von der anderen Seite backen, sobald sie sich aufblähen und an der Unterseite anbräunen. Weiter so verfahren, bis alle Tacos gebacken sind. Alle Tacos auf einen Teller legen.

Toppings nach Wahl in kleine Schüsseln füllen, sodass alles für die Tacos bereitsteht.

Zum Füllen einen Taco vom Teller nehmen und mit einer schönen Schicht Chimichurri bestreichen. 2 EL Bete-Bohnen-Mix darauf verteilen und dann mit den gewünschten Toppings krönen. Mit etwas Tahini beträufeln und mit Salz und Pfeffer würzen. Beim Essen seid ihr auf euch allein gestellt.

Für die Chimichurri (alternativ zu den Blättern könnt ihr Petersilie oder Koriandergrün, Dill oder gar Basilikum nehmen)

2 gute Handvoll frische Petersilie, mit Stängeln, fein gehackt

Beteblätter (von den Beten der Füllung) oder 1 gute Handvoll andere Kräuter

2 gute EL Kapern, abgegossen

2 Knoblauchzehen, zerdrückt oder fein gehackt

2–3 EL natives Olivenöl extra

1 TL Apfelessig

Saft von 1 unbehandelten Zitrone oder 2 unbehandelten Limetten, plus etwas Abrieb

1 Prise Chiliflocken

Salz und schwarzer Pfeffer aus der Mühle

Toppings nach Wahl

Tomaten, fein gehackt

Avocadoscheiben

Tahini zum Beträufeln

noch mehr frische Kräuter

Sesamsamen

Salz und schwarzer Pfeffer aus der Mühle

Wenn ihr eure Gnocchi erst einmal selbst gemacht habt, wollt ihr nie wieder Fertigware. Geht zudem leichter, als ihr denkt. Die Bete färbt den Teig dunkelrosa – ein unglaublicher Anblick. Dieses Rezept ist ganz unkompliziert, da die Gnocchi nur mit Grünkohlpesto serviert werden. Ein tolles Gericht für ein Date, falls ihr ein wenig angeben wollt!

Für 3–4 Personen

ROTE-BETE-GNOCCHI

mit Grünkohlpesto

Den Backofen auf 200 °C (Umluft) vorheizen. Für das Pesto den Grünkohl 5–6 Minuten dämpfen, bis er leuchtend grün und zusammengefallen ist. Vom Herd nehmen und unter fließend kaltem Wasser abspülen, um den Garprozess zu stoppen. Abgießen und auf Zimmertemperatur abkühlen lassen. Danach grob hacken.

Walnusskerne, Knoblauch, Basilikum, Zitronensaft und -abrieb und 125 ml Olivenöl im Mixer zu einer groben Paste verarbeiten. Grünkohl, Hefeflocken, Chiliflocken und 1 gute Prise Salz und Pfeffer zufügen, erneut pürieren, bis eine homogene Masse entsteht. Wer das Pesto dünnflüssiger möchte, gibt mehr Olivenöl hinzu. Mit Salz und Pfeffer abschmecken. In ein Schraubglas füllen und beiseitestellen.

Für die Gnocchi Kartoffeln und Bete waschen. Rundum leicht mit einem scharfen Messer einstechen. Im Ganzen 50–60 Minuten im Ofen backen. Die Garzeit hängt von der Größe ab: Mit einem Messer einstechen, um zu überprüfen, ob sie bereits durchgegart sind. Die Schale wird schön knusprig.

Dann aus dem Backofen nehmen und abkühlen lassen, bis man sie anfassen kann. Kartoffeln und Bete halbieren und die Bete beiseitelegen. Das Innere der Kartoffeln herauslöffeln (möglichst dicht an der Schale) und in eine Schüssel geben. Die Schalen für später beiseitelegen. Die Kartoffeln nun mit einem Kartoffelstampfer zu einem homogenen Püree zerdrücken.

Für das Pesto (10–12 Portionen)

200 g Grünkohl (oder anderes dunkles Blattgemüse) mit Stängeln

150 g Walnusskerne

2 Knoblauchzehen, zerdrückt oder fein gehackt

2 gute Handvoll frisches Basilikum

Abrieb von 1 und Saft von 2 unbehandelten Zitronen

125–150 ml natives Olivenöl extra

6–8 gute EL Hefeflocken

1 Prise Chiliflocken

Salz und schwarzer Pfeffer aus der Mühle

Für die Gnocchi

500 g mehligkochende Kartoffeln

500 g Rote Bete

1–2 EL natives Olivenöl extra

1 ½ TL Salz

240–360 g Weizenmehl, plus mehr (bei Bedarf) und zum Bestäuben

Für die Kartoffelschalen

Kartoffelschalen von der Gnocchizubereitung

1 Schuss natives Olivenöl extra

Salz und schwarzer Pfeffer aus der Mühle

Das Fruchtfleisch der Bete muss im Mixer püriert werden: Dazu erst grob hacken und dann im Mixer auf hoher Stufe fein pürieren. Ich rate euch, 1 EL Öl zuzugeben, damit sich die Beten leichter pürieren lassen. Mehrfach das Fruchtfleisch vom Seitenrand nach unten schaben und weiter pürieren. Anschließend zu den zerdrückten Kartoffeln geben.

Salz und restliches Olivenöl zugeben und gut vermengen. Nach und nach 240 g Mehl zufügen und alles zu einem Teig verarbeiten. Die Hände gut bemehlen, damit der Teig nicht anhaftet. Falls die Mischung zu klebrig ist, etwas mehr Mehl zugeben. Einen zu trockenen Teig mit etwas mehr Öl auflockern. Der Teig sollte weich, aber nicht klebrig sein, und sich gut verarbeiten lassen: Nicht zu weich, nicht zu fest, nicht trocken oder klebrig.

Eine Arbeitsfläche bemehlen und den Teig in 4 gleich große Stücke teilen. Jedes Stück zu einer Rolle mit 2–2,5 cm Durchmesser formen. Den Teig mit einem scharfen Messer in 2,5 cm dicke Stücke schneiden. Die Gnocchi mit einer Gabel leicht eindrücken.

Die Kartoffelschalen grob hacken und mit 1 Schuss Olivenöl, Salz und Pfeffer in einer Pfanne knusprig braten. Dann überschüssiges Öl auf Küchenpapier abtropfen lassen.

Für die Gnocchi Wasser in einem großen Topf zum Kochen bringen. Die Gnocchi portionsweise im kochenden Wasser einige Minuten garen. Die Gardauer kann variieren, aber die Gnocchi sind fertig, sobald sie an die Oberfläche steigen. Unbedingt portionsweise kochen, da die Gnocchi sonst zu stark gegart werden und aneinanderkleben. Die fertigen Gnocchi aus dem Wasser nehmen und zum Abtropfen auf ein Geschirrtuch legen.

1 Schuss Öl in einer großen Pfanne erhitzen. Die Gnocchi zugeben (aufpassen, dass sie nicht zusammenkleben) und von beiden Seiten einige Minuten knusprig braten. Vielleicht müsst ihr auch hier portionsweise vorgehen.

Wer will, kann zugleich kochen und braten – die fertig gegarten Gnocchi müssen kurz abtropfen, kommen dann in die Pfanne usw.

Die Gnocchi auf Schüsseln verteilen. Jeweils mit einer ordentlichen Portion Pesto krönen, alles gut vermengen (oder so lassen), mit den knusprigen Schalen bestreuen und mit Salz und Pfeffer würzen. Oder ihr vermischt alles in einem großen Topf und bestreut die Gnocchi dann mit den knusprigen Kartoffelschalen.

Tipps:

Das Pesto ist im Kühlschrank eine Woche haltbar, wenn ihr es mit ein wenig Olivenöl bedeckt. Es kann auch mit anderem Gemüse zubereitet werden. Die rohen Gnocchi könnt ihr einfrieren, sie halten dann 1 Monat. Den Teig dazu in 2,5 cm dicke Stücke schneiden und mit etwas Mehl bestäuben. Zur Zubereitung später komplett auftauen lassen, dann kochen und leicht knusprig anbraten (siehe links).

Falls ihr tatsächlich immer noch nicht verrückt nach Hummus seid, habe ich hier eine weitere Variante aus gebackener Bete für euch, die zudem karamellisierte Schalotten und reichlich Kümmel enthält. Die Pilze mit Sojaglasur sorgen für ein herrliches Umami-Aroma und ergänzen geschmacklich die anderen Zutaten. In diesem Rezept will ich die Bete richtig feiern – indem ich sie zu meinem geliebten Hummus verarbeite.

Für 4–6 Personen als Dip-Beilage

HUMMUS AUS GEBACKENER BETE UND SCHALOTTE

gekrönt von Pilzen mit Sojaglasur

Den Backofen auf 200 °C (Umluft) vorheizen. Die Betehälften und die ganzen Schalotten auf mehrere Alufolienstücke (siehe Tipp, S. 35) verteilen, mit Olivenöl beträufeln und mit 1 Prise Salz würzen. Die Folie zu kleinen, verschlossenen Päckchen zusammenklappen. 45–55 Minuten backen. Die Schalotten sind schneller gar als die Bete. Sie karamellisieren allmählich und werden innen butterweich. Die Päckchen nach dem Garen aus dem Backofen nehmen und zum Abkühlen beiseitelegen.

Die abgekühlten Schalotten aus der Schale drücken und diese in die Brühebox geben oder kompostieren. Zusammen mit der Bete grob hacken und mit dem Garsaft aus den Päckchen in den Mixer geben.

Tahini, Zitronensaft und -abrieb, Kreuzkümmelsamen, Kümmelsamen, Oregano und Knoblauch zufügen und mit Salz und Pfeffer würzen. Pürieren und dabei nach und nach 65 ml Wasser zugießen, bis die gewünschte Konsistenz erreicht ist. Falls die Mischung zu dickflüssig ist, könnt ihr einfach etwas Wasser oder Olivenöl zugießen. Anschließend in eine Schüssel füllen und im Kühlschrank aufbewahren, während das Topping zubereitet wird.

Für den Hummus

2 große Beten, gut gewaschen, halbiert (Blätter beiseitelegen, siehe Tipps auf S. 203)

4 große Schalotten mit Schale

1 EL natives Olivenöl extra

Salz

4 gute EL Tahini

Saft von 1 großen unbehandelten Zitrone, plus ein wenig Abrieb

1 TL Kreuzkümmelsamen, geröstet

2 TL Kümmelsamen, geröstet

1 TL getrockneter Oregano/gemischte getrocknete Kräuter

2–3 Knoblauchzehen, zerdrückt oder fein gehackt

schwarzer Pfeffer aus der Mühle

Für die Pilze mit Sojaglasur

200 g Champignons (weiß oder braun), in ½ cm dicke Scheiben geschnitten

4 EL Soja- oder Tamarisauce

1 Prise Chiliflocken

Saft von 1 unbehandelten Limette, plus etwas Abrieb

Salz und schwarzer Pfeffer aus der Mühle

»

Die Pilzscheiben mit Sojasauce, Chiliflocken, Limettensaft und -abrieb, Salz und Pfeffer in eine flache Pfanne geben. Bei sehr schwacher Hitze köcheln lassen, bis die Pilze allmählich karamellisieren und schrumpfen, also schön zart werden. Danach die Pilze mit dem Garsaft aus der Pfanne nehmen und zum Abkühlen auf Zimmertemperatur (oder kühler) beiseitestellen.

Den Hummus zum Servieren aus dem Kühlschrank nehmen und mit den glasierten Pilzen und weiteren Toppings nach Wahl krönen. Vielleicht mit ein paar gerösteten Samen und 1 Schuss Olivenöl verfeinern und mit Salz und Pfeffer abschmecken.

Zum Servieren (nach Belieben)

1 Handvoll Sesamsamen/Kürbis-/Sonnenblumenkerne, geröstet

natives Olivenöl extra zum Beträufeln

Kräuter nach Wahl, grob gehackt

Brot/Crackers oder Crudités nach Wahl

Tipps:

Dieses Rezept entstand, als ich einmal keine Kichererbsen im Haus hatte, aber richtig Lust auf Hummus – und dann entdeckte ich Beten im Korb ... Die Konsistenz ist zwar ein bisschen anders, der Geschmack nussig-rustikal, aber alles in allem eine tolle Alternative. Ihr könnt natürlich auch Hülsenfrüchte dazugeben, wenn euch eine klassischere Hummuskonsistenz lieber ist. Bei den Mengen und den Gewürzen könnt ihr euch kreativ betätigen, auch frische Kräuter machen sich gut als Zugabe. Der Hummus hält im Kühlschrank in einem luftdichten Behälter 5 Tage. Die Pilze passen auch perfekt zu vielen asiatischen Rezepten wie Suppe, Ramen, Brühe oder Nudeln. Ihr könntet die Asiatische Brühe von den Grundrezepten (S. 352) zubereiten und die Pilze, 1 Handvoll Grünzeug und ein paar Nudeln hineinwerfen. Dieser leuchtende Dip voll unterschiedlicher Konsistenzen und Aromen ist eine tolle Überraschung für Gäste. Denkt daran, die Beteblätter aufzuheben. Verwendet sie direkt für ein weiteres Gericht oder bewahrt sie, eingewickelt in ein feuchtes Geschirrtuch, im Kühlschrank auf und schnippelt sie in einen Salat oder einen Eintopf. Zwiebel- und Knoblauchreste (v. a. die Schalen) gebt ihr in eure Brühebox (S. 352).

Pastinaken

Ein raffiniertes, würzig schmeckendes Wurzelgemüse mit Noten von Zimt und Muskatnuss, das nach dem Backen eine kuchenähnliche Konsistenz entwickelt. Pastinaken zählen zur gleichen Pflanzenfamilie wie Petersilie und Staudensellerie, so erklärt sich ihr feines Aroma. Meist sind sie im Handel ohne Blätter erhältlich, die man gekocht in geringen Mengen gut verwenden könnte. In meinen Augen ähneln Pastinaken Karotten oder aber Kartoffeln mit Kräuteraroma und Nussnote. Sie sind nicht so stärkehaltig wie eine Kartoffel und nicht so süß wie eine Karotte, liegen also irgendwo dazwischen. Ich erinnere mich, dass ich sie als Kind einmal auf einer Speisekarte entdeckt hatte, wo sie geröstet als eine Art Pommes angeboten waren, was mich natürlich neugierig machte. Obwohl meine Eltern etwas schockiert waren, dass ich lieber Pastinaken als Kartoffeln bestellte, war ich sehr zufrieden mit mir, weil ich so ein »erwachsenes« Essen genommen hatte. Heute koche ich dieses Gericht gern nach: Ich röste die Pastinaken im Backofen mit ein klein wenig Öl (damit sie schön knusprig werden) und je einer Prise Salz und getrocknete oder frische Kräuter. Herrlich salzige Pommes mit saftigem Inneren ... allein bei dem Gedanken läuft mir das Wasser im Munde zusammen.

Petersilienwurzeln sind in Konsistenz und Geschmack kaum von Pastinaken zu unterscheiden und liegen zur Saison auf dem Markt meist direkt neben ihnen. Sie dienen dem gleichen Zweck, haben aber oft ein noch intensiveres Aroma. Auf der Jagd nach Pastinaken kann es also sein, dass ihr unversehens über diese hübschen Wurzeln stolpert. Wie die Kürbisse erinnern mich auch die Pastinaken an den Herbst – vielleicht liegt es am würzigen Aroma.

Tipps:

Pastinaken sind wie Karotten für Erwachsene (oder vielleicht wie Pommes für Erwachsene!) und lassen sich gut als Karottenersatz oder in Kombination zubereiten, da eine Mischung aus verschiedenen Wurzelgemüsen oft noch besser schmeckt als eine Sorte ganz für sich allein. Sie passen als aromatischer Kick bestens in ein normales Kartoffelpüree (eine Version findet ihr auf S. 211) und sogar in Salate, die sonst ein bisschen zu leicht wären. Ich bewahre meine Pastinaken im Kühlschrank auf, da sie dort etwas länger halten. Sie können recht schnell weich werden und sehen dann etwas traurig aus, aber ihr könnt sie dennoch verwenden, besonders im »Brat mir einfach alles«-Gericht in der Woche.

Dieses schlichte, stückige Pesto könnt ihr auf vielerlei Art zu den gebackenen Pastinaken servieren. Ihr könnt das Pesto pürieren oder mit einem scharfen Messer hacken, um eine rustikale Variante zu erhalten. Ich liebe diese bemerkenswerten Pastinaken als Beilage an kühleren Herbsttagen.

Für ca. 6–8 Personen als Beilage

GEBACKENE PASTINAKEN

mit Grünkohlpesto

Den Backofen auf 200 °C (Umluft) vorheizen. Die Pastinaken mit den beiden Knoblauchknollenhälften, Olivenöl und Chili auf einem Backblech verteilen. Mit Salz und Pfeffer würzen und alles gut vermengen, bis die Pastinaken zur Gänze überzogen sind. Dann 30–40 Minuten backen. Sie sollen außen goldfarben und leicht knusprig, innen aber weich sein.

Inzwischen für das Pesto den Grünkohl 5–6 Minuten dämpfen, bis er leuchtend grün und zusammengefallen ist. Vom Herd nehmen und unter fließend kaltem Wasser abspülen, um den Garprozess zu stoppen. Abgießen und auf Zimmertemperatur (oder kühler) abkühlen lassen. Danach grob hacken.

Walnusskerne, Knoblauch, Basilikum, Zitronensaft und -abrieb und 125 ml Olivenöl im Mixer zu einer groben Paste verarbeiten. Grünkohl, Hefeflocken, Chiliflocken und 1 gute Prise Salz und Pfeffer zufügen, erneut pürieren, bis die Mischung homogen ist. Wer sie etwas lockerer möchte, gibt mehr Olivenöl dazu. Mit Salz und Pfeffer abschmecken.

10 Minuten vor Ende der Garzeit der Pastinaken einige EL Pesto zufügen, sodass die Pastinaken davon bedeckt werden. Das Pesto wird in den verbleibenden 10 Minuten leicht knusprig.

Zum Servieren eine Schicht Pesto auf einem Teller verteilen, mit etwas Joghurt bedecken und die Pastinaken darauflegen. Am besten heiß servieren.

- 1 kg Pastinaken, gründlich gewaschen, längs geviertelt
- 1 Knoblauchknolle, mit Schale, quer halbiert
- 2–4 EL natives Olivenöl extra
- 1 kleine grüne Chili, Samen entfernt, fein gehackt
- Salz und schwarzer Pfeffer aus der Mühle

Für das Pesto

- 200 g Grünkohl (oder anderes dunkles Blattgemüse) mit Stängeln
- 150 g Walnusskerne
- 2 Knoblauchzehen, zerdrückt oder fein gehackt
- 2 gute Handvoll frisches Basilikum
- Abrieb von 1 und Saft von 2 unbehandelten Zitronen
- 125–250 ml natives Olivenöl extra
- 6–8 gute EL Hefeflocken
- 1 Prise Chiliflocken
- Salz und schwarzer Pfeffer aus der Mühle

Zum Servieren

- Joghurt auf Pflanzenbasis (siehe Kokosjoghurt, S. 284)

Tipps:

Ich wandle dieses Rezept gern ab, indem ich 1–2 Speiserüben und 1 Steckrübe zugebe (hocharomatisch, leicht nussig im Geschmack, mit einer Spur von Rettich), um einen Sonntagsbraten aufzupeppen, oder als Beilage zu einem Blattsalat. Die Rüben aufschneiden und mit den Pastinaken backen (Garzeit fast identisch). Ihr könnt auch einfach ein Getreide eurer Wahl zu den Pastinaken reichen.

In meiner Kindheit und Jugend habe ich einige Nussbraten gegessen, aber beeindruckt hat mich keiner davon. Bei uns gab es nicht so oft einen Sonntagsbraten, und falls doch einmal einer auf dem Tisch stand, konzentrierte ich mich lieber darauf, möglichst viel Brotsauce für meine gedämpften Karotten zu ergattern. Als ich dann mein erstes Weihnachtsfest in Australien feierte, bereitete Debbie, eine Freundin der Familie, fürs Mittagessen einen Nussbraten zu, der einfach perfekt war: mit Biss, herzhaft, aber mit leichter Süße und durch die Pastinaken schön saftig.

Für ca. 6–8 Personen als Beilage

NUSSBRATEN MIT PASTINAKEN

Den Backofen auf 200 °C (Umluft) vorheizen. Eine große Kastenform einfetten.

Die Pastinaken auf ein Backblech legen und 30–35 Minuten rösten, bis sie leicht angebräunt und innen weich sind. Ohne Zugabe von Öl bleiben sie schön saftig. Aus dem Backofen nehmen und abkühlen lassen. Danach pürieren und beiseitestellen.

Für den Nussbraten Leinsamen und 8 EL Wasser in einer kleinen Schüssel zu einem Brei vermengen und zum Quellen in den Kühlschrank stellen.

Das Olivenöl bei schwacher Hitze in einer Pfanne erwärmen und die Zwiebel darin leicht glasig anbraten. Knoblauch und Salbei zufügen und leicht anbräunen. Muskatnuss, Pilze und 1 Schuss Wasser zugeben und unter Rühren kurz garen. Mit reichlich Salz und Pfeffer würzen.

Nusskerne, Rosmarin, Thymian, Misopaste, Semmelbrösel, 2 EL Vollkornmehl, Hefeflocken und Leinsamenpaste zufügen. Pastinakenpüree unterarbeiten. Falls nötig, erneut salzen und pfeffern. Falls die Mischung noch zu feucht ist, die restlichen 2 EL Mehl zufügen.

400 g Pastinaken, gewaschen, mit Schale, grob gehackt

Für den Nussbraten

3 EL gemahlene Leinsamen

1 EL natives Olivenöl extra

1 Zwiebel, fein gehackt

4 Knoblauchzehen, zerdrückt oder fein gehackt

6 Salbeiblätter, grob gehackt

½ TL frisch geriebene Muskatnuss

200 g Pilze, sehr fein zerkleinert

Salz und schwarzer Pfeffer aus der Mühle

180 g Cashewnusskerne, Mandeln oder eine Mischung (ihr könnt auch Haselnusskerne nehmen), fein zermahlen

2 TL frische Rosmarinnadeln oder 1 TL getrocknete

2 TL frische Thymianblättchen oder 1 TL getrocknete

2 TL Misopaste

140 g Semmelbrösel (aus altbackenem Brot jeglicher Art)

2–4 EL Vollkornmehl

3 EL Hefeflocken

»

Herbstliebe

Die Mischung in die Kastenform füllen und fest andrücken. Auf unterer/mittlerer Schiene 30 Minuten im Ofen backen. Nach 15 Minuten einmal checken. Der Braten ist fertig, wenn die Oberseite braun und knusprig und der Rest durchgegart ist. Mit einem Messer einstechen und prüfen, ob die Mischung nicht zu locker ist. Sie sollte fest sein.

Den Braten aus dem Backofen nehmen und in der Form 5 Minuten abkühlen lassen. Dann einen Teller auf die Kastenform legen, die Form stürzen und etwas daran rütteln, sodass der Nussbraten herausfällt.

Mit gewünschten Beilagen servieren – frisches grünes Gemüse, Getreide etc. (eine umwerfende Pilzsauce gibt es auf S. 293).

Tipps:

Nussbraten lassen sich wunderbar im Kühlschrank aufbewahren und tiefgefrieren. Ich backe oft einen großen Braten, dessen Überbleibsel ich später mit weiteren Resten kombiniere. Oder ich bereite ihn im Voraus zu, um ihn mit anderen Gerichten aus dem Backofen zu servieren. Auf S. 278 findet ihr ein ähnliches Rezept, aber für Maronen – es lässt sich leicht abwandeln. Auch die Pastinaken könnt ihr ersetzen – probiert mal Karotte, Kartoffel, Steckrübe oder ein Gemüse mit ähnlicher Konsistenz. Eine Kombi aus verschiedenen Aromen und Konsistenzen macht sich ebenfalls gut. Ein oranges Gemüse sorgt für einen hübschen Farbklecks. Oder ihr verwendet ein anderes Mehl. Nehmt besser kein feines Mehl wie Kokos- oder Buchweizenmehl – das klappt zwar auch, aber ihr braucht etwas mehr davon. Ich habe auch schon mal karamellisierte Zwiebeln in den Teig eingerührt bzw. obenauf drapiert. Dazu einfach Zwiebelringe mit 1 Prise Salz und Zucker in Aceto balsamico köcheln lassen, bis sie schön weich und klebrig werden.

Ein Berg perfekt gebackenes Gemüse, außen leicht geröstet, innen herrlich zart – da kann man eigentlich nichts verkehrt machen. Dieses Rezept lässt sich unkompliziert abwandeln und eignet sich wunderbar, um in der Woche Gemüse aus dem Kühlschrank für eine schnelle Mahlzeit aufzubrauchen.

Für ca. 4 Personen

GEMÜSE AUS DEM OFEN MIT KRÄUTERN UND GERÖSTETEN NUSSKERNEN

Den Backofen auf 200 °C (Umluft) vorheizen. Wasser mit Salz in einem großen Topf zum Kochen bringen, Getreide zufügen und erneut aufkochen. Bei reduzierter Temperatur köcheln lassen, bis das Getreide gar und schön locker ist. Abgießen und mit 1 Schuss Olivenöl wieder in den Topf geben.

Kartoffel, Kürbis, Karotten und Pastinaken auf einem Backblech verteilen. Mit 2 EL Olivenöl beträufeln und gut vermengen, bis alles mit dem Öl überzogen ist. Mit Salz und Pfeffer würzen und 20–25 Minuten backen. Das Gemüse sollte danach etwas weicher sein.

Aus dem Backofen nehmen, Brokkoliröschen und Pilze untermischen. Die restlichen 2 EL Olivenöl zugeben, falls das Gemüse etwas zu trocken wirkt. Salbei, Oregano, Thymian und Rosmarin, Knoblauchzehen, Chiliflocken, Salz und Pfeffer zufügen und gründlich vermengen, sodass die Kräuter gut verteilt sind.

Weitere 15–20 Minuten backen, bis das Gemüse weich und goldbraun ist – manche Sorten werden knuspriger als andere.

Das Gemüse und Getreide zum Servieren auf Teller verteilen, mit den Nusskernen bestreuen und mit Salz und Pfeffer abschmecken.

Salz
150–200 g Getreide nach Wahl (Reis, Hirse, Gerste etc.)
2–4 EL natives Olivenöl extra, plus 1 Schuss fürs Getreide
1 (mittel-)große Kartoffel (Süß-, rote Kartoffel etc.), gewürfelt
½ kleiner Sommer-/Winterkürbis, gewürfelt
2 Karotten, in dicke Scheiben geschnitten
2 Pastinaken, in dicke Scheiben geschnitten
Salz und schwarzer Pfeffer aus der Mühle
½ kleiner Brokkoli/Blumenkohl, in Röschen zerteilt
200 g Champignons, halbiert
2–4 Salbeiblätter, gehackt
2–4 TL getrockneter Oregano
einige Stängel Thymian und Rosmarin
1 Knoblauchknolle, in Zehen zerteilt, die ganzen Zehen (mit Schale) mit der Messerklinge zerdrückt
1 Prise Chiliflocken
1 kleine Handvoll Nusskerne (Pinienkerne, Mandeln, Cashewnusskerne, Haselnusskerne oder eine Mischung), leicht geröstet, zerdrückt

Tipps:

Dieses Rezept lässt sich für jede Jahreszeit abwandeln, je nachdem welches Gemüse und Getreide ihr benutzen wollt. Falls keine frischen Kräuter zur Verfügung stehen, gehen auch getrocknete. Ihr könnt auch Zwiebeln dazugeben (rote/weiße/Schalotten). Sie karamellisieren so schön und sorgen für ein herrliches Aroma.

Diese mit etwas Dijonsenf verfeinerte Mischung herbstlichen Wurzelgemüses wird durch die pflanzliche Milch schön cremig. Das herzhafte Granola erinnert an Dukkah und ist für Knuspereffekt und Aromaexplosion verantwortlich!

Für ca. 6–8 Personen als Beilage

PASTINAKEN-KARTOFFEL-SELLERIE-PÜREE MIT HERZHAFTEM GRANOLA

Den Backofen auf 180 °C (Umluft) vorheizen. Für das Granola Haferflocken, Kürbiskerne, Mandeln, Sesam-, Koriander-, Kreuzkümmelsamen, Oregano, Knoblauchpulver und Hefeflocken in einer Rührschüssel mischen. Das Olivenöl zugießen und je 1 gute Prise Salz und Pfeffer zugeben. Vermengen, bis es so »feucht« ist, dass es an den Händen klebt.

Die Mischung auf einem Backblech verteilen und etwas flach drücken. 12–15 Minuten backen, bis sie goldgelb und leicht knusprig ist. Nach der Hälfte der Backzeit das Backblech leicht rütteln. Gut im Auge behalten, da die Backzeit je nach Backofen variiert. Danach herausnehmen und komplett abkühlen lassen. Erst danach zerbröckeln (in einem Schraubglas ist es einige Wochen haltbar – perfekt für Salate, Gemüse, herzhafte Pfannkuchen oder andere Frühstücksgerichte).

Für das Püree Wasser mit Salz in einem großen Topf zum Kochen bringen. Kartoffeln, Pastinaken und Knollensellerie zugeben und erneut aufkochen. Bei reduzierter Temperatur 12–15 Minuten köcheln lassen, bis das Gemüse weich ist. Vom Herd nehmen und abgießen.

Wieder in den Topf geben und Olivenöl, Knoblauch, Koriandersamen, Senf, 190 ml Pflanzenmilch und je ½ TL Paprikapulver und Muskatnuss zufügen (danach nach Belieben den restlichen ½ TL zugeben). Salzen und pfeffern und mit dem Kartoffelstampfer pürieren. Nach und nach die restliche Pflanzenmilch zugießen, falls das Püree zu trocken ist. Falls nötig, erneut mit Salz und Pfeffer abschmecken.

Püree portionieren, mit dem Granola bestreuen und mit etwas Olivenöl beträufeln. Ich gebe gern 1 Schuss Aceto balsamico dazu.

Für das Granola (ergibt mehr als benötigt)

45 g kernige Haferflocken (zarte sind auch okay)

35 g Kürbiskerne

35 g Mandeln, leicht zerdrückt

2 EL Sesamsamen

je 2 TL Koriandersamen, Kreuzkümmelsamen und getrockneter Oregano

1–2 TL Knoblauchpulver

1–2 EL Hefeflocken

4–6 EL natives Olivenöl extra

Salz und schwarzer Pfeffer aus der Mühle

Für das Püree

Salz

2 große mehligkochende Kartoffeln, gewaschen, geviertelt

3 (mittel-)große Pastinaken, gewaschen, geviertelt

1 mittelgroßer Knollensellerie, in kleinere Stückchen geschnitten

1 EL natives Olivenöl extra

5 Knoblauchzehen

1 TL Koriandersamen

2 gute EL Dijonsenf

190–250 ml Pflanzenmilch

½–1 TL geräuchertes Paprikapulver

½–1 TL frisch geriebene Muskatnuss

schwarzer Pfeffer aus der Mühle

natives Olivenöl extra und/oder Aceto balsamico zum Servieren

Tipps:

Das Püree macht sich auch gut auf einer Pie. Beim Wurzelgemüse könnt ihr variieren – Süßkartoffeln, Karotten, Steckrüben etc.

Grünkohl

Wir wissen alle, dass wir mehr Gemüse essen sollten. Aber Grünkohl könnte ich wirklich jeden Tag verspeisen. Mein Grünzeug habe ich schon immer geliebt. Auf die Frage Beilagensalat oder Brokkoli habe ich mich immer fürs Gemüse entschieden. Wie bei vielen anderen Gemüsesorten gibt es auch beim Grünkohl zahllose Formen und Größen, ob krauser, Lacinato (eine meiner Lieblingssorten, die an Cavolo nero erinnert), roter russischer oder junger Grünkohl. Er ist das ultimative Herbst- und Wintergemüse, das roh ebenso köstlich schmeckt wie erhitzt. Es ärgert mich immer wieder, dass die Stängel als ungenießbar gelten. Gut, sie schmecken vielleicht etwas bitter, aber gekocht oder mit den restlichen Zutaten ordentlich durchgeknetet, sind sie wirklich toll. Außerdem enthalten sie reichlich Nährstoffe. Der Grünkohl zählt zur Familie der Kreuzblütengewächse und hat je nach Sorte eine sehr feine Konsistenz und ein senfartiges Kohlaroma.

Tipps:

In diesem Herbstkapitel spielt der Grünkohl eine zentrale Rolle. Doch im Zuge des Klimawandels taucht er manchmal auch zu anderen Jahreszeiten auf. Cavolo nero, der toskanische Schwarzkohl, kommt bereits im Sommer auf den Markt; der krause Grünkohl ist (in der Regel) erst ab Oktober verzehrbereit. Es lohnt sich immer, die Stängel zu verwenden, egal, ob ihr sie mit dem Rest des Kohls zubereitet oder mit Gewürzen nach Wahl leicht gebraten als Topping verwendet. In meinem Kühlschrank findet sich fast immer ein dunkelgrünes Blattgemüse: Ich wasche und spüle es ab, wickle es dann in ein Geschirrtuch oder stelle es in einem Behälter in den Kühlschrank. Manchmal schneide ich es sogar noch klein, damit es gleich einsatzbereit ist.

Wer mich kennt, weiß, dass dies der »Sophie«-Salat ist: Mein Standardsalat, den ich gelegentlich auch als Beilage ohne Gerste serviere. Den Grünkohl durchzukneten, ist nicht nur therapeutisch, sondern macht ihn auch weicher und leichter verdaulich, wobei er dennoch seine Frische bewahrt. Ich kombiniere ihn hier mit knackigen und süßen Zutaten und einem großartigen Getreide!

Für 4–6 Personen

GRÜNKOHLSALAT

mit gerösteten Walnusskernen, Brombeeren und Gerste

Wasser mit Salz in einem großen Topf zum Kochen bringen und die Gerste zufügen. Erneut aufkochen, anschließend 35–40 Minuten bei mittlerer Temperatur köcheln lassen, bis sie gar ist. Danach abgießen und zum Abkühlen beiseitestellen.

Grünkohl und Lauch in eine Schüssel geben. 1 gute Prise Salz, Olivenöl, Saft und Abrieb von 1 Zitrone zufügen. Die Zutaten mit den Händen 3–4 Minuten durchkneten, damit der Grünkohl weicher wird und seine bittere Note verliert. Die Stängel bleiben etwas zäher, aber verleihen dem Salat eine spannende Konsistenz.

Knoblauch, Senf und Ahornsirup zugeben und erneut salzen und pfeffern. Nochmals durchkneten und vermengen. Brombeeren, Apfelwürfel und Gerste vorsichtig unterheben, ohne die Brombeeren zu zerdrücken. Restlichen Zitronensaft zugießen. Die Hälfte der Walnusskerne untermengen.

Mit den restlichen Walnusskernen und nach Belieben mit den Hefeflocken bestreuen und servieren.

Salz

270 g getrocknete Gerste, gewaschen und gut abgespült

1 großes Bund Grünkohl (Cavolo nero passt auch), gewaschen, grob gehackt

1 große Stange Lauch, längs halbiert, fein gehackt

2 EL natives Olivenöl extra

Abrieb von ½ und Saft von 1–1 ½ unbehandelten Zitronen

2 Knoblauchzehen, zerdrückt oder fein gehackt

1–2 EL Dijonsenf

1 EL reiner Ahornsirup

125 g Brombeeren

schwarzer Pfeffer aus der Mühle

1 kleine(r) Apfel oder Birne, Kerngehäuse entfernt, gewürfelt

40 g Walnusskerne, leicht geröstet

2–4 EL Hefeflocken (nach Belieben) zum Servieren

Tipps:

Ein tolles Grundrezept, das sich gut abwandeln lässt. Reste von gebackenem Gemüse passen gut dazu, ob als Beilage oder mittendrin. Ihr könnt auch Zwiebeln statt Lauch verwenden und sie kräftig kneten. Der Salat hält sich im Kühlschrank einige Tage: In Öl, Zitronensaft und Senf wird er schön mariniert und weich. Wer etwas Warmes im Bauch braucht, kann die Mischung auch schnell in der Pfanne erhitzen.

Meine Familie bereitete immer wieder eine Cavolo-nero-Sauce für ein schnelles Spaghettigericht zu, das mir hervorragend geschmeckt hat. Deshalb habe ich mein eigenes Rezept entwickelt. Eine Prise Chilipulver und Zitronenabrieb intensivieren die Aromen.

Für 4–6 Personen

FAULE-TAGE-PASTA MIT GRÜNKOHL-KNOBLAUCH-SAUCE

Wasser mit Salz in einem Topf zum Kochen bringen. Den Grünkohl zufügen und 5–7 Minuten erhitzen, bis er zusammengefallen und gar ist. Ihr könnt ihn auch dämpfen. Danach abgießen und kurz in kaltem Wasser blanchieren, um den Garprozess zu stoppen.

Den Grünkohl in einem Mixer mit Schalotte, 4 zerdrückten oder fein gehackten Knoblauchzehen, 2–3 EL Olivenöl, Hefeflocken, Senf, Weißwein, Chiliflocken, Zitronensaft und -abrieb, Salz und Pfeffer zu einer relativ sämigen, dickflüssigen Sauce pürieren. Falls nötig, zum Verdünnen etwas Wasser zugießen. Mit Salz und Pfeffer abschmecken und dann beiseitestellen.

Die Pasta in Salzwasser in 10–12 Minuten *al dente* kochen. Abgießen, wieder in den Topf geben und einen Deckel auflegen.

Inzwischen restlichen EL Olivenöl in einem Topf erhitzen. Die 2 in Scheiben geschnittenen Knoblauchzehen unter ständigem Rühren im heißen Öl braten, bis sie goldgelb sind und duften.

Champignonscheiben zugeben und anschwitzen, bis sie weich sind (das geht sehr schnell). Falls die Mischung zu trocken ist, noch etwas mehr Olivenöl oder Wasser zufügen. Mit Salz und Pfeffer würzen. Dann die Grünkohlsauce zugeben und bei niedriger Temperatur unter häufigem Rühren durcherhitzen.

Die Sauce über die Pasta im Topf gießen und gut umrühren. Falls die Pasta zu stark abgekühlt ist, alles bei schwacher Hitze vermengen. Mit Salz und Pfeffer, Chiliflocken und Olivenöl abschmecken. Verteilen und schmecken lassen!

Salz

1 großes Bund Grünkohl, grob gehackt (Cavolo nero passt auch)

1 große Schalotte/Zwiebel, fein gehackt

6 Knoblauchzehen: 4 zerdrückt oder fein gehackt, 2 in dünne Scheiben geschnitten

2–4 EL natives Olivenöl extra

2–4 EL Hefeflocken

2 EL Dijonsenf

4 EL Weißwein

1 TL Chiliflocken

Saft von 1 unbehandelten Zitrone, plus etwas Abrieb

schwarzer Pfeffer aus der Mühle

340 g getrocknete Pasta (Penne, Makkaroni, Rigatoni, Cannelloni, Fusilli etc.)

200 g Champignons, in dünne Scheiben geschnitten

Tipps:

Zu dieser Sauce mit intensivem Knoblaucharoma passt grünes Gemüse. Obwohl sie keine Sahne enthält, schmeckt sie doch richtig cremig. Der Weißwein macht dieses Gericht zu etwas Besonderem, aber ihr könnt ihn auch weglassen oder stattdessen Soja- oder Tamarisauce oder Essig zufügen (erst einmal nur ganz wenig). Ihr könnt auch Gemüsereste backen oder Gemüse zur Sauce geben, falls ihr keine Pilze habt oder mögt. Saucenreste halten sich eine Weile im Kühlschrank. Ihr könnt auch beim Servieren zunächst die Pasta verteilen und dann erst die Sauce darübergießen – das bleibt ganz euch überlassen.

Kürbis

Zu Kürbissen habe ich ein wirklich inniges Verhältnis. Ich habe mich immer unheimlich gefreut, wenn mein Dad einen Kürbis im Backofen hatte, aus dem er Suppe kochen wollte. Die Suppe wurde nur mit frischen Kräutern und einer guten Portion Joghurt verfeinert. Dazu gab es frisches, knuspriges Brot. Kürbisse gibt es in unzähligen Formen und Größen und je nach Klima und Lage des Anbaugebiets auch in vielen Sorten, angefangen bei Spaghetti- und Eichelkürbis, über Sweet Dumpling, Butternut und Delicata bis zu Ambercup, Sugar Pumpkin und meiner absoluten Lieblingsbezeichnung Golden Nugget, dicht gefolgt vom Green Hubbard – kein Wunder, dass man sie mit Halloween in Verbindung bringt. Aus Sommer- und Winterkürbissen lässt sich ein tolles Püree herstellen: Das Fruchtfleisch knapp mit Wasser bedecken und mit 1 Prise Salz 12 Minuten kochen, bis es weich und durchgegart ist. Die perfekte Basis für eine cremige Pumpkin Pie (oder eine Latte, S. 233), eine Béchamelsauce und zahllose gebackene Gerichte und Aufläufe.

Tipps:

Die Vorstellung, dass man die Kürbisschale nicht essen kann, ist weit verbreitet, aber falsch. Vor dem Kochen solltet ihr die Schale mit einer Mischung aus 1 Spritzer Apfelessig, Salz und warmem Wasser abreiben, dann kann nichts mehr schiefgehen. Ganz zu schweigen von den Kernen: Schabt sie mit einem Löffel aus dem Kürbis, legt sie in eine Schüssel mit warmem Wasser und entfernt dann das Fruchtfleisch. Anschließend lasst ihr sie trocknen und röstet/bratet sie. So erhaltet ihr ein knuspriges Topping für Suppen und Salate oder aber ein Granola mit Ahornsiruparoma. Die Kürbiskerne enthalten große Mengen an Omega-3- und Omega-6-Fettsäuren und reichlich Ballaststoffe, sind also rundum gesund.

Knuspermüsli könnte ich jeden Tag essen. Ich verwende keinen Zucker, sondern achte auf viele unterschiedliche Inhaltsstoffe wie Nusskerne, Samen, Haferflocken und Trockenobst. Durch die Mischung von kernigen und zarten Haferflocken bilden sich beim Backen kleine Klümpchen, besonders, wenn ihr euch an die »Flachdrückmethode« haltet. Dazu einen Klecks Kokosjoghurt und Früchte der Saison … Müsli, ich komme!

Ergibt 1 Schraubglas mit 1 l Fassungsvermögen

KNUSPERMÜSLI MIT KÜRBIS- UND NUSSKERNEN

Den Backofen auf 180 °C (Umluft) vorheizen. Ein großes Backblech mit Backpapier belegen (siehe Tipp, S. 35). Falls ihr frische Kürbiskerne verwendet, solltet ihr darauf achten, dass sie gründlich gesäubert und trocken sind.

Kürbiskerne, kernige und zarte Haferflocken, Nusskerne, Sesamsamen und Kokosraspel in einer großen Schüssel mischen. Ahornsirup (zuerst einmal 85 ml), Kokosöl, Zimtpulver, Kardamom, Kurkuma, Muskatnuss, Ingwer und 1 gute Prise Salz in einer kleinen Schüssel gut vermischen.

Den flüssigen Würzmix unter ständigem Rühren nach und nach zu den trockenen Zutaten gießen. Die Mischung sollte leicht klebrig sein, und es sollten sich Klümpchen bilden. Ich vermenge die Masse gern mit den Händen. Falls die Mischung zu trocken ist, könnt ihr den restlichen Ahornsirup zugießen.

Die Mischung gleichmäßig auf dem Backblech verteilen und leicht flach drücken. Auf mittlerer Schiene 15–20 Minuten backen, bis die Oberseite goldbraun ist. Bei manchen Backöfen wird das Knuspermüsli zu schnell braun und brennt an. Deswegen nach der Hälfte der Backzeit checken und am Backblech rütteln.

Die fertige Mischung aus dem Backofen nehmen und komplett abkühlen lassen. In einem luftdichten Behälter oder Schraubglas aufbewahren.

65 g Kürbiskerne (direkt aus dem Kürbis oder gekauft)

180 g kernige Haferflocken

90 g zarte Haferflocken

120 g Nusskerne (Cashewnusskerne, Mandeln, Haselnusskerne oder eine Mischung), grob gehackt/zerdrückt

2 EL Sesamsamen

4 EL Kokosraspel

85–125 ml reiner Ahornsirup

2 EL Kokosöl

1 guter TL Zimtpulver

1 guter TL gemahlene Kardamomsamen

1 TL gemahlene Kurkuma

½ TL frisch geriebene Muskatnuss

½ TL Ingwerpulver

1–2 TL Salz

Tipps:

Das Knuspermüsli hält sich im Vorratsschrank einige Wochen: Perfekt zum Frühstück, als Desserttopping oder für zwischendurch zum Naschen. Ihr könnt die Nüsse verwenden, die ihr gerade im Haus habt, oder stattdessen Kerne nehmen. Ich gebe kurz vor Ende der Backzeit noch gern ein paar süße Rosinen oder Sultaninen dazu. Im Backofen brennen sie schnell an, weshalb ihr Trockenobst generell erst gegen Ende der Backzeit zugeben solltet. Im Rezept sind kernige und feine Haferflocken angegeben, aber falls ihr nur eine Sorte habt, ersetzt einfach die angegebene Menge. Wer ein herzhaftes Granola möchte, lässt die aufgeführten Gewürze weg und gibt stattdessen 1 Prise Cayennepfeffer, getrockneten Thymian und Oregano und einige Fenchelsamen hinzu – und schon habt ihr ein knuspriges Topping für pikante Gerichte, für Gemüse oder als Belag für den morgendlichen Toast.

Dieses Rezept habe ich zu Ehren der unglaublich guten Falafel-Wraps entwickelt, die ich in einem Straßencafé in Sydney gegessen habe. Im Laufe der Jahre habe ich viele Falafeln probiert, aber so gut wie die in Sydney waren keine. Sie waren vielleicht nicht traditionell, aber ich fand es toll, dass sie nicht frittiert waren und den Mund nicht austrockneten. Durch das Backen bewahrt der Kürbis seine Feuchtigkeit und lässt sich wunderbar mit den restlichen Rezeptzutaten vermengen. Dazu passen noch ein Tahini-Dressing, Fladenbrot und sogar eingelegter Kohl!

Für ca. 4 Personen als Hauptgericht, für 6 als Beilage

KÜRBISFALAFELN MIT GRÜNKOHL

Den Backofen auf 180 °C (Umluft) vorheizen. Für den Kürbis ein Backblech mit Backpapier belegen (siehe Tipp, S. 35). Ganzen Kürbis halbieren, dann Kerne und Fasern entfernen (Kerne zum Rösten aufbewahren). Die Schnittfläche des Kürbisses mit Olivenöl bestreichen. Mit Salz, Pfeffer und geräuchertem Paprikapulver bestreuen. Die Hälften mit der Schnittseite nach unten auf das Backblech legen und 20–25 Minuten backen, bis das Fruchtfleisch schön weich ist und sich eine eingeführte Messerspitze leicht herausziehen lässt. Den Kürbis herausnehmen und zum Abkühlen beiseitestellen.

Für die Falafeln 350 g Maismehl mit Kichererbsen, Zwiebel, Knoblauch, Oregano und Koriandergrün im Mixer kurz vermengen, bis feuchte Krümel entstehen.

Den gebackenen Kürbis grob hacken (ich esse ihn gern mit Schale, aber ihr könnt die Schale natürlich abschneiden und kompostieren) und mit Essig, Olivenöl, Ahornsirup und Grünkohl zu den restlichen Zutaten im Mixer geben. Mit Salz und Pfeffer würzen. Vermengen, bis sich eine Paste bildet. Falls die Mischung zu krümelig ist, esslöffelweise etwas Wasser oder Olivenöl zugeben. Ist sie zu feucht, nach und nach das restliche Maismehl einarbeiten.

Für den Kürbis

1 kleiner Kürbis (200–300 g) oder ½ großer Kürbis, entkernt (Kerne aufbewahren)

1 EL natives Olivenöl extra

Salz und schwarzer Pfeffer aus der Mühle

1 TL geräuchertes Paprikapulver

Für die Falafeln

gebackener Kürbis (siehe oben)

350–450 g Maismehl (oder Weizenmehl – mit der halben Menge beginnen und dann langsam mehr zufügen)

400 g Kichererbsen (aus der Dose), abgegossen und gut abgespült

1 kleine Zwiebel, fein gehackt

2 Knoblauchzehen, zerdrückt oder fein gehackt

3 gute TL getrockneter Oregano

1 kleine Handvoll Koriandergrün, fein gehackt

1 EL Apfel-/Weißweinessig

2 EL natives Olivenöl extra, plus mehr zum Braten

2 EL reiner Ahornsirup

2 Handvoll Grünkohl, Stängel abgeschnitten und fürs Topping beiseitegestellt, Blätter klein gehackt

Salz und schwarzer Pfeffer aus der Mühle

»

Herbstliebe 223

Sobald die Mischung teigartig wirkt, die Masse mit bemehlten Händen zu gleichmäßigen Bällchen formen. Wer eher Küchlein möchte, drückt die Bällchen zwischen den Handflächen etwas flach. Beiseitestellen oder in den Kühlschrank legen.

Die Kürbiskerne mit Grünkohlstängeln, Sojasauce und Öl in einer Schüssel vermengen. Sie sollten nicht tropfnass, aber von allen Seiten gut bedeckt sein. Auf einem Backblech verteilen und 15–20 Minuten backen, bis sie schön knusprig und an einigen Stellen stark angebräunt sind.

Etwas Olivenöl bei mittlerer Hitze in einer Pfanne erhitzen. Die Falafelbällchen ins heiße Öl legen und von jeder Seite 4–5 Minuten braten. Die Garzeit variiert je nach Bällchengröße und Pfanne. Die Bällchen wenden, sobald sie außen anbräunen. Im Inneren sind sie zum Schluss weich, aber durchgegart.

Zum Servieren mit den Kernen und Grünkohlstängeln bestreuen. Ich serviere sie gern auf einem Bett aus saisonalem grünen Gemüse, gelegentlich mit Reis- oder Hirsebeilage. Ihr könnt auch andere Toppings verwenden oder die Falafeln zwischen zwei Brotscheiben legen, wie bei einem Sandwich oder einem Burger. Nach Belieben mit Dressing oder Sauce nach Wahl beträufeln (siehe oben, Toppings/Beilagen nach Wahl).

Für die Kerne und die Grünkohlstängel

Kürbiskerne (siehe vorherige Seite), gründlich gesäubert

Grünkohlstängel (siehe vorherige Seite)

2–4 EL Soja- oder Tamarisauce

2 TL Öl

Toppings/Beilagen nach Wahl

frisches grünes Gemüse

Getreide nach Wahl

frische Tomaten, Kräuter etc.

Dressings (S. 353)

Pesto/Harissa (S. 359/361)

Tipps:

Ich koche oft gleich eine ganze Ladung, denn so lässt sich der Kürbis gut verwerten. Wenn ich alleine bin, merke ich häufig, dass ich zu viel Kürbis gekauft habe. Im Ganzen gebacken bewahrt er sein Aroma und kann schnell zu Falafeln verarbeitet werden. Die Kerne habe ich hier gleich mitverarbeitet, aber auf S. 220 findet ihr ein weiteres Rezept für Kürbiskerne. Diese Falafeln halten sich im Kühlschrank 5–7 Tage. Ihr könnt sie ganz unkompliziert schnell in den Backofen schieben und für einen Salat oder Snack aufwärmen. Es muss auch nicht unbedingt ein Winterkürbis sein – das Rezept funktioniert auch mit Sommerkürbissen oder sogar Süßkartoffeln.

Wenn am Wochenende meine Familie zum Essen vorbeikommt, sind alle von diesem Gericht begeistert. Ich habe ein paar Varianten ausprobiert, mich aber dann auf diese Version hier konzentriert. Schwarzer Reis peppt jedes Gericht auf und verleiht ihm ein süß-rustikales Aroma. Nach der Vorbereitungsarbeit müsst ihr nur noch abwarten, bis es, durchdrungen von Kürbisaromen und -säften, aus dem Backofen kommt.

Für 4 Personen

MIT SCHWARZEM REIS GEFÜLLTER KÜRBIS

Backofen auf 180 °C (Umluft) vorheizen. Den Kürbis längs halbieren. Die Hälften mit der Schnittseite nach unten (also Schale nach oben) auf ein Backblech legen. Die Schale mit etwas Kokosöl bestreichen und mit Salz und Pfeffer würzen. 30–40 Minuten backen (die Garzeit variiert je nach Backofen und Kürbissorte), bis die Oberseite allmählich dunkel wird – aufpassen, dass sie nicht zu stark zusammenfällt.

Inzwischen Brühe und Reis mit 1 Prise Salz in einem großen Topf zum Kochen bringen. Bei reduzierter Temperatur den Reis 30–40 Minuten köcheln lassen. Falls nötig, 1 Schuss Wasser zugießen. Den Reis abgießen und beiseitestellen.

1 EL Kokosöl in einem Topf bei mittlerer Hitze zerlassen und den Lauch darin weich braten. Knoblauch, Ingwer, Kurkuma, Oregano und Chiliflocken zufügen und einige Minuten mitbraten. Grünkohl, Sojasauce, Tahini, Zitronensaft und -abrieb zugeben und mit Salz und Pfeffer würzen. Unter häufigem Rühren braten, bis der Grünkohl gar und zusammengefallen ist. Evtl. 1 Schuss Wasser zugeben.

Inzwischen sollte der Kürbis fertig sein. Aus dem Backofen nehmen, die Kerne und ¼ des Fruchtfleisches herausschaben. Beides unter Rühren zum Grünkohl geben und mit Salz und Pfeffer würzen. Wer die Kerne hier nicht verwenden möchte, kann sie auch weglassen (weitere Ideen S. 220 und 363).

1 mittelgroßer Kürbis (Butternut- oder Delicata-Kürbis eignen sich gut)

1–2 EL Kokosöl

Salz und schwarzer Pfeffer aus der Mühle

750 ml–1 l Gemüsebrühe (Rezept S. 352)

300–400 g schwarzer Reis, gut abgespült

1 Stange Lauch, längs halbiert, grob gehackt

2 Knoblauchzehen, zerdrückt oder fein gehackt

1 kleines Stück Ingwer (ca. 4 cm), fein gehackt oder gerieben

2 TL gemahlene Kurkuma

2 TL getrockneter Oregano

1 Prise Chiliflocken

1 gute Handvoll Grünkohl, mit Stängeln, fein gehackt

2 EL Soja- oder Tamarisauce

1 EL Tahini

Abrieb und Saft von ½ unbehandelten Zitrone

35 g Haselnusskerne oder andere Nusskerne

2 EL Hefeflocken

natives Olivenöl extra

Die Grünkohlmischung zum Reis geben und alles gut vermengen. Falls die Mischung zu trocken ist, restliches Kokosöl zufügen und bei Bedarf erneut salzen und pfeffern.

Die Reismischung in die Kürbishälften füllen und leicht andrücken, damit so viel wie möglich hineinpasst. Falls etwas Reis übrig bleibt, einfach als Beilage servieren oder fürs Resteessen aufbewahren. Drei Viertel der Haselnusskerne und die Hefeflocken auf den beiden Hälften verteilen und den Kürbis (natürlich mit der Füllung nach oben) in den Backofen schieben, um ihn durchzugaren und die Oberseite leicht anzurösten.

Die Kürbishälften zum Servieren nach Belieben aufschneiden. Nach Belieben mit restlichem Reis, restlichen Haselnusskernen und 1 kleinen Schuss Olivenöl servieren.

Harissa bringt bei vielen Gerichten das gewisse Etwas. Hier verfeinert sie außerdem das Gemüse. Mindestens einmal pro Woche bereite ich eine Variante dieses Rezepts zu, indem ich je nach Saison Gemüse austausche, aber dem Grundrezept treu bleibe. Dieses Gericht mit »echt mexikanischer Note« ist schnell zubereitet, wird aber dennoch zum Festmahl, wenn ihr es euren Freunden serviert, die sich ihre Tacos selbst zusammenstellen dürfen.

Ergibt ca. 8 Tacos

RUSTIKALE KÜRBISTACOS

mit Harissa und Püree aus schwarzen Bohnen

Für das Püree Kürbiswürfel in einem großen Topf mit Salzwasser zum Kochen bringen. Bei reduzierter Temperatur den Kürbis 10–12 Minuten köcheln lassen, bis er weich ist. Sofort abgießen, einen Deckel auflegen und beiseitestellen.

Die Zwiebel in einem Topf mit etwas Wasser dünsten, bis sie leicht glasig ist und duftet. Den Knoblauch zufügen und 1 Minute mitdünsten. 1 Schuss Wasser, Tomatenmark, Kreuzkümmel, Koriandersamen, Sojasauce, die Hälfte der Korianderstängel und -blätter zugeben. Mit Salz und Pfeffer würzen und braten, bis sich eine stückige Paste bildet und alle Zutaten gut vermengt sind.

250 ml Brühe zugießen, die schwarzen Bohnen und die Kürbiswürfel einrühren, mit Salz und Pfeffer würzen. Harissapaste und Tomaten zugeben.

Den Pfanneninhalt mit einer Gabel oder einem Kartoffelstampfer vorsichtig ein wenig zerdrücken. Die Mischung sollte dennoch stückig bleiben. Nach und nach etwas Wasser zugießen (außer wenn die Mischung bereits relativ dünnflüssig ist) und 15–20 Minuten köcheln lassen, bis das Gemüse eindickt und ein intensives Aroma entwickelt. Mit Salz und Pfeffer abschmecken. Danach einen Deckel auflegen und durchziehen lassen.

Für das Püree

1 kleiner Kürbis (z. B. Kent/- Kabocha), gewürfelt, Kerne gewaschen, beiseitegestellt

Salz

1 mittelgroße Zwiebel

2 Knoblauchzehen, zerdrückt oder fein gehackt

2 EL Tomatenmark

2 TL gemahlener Kreuzkümmel

1 TL Koriandersamen

1–2 EL Soja- oder Tamarisauce

1 gute Handvoll Koriandergrün, Stängel und Blätter, fein gehackt

schwarzer Pfeffer aus der Mühle

250–500 ml Gemüsebrühe (Rezept S. 352)

280 g gekochte schwarze Bohnen (entspricht meist dem Abtropfgewicht von 1 Dose, falls ihr keine getrockneten Bohnen verwendet)

2 gute EL Harissa (hausgemachte Harissa S. 361)

2 mittelgroße Tomaten, grob gehackt

1–2 EL natives Olivenöl extra

1 TL gemahlener Kreuzkümmel oder Currypulver

Für die Tacos das Mehl in eine Schüssel sieben, das Salz zufügen und vermengen. Erst das Öl, dann 85 ml Wasser zugießen. Zu einem Teig kneten. Falls nötig, mehr Wasser zugießen. Ist der Teig zu feucht, etwas mehr Mehl einarbeiten. Beiseitestellen und 6–8 Minuten ruhen lassen.

Nun die Kürbiskerne knusprig braten. Mit Olivenöl und Kreuzkümmel in einer Pfanne bei schwacher Hitze braten, bis sie anbräunen und knusprig werden. Beiseitestellen, bis die Tacos gefüllt werden.

Für die Tacos eine Arbeitsfläche bemehlen und den Teig in 8–10 Stücke teilen. Jedes Stück zu einem Ball formen und mit dem Nudelholz auf max. 5 mm Dicke ausrollen.

Etwas Olivenöl in einer flachen Pfanne erhitzen, bis der Rauchpunkt erreicht ist. Dann die Temperatur etwas reduzieren, die Tacos (je nach Pfannengröße entweder einzeln oder mehrere gleichzeitig) hineinlegen und von jeder Seite 2 Minuten backen. Die Tacos wenden, sobald sie leicht aufgehen. Sie bräunen beim Backen leicht an. Weiter so verfahren, bis alle Tacos gebacken sind. Falls nötig, noch mehr Öl zugießen.

Die Kürbis-Bohnen-Mischung bei Bedarf erneut erhitzen. Den ersten Taco auf einen Teller legen und mit einigen Löffeln Kürbismischung bedecken. Mit gerösteten Kernen bestreuen und ganz nach Belieben verzehren. Dabei kleckert es vielleicht ein wenig, aber das gehört zum Spaß dazu. Weitere Beilagen/Toppings findet ihr bei den Zutaten. Guten Appetit!

Für die Tacos

240 g Weizenmehl, plus mehr zum Ausrollen

½ TL Meersalz

2 EL natives Olivenöl extra, plus mehr zum Braten

Weitere Beilagen/ Toppings

frische Kräuter, gehackt

cremige Sauce/ Dressings (siehe Grundrezepte S. 356)

extra Harissa

frisches Gemüse nach Wahl, grob gehackt

Tipps:

Die Kerne lassen sich wunderbar rösten oder trocknen und ihr könnt sie für ein anderes Rezept wie z. B. ein Knuspermüsli oder ein herzhaftes Topping aufbewahren. Ihr müsst sie also nicht in diesem Gericht verwenden – sie sorgen hier allerdings für eine tolle Konsistenz und intensivieren das Kürbisaroma. Der Teig ist im Kühlschrank einige Tage haltbar, falls ihr die Tacos erst etwas später zubereiten wollt. Packt ihn einfach in eine Schüssel, auf die ihr einen Deckel oder Teller legt. Falls etwas von der Kürbismischung übrig bleibt, habt ihr eine tolle Beilage oder ein Püree für ein anderes Gericht. Sie lässt sich sogar in Hummus verwandeln. Nehmt dazu das Grundrezept (S. 357), gebt das Püree hinzu, würzt noch mal nach und passt die Flüssigkeitsmenge an. Falls ihr keinen Winterkürbis (bekommen) habt, könnt ihr auch Sommerkürbis oder Süßkartoffel verwenden. Ich habe dieses Gericht auch schon mit Karotten und Pastinaken zubereitet, da ich reichlich davon aus einer Gemüsekiste übrig hatte.

Dieses Dessert, zu dem mich ein Rezept aus dem Internet inspiriert hat, habe ich bei einem meiner ersten großen Cateringjobs vorbereitet. Ich servierte die sorgfältig angerichtete Nachspeise in hohen Glasschalen, die ich eigens für dieses Event gekauft hatte. Zu dieser Jahreszeit musste ich es unbedingt ausprobieren. Es ist nicht zu süß, aber dafür recht üppig – ihr braucht also nicht viel davon. Perfekt für jede Tageszeit, nicht nur zum Abendessen!

Für ca. 2 Personen

PUMPKIN PIE PARFAIT

Die Kokosmilch aus dem Kühlschrank nehmen. Beim Öffnen der Dose wird die kompakte obere Schicht aus Kokoscreme sichtbar (natürlich enthält die Dose keine Flüssigkeit, falls ihr Kokoscreme gekauft habt). Die Kokoscreme herauslöffeln (möglichst ohne Flüssigkeit) und in den Mixer geben. Die Flüssigkeit könnt ihr im Kühlschrank aufbewahren (zur Verwendung siehe Tipps).

Kürbis, Ahornsirup, Zitronensaft und -abrieb, 1 EL Pfeilwurzelmehl, Vanilleextrakt, Zimtpulver, Muskatnuss, Ingwer und Salz in den Mixer geben. Auf hoher Stufe zu einer cremigen Mousse pürieren. Durch das Pfeilwurzelmehl dickt die Mischung besser an, was euch beim Pürieren sicher auffällt – wer es noch kompakter möchte, gibt das restliche Pfeilwurzelmehl hinzu.

Das fertige Mousse in eine Schüssel oder ein Glas füllen und mit den gewünschten Toppings servieren. Wer das Dessert (wie im Rezepttitel vorgeschlagen) als Parfait servieren möchte, füllt etwas davon in ein Glas, gefolgt von ein wenig Kokosjoghurt, gerösteten Nusskernen oder Knuspermüsli.

400 ml Kokosmilch (aus der Dose), über Nacht im Kühlschrank aufbewahrt (oder ½ Dose Kokoscreme)

90 g Kürbispüree (oder hausgemachtes Püree, siehe Hinweis)

60 ml reiner Ahornsirup

Saft von 1 kleinen unbehandelten Zitrone, plus etwas Abrieb

1–2 EL Pfeilwurzelmehl

1 TL reiner Vanilleextrakt

1 TL Zimtpulver

½ TL frisch geriebene Muskatnuss

½ TL gemahlener Ingwer

1 gute Prise Salz

Zum Servieren

Kokosjoghurt/-creme

geröstete Nusskerne

Knuspermüsli (S. 220)

Hinweis:

Falls ihr für dieses Rezept frischen Kürbis statt fertiges Püree verwenden wollt, könnt ihr die benötigte Menge dämpfen/kochen oder backen (ohne Zugaben) und anstelle des bei den Zutaten aufgeführten Pürees verwenden. Manchmal koche ich eine größere Menge im Voraus, die ich dann für unterschiedliche Rezepte oder als Zusatz für Salate, Suppen etc. verwenden kann. Den gegarten Kürbis einfach mit einer Gabel zerdrücken oder im Mixer pürieren.

Tipps:

Die in der Kokosmilchdose verbliebene Flüssigkeit ist im Kühlschrank einige Tage haltbar (siehe auch Tipp, S. 284). Sie schmeckt kalt oder als Smoothiezusatz. Kokosmilch spendet Feuchtigkeit und enthält reichlich Elektrolyte. Dieses Rezept ist immer ein Hit – ihr könnt das Parfait Freunden oder Gästen servieren. Die Zubereitung ist ganz einfach, aber der Geschmack lässt anderes vermuten. Die Zutatenmenge lässt sich problemlos verdoppeln oder verdreifachen und an eure Bedürfnisse anpassen. Oder ihr verwandelt es in ein DIY-Dessert, indem ihr die Kürbismousse und die restlichen Zutaten in einzelnen Schüsselchen serviert, sodass die Gäste ihr Parfait selbst zusammenstellen können.

Zehn Monate lang sprach ich mit meiner Freundin Franny über dieses Rezept, bevor ich es dann endlich ausprobierte. Wir malten uns aus, wie wir an einem warmen Herbsttag in ihrem Garten sitzen und eine Pumpkin Spice Latte trinken würden. Bei dieser kleinen Köstlichkeit lohnt sich jeder Schluck. Nachdem ich die Latte zum ersten Mal zubereitet hatte, wurde sie schnell zu einem herbstlich-winterlichen Ritual.

Ergibt Sirup für 8–10 Portionen, je nach gewünschter Menge pro Latte

PUMPKIN SPICE LATTE

Für den Sirup Kürbispüree, Ahornsirup, 250 ml Wasser, Zitronensaft und -abrieb, Vanilleextrakt, Zimtpulver, Muskatnuss, Ingwer und Salz bei schwacher Hitze unter ständigem Rühren 10–12 Minuten in einem kleinen Topf erwärmen, bis die Flüssigkeit sirupartig wird. Dabei nicht anbrennen lassen. Vom Herd nehmen und abkühlen lassen. Beim Abkühlen dickt die Mischung weiter ein und wird dickflüssig und sirupartig.

Die Pflanzenmilch für die Latte in einem Topf langsam erhitzen. Sobald sie lauwarm ist (zum Testen einfach den kleinen Finger reinhalten), 2 EL des abgekühlten Sirups zugießen. Mit einem Schneebesen gründlich vermengen und weiter erhitzen. Probieren, ob es süß genug ist oder ihr mehr Sirup benötigt.

Sobald die gewünschte Temperatur erreicht ist (nicht aufkochen lassen!), in die Tasse gießen und genießen!

Hinweise:

Wenn ihr mehr als eine Latte zubereiten wollt, gießt einfach die gewünschte Menge Pflanzenmilch in den Topf und dazu entsprechend viele EL Sirup. Wer will, kann auch halb Pflanzenmilch, halb Wasser verwenden. Ich nehme gern Hafer- oder Kokosmilch, da sie schön dickflüssig werden und das Spice-Pumpkin-Aroma betonen.

Für den Sirup

90 g Kürbispüree (hausgemacht, siehe Hinweis S. 230)

60–90 ml reiner Ahornsirup (hängt davon ab, wie süß ihr es haben wollt – ihr könnt später immer noch mehr oder weniger fertigen Sirup in den Latte geben, also experimentiert ruhig)

Saft von 1 unbehandelten Zitrone, plus etwas Abrieb

1 TL reiner Vanilleextrakt

1–2 TL Zimtpulver

½–1 TL frisch geriebene Muskatnuss

½–1 TL gemahlener Ingwer

1 gute Prise Salz

ganz nach Belieben weitere Gewürze wie Gewürznelken, Kardamom etc. zugeben, aber erst einmal je ¼–½ TL, da die Mischung nicht zu pulvrig werden soll

Für die Latte

250 ml oder eure Lieblingstasse voll ungesüßter Pflanzenmilch (falls eure Tasse unterdurchschnittlich klein ist, solltet ihr mit 2 guten EL Sirup beginnen und dann langsam aufstocken, bis das gewünschte Aroma erreicht ist)

2–3 gute EL Sirup (siehe oben)

Es gibt viele Gerichte, die ich gern öfter als ein Mal pro Woche essen könnte: Dal steht auf meiner Liste ganz oben, weshalb ich es in Riesenportionen zubereite und mit unterschiedlichen Beilagen serviere. Dieses Dal ist etwas Außergewöhnliches, da ich mir das Rezept während meines Aufenthalts bei einer Familie in Sri Lanka notiert habe. Die Hälfte des Kürbisfruchtfleisches wird püriert, damit es noch cremiger schmeckt. Ich verwende gern gelbe Spalterbsen, die für etwas Biss und ein fast nussiges Aroma sorgen.

Für ca. 6–8 Personen

CREMIGES ERBSENDAL MIT KÜRBISCURRY

1–2 TL Kokosöl bei mittlerer Hitze in einem großen Topf zerlassen. Die Senfkörner zufügen und braten, bis sie zu springen beginnen. Dann die Temperatur reduzieren und die Körner in eine kleine Schüssel geben. Das restliche Kokosöl in den Topf geben und die Zwiebel zufügen. Bei schwacher Hitze 5–6 Minuten braten, bis sie glasig wird und ihren Duft entfaltet.

Knoblauch, Ingwer, Kurkuma, Korianderstängel, Chiliflocken, Kreuzkümmel, Currypulver und die Hälfte der Curryblätter zugeben. Unter ständigem Rühren braten, bis die Gewürze ihren Duft entfalten. Die Senfkörner wieder in den Topf geben. Falls die Mischung zu trocken wird, 1 Schuss Brühe zugießen und weitergaren.

Kürbis, Spalterbsen, die Hälfte des Koriandergrüns und die Brühe zufügen. Mit Salz und Pfeffer würzen und unter Rühren zum Kochen bringen. Bei reduzierter Temperatur köcheln lassen. Die Zimtstange zugeben, einen Deckel auflegen und die Mischung 45–55 Minuten köcheln, bis die Spalterbsen weich sind und der Kürbis gar ist. Mit Salz und Pfeffer abschmecken.

¼ der Mischung im Mixer pürieren (je nach Mixer evtl. zuerst abkühlen lassen). Die Kokosmilch zugießen und alles zu einer homogenen, cremigen Flüssigkeit pürieren. Wieder in den Topf füllen. Limettensaft und -abrieb einrühren und erneut mit Salz und Pfeffer abschmecken.

2 EL Kokosöl

1 EL schwarze oder gelbe Senfkörner

1 Zwiebel, fein gehackt

4 Knoblauchzehen, zerdrückt oder fein gehackt

2 EL frisch geriebener Ingwer

1 EL frisch geriebene Kurkumawurzel

1 gute Handvoll Koriandergrün, Stängel fein gehackt, Blätter grob gehackt

1 Prise Chiliflocken

4 TL gemahlener Kreuzkümmel

2–3 TL Currypulver (am besten ohne Salz)

1 kleine Handvoll frische oder getrocknete Curryblätter

1,5–2 l Gemüsebrühe (Rezept S. 352)

1 kleiner Kürbis (Sorte egal), mit oder ohne Schale

550 g getrocknete gelbe Spalterbsen, mind. 4 Stunden eingeweicht

Salz und schwarzer Pfeffer aus der Mühle

1 Zimtstange

250 ml Kokosmilch

Abrieb und Saft von 1 unbehandelten Limette

»

Unter ständigem Rühren langsam wieder erhitzen, ohne dass das Dal am Topfboden anbrennt. Auf Schüsseln verteilen, mit dem restlichen Koriandergrün garnieren und servieren.

Hinweise:

Aufpassen, dass ihr die Zimtstange nicht mitpüriert. Ich lasse sie meist im großen Topf, aber ihr könnt sie vor dem Servieren herausnehmen.

Tipps:

Für dieses Rezept backe ich den Kürbis oft im Voraus, da ich ihn auch gut für andere Gerichte verwenden kann. Den gebackenen Kürbis, der dem Dal ein ganz anderes Aroma verleiht, würde ich erst zugeben, nachdem die Spalterbsen gar sind. Ihr könnt auch Sommerkürbis verwenden oder (Süß-)Kartoffeln. Frische Chilis sorgen für etwas Schärfe, falls euch danach der Sinn steht. Oder ihr nehmt mehr Ingwer oder 1 Prise Cayennepfeffer. Das Dal hält sich im Kühlschrank eine Woche und dickt dabei etwas ein. Beim Erhitzen könnt ihr dann 1 Schuss Kokosmilch oder Wasser zugeben, damit es wieder dünnflüssiger wird. Aus dem Dal lässt sich auch ein toller Hummus zaubern: Gebt einfach etwas zum Grundrezept (S. 357) sowie ein wenig Olivenöl oder Zitronensaft – mit dem Ergebnis werdet ihr euch sicher schnell anfreunden. Ihr könnt dieses Dal natürlich auch mit Beilagen nach Wunsch servieren: Naan, Chapatis, Rotis, Reis, Salat … es liegt ganz bei euch. Falls ihr noch etwas Grünzeug dazu haben wollt, werft ihr einfach gegen Ende der Garzeit 1 Handvoll frischen Blattspinat oder Grünkohl hinein, sodass das Blattgemüse noch zusammenfallen und durchgaren kann.

Luftiger, gebackener Kürbis und Dal ergeben eine himmlische Kombination. Dieses Gericht schickt euch – trotz kreativer Abwandlungen – auf eine Reise in eine typisch indische Küche mit ihren herrlich überwältigenden Aromen.

Auf dem Höhepunkt der Kürbissaison muss man die Kugeln einfach im Naturzustand backen. Einen ganzen Kürbis zu garen, dauert natürlich länger als einzelne Stücke, aber das Aroma ist einzigartig. Er bleibt herrlich saftig, die Kerne werden schön knackig und die Knoblauchzehen butterweich. Ich liebe dieses Gericht, das ich nur mit Salat als Beilage serviere. Den Hauptdarsteller genieße ich in all seinen Facetten.

Für ca. 8–12 Personen als Beilage

IM GANZEN GEBACKENER KÜRBIS MIT KNOBLAUCH UND ROSMARIN

Den Backofen auf 200 °C (Umluft) vorheizen. Den Essig in einer kleinen Schüssel mit 1 Schuss kochendem Wasser verrühren und den Kürbis damit abwischen. Da er nicht geschält wird und die Schale oft etwas bitter schmeckt, mildern wir diese bittere Note mit Essig ein wenig ab und entfernen zugleich Schmutz und mögliche Pestizidrückstände.

Den Kürbis mit Olivenöl bestreichen. Mit einem scharfen Messer rundum 1–1,5 cm tief einstechen. Den Kürbis in einen Bräter oder ein tiefes Backblech legen und 1 cm hoch Wasser zugießen.

Den Kürbis 2–3 Stunden backen: Die Dauer hängt vom Backofentyp ab. Manchmal geht es schneller, aber der Kürbis sollte auf jeden Fall ganz weich sein. Gut im Auge behalten und darauf achten, dass sich während der ersten Stunde genügend Wasser im Bräter oder Blech befindet.

Wenn nach 1 Stunde keine Flüssigkeit mehr vorhanden ist, die Knoblauchzehen rund um den Kürbis verteilen. Den Kürbis mit Salz und Pfeffer würzen. Wieder in den Backofen schieben und den Kürbis weiterbacken.

1 TL Tafelessig (zum Säubern)

1 großer Kürbis (ca. 2,5 kg), z. B. Kabocha oder Kent

1–2 EL natives Olivenöl extra

2 Knoblauchknollen, Zehen getrennt, mit einer Messerklinge/Löffelrückseite leicht zerdrückt, aber ganz (mit Schale)

Salz und schwarzer Pfeffer aus der Mühle

15–20 g frische Rosmarinnadeln

Kräuter und Tahini nach Belieben, zum Beträufeln

Herbstliebe

Den Kürbis mit einem scharfen Messer einstechen, um zu überprüfen, ob er durchgegart ist. Das Messer sollte sich äußerst leicht einstechen und herausziehen lassen. Aus dem Backofen nehmen. Auch der Knoblauch ist nun gar und karamellisiert. Den Kürbisansatz vorsichtig

abschneiden. Dann mit dem Messer nach unten schneidend dicke Spalten abtrennen (8–10 Stück oder Anzahl nach Belieben). Die Knoblauchzehen über den Spalten aus ihrer Schale drücken (die Schalen kompostieren). Mit Rosmarinnadeln und 1 guten Prise Salz und Pfeffer bestreuen.

Die Kürbisspalten wieder in den Backofen schieben und 8 Minuten backen, sodass der Rosmarin sein Aroma entfaltet und das Kürbisinnere ein wenig knusprig wird. Das Gericht sieht sehr rustikal aus und muss nicht sorgfältig angerichtet werden.

Mit Beilagen nach Wahl, als Snack oder sogar pur nur mit ein paar frischen Kräutern und ein wenig Tahini servieren.

Tipps:

Ein im Ganzen gebackener Kürbis enthält noch alle Nährstoffe und bleibt schön saftig. Das Fruchtfleisch zergeht förmlich auf der Zunge. Außerdem lässt er sich so besser aufbewahren. Ihr könnt eine Hälfte für ein anderes Gericht in den Kühlschrank legen und den Kürbis dann zu Salaten und Eintöpfen geben oder tagsüber als Snack vernaschen. Oder ihr folgt dem Rezept und püriert anschließend einen Teil des Fruchtfleisches, sodass ihr für die entsprechenden Rezepte in diesem Buch ein hausgemachtes Kürbispüree habt.

Winter-anfang

Gegen Ende des Jahres bleibt uns nichts weiter übrig, als uns mit dem Winter anzufreunden und uns auf die kommende Jahreszeit einzustellen. Am besten ist es, sich voll und ganz darauf einzulassen, und zwar bereits vor dem Dezember mit seinen hektischen vorweihnachtlichen Feiern. Der Winteranfang ist also der ideale Zeitpunkt, um sich auf kreative Weise mit all den neuen Erzeugnissen zu beschäftigen. Ich überlege mir immer, wie ich es mir mit hübscher Deko im Haus und am Tisch oder mit wärmenden Mahlzeiten gemütlich machen kann. Ich kann also nicht behaupten, dass ich den Winter hasse, im Gegenteil, ich freue mich darauf, meine winterlichen Lieblingsgerichte zu kochen. Manche sind ein wenig herzhafter wie z. B. die mit Knollensellerie, andere sind schön bunt und lassen sich mit Farro, meinem Lieblingswintergetreide, kombinieren. Obwohl das Gemüse der Saison etwas »schwerer« und bodenständiger ist, sollten wir dennoch für Frische auf dem Teller sorgen. Nur weil das Wetter jetzt kälter wird, heißt das noch lange nicht, dass wir keine leichten Mahlzeiten mehr bräuchten. Das folgende Kapitel enthält ein heiß geliebtes Rezept, das von einem meiner Lieblingsrestaurants in meinem Viertel inspiriert wurde: Ich bereite den seltsam, aber herrlich aussehenden Knollensellerie gern im Winter zu. Elegante Streifen in säuerlicher Vinaigrette – dieser Salat kommt immer gut an. Sein Aroma ist auch bei schwereren Gerichten deutlich herauszuschmecken.

Im Winter kommen nicht nur einige meiner absoluten Lieblingsgerichte auf den Tisch. Auch meine Tischdeko wird neu interpretiert. Ich lasse mich von Erdtönen inspirieren und achte auf eine stimmungsvolle Atmosphäre, indem ich den Tisch mit hohen Kerzen und Eukalyptus und die Servietten mit einem Streifen gerösteter Orangenschale verschönere. Wenn es draußen nicht mehr so hell ist, sollten Speisen und Tischdeko so einladend wie nur irgend möglich sein.

In diesem Kapitel fallen euch sicherlich einige Kohlgerichte polnischen Ursprungs auf, da dieses Gemüse nun erntereif ist. Außerdem ist dies eine schöne Ausrede, um mich auf meine Wurzeln zu besinnen. Und meine Liebe zum duftenden Lorbeerblatt kann ich so auch ausleben.

Küchenstars:

Knollensellerie

―

Kohl (Sorte »King« (Mischung aus Wirsing, Weißkohl und Rotkohl), Spitzkohl, Rotkohl)

―

Maronen (Esskastanien)

―

Birnen

―

(Wild-)Pilze

―

Weitere Erzeugnisse der Saison: Grünkohl (verschiedene Sorten), Äpfel, Rote Bete, Grapefruit, Pastinaken, Staudensellerie, Topinambur, Süßkartoffeln, Lauch, Winterkürbis, Speiserüben, Mangold, Chicorée, Zwiebeln, Steckrüben, Cranberrys, Karotten, Radicchio, Estragon, Salbei

―

Einige dieser Obst- und Gemüsesorten entdeckt ihr auch zu anderen Jahreszeiten. Heutzutage gibt es aufgrund des Klimawandels und der veränderten Durchschnittstemperaturen rund um den Globus viele Überschneidungen.

―

Zu dieser Jahreszeit geerntetes Getreide/Hülsenfrüchte: Farro, Linsen, Haferflocken, Wintergerste, (Winter)-Roggen, Weizen (verschiedene Sorten), Triticale (eine Kreuzung aus Weizen und Roggen)

―

Knollensellerie

Der oft unterschätzte und ungeliebte Knollensellerie ist meiner Meinung nach der König des Wurzelgemüses. Er sieht etwas eigenartig aus und kann recht groß werden, was seinem intensiven nussigen Aroma entspricht, das auch ein wenig an Staudensellerie erinnert. Seine Schale ist recht dick und zäh – vielleicht trägt dies ebenfalls dazu bei, dass ihn viele ungern zubereiten. Aber wenn ihr ihn erst einmal in all seiner Pracht gesehen und probiert habt, wird dieses knubbelige Gemüse hoffentlich zu eurem Winter-Favoriten. Er hat einen leicht bitteren Nachgeschmack und sorgt so für Abwechslung im üblichen Kartoffelpüree. Mit einer üppigen Pilzsauce dazu habt ihr dann schließlich perfekt ausgewogene Aromen und Konsistenzen. Ein weiteres Gericht, das ich sehr gern mag, ist gegrillter Knollensellerie mit Sataysauce. Wer hätte gedacht, dass Sellerie und Erdnusssauce so gut zusammenpassen? Echt eine Sensation, das verspreche ich euch!

Tipps:

Auf der Liste der Dinge, die man unbedingt mal probieren möchte, steht der Knollensellerie leider oft ganz unten. Dabei schmeckt er toll im Püree oder Eintopf, aber auch im Ganzen gegart. Er ist sehr vielseitig und besticht mit einem köstlichen Aroma. Im Winter gibt es bei mir mindestens einmal pro Woche ein Backblech mit Wurzelgemüse: Der zusammen mit anderem Gemüse gebackene und nur leicht gewürzte Knollensellerie lässt sich gut im Kühlschrank aufbewahren, sodass ihr ihn jederzeit aufwärmen könnt. Roher Knollensellerie hält sich eine Weile. Macht euch also keine Sorgen, falls ihr einen zwischen den Kartoffeln entdeckt, der da schon eine Woche liegt. Er treibt wie die Kartoffel aus und zeigt an, dass er verbraucht werden sollte. Seine Schale ist wie bei den meisten Gemüsesorten sehr nährstoffreich (und köstlich), weshalb ihr sie wie Croûtons braten oder gar nicht erst abschälen solltet. Aber putzt sie gründlich!

Herzhaft und wärmend – ein Wintergericht par excellence, finde ich. Ich backe es gern am Wochenende, da ich es dann schon tagsüber vorbereiten kann. Die Garzeit für den Knollensellerie beträgt einige Stunden, aber das Warten lohnt sich. Währenddessen könnt ihr die Sauce zubereiten und schön köcheln lassen, bis sie sämig und aromatisch wird. Dazu liebe ich saisonales grünes Gemüse aus der Pfanne und ein Glas Wein!

Für ca. 4 Personen

IM GANZEN GEBACKENER KNOLLENSELLERIE

mit Pilzsauce

1 mittelgroßer Knollensellerie

2 Knoblauchzehen, mit dem Messer zerdrückt und grob zerkleinert

1–2 EL natives Olivenöl extra

einige Zweige frischer Thymian

1 TL gemahlene Kurkuma

Salz und schwarzer Pfeffer aus der Mühle

Für die Sauce

natives Olivenöl extra

1 mittelgroße Zwiebel, fein gehackt oder gewürfelt

250 g Pilze (weiße oder braune Champignons oder eine Mischung), in Scheiben geschnitten

3 Knoblauchzehen, zerdrückt oder fein gehackt

500–750 ml Gemüsebrühe (Rezept S. 352)

2 EL fein gehackte Thymianblättchen

1 ½ EL fein gehackte Rosmarinnadeln

einige Salbeiblätter, zwischen den Fingern gerieben, bis sich ihr Aroma entfaltet, grob gehackt

2–4 EL Hefeflocken

1 EL Dijonsenf

1 EL Sherry- oder Weißweinessig

2 EL Kokos-Aminos oder Sojasauce

2 EL Weizenmehl

65 ml ungesüßte Pflanzenmilch

Salz und schwarzer Pfeffer aus der Mühle

Zum Servieren

1 unbehandelte Zitrone, in Spalten geschnitten

Den Backofen auf 200 °C (Umluft) vorheizen. Den Knollensellerie gründlich waschen und putzen, um Schmutz und Erde zu entfernen. Mit einem scharfen Messer rundum 1 cm tief einstechen.

Den Knollensellerie auf ein Backblech legen. Knoblauch, Olivenöl, Thymian, Kurkuma und 1 gute Prise Salz und Pfeffer in einer kleinen Schüssel verrühren. Das Öl mit einem Backpinsel oder mit den Fingerspitzen auf den Knollensellerie auftragen. Die Knoblauchstückchen darauf verteilen.

Auf unterer Schiene 2 ½ Stunden backen. Je nach Backofen kann es auch etwas länger oder kürzer dauern. Während der Garzeit ausgetretenen Garsaft wieder über den Knollensellerie löffeln. Der Sellerie ist fertig, sobald sich ein Messer leicht einstechen und wieder herausziehen lässt und die Knolle schön goldbraun ist. Dann aus dem Backofen nehmen und vor dem Servieren kurz abkühlen lassen.

Während des Backens die Sauce zubereiten. 1 EL Öl in einem Topf erhitzen und die Zwiebel darin glasig braten. Pilze und Knoblauch zufügen und einige Minuten mitbraten, bis sie gar sind und duften – die Mischung wird durch die Pilze recht saftig. Dann 500 ml Brühe, Thymian, Rosmarin und Salbei zufügen und gut vermengen. Langsam zum Kochen bringen, dann die Temperatur reduzieren und köcheln lassen.

»

Winteranfang 247

Hefeflocken, Senf, Essig, Kokos-Aminos, Mehl und Pflanzenmilch zugeben. Mit Salz und Pfeffer abschmecken. Bei schwacher Hitze rühren, bis sich Klümpchen auflösen und die Sauce andickt. Wer eine dünnflüssige Sauce bevorzugt, gießt nun die restliche Brühe zu.

Den Herd abschalten. Ein Drittel der Pilzmischung herausnehmen und beiseitestellen. Die restliche Mischung entweder in einen Standmixer füllen oder mit einem Pürierstab im Topf zu einer homogenen Sauce verarbeiten.

Mit Salz und Pfeffer abschmecken. Die pürierte Flüssigkeit und die beiseitegestellten Pilze wieder in den Topf füllen und bei schwacher Hitze unter Rühren langsam erwärmen.

Den Knollensellerie zum Servieren im Ganzen auf einen Teller legen. Oben kreuzweise einschneiden und ganz leicht aufziehen. Mit der Pilzsauce übergießen. Die Zitronenspalten rund um die Knolle anordnen und, falls nötig, mit extra Salz und Pfeffer würzen. Oder den Sellerie in »Steakscheiben« schneiden bzw. in eine andere Form und als einzelne Portionen servieren. Mit der Sauce übergießen und mit Zitronenspalten garniert servieren.

Tipps:

Falls ihr keinen Knollensellerie habt, funktionieren auch Blumenkohl oder ein anderer großer, fester Kohlkopf – die Sauce passt zu jedem Gemüse. Ich backe gern eine große Menge Gemüse dazu. Ihr könnt die Sauce aber auch über ein Püree gießen oder eine Pie damit zubereiten. Falls etwas Sauce übrig bleibt, könnt ihr eine Single-Mahlzeit in einer kleinen Pieform daraus zaubern: Etwas Püree als unterste Schicht, darüber eine gute Handvoll grünes Gemüse und darauf die Sauce. Im Backofen 15 Minuten durcherhitzen, bis sich eine schön knusprige Kruste bildet. Verfeinert die Pie noch mit Hefeflocken oder variiert sie mit einer weiteren Schicht Püree.

Maronen haben nicht lange Saison, weshalb ich mir angewöhnt habe, sie auf jede erdenkliche Weise zu verwenden. Aus Neugier habe ich bei diesem Rezept ein wenig herumexperimentiert und mir dabei die weiche, cremige Konsistenz des Risottos vorgestellt – das Ergebnis ist pfiffig und nahrhaft. Zum Servieren wird es mit Zitronenabrieb garniert und mit ein wenig Olivenöl beträufelt.

Für ca. 6 Personen

RISOTTO MIT KNOLLENSELLERIE UND MARONEN

mit Olivenöl und Zitronenabrieb verfeinert

Für das Püree den Knollensellerie gründlich putzen und waschen. Ich schäle ihn nicht, da ich die kräftige Konsistenz mag, aber ihr könnt die Schale natürlich abschneiden und kompostieren. Den Knollensellerie in Stücke schneiden.

Wasser mit Salz in einem großen Topf zum Kochen bringen und den Knollensellerie hineingeben. Bei reduzierter Temperatur den Sellerie 15 Minuten köcheln, bis er weich ist. Ein Messer sollte sich nach dem Einstechen leicht wieder herausziehen lassen. Danach abgießen und in einen Mixer geben. Maronen und Tahini in den Mixer zugeben, alles glatt pürieren und dann beiseitestellen.

Für das Risotto 1 EL Olivenöl in einem Topf erhitzen. Zwiebel und Lauch zufügen und braten, bis sie anbräunen und ihren Duft entfalten. Knoblauch und Muskatnuss einrühren und 1 Minute mitbraten, ohne den Knoblauch anbrennen zu lassen.

Den Reis zufügen, gut unterrühren und vor dem Zugeben der Flüssigkeit etwas rösten, bis die Körner leicht glasig werden. Dann den Weißwein angießen und den Alkohol verdampfen lassen. Die Mischung duftet zuerst intensiv und köchelt dann schön vor sich hin.

Die Brühe schöpflöffelweise (1–2) unter häufigem Rühren zugießen, damit der Reis nicht am Pfannenboden haftet. Mit Salz und Pfeffer würzen. Weiter so verfahren, bis drei Viertel der Brühe zugegeben sind. Dann auf schwache Temperatur reduzieren.

Für das Sellerie-Maronen-Püree

1 kleiner Knollensellerie

Salz

250–300 g Maronen/Esskastanien (Gewicht mit Schale), gegart, dann geschält (siehe Hinweis, S. 251)

2 gute EL Tahini

Für das Risotto

2 EL natives Olivenöl extra (eines mit Knoblaucharoma passt ganz fantastisch), plus mehr zum Garnieren

1 große Zwiebel, fein gehackt

1 kleine Stange Lauch, längs halbiert, grob gehackt

2 Knoblauchzehen, zerdrückt oder fein gehackt

½ TL frisch geriebene Muskatnuss

350 g Risotto-/Arborio-Reis

250 ml Weißwein

1 l Gemüsebrühe (Rezept S. 352)

Salz und schwarzer Pfeffer aus der Mühle

Abrieb von 1 ½ und Saft von 1 unbehandelten Zitrone, plus mehr Abrieb zum Garnieren

1 guter EL Miso (weiß oder braun)

2 EL getrockneter Oregano oder andere getrocknete gemischte Kräuter nach Wahl

50 g Hefeflocken, plus mehr zum Garnieren

Drei Viertel von Zitronensaft und -abrieb, die Misopaste, den Oregano und die Hefeflocken zufügen. Gut vermengen, salzen und pfeffern. Darauf achten, dass sich die Misopaste komplett aufgelöst hat.

Sobald der Reis nach 30 Minuten fast gar ist, das Sellerie-Maronen-Püree zugeben. Der Reis sollte noch ein wenig Biss haben. Gründlich vermengen und zum Abschmecken und Verdünnen restliche Brühe, Zitronensaft und -abrieb zufügen. Erhitzen und, falls nötig, erneut mit Salz und Pfeffer abschmecken.

Auf Schüsseln verteilen und mit Zitronenabrieb und 1 gutem Spritzer Olivenöl garnieren. Mit Hefeflocken bestreuen (sorgt für den Käsekick).

Hinweise:

Frische Maronen einfach kreuzweise oben und unten einschneiden. Bei 200 °C (Umluft) 10–15 Minuten backen, bis die Schale aufbricht und die weichen Maronen im Inneren sichtbar werden. Vor dem Schälen abkühlen lassen.

Tipps:

Gern variiere ich dieses Risotto mit Pilzen der Saison, die dem Ganzen eine tolle Konsistenz und ein intensives Aroma verleihen (herzhaftes Pilzrisotto, S. 292). Manchmal lasse ich die Maronen weg und koche nur den Knollensellerie. Zum Püree gebe ich dann noch ein paar EL Pflanzenjoghurt, damit es schön cremig wird. Ihr könnt zur Steigerung des Nährstoffgehalts auch ein paar Handvoll grünes Gemüse zufügen und es vor dem Servieren mit 1 Handvoll gerösteter Nusskerne bestreuen.

252　Alles vom Gemüse

Dieser Frischekick passt perfekt, wenn es leicht zugehen soll. Oder wenn ihr eine kleine Beilage zu einem sättigenden Hauptgericht benötigt. Der Knollensellerie wird durchs Marinieren schön zart und nimmt die Aromen auf. Die Samen und Kerne vervollkommnen das Gericht mit dem nötigen Crunch.

Für 2 Personen als Hauptgericht, für 4 als Beilage

SALAT AUS KNOLLENSELLERIESTREIFEN

mit grünem Blattgemüse und gerösteten Samen und Kernen

Mit einem scharfen Gemüseschäler Streifen von der Sellerieknolle abschälen. Die Streifen in eine Schüssel legen und weiterschälen, bis das Herz des Knollenselleries erreicht ist. Das Herz dünn aufschneiden und ebenfalls in die Schüssel geben.

Zitronensaft und -abrieb, Essig und 2 EL Olivenöl zufügen. Gründlich vermengen, bis der Knollensellerie von allen Seiten bedeckt ist. Mit den Händen weich kneten.

Knoblauch, Petersilie, Blattgemüse, Oregano und Kapern (mit Einlegflüssigkeit) zugeben. Restliches Olivenöl zufügen und mit Salz und Pfeffer würzen. Wieder mit den Händen gut durchkneten, damit auch das Blattgemüse weich wird. Einen Deckel auflegen und 10 Minuten durchziehen lassen.

Auf Teller verteilen oder in einer großen Schüssel servieren. Mit Samen, Kernen, Chiliflocken und 1 guten Prise Salz und Pfeffer bestreuen.

- 1 kleiner Knollensellerie, geschält (die Schale möglichst auf den Kompost)
- Abrieb und Saft von 1 großen unbehandelten Zitrone
- 1 EL Apfel- oder Weißweinessig
- 2–4 EL natives Olivenöl extra
- 2 Knoblauchzehen, gerieben oder fein gehackt
- 1 gute Handvoll frische Petersilie, fein gehackt
- 2 gute Handvoll Blattgemüse der Saison (Mangold, Cavolo nero, Grünkohl)
- 2 guter TL getrockneter Oregano
- 2 gute EL Kapern, plus 1 Schuss der Einlegflüssigkeit
- Salz und schwarzer Pfeffer aus der Mühle
- 2 EL geröstete Sesamsamen
- 2 EL geröstete Kürbiskerne
- 1 Prise Chiliflocken zum Servieren

Tipps:

Dieser Salat lässt sich gut im Kühlschrank aufbewahren – er wird mit der Zeit noch aromatischer und das Gemüse wird weicher, sodass es gut verdaulich ist. Den Knollensellerie könnt ihr durch ein Kohlgemüse oder Speiserüben/Radieschen ersetzen, die ebenso intensiv schmecken und ein feines Senfaroma besitzen. Basilikum ist im Winter dagegen nicht so leicht erhältlich, weshalb ich manchmal im Sommer etwas einfriere. Es passt hier wunderbar dazu. Ich lasse es kurz antauen und gebe es dann mit oder anstatt der Petersilie zum Salat. Falls ihr den Salat warm servieren möchtet, könnt ihr die Selleriestreifen davor einfach wie Pasta kochen. Auch das Blattgemüse gebt ihr dann ins Kochwasser und serviert das Gericht danach als warme Beilage. Oder ihr vermengt die Streifen mit eurer Lieblingspasta und würzt sie mit grob gemahlenem Pfeffer und Hefeflocken. Ein echter Hit, ob warm oder kalt.

Winteranfang

Ich weiß, ich weiß – eine wilde Mischung! Das Birnen-Pickle wurde bei mir zum Dauergast, nachdem ich für ein Event ein wenig experimentiert und die Versuche daheim fortgeführt hatte. Die Säure der eingelegten Birne gleicht die üppige Cremigkeit der Sataysauce aus. Ein Gericht, das eure Geschmacksknospen erblühen lässt.

Für 4 Personen

KNOLLENSELLERIE AUS DER GRILLPFANNE

mit Sataysauce und Birnen-Pickle

Für das Birnen-Pickle Essig, Zucker, Salz, Ingwer, Pfefferkörner und koreanisches Chilipulver in einem kleinen Topf vermengen. Langsam 250 ml Wasser zugießen und zum Kochen bringen. Bei reduzierter Temperatur die Mischung 5 Minuten köcheln lassen, damit sich die Aromen verbinden.

Zwiebel und grüne Chili bei sehr schwacher Hitze zufügen. Einige Minuten mitköcheln lassen. Dann vom Herd nehmen, beiseitestellen und auf Zimmertemperatur abkühlen lassen.

Die Birnenspalten in ein Schraubglas oder eine Schüssel legen und mit der Einlegflüssigkeit bedecken. Abkühlen lassen, dann abdecken und in den Kühlschrank stellen. Mit dieser Zutatenmenge erhaltet ihr mehr Pickle als benötigt. Aber ihr könnt es eine Woche im Voraus zubereiten, sodass der Fermentierungsprozess bereits in Gang kommt.

Für den Knollensellerie den Backofen auf 200 °C (Umluft) vorheizen. Alle Zutaten für die Sataysauce in eine Schüssel oder einen Standmixer geben. Nach Belieben Zwiebel- und Chilipulver zufügen. Mit Schneebesen oder im Mixer alles gut vermengen. Etwas Wasser zugießen, bis die gewünschte Konsistenz erreicht ist. Mit Salz und Pfeffer würzen und durchziehen lassen.

Für das Birnen-Pickle (ergibt ca. 6–8 Portionen, also mehr als benötigt)

600 ml Reisessig

2 gute EL Rohzucker (Rohr-, Kokoszucker etc.)

1–2 gute EL Salz

5 cm Ingwer, gerieben

½–1 TL Pfefferkörner

½ TL koreanisches Chilipulver oder -flocken (falls ihr keines habt, durch Paprikapulver ersetzen)

1 kleine rote Zwiebel oder Schalotte, in dünne Ringe geschnitten

1 kleine rote oder grüne Chili, in dünne Ringe geschnitten (nach Belieben)

2 mittelgroße Birnen (jede feste Sorte ist geeignet), in 2,5 cm dicke Spalten geschnitten (möglichst nah am Kerngehäuse abschneiden, Kerngehäuse kompostieren oder in die Brühebox geben)

Für die Sataysauce

5 gute EL Erdnussbutter (creamy oder crunchy)

2 EL Soja- oder Tamarisauce

2 EL Ahornsirup

Saft von 1 kleinen unbehandelten Limette, plus ein wenig Abrieb

2 Knoblauchzehen, zerdrückt oder fein gehackt

Für den Knollensellerie Olivenöl, Pfefferkörner, Thymian und 1 gute Prise Salz in einer großen Schüssel (groß genug für die Knollenselleriestäbchen) verrühren. Die Stäbchen zufügen und (mit den Händen) alles gründlich vermengen.

Die Knollenselleriestäbchen bei mittlerer Hitze in eine beschichtete Grillpfanne legen (nehmt eine normale Pfanne, falls ihr keine Grillpfanne habt – der Sellerie sieht dann nur ein bisschen anders aus). Den Sellerie unter Wenden 10 Minuten braten, bis er schöne Grillstreifen aufweist und allmählich weich wird. Dann auf ein Backblech legen und 10–15 Minuten backen, bis er ganz durchgegart ist.

Inzwischen die Erdnusssauce in einen kleinen Topf füllen und bei niedriger Hitze unter ständigem Rühren langsam erhitzen, ohne sie anbrennen zu lassen.

Zum Servieren jeweils einige EL Sauce auf jedem Teller verstreichen, mit einigen Knollenselleriestäbchen belegen und mit der gewünschten Menge Pickle krönen. Mit etwas Olivenöl beträufeln und mit Salz und Pfeffer und ein wenig frischem Thymian bestreuen. Oder in einer Servierschale auf den Tisch bringen: Sauce und Knollensellerie vermengen und garnieren. Pickle in extra Schälchen als Beilage servieren.

2 EL Reisessig (oder ein anderer relativ neutraler Essig)

2 EL Hefeflocken

Salz und schwarzer Pfeffer aus der Mühle

½ TL Zwiebelpulver (nach Belieben)

½ TL Chilipulver /-flocken (nach Belieben)

Für den Knollensellerie

1–2 EL natives Olivenöl extra, plus mehr zum Servieren

2 TL Pfefferkörner, zerdrückt

einige Zweige frischer Thymian, plus mehr zum Servieren

Salz

1 kleiner/mittelgroßer Knollensellerie, in dicke Stäbchen geschnitten

Hinweis:

Falls ihr einen Grill habt, den ihr (selbst bei kühleren Temperaturen) gern benutzen möchtet, ist dieses Rezept bestens geeignet. So entwickelt der Knollensellerie ein schönes Raucharoma.

Tipps:

Der Knollensellerie ist ein tolles rustikales Gemüse, das gut erhältlich ist. Aber ihr könnt dieses Gericht auch mit Blumenkohl, Steckrüben oder Petersilienwurzel zubereiten. Ich bereite oft die doppelte Menge an Sauce zu und verwende sie später, wenn ich Lust darauf bekomme – sie hält sich im Kühlschrank in einem Schraubglas bis zu 4 Wochen. Mit Wasser oder Zitronensaft wird sie noch dünnflüssiger. Eine weitere Variante wäre Mandelmus statt Erdnussbutter. Geschmacklich zwar nicht ganz so intensiv, dafür aber herrlich cremig. Tahini passt auch gut.

Die Zubereitung von Knollensellerie kann zur Herausforderung werden, da er so rau ist und ungewöhnlich aussieht. Aber diese Steaks sind eine tolle Sache, wenn ihr etwas Neues ausprobieren wollt, das dennoch nicht völlig fremd daherkommt. Die Chimichurri peppt die Steaks, die außen schön angebräunt und innen ganz weich sind, richtig auf. Mit diesem Rezept wird es mir nie langweilig.

Für ca. 4 Personen als Beilage

KNOLLENSELLERIESTEAKS

mit Kapern und Petersilien-Chimichurri

Den Backofen auf 180 °C (Umluft) vorheizen. Die Steaks auf ein Backblech legen und von beiden Seiten mit Olivenöl bestreichen. Mit Salz bestreuen und dann in den Backofen schieben und 30 Minuten rösten, bis sie goldbraun werden. Dann wenden und weitere 20 Minuten backen, bis auch die andere Seite anbräunt und die Steaks schön weich sind.

Inzwischen für die Chimichurri Petersilie, Kapern, Knoblauch, Olivenöl, Apfelessig, Zitronensaft und -abrieb und Chiliflocken im Mixer zu einer Paste pürieren. Bei Bedarf mit Salz und Pfeffer würzen und etwas Olivenöl zugießen, falls die Mischung zu trocken ist.

Die Steaks aus dem Backofen nehmen und ¼ Chimichurri (oder gern auch mehr) gleichmäßig darauf verteilen. So sieht das Gericht schön rustikal aus. Erneut in den Backofen schieben und weitere 5 Minuten backen.

Zum Servieren jedes Steak mit einem Klecks Chimichurri krönen. Oder jeweils etwas Chimichurri auf einem Teller verteilen und das Steak/die Steaks darauflegen.

Für die Knollenselleriesteaks

- 1 (mittel-)großer Knollensellerie, in etwa 6 1,5/2-cm-Steaks geschnitten
- 1–2 EL natives Olivenöl extra
- Salz

Für die Chimichurri

- 2 gute Handvoll frische Petersilie, mit Stängeln, fein gehackt, plus mehr zum Garnieren (falls ihr keine Petersilie bekommt, nehmt Koriandergrün, das auch toll schmeckt)
- 2 EL Kapern, abgegossen
- 2 Knoblauchzehen, zerdrückt oder fein gehackt
- 3–4 EL natives Olivenöl extra
- 1 TL Apfelessig
- Saft von 1 unbehandelten Zitrone, plus etwas Abrieb
- 1 Prise Chiliflocken
- Salz und schwarzer Pfeffer aus der Mühle

> **Tipps:**

Frische Kräuter lassen sich wunderbar in einer Chimichurri verwerten. Probiert doch mal eine Kombi aus Minze, Dill und Basilikum, je nachdem, was ihr gerade daheim habt. Ich habe gern eine Portion Chimichurri im Kühlschrank, da die Sauce perfekt zu Salaten oder gebackenem Gemüse passt. Zu Konservierungszwecken einfach mit etwas Olivenöl oder Zitronensaft in einen luftdichten Behälter geben. Den Knollensellerie könnt ihr durch Kohl, Speiserüben oder Blumenkohl ersetzen.

Kohlgemüse

Kohl esse ich im Winter fast jeden Tag. Er lässt sich leicht zubereiten und bringt mit seinen verschiedenen Sorten viel Abwechslung in den Speiseplan. Einer meiner Lieblingssnacks ist in Senf getunkter Kohl – dabei muss ich nicht mal ein schlechtes Gewissen haben. Ich werde nie vergessen, wie mir meine beste Freundin Bec ein Foto schickte, nachdem ich ein paar Tage bei ihr verbracht hatte: von einem zusammengerollten Rotkohlblatt, das nicht nur mit einer Sorte Senf, sondern sogar mit zweien gefüllt war. Ihre Nachricht dazu lautete: »Du hast mich bekehrt.« Ich muss immer grinsen, wenn ich daran denke. Und die Vorstellung, dass ich damit noch mehr Freundinnen und Freunde verführen werde, begeistert mich. Eines meiner klassischen Kohlrezepte ist sicher der Slaw, dessen Dressing – Überraschung, Überraschung – Senf enthält. Der Slaw mit seinem intensiven Aroma spricht für sich selbst oder lässt sich mit Getreide kombinieren. Oder er brilliert zwischen zwei Scheiben eures Lieblingsbrotes. Mit dieser Art von Krautsalat lassen sich Reste verwerten, denn das Rezept ist sehr wandelbar.

Tipps:

Vielleicht habt ihr schon einmal Tacos aus Salatblättern gesehen? Aber die Kohlblätter sind ebenso praktisch, besonders Wirsingblätter. Dazu dämpft ihr einfach ein paar Blätter und füllt sie mit allem, was euer Herz begehrt. Habt ihr einen Kohlkopf über und es fehlt euch an Ideen, könnt ihr ihn einfach braten, was supergut schmeckt und ganz simpel ist: Knoblauch in etwas Öl eurer Wahl anbraten, den irgendwie zerschnippelten Kohl reinwerfen, ein bisschen Zitronensaft und -abrieb dazu und dann garen, bis er zusammenfällt und schön weich ist.

Kennt ihr das? Im Kühlschrank liegt noch ein Stück Kohl, weil ihr (wie ich) nicht den ganzen Kopf aufgebraucht habt? Dieses Rezept ist eines dieser »Mal sehen was noch im Kühlschrank ist«-Gerichte. Wenn ihr übrig gebliebenen Kohl mit Zutaten aus dem Vorrat und cremigen Kichererbsen kombiniert, klingt das Wort Kohlreste schon gar nicht mehr so schlecht.

Für 4–6 Personen

GEBACKENER KOHL MIT AHORNSIRUPGLASUR

und cremigen Kichererbsen

Den Backofen auf 180 °C (Umluft) vorheizen. Den Kohl in eine große Bratform legen (den Strunk nicht entfernen, das ist oft der beste Teil). Olivenöl, Ahornsirup, Aceto balsamico und 1 gute Prise Salz und Pfeffer in einer kleinen Schüssel verquirlen.

Die Ölmischung gleichmäßig über den Kohl träufeln. Dabei ein wenig beiseitestellen, um sie nach der Hälfte der Garzeit zu verwenden. Das Öl mit den Fingerspitzen auf dem Kohl verstreichen.

Auf unterer Schiene 40–60 Minuten backen. Die Garzeit hängt von der Größe des Kohls und vom Backofen ab. Der Kohl sollte weich sein – zum Testen ein scharfes Messer bis in die Mitte einführen. Nach 25 Minuten Garzeit die restliche Ölmischung über den Kohl gießen und das Gemüse mit Salz und Pfeffer würzen. Den fertigen Kohl aus dem Backofen nehmen und leicht abkühlen lassen.

Für die Kichererbsen eingeweichte Kichererbsen abgießen und abspülen. Mit 1 guten Prise Salz und Wasser in einen großen Topf geben. Zum Kochen bringen, dann einen Deckel auflegen und 30–40 Minuten köcheln lassen, bis sie gar sind. Die Haut der Kichererbsen löst sich dabei ab, was aber ganz normal ist.

Kichererbsen abgießen und beiseitestellen, während das restliche Gericht zubereitet wird. Wer Kichererbsen aus der Dose verwendet, gießt sie ab und spült sie ab.

Für den Kohl

- 1 kleiner/mittelgroßer Kohlkopf nach Wahl, geviertelt
- 2 EL natives Olivenöl extra
- 4 EL Ahornsirup
- 1 EL Aceto balsamico
- Salz und schwarzer Pfeffer aus der Mühle

Für die Kichererbsen

- 250 g getrocknete Kichererbsen (mind. 10 Stunden eingeweicht) oder 500 g gekochte Kichererbsen (aus der Dose)
- Salz
- 350–500 ml Gemüsebrühe (Rezept S. 352)
- 2 mittelgroße Schalotten, längs halbiert, dann in feine Halbringe geschnitten
- 2 Knoblauchzehen, zerdrückt oder fein gehackt
- 180 g Staudensellerie, gewaschen, mit Blättern, fein gehackt
- 1 kleines Bund Petersilie, Stängel und Blätter fein gehackt
- Abrieb und Saft von 1 unbehandelten Zitrone
- 2 EL Soja- oder Tamarisauce
- 2 EL Dijonsenf
- 2 gute EL Tahini
- 2 EL getrockneter Oregano
- 1 Prise Chiliflocken oder Chilipulver
- schwarzer Pfeffer aus der Mühle
- 60 g Hefeflocken

Einige EL Brühe in einen Topf geben (möglichst beschichtet), die Schalotten zufügen und weich und goldgelb dünsten. Knoblauch und Staudensellerie zufügen und weitere 2 Minuten mitgaren.

Die Hälfte der Brühe, Petersilie, Zitronenabrieb und -saft, Sojasauce, Dijonsenf, Tahini, Oregano und Chili zugeben. Die Kichererbsen zufügen und alles gut vermengen. Mit Salz und Pfeffer abschmecken. Zum Kochen bringen, dann die Temperatur reduzieren und köcheln lassen.

Sobald die Flüssigkeit reduziert ist und dickflüssiger wird, die Hefeflocken und die Hälfte der restlichen Brühe zugeben. Erneut mit Salz und Pfeffer abschmecken. Die Kichererbsen garen in der Sauce und die Konsistenz der Mischung erinnert nun an einen Eintopf. Wer es flüssiger mag, gießt noch die restliche Brühe zu.

Die Kichererbsen aufteilen. Jede Portion mit einer Kohlspalte krönen. Mit Zitronenabrieb, Salz und Pfeffer bestreuen. Nach Belieben mit weiteren Zutaten garnieren (siehe Serviervorschläge). Den Kohlkopf bei mehr als 4 Personen in entsprechend viele Spalten schneiden.

**Zum Servieren
(nach Belieben)**

Zitronenabrieb

natives Olivenöl extra

Aceto balsamico

frische Kräuter nach Wahl

Tipps:

Dieses einfache Rezept lässt sich leicht für andere Jahreszeiten abwandeln. Ihr könnt euch bei den Kräutern kreativ austoben und je nach Saison unterschiedliche Kohlsorten verwenden. Der Kohl schmeckt am folgenden Tag sogar noch besser, da sich die Aromen noch entfalten. Zur Abwechslung könntet ihr beim Backen einige »Winter«-Kräuter zugeben oder sogar fein gehackten Knoblauch. Diese cremigen Kichererbsen tauchen auch im Kapitel »Im tiefsten Winter« (S. 320) auf, wo ich sie in einen tollen Hummus verwandle.

Ich war schon immer verrückt nach Ramen. Nachdem ich diese Köstlichkeit zum ersten Mal probiert hatte, musste ich es einfach selbst versuchen: Die Brühe ist ganz unkompliziert. Je länger sie durchzieht, desto besser wird sie. Das Gericht ist etwas aufwendiger, allerdings nur, weil wir die Nudeln hier selbst zubereiten. Aber sobald ihr den Dreh raushabt, wollt ihr die Ramen garantiert immer wieder kochen.

Ergibt ca. 4 Portionen

KOHL-RAMEN

mit hausgemachten Ramennudeln

Den Backofen für das Kansui auf 150 °C (Umluft) vorheizen. Das Backpulver auf einem mit Alufolie (siehe Tipp, S. 35) bedecktem Backblech 1 Stunde backen. Danach komplett abkühlen lassen und in einem luftdichten Behälter/Schraubglas aufbewahren. Entsprechend den Rezeptangaben verwenden.

Für die Nudeln heißes Wasser, Salz und Kansui in einer Schüssel vermengen. Abwarten, bis sich Kansui und Salz komplett aufgelöst haben.

Drei Viertel des Mehls in die Schüssel sieben. Mit bemehlten Händen vorsichtig vermengen und unter Kneten das restliche Mehl zugeben, bis ihr einen glatten Teig ohne Klümpchen habt. Falls die Mischung ein wenig zu trocken ist, teelöffelweise Wasser zufügen. Der Teig soll sich gut formen lassen und nicht an den Händen kleben. Abgedeckt mindestens 1 Stunde ruhen lassen. Falls ihr Klarsichtfolie verwenden wollt (und eine kompostierbare findet), solltet ihr den Teig damit einwickeln. Oder einfach mit einer Schüssel abdecken.

Inzwischen das Öl für die Ramen in einem großen Topf bei schwacher bis mittlerer Hitze erwärmen und die Zwiebel 3–4 Minuten braten, bis sie goldbraun ist und duftet. Den Knoblauch zugeben und 1–2 Minuten mitbraten, bis er goldgelb wird, aber nicht anbrennt.

Für das Kansui (ergibt mehr als für das Rezept nötig: in einem Schraubglas bis zu 6 Monate haltbar; siehe Hinweis auf S. 264)

30 g Backpulver

Für die Nudeln

125 ml heißes Wasser (darf nicht kochen)

½ TL Salz von guter Qualität

1 EL Kansui (siehe oben)

210 g Weizenmehl, plus mehr zum Bestäuben/Kneten (Type 550 passt gut – ihr könnt aber ebenso Mehl Type 812 verwenden, auch wenn sich der Teig dann von Hand etwas schwerer verarbeiten lässt. Die Nudeln haben mehr Biss, da der Proteingehalt höher ist als bei Type 550.)

Für die Ramen

1–2 EL natives Olivenöl extra (z. B. mit Knoblauch- oder Chiliaroma)

1 mittelgroße Zwiebel, grob gehackt

4–6 Knoblauchzehen, in dünne Scheiben geschnitten

2 EL Sesamsamen (schwarz oder weiß)

1 daumengroßes Stück Ingwer, in dünne Scheiben geschnitten oder gerieben

1,5–1,75 l Gemüsebrühe

»

Winteranfang

Sesamsamen und Ingwer einige Sekunden mitbraten. Die Brühe zugießen und den Topfboden mit einem Holzlöffel abschaben, um anhaftende Zutaten zu entfernen (es macht nichts, wenn sie etwas angeschwärzt sind – so wird das Aroma intensiver). Sojasauce, Chiliflocken, Frühlingszwiebeln, Tomatenmark, Misopaste und Sojamilch zufügen. Unter häufigem Rühren zum Kochen bringen, dann die Temperatur reduzieren und Kohl und Pilze zugeben. Köcheln lassen, bis das Gemüse weich und der Kohl zusammengefallen ist. Nun dickt die Brühe allmählich ein. Mit Salz und Pfeffer abschmecken.

Den Teig für die Nudeln in vier gleich große Stücke teilen und mit etwas Mehl bestreuen. Wer keine Pastamaschine verwendet, sollte die Arbeitsfläche bemehlen und jedes Teigstück auf eine Dicke von 1 mm ausrollen (möglichst rechteckig). Den Teig jeweils mit Mehl bestäuben, dann zusammenfalten, sodass ein kleineres Rechteck (Breite 15 cm) entsteht. Die Nudeln mit einem scharfen Messer in gewünschter Breite schneiden, in eine mit Mehl bestäubte Schüssel geben und die restlichen Nudeln schneiden. Bei Verwendung einer Pastamaschine den Teig auf niedrigster Stufe flach rollen, dann jeweils eine Stufe höher einstellen, bis die Teigstücke eine Dicke von 1 mm erreicht haben. Jedes durchgewalzte Stück mit Mehl bestäuben und durch den Pastaschneideaufsatz drehen. Die fertigen Nudeln ebenfalls in eine bemehlte Schüssel geben, während die restlichen Nudeln zubereitet werden.

Der nächste Schritt ist optional: Die Hälfte (oder etwas weniger) des Gemüses aus der Brühe nehmen sowie 125–250 ml Brühe und beides im Mixer fein pürieren. Wieder in den Topf geben. Ich koche die Nudeln lieber in einem extra Topf, da man dann beim Servieren die Brühe über die Nudeln gießen kann und keine Stärke in der Brühe verbleibt. Für die Nudeln Wasser mit Salz in einem Topf erhitzen, die Nudeln zufügen und 3 Minuten kochen. Anschließend abgießen.

Die Nudeln zum Servieren auf Schüsseln verteilen und die Brühe mit dem Schöpflöffel darübergießen. Es bleibt vielleicht Brühe übrig (deshalb wäre es gut, sie getrennt zuzubereiten). Mit Toppings nach Wahl servieren. Aufgepasst: Tofu solltet ihr schon vorher zur köchelnden Brühe geben.

2–4 EL Soja- oder Tamarisauce

1 ½ TL Chiliflocken oder 1 EL koreanisches Chilipulver (falls vorrätig)

4 Frühlingszwiebeln

1 EL Tomatenmark

1 EL Misopaste (weiß, gelb, braun)

125 ml Sojamilch (nach Belieben – ansonsten benötigt ihr mehr Brühe/Wasser)

½-1 kleiner Kohl nach Wahl (nehmt erst einmal ½, je nachdem wie klein der Kohlkopf ist und wie hungrig ihr seid)

8 getrocknete Shiitake-Pilze oder 150 g frische Pilze (oder eine Mischung aus beidem)

Salz und schwarzer Pfeffer aus der Mühle

Nudeln (siehe S. 262) oder 350 g gekaufte Ramen-Nudeln, falls ihr sie nicht selbst zubereiten wollt

Weitere Toppings nach Belieben

getrocknete Algen/ Meeresgemüse/ Noriblätter

Sesamöl

Chiliöl/Sauce

Koriandergrün, grob gehackt

Tofu (Sorte nach Wahl)

Hinweis:

Falls ihr die Nudeln selbst macht, solltet ihr darauf achten, dass ihr rechtzeitig euer Kansui zubereitet (eine zentrale Zutat, die für die besondere Farbe, Textur und Elastizität der Ramennudeln sorgt). Das Kansui enthält nur gebackenes Backpulver, muss aber 1 ganze Stunde im Backofen erhitzt werden, was ihr natürlich im Voraus machen solltet. Außerdem muss der Nudelteig 1 Stunde ruhen – die Zeit solltet ihr auch miteinplanen. Die Brühe könnt ihr kochen, während der Nudelteig ruht.

Tipps:

Von dieser tollen Basisbrühe könnt ihr gleich mehr kochen und einen Teil davon in den Kühlschrank stellen oder einfrieren. Manchmal gebe ich noch anderes hinein, wenn mir eine gemüselastigere Ramensuppe vorschwebt. Traditionell verwendet man natürlich keinen Kohl, aber Pak Choi und asiatisches Gemüse wird importiert. Mit saisonalem heimischem Gemüse erzielt ihr einen ähnlichen Effekt. Nudeln selbst herzustellen, ist recht aufwendig, aber die Sache wert. Die Menge lässt sich leicht verdoppeln. Sie sind im Kühlschrank 3–5 Tage haltbar und lassen sich auch einfrieren. Davor sollten sie gut bemehlt werden, damit sie nicht zusammenkleben. Das Beste ist jedoch, dass ihr diesen Nudelteig auch für Pasta verwenden könnt. Weitere Ideen für passende Pastagerichte findet ihr auf den Seiten 186 und 216.

Dieses schlichte Gericht ist eine Verneigung vor meinen polnischen Wurzeln. Ich esse den aromatischen Kohl gern als Beilage, denn er lässt sich schnell zubereiten. Passt gut zu Getreide, aber auch zu komplizierteren Hauptgerichten.

Für 4–6 Personen als Beilage

KOHL NACH POLNISCHER ART

mit Knoblauch und Lorbeerblättern

Oliven- und Kokosöl bei mittlerer Hitze in einem Topf erwärmen. Die Zwiebel zufügen und in einigen Minuten weich und leicht glasig dünsten. Den Knoblauch zugeben und 1 weitere Minute dünsten, bis er duftet.

Kohl, 75 ml Wasser, Lorbeerblätter, 45 g Hefeflocken, Kümmelsamen, Paprikapulver, Salz und Pfeffer zufügen. Den Kohl zusammenfallen und die Flüssigkeit einkochen lassen. Falls nötig, weitere 75 ml Wasser zugießen. Der Kohl wird beim Garen herrlich weich, sodass es vielleicht nicht immer nötig ist, mehr Wasser zuzugeben.

Zum Schluss die restlichen Hefeflocken einstreuen. Mit Salz und Pfeffer abschmecken, mit ein wenig Paprikapulver bestreuen und mit Olivenöl beträufeln.

Tipps:

Für eine extra polnische Note könnt ihr frischen Dill zugeben. Getrockneter Dill ist auch ok, aber ich verwende am liebsten frischen Dill! Zu diesem Rezept serviere ich gern eine Scheibe frisches, geröstetes Sauerteigbrot. Die Mischung aus Oliven- und Kokosöl verleiht dem Kohl ein herrliches Butter-Aroma. Wenn ich gerade Chili- oder Knoblauch-Olivenöl im Haus habe, verwende ich es für dieses Rezept.

- 1 EL natives Olivenöl extra, plus mehr zum Servieren
- 1 EL Kokosöl
- 1 rote Zwiebel, in feine Ringe geschnitten
- 3 Knoblauchzehen, zerdrückt oder fein gehackt
- 1 mittelgroßer Spitzkohl/Wirsing/Weißkohl, in feine Streifen geschnitten
- 2–4 Lorbeerblätter (je nachdem, wie intensiv es nach Lorbeer schmecken soll), leicht zerdrückt
- 45–60 g Hefeflocken
- 1 TL Kümmelsamen
- 1 TL Paprikapulver, geräuchert oder edelsüß, plus mehr zum Garnieren
- Salz und schwarzer Pfeffer aus der Mühle

Salat-Gerichte sind nicht nur etwas für die Sommermonate: Oft haben wir auch während der kälteren Jahreszeit Appetit auf frische Speisen. Warum also nicht die Spezialitäten der Saison zu einem Slaw verarbeiten? Gemüsesorten und -mengen sind austauschbar. Die Rosinen werden in der Vinaigrette schön dick und saftig. Ich würze den Salat gern mit 1 Prise Chili, damit er sich richtig »warm« anfühlt.

Für 2–4 Personen als Beilage oder Hauptgericht

WARMER SLAW MIT WINTERGEMÜSE UND GETREIDE

Den Backofen auf 200 °C (Umluft) vorheizen. Das Gemüse in eine Bratform geben. Olivenöl, Sojasauce und Oregano, Salz und Pfeffer zufügen. Mit den Händen gründlich vermengen, bis das Gemüse von allen Seiten bedeckt ist. 20–25 Minuten backen. Dann aus dem Backofen nehmen und einige Minuten abkühlen lassen.

Freekeh und Gemüsebrühe in einen Topf geben, aufkochen, die Temperatur reduzieren, einen Deckel auflegen und 20–25 Minuten köcheln lassen. Danach sollte das Freekeh weich sein, aber noch ein klein wenig Biss haben. Anschließend mit einer Gabel auflockern und abkühlen lassen.

Während das Gemüse gebacken und das Freekeh gekocht wird, könnt ihr die Vinaigrette zubereiten: Dijon- und körnigen Senf, Ahornsirup, Essig, Olivenöl und Oregano in einer kleinen Schüssel verrühren. Dann beiseitestellen und andicken lassen.

Rosinen, Schalotte und frische Kräuter in eine Schüssel geben. Kohl und Freekeh zufügen. Zitronensaft und -abrieb, Salz und Pfeffer zugeben und alles gründlich vermengen.

Die Hälfte der Vinaigrette zufügen und mit dem Salat vermengen. In Portionsschalen oder in einer großen Schüssel servieren. Mit der restlichen Vinaigrette beträufeln und mit Salz und Pfeffer abschmecken.

Für den Salat

450 g Gemüse (Grünkohl, Blumenkohl, Rosenkohl oder anderer Kohl), grob gehackt oder in Streifen geschnitten

1 EL natives Olivenöl extra

1 EL Soja- oder Tamarisauce

2 TL getrockneter Oregano

Salz und schwarzer Pfeffer aus der Mühle

200 g Freekeh (Couscous, Weizenkörner oder Bulgur passen auch)

450 g Gemüsebrühe

70 g Rosinen (jegliche Sorte – Korinthen, Sultaninen etc.)

1 Schalotte, fein gehackt oder in Ringe geschnitten

1 kleine Handvoll Kräuter der Saison (Petersilie, Minze etc.), gehackt

Saft von 1 unbehandelten Zitrone, plus etwas Abrieb

Für die Vinaigrette

2 TL Dijonsenf

2 TL körniger Senf

2 TL reiner Ahornsirup oder ein anderes Süßungsmittel

85 ml Apfel- oder Weißweinessig

125 ml natives Olivenöl extra

1–2 TL getrockneter Oregano (nach Geschmack)

Winteranfang

Mein Dad erzählt oft davon, wie viele unterschiedliche Gerichte er als Kind gegessen hat. Oft kamen wir in einem kleinen, echt polnischen Restaurant in West London mit seiner Familie zusammen. Zu meiner Enttäuschung waren die Kohlblätter dort mit Fleisch gefüllt. Ich verkostete noch ein paar andere Varianten, bis ich mich schließlich für dieses Rezept entschied. Der Dinkel sorgt im Inneren für etwas Biss, und die Sauce ist das verbindende Element. Ein sehr farbenfrohes Gericht!

Für 4–6 Personen

POLNISCHE KOHLROULADEN

Den Backofen auf 200 °C (Umluft) vorheizen. Für die Kohlrouladen die Kohlblätter vorsichtig vom Strunk ablösen. Wasser mit Salz in einem großen Topf zum Kochen bringen. Die Kohlblätter 2–3 Minuten darin blanchieren, abgießen und beiseitelegen.

Das Getreide in Salzwasser garen. Danach abgießen und beiseitestellen.

Inzwischen die Sauce und die Füllung zubereiten: Für die Sauce das Olivenöl in einer Pfanne erhitzen. Die Zwiebel zufügen und darin leicht goldgelb braten, bis sie duftet. Dann den Knoblauch zugeben und 1 Minute mitbraten. Tomatenmark, Miso, Tomaten, Thymian, Oregano und 1 Schuss Wasser einrühren. Gut mit Salz und Pfeffer würzen und vermengen.

Bei schwacher Hitze köcheln lassen, bis die Tomaten weich sind und eine dickflüssige Sauce entsteht. Falls die Sauce ansetzt oder zu dickflüssig ist, einfach etwas Wasser zugießen. Den Herd ausschalten, sobald die gewünschte Konsistenz erreicht ist.

Die Zwiebel bei schwacher bis mittlerer Hitze in der Sojasauce dünsten. Sie bräunt schnell und karamellisiert leicht. Falls sie zu trocken wird, 1 Schuss Wasser zugießen. Den Knoblauch zugeben und 1 weitere Minute mitbraten. Dann Petersilie und Dill unterrühren. Anschließend die Pilze, Zitronensaft und -abrieb, Paprikapulver, Piment, Salz und Pfeffer zufügen. 1 Schuss Wasser zugießen, damit die Mischung nicht ansetzt.

Für die Kohlrouladen

1 mittelgroßer Weißkohl, Blätter einzeln abgelöst

Salz

120 g Getreide nach Wahl (Perldinkel, Reis, Gerste)

1 Zwiebel, fein gehackt

2 EL Soja- oder Tamarisauce

2 Knoblauchzehen, zerdrückt oder fein gehackt

1 kleine Handvoll frische Petersilie, fein gehackt

1 kleine Handvoll frischer Dill, fein gehackt (nach Belieben)

6 mittelgroße weiße oder braune Champignons, sehr fein gehackt

Saft von 1 unbehandelten Zitrone, plus ein wenig Abrieb

4 TL geräuchertes Paprikapulver

1 TL gemahlener Piment

schwarzer Pfeffer aus der Mühle

1 guter EL Tahini

50 g Walnusskerne, grob gehackt

2 gute EL Rosinen/Sultaninen/Korinthen

Für die Tomatensauce

½ EL natives Olivenöl extra

1 kleine Zwiebel, fein gehackt

2–4 Knoblauchzehen (je nachdem, wie intensiv das Knoblaucharoma sein darf), zerdrückt oder fein gehackt

»

Winteranfang

In eine Schüssel füllen und Tahini, Walnusskerne, Rosinen und Getreide zugeben. Erneut mit Salz und Pfeffer würzen und gut vermengen.

Die blanchierten Kohlblätter für die Rouladen flach ausgebreitet auf die Arbeitsfläche legen. Die Füllung auf den Blättern verteilen (nehmt so viele Blätter, wie ihr für die Füllung benötigt). Die Blätter vorsichtig aufrollen – dabei unten am Strunkansatz beginnen und die Seitenränder nach innen klappen. Beim Aufrollen behutsam zusammendrücken, damit sie nicht zu locker werden. In eine Auflaufform legen. Weiter so verfahren, bis die Auflaufform voll und keine Füllung mehr übrig ist.

Die Tomatensauce gleichmäßig darauf verteilen. 20–25 Minuten backen und gut durcherhitzen. Die Oberseite sollte schön angebräunt sein. Aus dem Backofen nehmen und solo oder mit einem schlichten Beilagensalat servieren.

2 gute EL Tomatenmark

½ EL Misopaste

4 große oder 8 kleine Tomaten, grob gehackt (siehe Hinweis)

1–2 TL getrockneter Thymian

1–2 TL getrockneter Oregano

Salz und schwarzer Pfeffer aus der Mühle

Hinweis:

Falls ihr zu dieser Jahreszeit keine frischen Tomaten bekommt oder Vorräte aufbrauchen wollt, könnt ihr hier auch welche aus der Dose verwenden, am besten ganze Tomaten.

Tipps:

Für dieses Gericht könnt ihr eigentlich jedes Getreide verwenden. Oder ihr probiert es mal mit Linsen oder einer anderen Hülsenfrucht. Manchmal gebe ich noch Karotten und/oder Staudensellerie dazu. Aber ihr könnt auch bei den Basics bleiben. Wenn ihr nur Zutaten aus dem Vorrat nehmen wollt, lasst die Pilze weg. Oder ihr verwertet Gemüsereste aus dem Kühlschrank. Die Tomatensauce lässt sich in großen Mengen zubereiten und gut im Kühlschrank aufbewahren oder einfrieren. Sie passt wunderbar zu Pasta oder Reisgerichten. Im Kühlschrank hält sich dieses Gericht einige Tage. Ihr könnt es also auch kalt mit einem Joghurt oder einer Sahne auf Pflanzenbasis servieren, oder sogar mit Hummus.

Maronen (Esskastanien)

Oh, süße, süße, süße Marone. Cremig, erdig, und ob ihr es glaubt oder nicht: Sie ist eigentlich eine Frucht. Gekocht hat sie eine weiche, zarte Konsistenz, die an Kartoffeln erinnert. Als Kind machten mir lange Spaziergänge richtig Spaß. Aber als wir dann nach London zogen, war es damit erst einmal vorbei. Zu meiner Überraschung entdeckten wir jedoch schon bald viele schöne Wege nicht weit von unserem Haus. Einmal endete unser Spaziergang an der Hauptstraße unseres Viertels, wo mein Bruder und ich Kastanien (zumindest hielten wir sie dafür) sammelten, während wir darauf warteten, dass unsere Mum ihren Schwatz mit einer Freundin beendete. Wir waren ein wenig verwirrt, weil wir gelernt hatten, dass es Kastanien eigentlich nur im Herbst gab. Doch als wir nach Hause kamen, erklärte uns unser Dad, dass wir tatsächlich Maronen gesammelt hatten. Wir waren ganz aufgeregt, da wir sie nur aus der Weihnachtszeit kannten. Mein Dad röstete sie als kleine Leckerei für den Nachmittag und sah sich dann mit der Herausforderung des Schälens konfrontiert. Aus Maronen lassen sich tolle Desserts, Nussbraten, Füllungen oder Pürees zaubern.

Tipps:

Natürlich geht man davon aus, dass man die Maronenschalen nach dem Rösten oder Kochen wegwerfen muss. Aber ich verrate euch einen kleinen Trick: Legt sie für einige Stunden in eine Pflanzenmilch eurer Wahl ein, dann erhaltet ihr eine herrlich aromatische Maronenmilch. Nehmt die Schalen anschließend heraus und serviert die Milch kalt oder wärmt sie mit Gewürzen oder Kakao auf. Falls ihr gebackene Maronen übrig habt, könnt ihr sie mit den Schalen in der Milch durchziehen lassen. Danach püriert ihr sie, sodass sie schön cremig wird (die Schalen davor entfernen!). Je nach verwendeter Menge müsst ihr die Milch vor dem Trinken vielleicht durch ein Sieb gießen. Aber wenn es nur ein paar sind, geht es auch ohne.

Meiner Liebe zu Maronen habe ich bereits deutlich Ausdruck verliehen. Und meine Freundinnen und Freunde haben vielleicht schon genug davon, da ich sie in der Saison zu wirklich allem serviere. Hier werden die Maronen gekocht und nach dem Schälen fast komplett ganz gelassen. Mit Knoblauch, Senfkörnern und zwei verschiedenen Ölen bereitet ihr eine herrlich buttrige Sauce dafür zu.

Für ca. 4 Personen als Beilage

DOPPELT GEGARTE MARONEN

in Butter-Knoblauchsauce mit Senfkörnern

Den Backofen auf 200 °C (Umluft) vorheizen. Die Maronen mit einem scharfen Messer auf beiden Seiten kreuzförmig einritzen (über die gesamte Breite und Länge). Auf ein Backblech legen und 15–20 Minuten rösten. Die Schalen wölben sich an den Einschnittstellen nach oben. Danach einige Minuten abkühlen lassen und anschließend schälen.

Das Kokosöl bei schwacher Hitze in einer großen Pfanne zerlassen. Die Senfkörner ins heiße Öl geben und unter gelegentlichem Rühren einige Minuten braten, bis sie zu springen beginnen. In eine kleine Schüssel füllen und beiseitestellen. Das Olivenöl in die Pfanne geben und erhitzen. Den Knoblauch zufügen und braten, bis er allmählich goldgelb wird und duftet. Senfkörner, 2 EL Pflanzenmilch, Muskatnuss, 1 gute Prise Salz und Pfeffer einrühren.

Die Maronen zufügen (nach Belieben einige zerbröckeln, sodass unterschiedlich große Stücke entstehen) und unterrühren. Die restliche Pflanzenmilch zugießen. Falls nötig, erneut salzen und pfeffern. Heiß, mit Beilagen nach Wahl servieren.

180 g Maronen
1 EL Kokosöl
2 TL Senfkörner
1 EL natives Olivenöl extra
4 Knoblauchzehen, in feine Scheiben geschnitten
4 EL ungesüßte Pflanzenmilch
½ TL frisch geriebene Muskatnuss
Salz und schwarzer Pfeffer aus der Mühle

Tipps:

Die Maronen, oft ein wenig vernachlässigt, kommen hier gut zur Geltung. Dieses Gericht könnt ihr auch in eine herrlich cremige Sauce verwandeln. Dafür wird die Mischung zum Schluss einfach püriert. Die Sauce passt zu Pasta, Gemüse, Risotto, ja, sogar zu einem winterlichen Curry. Sie macht sich auch gut als Hummus oder als Dip. Reste halten sich im Kühlschrank 2–3 Tage. Zum Essen in einem kleinen Topf erwärmen! Gelegentlich verfeinere ich dieses Gericht mit frischen Kräutern, aber im Grunde ist es eine schlichte, köstliche Mahlzeit mit Zutaten aus dem Vorrat.

Diese cremige Pasta zählt zu den Lieblingsgerichten meines Freundes. Der Salbei sorgt für eine knusprige Note und einen Hauch von Farbe zwischen den Beigetönen. Ihr könnt jegliche Pastasorte verwenden, aber mir schmecken Orecchiette hier am besten, denn die hutförmige Pasta saugt die Sauce förmlich auf. Dieses echte Winter-Special steckt voll köstlicher Nuancen.

Für 4–6 Personen

PASTA IN MARONEN-SALBEI-CREME

Den Backofen auf 200 °C (Umluft) vorheizen. Die Maronen mit einem scharfen Messer auf beiden Seiten kreuzförmig einritzen (über die gesamte Breite und Länge). Auf einem Backblech 15–20 Minuten rösten. Die Schalen wölben sich an den Einschnittstellen nach oben. Danach einige Minuten abkühlen lassen und anschließend schälen.

1 EL Olivenöl in einem Topf erhitzen und die Zwiebel darin leicht anbräunen. Den Knoblauch zufügen und 1 Minute mitbraten. Salzen und pfeffern, Salbei und Thymian zugeben, gut einrühren und leicht anbraten.

Kartoffelwürfel, Brühe, Sojasauce, Tahini, Senf und Paprikapulver zufügen. Erneut salzen und pfeffern. Zum Kochen bringen, dann die Temperatur reduzieren und köcheln lassen, bis die Kartoffelwürfel weich sind und die Flüssigkeit etwas eingekocht ist.

Inzwischen die Pasta in Salzwasser in 10 Minuten *al dente* kochen. Abgießen und die Pasta wieder in den Topf geben. Das restliche Olivenöl zufügen. Einen Deckel auflegen.

Die Kartoffeln vom Herd nehmen. Die Sauce in den Mixer füllen (oder mit dem Pürierstab direkt im Topf pürieren), die Maronen zufügen und alles zu einer homogenen Sauce pürieren.

Die Sauce über die Pasta gießen, gut vermengen und bei schwacher Hitze erwärmen. Falls nötig, mit Salz und Pfeffer abschmecken. Mit euren Lieblingsbeilagen oder veganem Käse (hausgemachter Käse, S. 364 und 365) servieren.

- 450 g Maronen
- 1–2 EL natives Olivenöl extra
- 1 mittelgroße Zwiebel, fein gehackt
- 4 Knoblauchzehen, zerdrückt oder fein gehackt
- Salz und schwarzer Pfeffer aus der Mühle
- 3–5 frische Salbeiblätter, grob gehackt
- 1 EL getrockneter Thymian
- 1 mittelgroße Kartoffel (jegliche Sorte) oder 2 kleinere, gewürfelt
- 750 ml–1 l Gemüsebrühe
- 2 EL Soja- oder Tamarisauce
- 2 EL Tahini
- 1 EL Dijonsenf
- ½ TL Rosenpaprikapulver
- 250–400 g Orecchiette (abhängig von der Personenzahl)

Tipps:

Statt Kartoffeln könnt ihr Süßkartoffeln, Butternut-Kürbis oder einen anderen Sommerkürbis verwenden. Maronen schmecken jetzt im Winter am köstlichsten, und natürlich kauft man besser frische Ware. Aber im Notfall könnt ihr auch vorgegarte Maronen nehmen. Falls ihr keine Maronen bekommt, lasst ihr sie einfach weg, verdoppelt die Kartoffelmenge und gebt noch 4 EL Tahini dazu, denn so erhaltet ihr eine ähnliche Konsistenz.

Winteranfang

Dies ist eine Abwandlung des Nussbratens mit Pastinaken (S. 207). Durch die Zugabe von Maronen wird der Nussbraten cremiger, bleibt aber dennoch saftig und schmackhaft. In der Saison unbedingt frische Maronen verwenden.

Für ca. 6–8 Personen als Beilage

NUSSBRATEN MIT MARONEN

Den Backofen auf 200 °C (Umluft) vorheizen. Eine große Kastenform einfetten und beiseitestellen.

Die Pastinaken auf ein Backblech legen und ohne Fett (so bleiben sie schön saftig) 30–35 Minuten backen, bis sie leicht angebräunt und innen weich sind. Aus dem Backofen nehmen und abkühlen lassen. Danach gut zerdrücken und beiseitestellen.

Leinsamen und 8 EL Wasser in einer kleinen Schüssel zu einer breiigen Paste vermengen. Zum Quellen in den Kühlschrank stellen.

Das Olivenöl bei schwacher Hitze in einer Pfanne erwärmen und die Zwiebel darin glasig dünsten, bis sie duftet. Knoblauch und Salbei zufügen und leicht anbräunen. Muskatnuss, Maronen und 1 Schuss Wasser zugeben und unter Rühren kurz braten. Mit reichlich Salz und Pfeffer würzen.

Nusskerne, Rosmarin, Thymian, Misopaste, Semmelbrösel, 2 EL Vollkornmehl, Hefeflocken und Leinsamenmischung in eine Schüssel geben. Die Zwiebel-Maronen-Mischung sowie den Pastinakenbrei zugeben und alles mit den Händen gründlich durchkneten. Falls nötig, erneut salzen und pfeffern. Falls die Mischung noch etwas feucht ist, das restliche Mehl zufügen.

Die Mischung in die Kastenform füllen und fest andrücken. Auf unterer/mittlerer Schiene 30 Minuten backen. Die Oberseite sollte braun und knusprig und der Nussbraten durchgegart sein. Mit einem Messer prüfen, ob die Mischung zu locker ist. Dann evtl. noch 5 Minuten weiterbacken.

400 g Pastinaken, mit Schale, gehackt

3 EL gemahlene Leinsamen

1 EL natives Olivenöl extra

1 Zwiebel, fein gehackt

4 Knoblauchzehen, zerdrückt oder fein gehackt

6 Salbeiblätter, grob gehackt

½–1 TL frisch geriebene Muskatnuss

200 g gekochte Maronen, grob zerkleinert (z. B. im Mixer; siehe Hinweise zum Garen von Maronen auf S. 251)

Salz und schwarzer Pfeffer aus der Mühle

185 g Cashewnusskerne, Mandeln oder eine Mischung (oder im Mixer gemahlene Haselnusskerne)

2 geh TL frische oder 1 TL getrocknete Rosmarinnadeln

2 gute TL frische oder 1 TL getrocknete Thymianblättchen

2 gute TL Misopaste

140 g Semmelbrösel (aus altbackenem Brot oder Brotresten)

2–4 EL Vollkornmehl

2–3 EL Hefeflocken

Den fertigen Braten aus dem Backofen nehmen und 5 Minuten abkühlen lassen. Dann auf einen Servierteller stürzen: Einen Teller auf die Kastenform legen und die Form mit einer kleinen Rüttelbewegung stürzen, sodass der Braten herausrutscht.

Mit gewünschten Beilagen als »Sonntagsbraten« servieren, also mit grünem Gemüse, Getreide etc. (z. B. mit Pilzsauce, S. 246).

Tipps:

Auch das Herbstkapitel enthält ein Nussbraten-Rezept, das ich hier allerdings mit Maronen abgewandelt habe, die zuerst angebraten und dann zerkleinert werden. Die Pastinaken könntet ihr ebenfalls durch die Zugabe von Karotte, Kartoffel oder Steckrübe (Gemüse mit ähnlicher Konsistenz) aufpeppen. Eine Kombi ist immer gut, und oranges Gemüse sorgt für einen hübschen Farbklecks. Ihr könnt auch ein anderes Mehl verwenden, wobei ich eher zu kräftigerem Mehl rate und keine feine Sorte wie Kokos- oder Buchweizenmehl nehmen würde – könnt ihr zwar machen, aber dann braucht ihr ein bisschen mehr davon.

Birnen

Birnen sind für mich die ultimative Winterfrucht. Richtig Gute schmecken einfach sensationell. Ich esse sie während der Wintermonate zum Frühstück, als Snack oder in einem warmen Salat als leichtes Abend- oder Mittagessen. Birnen gibt es in zahlreichen Sorten – von Williams Christ über Boscs bis zu Concorde, d'Anjou und Nashi. Sie schmecken mild, einzigartig süß und haben ein beinahe vanilleartiges Aroma. Und sie lassen sich hervorragend mit echten Vanilleschoten kombinieren. Eine der besten Verbindungen (angelehnt an ein Lieblingsrezept aus meiner Kindheit) sind Birnenspalten auf Toast, der zuvor mit einer dicken Schicht Nussricotta bedeckt wurde. Obendrauf geröstete Pinienkerne, 1 Schuss Olivenöl und Salz und Pfeffer. So simpel und zugleich so kreativ, dass es Eindruck macht, ob als herzhaftes Frühstück oder nachmittags um drei, wenn ihr ein wenig Appetit auf etwas Besonderes habt. Birnen würde ich, falls möglich, immer als Bioware kaufen, da konventionelle Früchte oft stark pestizidbelastet sind, obwohl ihr Anbau nicht allzu schwierig ist.

Tipps:

Birnen lassen sich im Sommer leicht durch Steinobst ersetzen, dessen Konsistenz, besonders im gekochten Zustand, recht ähnlich ist. Weiche Birnen ergeben ein köstliches Kompott, wenn ihr sie mit Vanille, Gewürzen und 1 Prise Salz gart. Auch Äpfel sind ein guter Ersatz, falls eure Birnen noch nicht reif sind (was oft der Fall ist), denn eine harte, unreife Birne kann eine herbe Enttäuschung sein. Wie Äpfel werden auch Birnen schnell braun: Wenn ihr sie also frisch/roh verwendet, solltet ihr sie gleich mit Dressing vermengen oder aber ein wenig Zitronensaft darüberträufeln, damit sie sich nicht verfärben.

Ich bin kein großer Dessertfan und auch nicht verrückt nach »Kaffee und Kuchen«, aber dieses gestürzte Exemplar bildet eine Ausnahme. Die Birne wird ganz weich und klebrig, und der locker-leichte Kuchen schmeckt dank des Buchweizenmehls herrlich nussig. Besonders köstlich mit einem Klecks Kokosjoghurt und, ähm, einer Tasse Tee oder Kaffee.

Ergibt 10–12 Stücke

BIRNENKUCHEN UPSIDE-DOWN

Den Backofen auf 180 °C (Umluft) vorheizen. Eine runde Kuchenform (ca. 20 cm Ø) mit Kokosöl einfetten oder mit Backpapier (siehe Tipp, S. 35) auslegen. 1 Prise Zimtpulver und braunen Zucker gleichmäßig auf dem Boden der Backform verteilen.

Die Birnenspalten fächerförmig mit Überlappung in der Backform anordnen. Die Backform beiseitestellen.

Buchweizenmehl, Kokosmehl und Backpulver in einer Rührschüssel mischen. Restlichen Zucker, Zimtpulver und Salz zufügen und gut vermengen. Nach und nach Kokosöl, Pflanzenmilch und Vanilleextrakt zugeben und zu einem glatten Teig verrühren (aber nicht zu lange rühren). Der Teig sollte locker von einem Löffel tropfen. Falls er noch zu dickflüssig ist, etwas mehr Flüssigkeit zugießen.

Die Birnenwürfel zum Teig geben und unterheben. Den Teig in die Backform füllen und gleichmäßig darin verstreichen. Die Backform mehrmals auf die Arbeitsfläche schlagen, um Luftlöcher zu entfernen. Dann den Kuchen 50–55 Minuten backen.

Der fertige Kuchen gibt auf Druck leicht nach und ist schön goldbraun. Ein scharfes Messer oder einen Spieß einstechen. Das kann ein wenig trügerisch sein, wenn ihr ausgerechnet eine Birne erwischt, aber ihr könnt trotzdem feststellen, ob der Teig durchgegart ist.

Zum Abkühlen 5–10 Minuten beiseitestellen. Danach auf ein Kuchengitter stürzen. Die Form und das Backpapier (falls verwendet) vorsichtig abziehen. Zum Servieren mit etwas Zimtpulver bestäuben.

- 125 g Kokosöl, plus mehr für die Form
- 2 gute TL Zimtpulver oder Gewürzmischung (Muskatnuss, Gewürznelke, Kardamom etc.), plus mehr zum Bestäuben
- 165 g brauner Zucker (Kokoszucker passt auch)
- 3 reife Birnen, 2 geachtelt, 1 gewürfelt
- 240 g Buchweizenmehl
- 120 g Kokosmehl
- 2 TL Backpulver
- 1 Prise Salz
- 500 ml ungesüßte Pflanzenmilch nach Wahl (ich nehme Kokosmilch)
- 2 TL Vanille

Tipps:

Eine gute Methode, um überreife Birnen aufzuessen. Ihr könnt stattdessen auch Äpfel nehmen oder die beiden Früchte kombinieren. Am liebsten verwende ich für dieses Rezept Kokosmehl. Aber ihr könnt auch andere feine Mehle ausprobieren, z. B. sehr feines Hafermehl, Kichererbsenmehl etc., oder ihr nehmt, was ihr gerade daheim habt. Vegane Kuchen lassen sich oft leichter backen als solche mit tierischen Produkten, solange sie ein Backtriebmittel enthalten, da sie nicht so gut aufgehen.

Dieses Gericht, eines meiner ersten Birnenexperimente, bereite ich nun schon seit Ewigkeiten zu. Die intensive Süße wird durch das würzige Aroma des Thymians abgemildert. Am liebsten esse ich diese Birnen mit 1 Prise Zimtpulver und etwas Kokoscreme oder -joghurt, so wie bei den Zutaten angegeben.

Für 3–6 Personen, je nach Portionsgröße

GEBACKENE BIRNEN MIT AHORNSIRUP UND THYMIAN

Den Backofen auf 200 °C (Umluft) vorheizen. Die Birnenkerne vorsichtig entfernen, ohne die Birnenhälften zu beschädigen.

Kokosöl, 125 ml Ahornsirup, Vanilleextrakt, Zucker, Thymian, Zimtpulver, Muskatnuss, Gewürznelken und 1 gute Prise Salz in einer (gusseisernen) Pfanne mit schwerem Boden bei schwacher Hitze unter häufigem Rühren sanft köcheln lassen.

Die Birnenhälften mit der Schnittseite nach unten hineinlegen. Einige Minuten in der Mischung köcheln und weich werden lassen. Eine gusseiserne Pfanne könnt ihr direkt in den Backofen schieben. Ansonsten Birnen und Sauce in eine feuerfeste Form füllen und dann 10–12 Minuten backen, bis die Birnen gar, ganz weich und leicht karamellisiert sind.

Die Kokoscreme aufschlagen, während die Birnen im Backofen garen: Dazu die Creme (mit möglichst wenig Flüssigkeit) aus der im Kühlschrank aufbewahrten Kokosmilchdose löffeln und in eine Schüssel füllen. Das Kokoswasser aufbewahren, siehe Tipps). Die Creme mit einem Schneebesen oder einem elektrischen Handrührgerät fester schlagen. 2 EL Ahornsirup und 1 Prise Salz zufügen und 1 weitere Minute schlagen.

Die Birnen zum Servieren aus dem Backofen nehmen und auf einzelne Teller verteilen oder auf eine Servierplatte legen. Mit einigen kleinen Klecksen Kokoscreme krönen und mit 1 Prise Zimtpulver bestreuen. Ich garniere sie gern mit Thymianzweigen, aber das bleibt ganz euch überlassen.

- 3 reife Birnen (Boscs, Williams Christ, Concorde), längs halbiert
- 2 EL Kokosöl (oder pflanzliche Butter)
- 125 ml reiner Ahornsirup, plus 2 EL für die Creme (oder ein anderes Süßungsmittel)
- 1 TL reiner Vanilleextrakt
- 50 g Zucker (Kokos-, brauner Zucker, Rohrohrzucker etc.)
- 2–4 EL fein gehackter frischer Thymian
- 1 guter TL Zimtpulver
- ½ TL frisch geriebene Muskatnuss
- ½ TL gemahlene Gewürznelken
- Salz
- 400 ml Kokosmilch (aus der Dose, 24 Stunden im Kühlschrank aufbewahrt)

Tipps:

Diese Birnen halten sich im Kühlschrank 4–5 Tage. Sie passen wunderbar zu Knuspermüsli und Porridge und ergeben auch eine tolle Crumble-Basis. Für einen Single-Crumble eine übrig gebliebene Birne klein schneiden, in eine kleine Form geben und mit einer Mischung aus Haferflocken, Kokosöl, Gewürzen, etwas Mehl und Zucker bedecken. Das Kokoswasser aus der Dose könnt ihr im Kühlschrank aufbewahren und für Smoothies, Porridge, Currys etc. verwenden (siehe auch Tipp, S. 231). Es ist nicht mehr besonders cremig, aber verleiht Gerichten ein intensives Aroma. Ich gebe es manchmal statt Brühe zu manchen Kichererbsenrezepten (S. 260 und 320).

Nie werde ich die Reaktion der Gäste vergessen, denen ich bei einem Abendessen meine »Käse«-Platte vorsetzte – wahrhaft magische Cashewnusskerne. Beim folgenden Rezept habt ihr ein Allerlei. Es kann auf unterschiedlichste Weise serviert werden, wobei das Chutney unverzichtbar ist. Auch Cracker oder Brot passen gut dazu.

Das Birnenchutney reicht für ca. 30–32 Portionen à 2 EL

Der gebackene Cashewkäse (1 großes Blech) reicht für ca. 20 Portionen

BIRNEN-ZWIEBEL-CHUTNEY

und gebackener Cashewkäse mit Raucharoma

Den Backofen auf 160 °C (Umluft) vorheizen. Für das Birnenchutney die Zwiebeln in einer großen Pfanne ohne Fett bei mittlerer Hitze 1 Minute leicht anbräunen. Kokos- und Olivenöl zugeben. Die Temperatur reduzieren, 1 Schuss Wasser zufügen und mit Salz und Pfeffer würzen. Die Zwiebeln braten, bis sie allmählich weich werden.

Zucker, Essig, 60 ml Wasser, Ingwer und Birnenwürfel einrühren, 1 Prise Salz zufügen. Erneut aufkochen, dann bei reduzierter Temperatur 12–15 Minuten köcheln lassen. Die Birnen werden dabei allmählich weich und goldgelb.

Bei schwacher Hitze Senf, Muskatnuss, Gewürznelken, Thymian und noch 1 Prise Salz und Pfeffer zugeben. Unter gelegentlichem Rühren weitere 20–25 Minuten garen. Die Mischung sollte dickflüssig und leicht glänzend sein. Je kleiner die Birnenwürfel sind, desto schneller werden sie gar. Deshalb gut aufpassen, dass sie nicht zu Brei verkochen. Danach auf Zimmertemperatur abkühlen lassen.

Für den Käse die Cashewkerne abgießen und in einen Mixer geben. Zitronensaft und -abrieb, Apfelessig, Hefeflocken, Thymian, geräuchertes Paprikapulver (zuerst etwas weniger Thymian und Paprikapulver zugeben, dann probieren und gegebenenfalls nachwürzen), Chiliflocken, Harissa (nach Belieben), Senf, Knoblauch, Pflanzenmilch und 375 ml Wasser zufügen. Mit Salz und

Für das Birnenchutney

3 rote Zwiebeln, halbiert, in dünne Ringe geschnitten

1 EL Kokosöl

1 EL natives Olivenöl extra

Salz und schwarzer Pfeffer aus der Mühle

220 g Demerarazucker oder heller brauner Zucker

85–125 ml Essig (Weißwein-, Apfelessig oder Aceto balsamico)

½ TL geriebener Ingwer

5 mittelgroße reife Birnen, Kerngehäuse entfernt, mit Schale, fein gewürfelt

1 guter EL körniger Senf

½–1 TL frisch geriebene Muskatnuss

½ TL gemahlene Gewürznelken

2 EL frische Thymianblättchen

Für den Cashewkäse

240 g Cashewnusskerne, mit kochendem Wasser übergossen und mind. 2 Stunden oder über Nacht eingeweicht

Saft von 1 unbehandelten Zitrone, plus etwas Abrieb

1 TL Apfelessig

50–75 g Hefeflocken

1–2 gute TL getrockneter Thymian

1–2 gute TL geräuchertes Paprikapulver

»

Pfeffer würzen und einige Minuten pürieren, bis eine homogene Masse entsteht. Je nach Mixer müsst ihr die Seitenwände vielleicht öfter abschaben. Falls die Mischung zu fest ist, mehr Wasser (bis zu 125 ml) zugießen. Die Masse sollte homogen sein, aber so fest, dass sie nicht von einem Löffel tropft. Falls nötig, extra Kräuter/Gewürze zugeben und nochmals pürieren.

Ein flaches Backblech mit Backpapier (siehe Tipp, S. 35) belegen und die Cashewmischung in der Mitte des Backblechs aufhäufen, sodass sich eine runde Grundform ergibt. Dann die Masse mit einem Pfannenwender oder der Rückseite eines Löffels verteilen. Mit 1 guten Prise Salz und ein klein wenig getrockneten Kräutern bestreuen.

Auf mittlerer Schiene 30–40 Minuten backen. Die Backzeit variiert je nach Backofentyp. Die Oberseite der Masse sollte Risse aufweisen und goldbraun und knusprig sein. Im Inneren ist sie etwas weicher. Danach aus dem Backofen nehmen und abkühlen und leicht fest werden lassen.

Zum Servieren portionieren oder als größere »Käseplatte« servieren. Den Käse aufschneiden und mit einer ordentlichen Portion Chutney reichen. Das Chutney dickt mit der Zeit etwas ein, wenn ihr es nach dem Abkühlen im Kühlschrank aufbewahrt.

- 1 Prise Chiliflocken
- 1 TL Harissa (nach Belieben, hausgemachte Variante S. 361)
- 1–2 EL Dijonsenf
- 2 Knoblauchzehen, zerdrückt oder fein gehackt
- 125 ml Pflanzenmilch
- Salz und schwarzer Pfeffer aus der Mühle

Tipps:

Käse und Chutney sind im Kühlschrank gut haltbar. Das Chutney dickt ein und wird aromatischer. Oft gebe ich beim Abfüllen noch 1 Prise Chiliflocken dazu. Falls ihr keine Birnen habt, könnt ihr auch Äpfel verwenden oder die beiden Früchte mischen. Auch bei den Zwiebeln dürft ihr kreativ werden, je nachdem, welche Sorten ihr gerade dahabt. Diese Käsevariante basiert auf einem anderen Rezept (S. 132) – die Aromazutaten lassen sich ganz nach Belieben austauschen.

Hier begegnen sich Sri Lanka und Indien und treffen dann auf den Nahen Osten. Dieses Rezept, ein weiterer Tipp zur Kohlverwertung, enthält reichlich Kräuter und Gewürze sowie eine einfache Tahini-Sauce!

Für 2–3 Personen

KICHERERBSENDOSA, BIRNE UND KOHL

mit Za'atar und Tahini-Sauce

Den Backofen auf 180 °C (Umluft) vorheizen. Tahini, Zitronensaft und -abrieb, Essig, Senf, Sojasauce, Ahornsirup, Salz und Pfeffer in einer kleinen Schüssel verrühren. 1 Schuss Wasser zugeben, falls die Sauce etwas dünnflüssiger sein soll. Zum Eindicken in den Kühlschrank stellen.

Birnen und Kohl auf ein Backblech legen und mit der Za'atar-Gewürzmischung bestreuen. Mit Olivenöl beträufeln und mit Salz und Pfeffer würzen. In den Backofen schieben und 20 Minuten backen. Je weicher die Birnen sind, desto schneller werden sie gar – deshalb gut im Auge behalten. Danach aus dem Backofen nehmen und etwas abkühlen lassen.

Für die Dosa Karotte, Zwiebel und Knoblauch in einer Schüssel mischen. Kichererbsenmehl, Kräuter, Kreuzkümmel, Kurkuma, Hefeflocken, Salz und Pfeffer zufügen und untermengen. 185 ml Wasser zugießen und unterrühren. Der Teig sollte dünnflüssig sein und keine Klümpchen enthalten. Bei Bedarf etwas mehr Wasser oder Mehl zufügen.

Etwas Öl bei mittlerer Hitze in einer Pfanne erwärmen. Die Pfanne schwenken, sodass sich das Öl gut verteilt. Etwas Teig mit einem Schöpflöffel vorsichtig in die Pfanne geben. Die Dosa in gewünschter Größe zubereiten, also entweder pfannengroße Dosa oder mehrere gleichzeitig backen (dies hat Einfluss auf die Backdauer). Einige Minuten backen, bis sich an der Oberfläche Blasen bilden und die Unterseite anbräunt. Dann wenden und von der anderen Seite ebenfalls einige Minuten backen.

Für die Tahini-Sauce

2 gute EL Tahini

Saft von 1 großen unbehandelten Zitrone, plus etwas Abrieb

½ TL Essig nach Wahl

1 EL Dijonsenf

2 TL Soja- oder Tamarisauce

1 EL reiner Ahornsirup oder ein anderes Süßungsmittel

Salz und schwarzer Pfeffer aus der Mühle

Für Birne und Kohl mit Za'atar

2 mittelgroße Birnen (jegliche Sorte), längs halbiert, dann geviertelt, Kerngehäuse entfernt

½ Kohl nach Wahl, in feine Streifen geschnitten

2 TL Za'atar-Gewürzmischung

1–2 TL natives Olivenöl extra

Salz und schwarzer Pfeffer aus der Mühle

Für die Dosa

1–2 kleine Karotten, geraspelt

1 kleine Zwiebel, fein gehackt

2 Knoblauchzehen, zerdrückt oder fein gehackt

120 g Kichererbsenmehl

1 gute Handvoll frische Kräuter nach Wahl (Petersilie, Dill, Koriandergrün oder eine Mischung), fein gehackt

1 TL gemahlener Kreuzkümmel

1 TL gemahlene Kurkuma

1 guter EL Hefeflocken

Salz und schwarzer Pfeffer aus der Mühle

Öl zum Braten (Kokos-, Oliven-, Avocadoöl etc.)

»

Zum Servieren

2–4 Frühlingszwiebeln, fein gehackt

Sesamsamen, leicht geröstet

natives Olivenöl extra zum Beträufeln

Salz und schwarzer Pfeffer aus der Mühle

Die Dosa zum Servieren auf Teller verteilen und mit der gewünschten Menge an Birne und Kohl belegen. Mit Tahini-Sauce beträufeln und mit Frühlingszwiebeln, Sesamsamen und etwas Olivenöl bestreuen. Falls nötig, erneut mit Salz und Pfeffer würzen.

Winteranfang

Pilze

Portobello, weiße und braune Zuchtchampignons, Shiitake, Steinpilze (Porcini), Morcheln ... alles tolle Pilze. Bei manchen Leuten haben Pilze einen schlechten Ruf, was mir völlig unverständlich ist, da ich sie schon immer geliebt habe. Während die meisten Kinder sie ablehnten, habe ich sie immer und überall gegessen. Meine Mum liebte sie ebenso und experimentierte gern damit: Oft briet sie Pilze mit etwas Pesto und bestreute sie mit zerkleinerten Nusskernen. Dazu gab es einen großen Blattsalat. Eine schlichte Mahlzeit, die wir sehr gern aßen. Für mich verströmen Pilze eine Art »Weinaroma«, was sie vielleicht so anziehend machte. Erinnert ihr euch noch daran, dass ihr immer älter wirken wolltet (auch um eure Eltern und deren Freunde zu beeindrucken) und eure kulinarischen Gewohnheiten daran ausgerichtet habt?

Pilze entwickeln beim Garen eine herrlich fleischige Konsistenz, weshalb sie natürlich das perfekte Fleischersatzprodukt für Burger oder Bolognesesauce sind, aber auch zu Currys passen. Falls ihr das Glück habt, große Kräuterseitlinge zu ergattern, könnt ihr daraus Gerichte mit »Pulled Meat« nachkochen. Als ich in Peckham wohnte, gab es um die Ecke einen kleinen Obst- und Gemüseladen, dessen Angebot regional und bio war. Eines Tages entdeckte ich dort ein kleines Körbchen mit frischen Steinpilzen. Da ich gerade einen frischen Brotlaib gekauft hatte, beschloss ich, mir das letzte Körbchen Steinpilze zu schnappen, sie mit ein wenig Knoblauch zu braten und dann auf Toast zu verspeisen. Da sie so selten sind, zahlt man natürlich einiges dafür. Meine Mahlzeit war definitiv teuer, aber jeden Penny wert.

Tipps:

Aus Pilzen lässt sich auch eine tolle Brühe kochen: Mit etwas Miso und getrockneten Pilzen, die ihr mit den restlichen Brühezutaten gart, bekommt ihr eine fantastische Basis (Rezept für hausgemachte Brühe, S. 352). Ihr könnt Gerichte mit fein gehackten Pilzen verfeinern, um eine fleischige Konsistenz zu erzielen. Oder ihr gebt sie zu Falafel oder Burgern, füllt oder bratet sie ... es gibt unzählige Möglichkeiten, ob ihr sie nun schnell aufbrauchen müsst oder im Laden dem Pilzrausch erlegen seid.

Meine Mum kocht eines der weltbesten Risottos. Ihre Standardzutaten sind Pilze und grünes Gemüse der Saison. Ich glaube, dies war eines der Gerichte, das sie früher am liebsten zubereitete, da wir es immer verschlungen haben!

Für ca.
4–6 Personen

PILZRISOTTO MIT ESTRAGON

1 EL Olivenöl in einem Topf erhitzen. Schalotten und Lauch zufügen und darin anbräunen, Knoblauch und Muskatnuss zugeben und 1 Minute mitbraten, ohne den Knoblauch anbrennen zu lassen.

Pilzscheiben und 1 Schuss Wasser zugeben. Die Pilze sollen weicher, aber noch nicht völlig gar werden, da sie noch mit dem Reis garen. Den Reis einrühren, sobald sie etwas weicher sind und Flüssigkeit austritt.

Den Reis unter ständigem Rühren leicht rösten (die Körner werden dabei etwas glasig). Den Weißwein zugießen und den Alkohol verdampfen lassen: Er verströmt anfangs ein intensives Aroma, fängt aber schnell zu köcheln an.

Nun schöpflöffelweise unter häufigem Rühren die Brühe zugießen, damit der Reis nicht ansetzt. Mit Salz und Pfeffer würzen. Weiter so verfahren, bis drei Viertel der Brühe aufgebraucht sind. Dann bei schwacher Hitze köcheln lassen.

Drei Viertel von Zitronensaft und -abrieb, den getrockneten und frischen Estragon, Oregano und Hefeflocken zufügen. Gut unterrühren und, falls nötig, mit Salz und Pfeffer würzen.

Wenn der Reis (nach 30 Minuten) fast fertig ist, restliche Brühe und restlichen Zitronensaft und -abrieb zugeben und durcherhitzen. Der Reis sollte noch ein klein wenig Biss haben. Mit Salz und Pfeffer abschmecken.

Auf Schüsseln verteilen und mit 1 Prise Zitronenabrieb, den gerösteten Haselnusskernen und 1 guten Spritzer Olivenöl garnieren. Für kräftiges »Käsearoma« mit Hefeflocken bestreuen.

- 2 EL natives Olivenöl extra, plus mehr zum Servieren (Olivenöl mit Knoblaucharoma passt auch)
- 2 kleine Schalotten oder 1 große Zwiebel, fein gehackt
- 1 kleine Stange Lauch, längs halbiert, grob gehackt
- 4 Knoblauchzehen, zerdrückt oder fein gehackt
- ½ TL frisch geriebene Muskatnuss
- 250–300 g Pilze nach Wahl (Wildpilze, weiße oder braune Champignons etc.), in Scheiben geschnitten
- 350 g Risotto-/Arborioreis
- 250 ml Weißwein
- 1 l Gemüsebrühe (hausgemachte Brühe, S. 352)
- Salz und schwarzer Pfeffer aus der Mühle
- Abrieb von 1 und Saft von 1 ½ unbehandelten Zitronen
- 1–2 gute TL getrockneter Estragon
- 2 EL fein gehackter frischer Estragon
- 2 TL getrockneter Oregano oder eine Mischung getrockneter Kräuter
- 50 g Hefeflocken, plus mehr zum Garnieren
- 50 g Haselnusskerne, zerdrückt, leicht geröstet

Tipps:

Pilze sehen schnell alt und unschön aus, aber in diesem Risotto könnt ihr sie wunderbar aufbrauchen, welche Sorte auch immer ihr daheim habt. Der Estragon lässt sich ebenso wie die getrockneten Kräuter durch andere Kräuter ersetzen. Wer es gern hocharomatisch mag, gibt noch mehr Oregano dazu.

Eine vegane Bratensauce verbindet die einzelnen Elemente eines Gerichts auf wundersame Weise. Ich gieße sie gern obendrauf, sodass sie in das ganze Gemüse einzieht. Diese nicht zu üppige Sauce wird durchs Pürieren schön sämig, obwohl ich gern einige Pilzstückchen ganz lasse.

Für 4–6 Personen

PILZSAUCE

Das Olivenöl bei niedriger Hitze in einer großen Pfanne erwärmen und die Zwiebel darin leicht anbräunen.

Pilze und Knoblauch zufügen und einige Minuten mitbraten. Sobald die Pilze gar sind, 750 ml Brühe zugießen, Thymian, Rosmarin und Salbei zugeben und gut vermengen. Zum Kochen bringen, dann die Temperatur reduzieren und köcheln lassen.

Hefeflocken, Senf, Essig, Kokos-Aminos, Mehl, Muskatnuss, Pflanzenmilch und Chiliflocken zufügen und mit Salz und Pfeffer abschmecken. Bei schwacher Hitze umrühren, um Klümpchen aufzulösen und die Flüssigkeit andicken zu lassen. Falls die Sauce zu dickflüssig ist, die restliche Brühe zugießen.

Den Herd ausschalten, 1/3 der Pilzmischung aus der Pfanne nehmen und beiseitestellen. Die restliche Sauce in einem Mixer oder mit einem Pürierstab glatt pürieren.

Mit Salz und Pfeffer abschmecken. Die pürierte Flüssigkeit wieder in die Pfanne geben und die beiseitegelegten Pilze zufügen. Bei schwacher bis mittlerer Temperatur erhitzen. Heiß mit Beilagen nach Wahl servieren.

- 1–2 EL natives Olivenöl extra
- 1 mittelgroße Zwiebel, fein gehackt
- 250 g Pilze (weiße oder braune Champignons oder eine Mischung), in Scheiben geschnitten
- 3 Knoblauchzehen, zerdrückt oder fein gehackt
- 750 ml–1 l Gemüsebrühe
- 2 EL fein gehackter frischer Thymian
- 1 ½ EL fein gehackter frischer Rosmarin
- einige Salbeiblätter, zwischen den Fingern gerieben, damit sie ihr Aroma entfalten, dann grob gehackt
- 2–4 EL Hefeflocken
- 1 EL Dijonsenf
- 1 EL Sherry- oder Weißweinessig
- 2 EL Kokos-Aminos oder Sojasauce
- 2 EL Weizenmehl
- ½–1 TL frisch geriebene Muskatnuss
- 65 ml ungesüßte Pflanzenmilch
- 1 Prise Chiliflocken
- Salz und schwarzer Pfeffer aus der Mühle

Tipps:

Diese Sauce ist so vielfältig: Ihr könnt sie, ganz traditionell, zu einer Art »Braten« mit Gemüse servieren. Oder mit Kartoffelpüree und Linsenragù in einer Pie verarbeiten (Vorschläge für Pies, S. 249). Die Sauce hält sich im Kühlschrank 5 Tage und im Gefrierschrank wesentlich länger. Wer keine Stückchen mag, kann sie auch komplett pürieren. Eine weitere Variante: Pilzsauce plus Kartoffeln plus extra Brühe pürieren, sodass ihr einen suppenartigen Eintopf bekommt. Oder ihr püriert nur einen Teil und habt dann einen richtigen Eintopf. So wird aus einem kleinen Rezept eine große Mahlzeit, besonders, wenn es schnell gehen muss, ihr aber dennoch was Warmes braucht!

Wenn die Wildpilze sprießen, hält mich nichts mehr. Mein Freund Paul muss immer lachen, weil ich so hibbelig bin. Aber für mich lohnt sich das Warten auf die kurze Wildpilzsaison. Hier serviere ich sie mit Harissa und schlichtem Getreide, damit die Pilze im Mittelpunkt stehen.

Für 4 Personen

WILDPILZE, HIRSE UND GRÜNE HARISSA

Für die Harissa Knoblauch, Jalapeño, Koriander, Minze, Petersilie, Zitronensaft und -abrieb, Kreuzkümmelsamen, Koriandersamen, Essig, Salz und Pfeffer im Mixer 1 Minute pürieren (oder in einer Schüssel mit dem Pürierstab pürieren). Dann das Olivenöl zugießen und zu einer groben Paste pürieren. Mit Salz und Pfeffer abschmecken, nach Belieben die Chiliflocken zufügen und mit extra Öl verdünnen. In eine Schüssel füllen und beiseitestellen.

Wasser mit Salz in einem Topf zum Kochen bringen. Die Hirse zugeben, zum Köcheln bringen und dann in 12 Minuten *al dente* garen. Danach abgießen und zum Warmhalten abdecken.

Inzwischen 1 EL Öl in einer Pfanne erhitzen, die Schalotten zufügen und darin leicht anbräunen. Den Knoblauch zugeben und 1 Minute mitbraten, ohne ihn anbrennen zu lassen.

Weißwein, Senf, Zitronensaft, -abrieb und gemischte Kräuter zufügen. Mit Salz und Pfeffer würzen und vermengen. Zum Köcheln bringen, die Pilze zugeben und untermengen.

Die Pilze 10 Minuten garen, bis sie weich sind und die Sauce allmählich eine schöne braune Farbe annimmt. Falls nötig, mit Salz und Pfeffer würzen. Die Kichererbsen einrühren und 2–4 EL Harissa hinzufügen.

Die Hirse mit den Pilzen, 1 Klecks Harissa und frisch gehackten Kräutern krönen. Guten Appetit!

Für die Harissa

2 Knoblauchzehen, zerdrückt

1 große Jalapeño, Samen nach Belieben entfernt

1 gute Handvoll Koriandergrün, mit Stängeln, grob gehackt

1 gute Handvoll Minze, Blätter grob gehackt, Stängel auf den Kompost

1 gute Handvoll frische Petersilie, mit Stängeln, grob gehackt

Saft von 1 großen unbehandelten Zitrone, plus ein wenig Abrieb

1 TL Kreuzkümmelsamen, geröstet

1 TL Koriandersamen, geröstet

1 EL Weißweinessig oder Apfelessig

Salz und schwarzer Pfeffer aus der Mühle

125 ml natives Olivenöl extra

¼ TL Chiliflocken (nach Belieben)

Für die Hirse und die Pilze

350 g getrocknete Hirse

1–2 EL natives Olivenöl extra

2 kleine Schalotten, in dünne Ringe geschnitten

2 Knoblauchzehen, in dünne Scheiben geschnitten

65 ml Weißwein oder 2 EL Weißweinessig (wenn es alkoholfrei sein soll)

1 EL Dijonsenf

Saft von 1 kleinen unbehandelten Zitrone, plus etwas Abrieb

2 gute TL getrocknete gemischte Kräuter/Oregano

Salz und schwarzer Pfeffer aus der Mühle

500 g Wildpilze, grob zerpflückt/gehackt (oder andere Pilze bzw. Pilzmischung)

400 g Kichererbsen (aus der Dose), abgegossen

Tipps:

Wie im vorigen Rezept könnt ihr auch hier jede Pilzsorte verwenden, wodurch sich das Gericht ganz easy abwandeln lässt. Oder nehmt statt Pilzen gleich Auberginen: Dadurch erhaltet ihr eine ähnliche Konsistenz, aber ein ganz anderes Aroma. Ich würde 2 mittelgroße Auberginen nehmen. Falls ihr keine Kichererbsen aus der Dose verwenden wollt, findet ihr auf S. 320 Hinweise zum Kochen von Kichererbsen. Oder ihr nehmt gleich andere Bohnen. Manchmal mache ich die Harissa für dieses Gericht etwas dünnflüssiger: Gebt einfach 1 Schuss frisch gepressten Zitronensaft und 1 EL Tahini dazu, vermengt alles mit einer Gabel und träufelt die Mischung über das fertige Gericht.

Winteranfang

Die vielseitigen Pilze eignen sich in Geschmack und Konsistenz wunderbar als Fleischersatz. Dieses einfache Rezept lässt sich gut vorbereiten.

Für ca. 4 Personen

PILZBÄLLCHEN MARINARA

Den Backofen auf 200 °C (Umluft) vorheizen. Chiasamen mit 2–2½ EL Wasser in einer kleinen Schüssel vermengen und im Kühlschrank quellen lassen.

Das Öl in einer Pfanne erhitzen und die Zwiebel einige Minuten bei mittlerer Hitze goldgelb braten. Den Knoblauch zufügen und 1 Minute mitbraten.

Die Pilze zugeben und weich und glänzend braten. Dies geht recht schnell, da sie sehr fein gehackt sind. Vom Herd nehmen und in eine Schüssel füllen.

Sojasauce, Aceto balsamico, Miso, Hefeflocken, Petersilie, Oregano, Thymian und Chiliflocken zu den Pilzen geben und die Zutaten gut vermengen. Haferflocken, Walnusskerne und Pinienkerne zufügen. Das Chiagelee zugeben und alles mit den Händen zu einem stückigen Teig vermengen. Mit reichlich Salz und Pfeffer würzen.

Aus dem Teig 8–10 Bällchen (je nach gewünschter Größe) formen. Die Bällchen mit etwas Olivenöl bestreichen – dadurch fallen sie beim Backen nicht so leicht auseinander. Auf ein Backblech legen und 25 Minuten backen. Sie sollten fest und rundum angebräunt sein.

Inzwischen das Olivenöl für die Marinarasauce in einem Topf erhitzen, die Zwiebel zufügen und anbräunen. Dann den Knoblauch zugeben und 1 Minute mitbraten, bis er duftet.

Tomaten aus der Dose, Tomatenmark, Aceto balsamico, Zucker, Kräuter, Muskatnuss, Salz und Pfeffer zugeben. Zum Kochen bringen, dann die Temperatur reduzieren und die Mischung köcheln lassen. Die Tomaten mit der Rückseite eines Holzkochlöffels zerdrücken, die Flüssigkeit 15–20 Minuten einkochen lassen, bis die Sauce eingedickt ist. Dann, falls nötig, erneut salzen und pfeffern.

Für die Pilzbällchen

1 EL Chia- oder gemahlene Leinsamen

1 EL natives Olivenöl extra

1 Zwiebel oder große Schalotte, fein gehackt/gewürfelt

4 Knoblauchzehen, zerdrückt

225–250 g Pilze (jegliche Sorte), sehr fein gehackt

1 EL Soja- oder Tamarisauce

1 EL Aceto balsamico

½ EL Misopaste (weiß, braun, gelb)

2 EL Hefeflocken

1 kleine Handvoll frische Petersilie, fein gehackt, oder 1 guter EL getrocknete

1 EL getrockneter Oregano

1 TL getrockneter Thymian

1 TL Chiliflocken

65 g Haferflocken, zu Mehl zermahlen

60 g Walnusskerne, leicht geröstet, gemahlen

2 EL Pinienkerne, leicht geröstet, gemahlen

Salz und schwarzer Pfeffer aus der Mühle

natives Olivenöl extra zum Bestreichen

Für die Marinarasauce

1 EL natives Olivenöl extra

1 Zwiebel, in dünne Ringe geschnitten

3 Knoblauchzehen, zerdrückt

800 g ganze Tomaten (aus der Dose)

2 EL Tomatenmark

1 EL Aceto balsamico

½ EL Rohzucker (Rohr-, brauner, Kokoszucker)

1–2 TL getrocknete gemischte Kräuter

½ TL frisch geriebene Muskatnuss

Die Pilzbällchen zum Servieren in eine Schüssel füllen und die dampfende Sauce darauf verteilen. Oder andersherum servieren, also mit den Pilzbällchen obenauf. Mit frischen Kräutern bestreuen und mit etwas Olivenöl beträufeln. Guten Appetit!

Salz und schwarzer Pfeffer aus der Mühle

gehackte Kräuter zum Servieren

Tipps:

Die Sauce lässt sich wunderbar in größeren Mengen zubereiten und dann im Kühlschrank oder im Gefrierschrank aufbewahren. Sie passt gut zu Pasta- und Reisgerichten und zu Gemüse. Aber ihr könnt damit auch Eintöpfe andicken und aromatisieren. Die Pilzbällchen lassen sich auch mit Auberginen statt mit Pilzen zubereiten, allerdings passt das vielleicht eher zu einem sommerlichen Abendessen statt in den Winter. Dafür benötigt ihr die gleiche Menge an Aubergine, die sehr klein gehackt und dann wie im Rezept beschrieben zubereitet wird.

Hinweis:

Diese Pilzbällchen könnt ihr auch in etwas Olivenöl auf dem Herd braten: Bei mittlerer bis hoher Hitze von allen Seiten anbräunen.

Nudeln habe ich nur selten auf Vorrat, ich sollte wirklich anfangen, regelmäßig welche zu kaufen. Dann habe ich alles parat, wenn ich Lust auf Nudeln und dieses einfache Gericht bekomme. Es schmeckt wunderbar und kann mit saisonalem Gemüse abgewandelt werden. Der Grünkohl wird mit Kokosraspeln gebacken, die mit der Misopaste für den asiatischen Touch sorgen.

Für 4–6 Personen als Beilage oder Hauptgericht

NUDELN MIT KNUSPER-GRÜNKOHL UND MISO-PILZEN

Den Backofen auf 180 °C vorheizen. Den Grünkohl in eine große Schüssel geben. Kokosraspel, Hefeflocken, Knoblauch, 1 EL Olivenöl, die Hälfte des Zitronensafts und den ganzen -abrieb zufügen. Die Mischung mit den Händen vermengen und kneten, bis der Grünkohl rundum überzogen ist. Falls das Ganze zu trocken ist, das restliche Olivenöl zugeben. Den Grünkohl auf einem Backblech verteilen und auf mittlerer Schiene 15 Minuten backen. Gut im Auge behalten – weder Grünkohl noch Kokosraspel sollten anbrennen. Aus dem Backofen nehmen und abkühlen lassen.

Für die Pilze Aceto balsamico, Sesamöl, Misopaste, Knoblauch und Senf vermengen. Mit etwas Salz und Pfeffer abschmecken und die Frühlingszwiebeln zugeben. Die Pilze zufügen und gut unterrühren, sodass sie rundum von Marinade bedeckt sind. Einige Minuten durchziehen lassen.

Die Pilze mit Marinade bei schwacher bis mittlerer Hitze in einer Pfanne 5 Minuten braten, bis sie weich und leicht angebräunt sind. Gelegentlich wenden, damit sie von beiden Seiten bräunen. Die Frühlingszwiebeln karamellisieren und bekommen Röststreifen, was dem Gericht ein herrliches Aroma verleiht.

Nudeln in Salzwasser *al dente* garen (die Garzeit hängt von der Nudelsorte ab). Danach abgießen und mit fließend kaltem Wasser abspülen, um überschüssige Stärke zu entfernen. Die Nudeln in eine große Schüssel geben.

300 g Grünkohl/Blattkohl, mit Stängeln/Mittelrippen grob gehackt, jegliche Sorte (Krauskohl, Cavolo nero etc.)

55 g ungesüßte Kokosraspel (ungeschwefelt)

20–30 g Hefeflocken

1 Knoblauchzehe, zerdrückt

1–2 EL natives Olivenöl extra

Abrieb und Saft von 1 unbehandelten Zitrone

225 g getrocknete Nudeln (Soba-, Udon-, Vollkornreisnudeln etc.)

3 gute EL Tahini

2 EL Soja- oder Tamarisauce

2 EL süße Chilisauce

Chiliflocken (nach Belieben)

Saft von 1 unbehandelten Limette, plus etwas Abrieb

Salz und schwarzer Pfeffer aus der Mühle

Für die Miso-Pilze

4 EL Aceto balsamico

2–3 EL Sesamöl, plus mehr zum Servieren

2 EL Misopaste (weiß, gelb oder braun)

1 Knoblauchzehe, zerdrückt oder fein gehackt

1 EL körniger Senf

Salz und schwarzer Pfeffer aus der Mühle

2 Frühlingszwiebeln, fein gehackt

4 große Portobello-Champignons oder 6–8 kleinere Pilze, in dicke Scheiben geschnitten

Zum Servieren

2–4 EL Sesamsamen, leicht geröstet

Sesamöl

Restlichen Zitronensaft, Tahini, Sojasauce, süße Chilisauce, Chiliflocken (nach Belieben), Limettensaft und -abrieb untermengen. Mit 1 Prise Salz und Pfeffer würzen.

Die Tahinisauce über die Nudeln gießen, die gebratenen Pilze und drei Viertel des Grünkohls zufügen und vorsichtig vermengen, bis die Nudeln rundum bedeckt sind. Falls nötig, mit Salz und Pfeffer abschmecken.

Auf Teller/Schüsseln verteilen oder auf einer Servierplatte anrichten. Mit dem restlichen knusprigen Grünkohl und den Sesamsamen bestreuen. Wer will, kann die Nudeln noch mit 1 Spritzer Sesamöl beträufeln.

Meine Freundin Matilda hatte mir völlig begeistert von einem Restaurant erzählt, das Knoblauchreis serviert. Wir gingen also hin, um ihn zu probieren – und ich bekam förmlich Gänsehaut. Der Reis schmeckte definitiv nach Knoblauch, aber in genau der richtigen Intensität. Meine Variante wird mit gebratenen Pilzen serviert.

Für ca. 4 Personen als Beilage, für 2 als Hauptgericht

KNOBLAUCHREIS

mit karamellisierten Zwiebeln und Pilzen

½–1 EL Kokosöl bei schwacher Hitze in einem Topf zerlassen. Den Knoblauch zufügen und unter Rühren 1 Minute braten, ohne ihn anbrennen zu lassen. Den Reis einrühren und leicht anrösten.

1–1,5 l Wasser zugießen (vielleicht auch mehr) und 1 gute Prise Salz zugeben. Zum Kochen bringen, dann die Temperatur reduzieren und einen Deckel auflegen. Die Garzeit hängt von der Reissorte ab: Schwarzer, roter und Vollkornreis brauchen länger. Weißen Reis am besten zugedeckt 12–15 Minuten, Vollkornreis 30 Minuten und roten oder schwarzen Reis 35–40 Minuten köcheln. Nach der Garzeit sollte kaum oder gar kein Wasser mehr übrig sein. Vom Herd nehmen, einige Minuten durchziehen lassen und dann Zitronensaft und -abrieb zugeben und den Reis mit einer Gabel auflockern.

Während der Reis gart, 1 EL Kokosöl in einer Pfanne oder einem Wok zerlassen. Die Zwiebelspalten zugeben und einige Minuten braten, bis sie duften und anbräunen. Die Pilze und 1 Schuss Wasser zugeben und einige Minuten mitbraten. Aceto balsamico, Thymian und Chiliflocken zufügen und mit Salz und Pfeffer würzen. Weitere 12–15 Minuten garen, bis die Flüssigkeit reduziert ist und die Zwiebeln und Pilze allmählich weich werden und karamellisieren. Falls nötig, erneut salzen und pfeffern.

Zum Servieren den Reis auf Teller verteilen und mit den Pilzen krönen. Nach Belieben mit Chiliflocken, Thymian etc. garnieren.

1–2 EL Kokosöl

5–6 Knoblauchzehen, zerdrückt oder fein gehackt

250 g Reis nach Wahl (Vollkorn, weißer, roter, schwarzer Reis, Wildreis etc.)

Salz

Abrieb und Saft von 1 unbehandelten Zitrone

2 mittelgroße Zwiebeln, in Spalten geschnitten

500 g Pilze nach Wahl (gemischt/ eine Sorte, zerpflückt oder grob gehackt)

2 EL Aceto balsamico (Kokos-Aminos sind eine tolle Alternative)

2 EL frische Thymianblättchen plus mehr zum Servieren

1 Prise Chiliflocken plus mehr zum Servieren

schwarzer Pfeffer aus der Mühle

Tipps:

Zu diesem Gericht passen alle Pilzsorten – am besten verwendet ihr eine schöne Mischung saisonaler Pilze. Oder ihr nehmt einfach, was ihr gerade im Haus habt. Dieses äußerst schlichte Gericht ist hocharomatisch und ganz schnell zubereitet. Wählt dafür euren Lieblingsreis aus dem Vorrat.

Im tiefsten Winter

Wie die meisten Britinnen und Briten behaupte ich oft, den Winter zu hassen, und jammere im Spätherbst und an jedem trüben Tag (von denen es in Großbritannien ja reichlich gibt) ziemlich viel herum. Ehrlich gesagt ist es jedoch nicht der Winter an sich, den ich ablehne, sondern eher der graue Himmel und die kürzeren Abende. Doch auch in diesem Klima kann man natürlich optimistisch bleiben. Vielleicht gönnt man sich das beste Obst und Gemüse und macht es sich daheim so richtig gemütlich, damit man nicht mal Lust bekommt, das Haus zu verlassen. Obwohl ich so viel reise, bin ich im Grunde liebend gern daheim und wurstele so vor mich hin. Ob ich nun putze (meistens die Küche, denn ich bin wie mein Vater: den Herd zu reinigen, bis ich mich darin spiegeln kann, ist für mich das pure Vergnügen), neue Rezepte ausprobiere oder eine Party plane. Essen macht im Winter wirklich Spaß: Ich dekoriere den Tisch in gedeckten, warmen Tönen und serviere herzhaftes Essen sowie gewürzte, warme Cocktails oder einen kräftigen Rotwein. Bei winterlichen Abendessen fällt der Vorteil, draußen essen und sich in der Sonne aalen zu können, leider weg. Aber ich sorge gern mit köstlichem Essen und einer gemütlichen Atmosphäre dafür, dass es meinen Gästen schön warm wird. Deshalb überlege ich mir immer einen guten Grund für eine Einladung, wenn wir im tiefsten Winter alle ein wenig trübsinnig werden.

Einige der winterlichen Erzeugnisse werden komplett ignoriert oder haben, so wie Rosenkohl, einen schlechten Ruf. Aber sie lassen sich wunderbar abwandeln und können, aromatisiert mit euren Lieblingskräutern und -gewürzen, durchaus die Hauptrolle im Menü spielen. Wenn der Winter mit aller Macht über uns gekommen ist und wir uns richtig eingeigelt haben, kann ich mir nichts Besseres vorstellen, als ein wenig zu experimentieren, um Freundinnen und Freunde mit ein paar herzhaften Rezepten zu beeindrucken. Es ist die ideale Zeit, um sich vorzustellen, wie man mit seinen Lieben vor einem prasselnden Kaminfeuer sitzt, eine Flasche mit kräftigem Wein dazu und einen Eintopf auf dem Herd. Vielleicht haltet ihr das für altmodisch, aber ich bin mir sicher, dass ihr in eurem tiefsten Inneren genau dieselben Gedanken hegt.

Küchenstars:

Äpfel

Staudensellerie

Rosenkohl

Topinambur

Süßkartoffeln

Weitere Erzeugnisse der Saison: Blutorangen, Grünkohl (verschiedene Sorten), Pastinaken, Kaki, Kohl, Steckrübe, Speiserüben, Winterkürbisse, Rote Bete, Zwiebeln, lila Sprossenbrokkoli, Knollensellerie, Petersilienwurzel, Lauch, Birnen

---

Einige dieser Obst- und Gemüsesorten entdeckt ihr auch zu anderen Jahreszeiten. Heutzutage gibt es aufgrund des Klimawandels und der veränderten Durchschnittstemperaturen rund um den Globus viele Überschneidungen.

Zu dieser Jahreszeit geerntetes Getreide/Hülsenfrüchte: Farro, Linsen, Haferflocken, Gerste/Graupen, Bulgur, Roggen

Äpfel

Äpfel gehören zweifellos zu meinen Lieblingsfrüchten – da übertreibe ich keineswegs. Dieses herrlich knackige Obst begeistert mich seit meiner Kindheit – und als ich dann auch noch einen Entsafter entdeckte … sagen wir einfach, dass naturtrüber Apfelsaft meine erste große Liebe war (ich war ein komisches Kind!). Äpfel machen sich wunderbar im Salat, als Snack mit Nussmus oder Tahini, gebacken und natürlich als Crumble. Ich weiß noch, dass ich einmal einen riesigen Sack voller Äpfel geschenkt bekam, die direkt vom Apfelbaum unserer Nachbarn stammten. Sie wussten nicht recht, was sie damit anfangen sollten, wollten sie aber auch nicht einfach verrotten lassen. Ich nahm sie ihnen begeistert ab. Kompott, Crumble, Saft: Ich war in meinem Element, und einem samtigen Apfelkompott mit Zimtnote kann ich auch heute noch nicht widerstehen. Wie wir alle wissen, gibt es unzählige Apfelsorten, von Gala (meine Lieblingssorte) über Pink Lady, Fuji und Honeycrisp bis zu Granny Smith, Golden Delicious … die Liste nimmt kein Ende.

Tipps:

Damit sich ein Apfel nach dem Anschneiden nicht braun verfärbt, träufelt ihr einfach etwas Zitronen- oder Limettensaft auf die Schnittfläche, oder ihr taucht aufgeschnittene Äpfel in ein wenig Honigwasser. Wenn ich Äpfel für den Salat aufschneide, träufle ich entweder gleich Zitronensaft darüber oder ich mache den Salat ganz schnell an, sobald ich den Apfel aufgeschnitten habe. Bei euch kommt es sicher auch öfter vor, dass im Obstkorb noch ein paar Äpfel herumliegen. Werft sie nicht weg, denn Äpfel, die nicht mehr ganz frisch sind, eignen sich perfekt für ein Kompott oder eine Sauce sowie für Crumble. Einfach klein schneiden, mit 1 Schuss Wasser, 1 Prise Salz und Gewürzen nach Wahl in einem Topf köcheln lassen, bis die Apfelstückchen weich sind. Ihr könnt noch 1 Prise Zucker oder Sirup zugeben, falls es besonders süß sein soll.

Bei einem Crumble könnt ihr echt nichts verkehrt machen, besonders wenn die Äpfel richtig reif sind. Die Zubereitung löst bei mir eindeutig nostalgische Gefühle aus: Perfekt gewürzte, butterweiche Äpfel mit köstlichen Streuseln drauf. Die Verbindung dieser Zutaten ist für mich etwas ganz Besonderes –, als ob sie vom Schicksal dazu auserkoren wären.

Für 4 Personen

GEWÜRZTER APFEL-CRUMBLE

Den Backofen auf 180 °C (Umluft) vorheizen. Eine Auflaufform mit etwas Kokosöl einfetten, damit am Boden nichts ansetzt.

Die Äpfel für die Füllung längs in dünne Spalten schneiden und Kerngehäuse und Stängel entfernen. Die Äpfel in einer Rührschüssel mit Zitronensaft, Mixed Spice und Zucker vermengen, bis sich die Zuckerklümpchen aufgelöst haben und die Apfelspalten gleichmäßig bedeckt sind.

Für das Topping einfach alle Zutaten mit den Fingerspitzen oder mit einem Löffel in einer Schüssel vermengen. Die Mischung sollte weder zu trocken noch zu feucht sein. Falls nötig, extra Kokosöl oder Mehl zugeben. Die Zutaten lassen sich besser mit den Händen vermengen.

Die Äpfel gleichmäßig auf dem Boden der Form verteilen. Das Topping ebenfalls gleichmäßig auf der Apfelschicht verteilen.

30 Minuten backen, bis das Topping goldgelb ist und die Äpfel weich sind. Heiß pur servieren oder mit etwas Cashew-/Kokosjoghurt (S. 284) kombinieren.

Für die Füllung

- 4 mittelgroße Äpfel
- 1 EL frisch gepresster Saft von 1 Zitrone
- 2 TL Mixed Spice (oder Lebkuchengewürz)
- 55 g unraffinierter Rohrohrzucker (Kokoszucker/ dunkler brauner Zucker)

Für das Topping (siehe Tipps)

- 2 gute EL festes Kokosöl, plus mehr für die Form
- 1 TL Zimtpulver
- 1 TL frisch geriebene Muskatnuss
- ½ TL gemahlene Kurkuma
- einige Kardamomkapseln, zerdrückt
- 65 ml Ahornsirup
- ½–1 EL Vollkornmehl (Dinkel, Kamut, Weizen – was ihr gerade habt)
- 90 g Haferflocken (ich nehme gern kernige)
- 35 g gehackte Nusskerne nach Wahl
- 1 Prise Meersalz

Tipps:

Der Crumble hält sich im Kühlschrank einige Tage – perfekt, wenn euch der Hunger auf Süßes überkommt. Oder ihr esst ihn zum Frühstück und gebt noch Früchte der Saison und Toppings dazu. Als alternativen Crumble-Belag könnt ihr auch 1 Portion Nusskernreste verwenden, die ihr kürzlich aufgehoben habt (S. 363). Einfach Gewürze, Ahornsirup, Kokosöl und Salz mit 110–150 g Nusskernresten vermengen. Wer will, gibt zusätzlich noch kernige Haferflocken dazu.

Diese Brötchen gehören bei mir zu Hause zu den Klassikern, ob in dieser oder anderer Gestalt. Verkehrt machen könnt ihr dabei eigentlich nichts, sofern ihr den Teig nicht zu lange rührt. Sie sind luftig-locker und gesund, und das Knacken der Walnüsse sorgt immer für eine schöne Überraschung, ganz zu schweigen von der zarten Süße des Apfels. Meine vielen Reisen nach Kopenhagen haben mich zu diesem Rezept inspiriert. Ich widme es meiner wunderbaren Freundin Faye, bei der er ich diese Brötchen kennengelernt habe, die in Dänemark Morgenboller (Morgenbrötchen) heißen. Allerdings werdet ihr bald feststellen, dass sie nicht nur in der Frühe schmecken!

Ergibt ca. 10–12 Brötchen

DÄNISCHE APFEL-WALNUSS-BRÖTCHEN

Weizen- und Roggenmehl, Salz und Hefe in einer Rührschüssel vermengen. Eine Mulde in die Mitte drücken und langsam 400 ml lauwarmes Wasser zugießen.

Die Zutaten mit einem Holzlöffel langsam vermengen. Die Mischung sollte relativ klebrig sein. Es bildet sich kein fester Teig, sondern eine grobe Masse. Falls die Mischung zu trocken ist, etwas Wasser zugießen. Ist die Mischung zu feucht, etwas Mehl (eine der beiden Sorten) zugeben.

Mit einem Geschirrtuch abdecken und beiseitestellen (am besten an einem warmen Ort in der Küche). Den Teig idealerweise über Nacht oder mindestens 8 Stunden gehen lassen. Aber falls der Ort warm genug ist, geht der Teig innerhalb von 2 Stunden auf.

Den Backofen auf 250 °C (Umluft) vorheizen. Beim Abnehmen des Geschirrtuchs sieht man, dass der Teig sein Volumen vergrößert hat – er ist klebrig und enthält nun mehr Luftblasen. Vorsichtig die Apfelwürfel und Walnüsse zufügen und unterheben. Es entsteht ein recht grober Teig.

Ein großes Backblech mit Backpapier belegen (siehe Tipp, S. 35).

(Die Brötchen schmecken am besten, wenn ihr die Mischung über Nacht/mind. 8 Stunden gehen lassen könnt. Notfalls reichen auch 2 Stunden. Das angegebene Mehl ist ein erster Vorschlag; siehe Hinweise zum Austausch von Mehlsorten auf S. 311)

400 g Weizenmehl Type 550/812

400 g Roggenmehl

1 gute Prise Salz

2 TL Trockenhefe

1 kleiner Apfel, Kerngehäuse entfernt, sehr fein gewürfelt

1 gute Handvoll Walnusskerne, grob gehackt

1 EL Sesamsamen

schwarzer Pfeffer aus der Mühle

»

Jeweils mit zwei großen Löffeln ein Stück Teig abstechen und brötchenförmige Klöße daraus formen. Die Löffel helfen bei der Formgebung. Weiter so verfahren, bis der Teig aufgebraucht ist.

Die Brötchen mit Sesamsamen und etwas Pfeffer bestreuen. Wer will, kann sie auch noch mit extra Salz bestreuen.

Auf mittlerer Schiene 20–30 Minuten backen. Die Backzeit variiert, je nach Ofentyp. Die Oberseite der Brötchen sollte angebräunt sein. Die Brötchen sollten sich fest und knusprig anfühlen, wenn man draufklopft.

Die Brötchen aus dem Backofen nehmen und vor dem Verzehr einige Minuten abkühlen lassen. Übrig gebliebene Brötchen halten sich in einem luftdichten Behälter eine Woche.

Hinweise:

Diese Brötchen gelingen am besten, wenn sie mindestens zu einem Viertel Weizenmehl enthalten. Das liegt daran, dass sich die Hefe vom Gluten des Weizenmehls ernähren kann. Ob ihr weißes Weizenmehl oder Vollkornweizenmehl verwendet, spielt dabei aber keine Rolle. Ihr könnt etwas nachhelfen, indem ihr warmes Wasser verwendet und den Teig an einem warmen Ort etwas länger gehen lasst. Solange ihr das Verhältnis der beiden Mehlsorten nicht ändert, könnt ihr problemlos Mehlsorten mischen – probiert doch mal Vollkorn-, Buchweizen-, Malz-, dunkles oder helles Roggenmehl etc. aus. Oder rührt kernige Haferflocken oder ein anderes Vollkorn unter den Teig.

Tipps:

So wie ihr die Mehlsorten in diesem Rezept austauschen könnt, seid ihr auch bei den Nusskernen/Samen/Früchten im Brötchenteig ganz flexibel. Probiert verschiedene Kombinationen aus, damit es nicht langweilig wird, und gebt zur Abwechslung auch mal nicht gemahlene Gewürze wie (Kreuz-)Kümmelsamen dazu. Schwarzkümmelsamen kommen auch gut, ebenso Rosinen/Sultaninen. Wie wäre es mit Mehrkornbrötchen, bei denen ihr einfach die Sachen hernehmt, die ihr im Haus habt? Dazu Vollkorn (Dinkel) oder Haferflocken für mehr Konsistenz.

Im tiefsten Winter

Einige meiner Rezepte habe ich nur entwickelt, weil ich ein bestimmtes Gemüse so liebe. Dieses Salatrezept entstand, als ich mehr Rosenkohl im Kühlschrank hatte, als ich verwerten konnte. Da Kohl und dunkles Blattgemüse schön weich werden, wenn man es knetet, sagte mir mein Instinkt, dass ich den Rosenkohl kneten muss. Um ihn sozusagen zu »reduzieren«. Dazu eine kräftige Vinaigrette und schon habt ihr einen Salat, der eure Gäste begeistert!

Für 4 Personen

APFEL-ROSENKOHL-SALAT

Zuerst die Vinaigrette zubereiten, damit sie etwas andicken kann: Alle Zutaten im Mixer vermengen. Oder von Hand in einer Schüssel mit einem Schneebesen oder einer Gabel verrühren, bis das Dressing dickflüssig ist. Dann mit Salz und Pfeffer abschmecken.

Für den Salat den Rosenkohl mit einem Gemüsehobel dünn raspeln. Den Mittelteil, der übrig bleibt, hacken. In eine große Rühr- oder Salatschüssel geben. Den Grünkohl sowie Schalotte und Apfel hinzufügen.

Die Walnusskerne in einer Pfanne auf dem Herd oder im Backofen bei 180 °C (Umluft) 5 Minuten leicht rösten. Drei Viertel davon ebenfalls in die Schüssel geben.

Die Hälfte des Dressings und 1 gute Prise Salz zufügen und Grün- und Rosenkohl mit den Händen kneten, bis sie allmählich weich werden. Restliches Dressing und Hefeflocken zugeben und leicht vermengen. Falls nötig, erneut mit Salz und Pfeffer würzen.

Entweder in einer großen Schüssel servieren oder auf kleine Schüsseln verteilen. Jeweils mit den restlichen Walnüssen bestreuen.

Für die Vinaigrette

2 TL Dijonsenf

2 TL körniger Senf

2 TL reiner Ahornsirup

80 ml Apfelessig

125 ml natives Olivenöl extra

1–2 TL getrockneter Oregano (nach Belieben)

Salz und schwarzer Pfeffer aus der Mühle

Für den Salat

450 g Rosenkohl

1 kleines Bund Grünkohl, mit Stängeln, fein gehackt

1 mittelgroße Schalotte, fein gehackt

1 großer Apfel, Kerngehäuse entfernt, fein gewürfelt

50–70 g Walnusskerne, zerkleinert

20 g Hefeflocken/Nuss-Parmesan (S. 365)

Salz und schwarzer Pfeffer aus der Mühle

Tipps:

Die Grünkohlstängel und Rosenkohlherzen mitzuverwenden, ergibt nicht nur nährstofftechnisch Sinn, sondern verhindert auch Lebensmittelverschwendung. Falls ihr nicht alle Stängel aufbrauchen wollt, könnt ihr sie klein schneiden und einfrieren (Brühebox) oder in Smoothies verwerten.

Im tiefsten Winter

Staudensellerie

Die langen, faserreichen Stängel des Staudenselleries überzeugen mit kräftigem Pfefferaroma und knackig-erfrischender Konsistenz. Das Gemüse ist Teil der Karottenfamilie, genauer gesagt ein enger Verwandter, der farblich von fast weiß bis grün variiert. Viele Leute glauben, dass die helleren Stängel nicht so aromatisch seien. Aber das Aroma hängt von der Sorte, dem Anbaugebiet und dem dortigen Boden ab. Oft sind die weißen Stängel (Bleichsellerie) sogar intensiver. Mit Staudensellerie habe ich mich schon immer gut verstanden. Ich erinnere mich aber daran, dass eine meiner besten Schulfreundinnen sich allein schon beim Gedanken daran schüttelte und mich damit aufzog, dass ich »so etwas« gern aß. Staudensellerie schmeckt roh ebenso köstlich wie gegart. Abgesehen vom typischen Einsatz als Gemüsestick macht er sich toll in Suppen oder in Salaten, wo er für Biss sorgt. Wenn mir die Kräuter ausgegangen sind, verwende ich die Blätter des Staudenselleries gern wie Koriandergrün oder Petersilie und gebe sie fein gehackt zu Salaten, die dadurch ein mildes Anis- oder Lakritzaroma erhalten. Staudensellerie ist mittlerweile das ganze Jahr über erhältlich, regionale Erntezeiten variieren je nach Klima.

Tipps:

Staudensellerie lässt sich am besten in etwas Wasser aufbewahren. Falls ihr ihn innerhalb von ein bis zwei Tagen aufbraucht, könnt ihr ihn auch bei Zimmertemperatur lagern. Legt ihn dann nur kurz vor der Verwendung in den Kühlschrank. Ansonsten wickelt ihr ihn zur Lagerung in ein feuchtes Geschirrtuch und legt ihn in den Kühlschrank, damit er seine knackige Konsistenz nicht verliert. Staudensellerie passt herrlich zu Säften oder Smoothies, wo ihr auch seine Blätter verwerten könnt, die ebenso gesund wie die Stängel sind. Die Blätter könnt ihr auch für Chimichurri (S. 361) gemeinsam mit oder anstelle von anderen Kräutern einsetzen.

Ich erinnere mich lebhaft daran, dass meine Oma und mein Opa Suppe liebten. Ob das nun stimmt oder nicht – die Erinnerung daran möchte ich keinesfalls missen. Vielleicht lag es daran, dass wir für den Sonntagsbraten oft ins Restaurant gingen, als wir noch in Devon lebten. Damals wählten sie fast immer eine Suppe als Vorspeise, meist eine Kartoffel-, Staudensellerie- oder Pilzsuppe. Diese Suppe (mit leicht polnischer Note und Kokos- statt Kuhmilch) macht mich nostalgisch.

Für 4–6 Personen (je nach Größe der Schüssel)

STAUDENSELLERIESUPPE MIT KOKOSMILCH

weißen Bohnen und Sauerteig-Croûtons

Für die Suppe das Öl bei mittlerer Hitze in einem Topf erwärmen. Koriander- und Kreuzkümmelsamen darin anbraten, bis sie duften. Ich zerdrücke die Samen mit der Rückseite eines Holzlöffels, damit sich die Aromen entfalten.

Die Zwiebel zugeben und anbraten, bis sie leicht glasig ist. Staudensellerieflücke und -blätter, Knoblauch, Apfel und Ingwer zufügen und weiterbraten, bis das Gemüse weich ist.

Bohnen und Brühe zugeben und zum Kochen bringen. Bei reduzierter Temperatur unter gelegentlichem Rühren köcheln lassen. Mit Salz und Pfeffer abschmecken und nach Belieben 1 Prise Chiliflocken zugeben.

Sobald die Suppe andickt, die Kokosmilch und die Hälfte des Blattgemüses einrühren. Bei schwacher Hitze weiterköcheln, dann Limettensaft und -abrieb zugeben. Erneut mit Salz und Pfeffer abschmecken und die Suppe weiterköcheln lassen, damit sie noch stärker eindickt.

Inzwischen die Croûtons zubereiten: Die Brotstückchen mit Olivenöl, Knoblauch und etwas Salz und Pfeffer vermengen. Nach Belieben die restlichen Würzzutaten zugeben. Dann das Brot auf einem Backblech verteilen und 8–10 Minuten backen, bis es schön knusprig ist.

Für die Suppe

1 TL Öl nach Wahl (Kokos-, Sesam- oder natives Olivenöl)

2 TL Koriandersamen

2 TL Kreuzkümmelsamen

1 große Zwiebel, längs halbiert, dann gewürfelt

250 g Staudensellerie mit Blättern, fein geschnitten

3 Knoblauchzehen, zerdrückt oder fein gehackt

1 Apfel, Kerngehäuse entfernt, gehackt

2 EL geriebener frischer Ingwer

800 g weiße Bohnen (aus der Dose – Cannellini, Lima), abgegossen und abgespült

1–1,5 l Gemüsebrühe

Salz und schwarzer Pfeffer aus der Mühle

Chiliflocken (nach Belieben)

400 ml Kokosmilch (aus der Dose)

1 gute Handvoll frisches Blattgemüse (Grünkohl, Blattspinat, Mangold)

Abrieb und Saft von 1 unbehandelten Limette

»

Im tiefsten Winter

Das Backblech nach der Hälfte der Backzeit etwas rütteln, damit nichts anbrennt. Danach aus dem Backofen nehmen, zum Abkühlen beiseitestellen und noch knuspriger werden lassen.

Sobald die Suppe schön sämig ist, den Herd ausschalten und die Hälfte der Suppe in eine Schüssel füllen. Mit dem Pürierstab oder in einem Mixer pürieren. Ich mag es, wenn meine Suppe noch etwas Biss hat, aber ihr könnt auch die gesamte Suppe oder aber nur einen kleinen Teil davon pürieren.

Die pürierte Suppe mit dem restlichen Blattgemüse in den Topf geben und die Suppe unter Rühren erneut aufkochen. Zum Servieren auf Schüsseln verteilen, mit 1 Spritzer Limettensaft und Salz und Pfeffer nach Belieben verfeinern und mit den knusprigen Knoblauchcroûtons garnieren.

Für die Croûtons

3–4 Scheiben altbackenes Brot, in kleine Stücke zerpflückt (ich nehme gern Sauerteigbrot, ihr könnt aber jedes Brot verwenden)

2 EL natives Olivenöl extra

2 Knoblauchzehen, zerdrückt oder fein gehackt

Salz und schwarzer Pfeffer aus der Mühle

Sesamsamen

Abrieb von unbehandelter Zitrone/Limette (nach Belieben)

Tipps:

Falls ihr keine Bohnen habt oder nach einer Alternative sucht, könnt ihr Kartoffeln nehmen. Auch beim grünen Blattgemüse, das in die Suppe kommt, könnt ihr variieren: Gebt etwas mehr hinein, dann erhöht sich der Eisengehalt und die Suppe wird bunter und kräftiger. Manchmal wird der Staudensellerie ohne Blätter verkauft. Dann könnt ihr 1 Handvoll frisches Koriandergrün nehmen, fein hacken und zusammen mit den anderen Zutaten hineinwerfen. Koriandergrün macht sich auch sehr hübsch als Garnierung.

Ein knackiger, frischer Salat, der säuerliche und süße Aromen verbindet und mit eurem Lieblingsbrot dazu einfach perfekt ist. Oder ihr serviert ihn als tolle Beilage für eine winterliche Tafel. Wenn ihr gern etwas Warmes im Salat habt: Der Chicorée schmeckt auch gebacken fantastisch, wenn ihr ihn längs viertelt und mit Olivenöl, Salz und Pfeffer würzt.

Für 6 Personen als Hauptgericht, für 3–4 als Beilage

STAUDENSELLERIESALAT MIT CHICORÉE, WALNÜSSEN UND BULGUR

Für den Salat den Bulgur in einen Topf geben, mit Wasser bedecken, 1 gute Prise Salz und 1 Schuss Öl zufügen. Zum Kochen bringen, dann die Temperatur reduzieren und bei schwacher Hitze in 12 Minuten weich garen. Vom Herd nehmen, einen Deckel auflegen und 10 Minuten durchziehen lassen. Mit einer Gabel auflockern und anschließend beiseitestellen.

Für das Dressing Orangensaft und -abrieb, Zitronensaft, Tahini, Aceto balsamico, Sojasauce und Senf in einer Schüssel (oder im Mixer) gründlich verrühren.

Staudensellerie, Minze, Petersilie, Estragon, Chili und Walnusskerne in eine große Schüssel geben und den Bulgur zufügen.

Vorsichtig die äußeren Blätter des Chicorées abbrechen, abspülen und in die Schüssel zu den anderen Zutaten geben. Wenn die inneren Chicoréeblätter erreicht sind, keine weiteren Blätter mehr ablösen, sondern das Salatherz fein hacken und in die Schüssel geben.

Das Dressing über den Salat gießen und alles gut vermengen. Ich knete die Zutaten gern mit den Händen leicht durch, damit sie rundum mit Dressing überzogen werden. Außerdem wird der Chicorée dadurch weicher – er verliert seine bittere Note und ist besser verdaulich. Mit Salz und Pfeffer würzen.

Auf Schüsseln verteilen, nach Belieben mit frischen Kräutern bestreuen und nochmals mit Salz und Pfeffer abschmecken.

Für den Salat

- 200 g Bulgur
- 1 Prise Meersalz
- 1 Spritzer natives Olivenöl extra
- 1 Bund Staudensellerie, fein gehackt
- 1 kleine Handvoll Minze, fein gehackt
- 1 kleine Handvoll frische Petersilie, fein gehackt
- einige Stängel Estragon, fein gehackt
- 1 kleine rote Chili, Samen entfernt, fein gehackt
- 85 g Walnusskerne, geröstet und zerdrückt
- 4 Chicorée (jegliche Sorte, ob rot oder weiß), größere Blätter gehackt, kleinere im Ganzen
- Salz und schwarzer Pfeffer aus der Mühle
- Kräuter nach Wahl, gehackt, zum Garnieren

Für das Dressing

- Abrieb und Saft von 1 großen unbehandelten Orange
- Saft von 1 unbehandelten Zitrone
- 2 gute EL Tahini
- 4 TL Aceto balsamico
- 2 EL Soja- oder Tamarisauce
- 1 guter EL Dijonsenf

Tipps:

Bulgur lässt sich gut in größeren Portionen zubereiten und im Kühlschrank aufbewahren, sodass ihr ihn später für Salate, Suppen und Eintöpfe verwenden könnt. Er ist sehr nährstoffreich und enthält viele B-Vitamine, Eiweiß, Ballaststoffe und Antioxidantien.

Dieses Rezept ist für mich und meine Freunde das absolute Highlight. Auch abgewandelt (siehe Tipps) ist dies ein einfaches Gericht, das stets für Aufsehen sorgt.

Für 2 Personen als Hauptgericht, für 4 als Beilage

CREMIGER STAUDENSELLERIE MIT KICHERERBSEN

Eingeweichte Kichererbsen abgießen und abspülen. Mit 1 guten Prise Salz in einen großen Topf geben, aufkochen, einen Deckel auflegen und 30–40 Minuten bei reduzierter Temperatur köcheln lassen, bis sie gar sind. Die Haut der Kichererbsen löst sich allmählich ab, was völlig normal ist. Die Kichererbsen abgießen und beiseitestellen. Kichererbsen aus der Dose abgießen und gut abspülen.

Einige EL Brühe in einen Topf geben (am besten mit Antihaftbeschichtung) und die Schalotten darin weich und leicht goldgelb dünsten. Dann Knoblauch und Staudensellerie zufügen und weitere 2 Minuten dünsten.

Restliche Brühe, Petersilie, Zitronenabrieb und -saft, Sojasauce, Dijonsenf, Tahini, Oregano und Chili zugeben. Die Kichererbsen untermengen. Mit Salz und Pfeffer abschmecken. Zum Kochen bringen, dann die Temperatur reduzieren und köcheln lassen.

Sobald die Flüssigkeit einkocht und dickflüssiger wird, die Hefeflocken und 125 ml Hafermilch zugeben und erneut mit Salz und Pfeffer abschmecken. Die Kichererbsen garen in der Sauce und erinnern bald an einen Eintopf. Wer gern einen Eintopf mit Biss mag, kann ihn jetzt servieren. Oder ihr lasst ihn bei sehr schwacher Hitze weiterköcheln, bis er die gewünschte Konsistenz erreicht hat. Falls die Flüssigkeit zu schnell einkocht oder falls eure Kichererbsen noch cremiger schmecken sollen, könnt ihr nun die restliche Hafermilch zugießen.

Mit frischer Petersilie bestreuen und als Beilage oder Hauptgericht servieren.

- 250 g getrocknete Kichererbsen (mind. 10 Stunden eingeweicht) oder 500 g gekochte Kichererbsen (aus der Dose)
- Salz
- 250 ml Gemüsebrühe (hausgemachte Brühe, S. 352, oder euer Lieblingsbrühwürfel, in Wasser aufgelöst)
- 2 mittelgroße Schalotten, längs halbiert, in dünne Ringe geschnitten
- 2 Knoblauchzehen, zerdrückt oder fein gehackt
- 180 g Staudensellerie, mit Blättern, fein gehackt
- 1 kleines Bund Petersilie, Stängel und Blätter fein gehackt, plus mehr zum Servieren
- Abrieb und Saft von 1 unbehandelten Zitrone
- 2 EL Soja- oder Tamarisauce
- 2 EL Dijonsenf
- 3 gute EL Tahini
- 2 EL getrockneter Oregano
- 1 Prise Chiliflocken oder -pulver
- schwarzer Pfeffer aus der Mühle
- 60 g Hefeflocken
- 125–250 ml Hafermilch (oder andere ungesüßte Pflanzenmilch)

Hinweis:

Für dieses Gericht könnt ihr verschiedenste Kräuter verwenden, je nachdem, was gerade Saison hat. Dill sorgt für eine mediterrane Note, Koriandergrün dagegen für einen asiatischen Touch. Ich esse zu diesem Eintopf gern knuspriges Brot, aber die Kichererbsen passen auch gut zu Reis, Salat, Tacos …

Tipps:

Falls etwas übrig bleibt, könnt ihr Hummus daraus zaubern: Je nach Menge einfach in den Mixer geben und 1–2 EL Tahini, Saft von ½–1 unbehandelten Zitrone und ein wenig Abrieb zufügen und pürieren, bis die gewünschte Konsistenz erreicht ist. Mit Chiliflocken, Salz und Pfeffer abschmecken.

Meine Mum spricht garantiert mehrere Male pro Monat von diesem Rezept. Meist wünscht sie sich dazu ein paar selbst gebackene Roggenbrötchen, mit denen sie die aromatische Sauce auftunken kann, die nach dem Essen übrig bleibt.

Für 4 Personen als Hauptgericht

WURZELGEMÜSE-CHOWDER MIT STAUDENSELLERIE, THYMIAN UND RIESENBOHNEN

Den Backofen auf 180 °C (Umluft) vorheizen. Ein Backblech mit Backpapier belegen (siehe Tipp, S. 35) und beiseitestellen.

1 Schuss Olivenöl in einem Topf erhitzen und die Zwiebel bei mittlerer Hitze darin glasig braten. Lauch und Staudensellerie mit Blättern zufügen und mitbraten, bis sie weich sind. 1 Schuss Wasser zugeben, falls die Mischung zu trocken wird. Knoblauch, Thymian und Oregano zufügen.

Sobald es duftet, Pastinake, Butternut-Kürbis, Süßkartoffel und Blumenkohl in den Topf geben. Mit Salz und Pfeffer würzen und gut vermengen. Dann Senf, Hefeflocken, Hafermilch und Zitronensaft zufügen. Die Gemüsebrühe zugießen und zum Kochen bringen.

Umrühren und die Temperatur reduzieren. Das Gemüse 15 Minuten köcheln lassen, bis es weich ist.

Danach vom Herd nehmen. Die Hälfte des Chowder in eine Schüssel füllen und beiseitestellen. Den restlichen Chowder mit dem Pürierstab im Topf gründlich pürieren.

Den nicht pürierten Chowder wieder in den Topf geben und die Riesenbohnen zufügen. Falls nötig, salzen und pfeffern. Den Chowder aufkochen und durcherhitzen.

Zum Servieren in Schüsseln füllen, mit Zutaten nach Wahl garnieren und eine dicke Scheibe Sauerteigbrot dazureichen.

Für den Chowder

natives Olivenöl extra

1 mittelgroße Zwiebel, fein gewürfelt

1 Stange Lauch, fein gewürfelt (nur weiße und hellgrüne Abschnitte)

5 Stangen Staudensellerie mit Blättern, fein gehackt

3 Knoblauchzehen, zerdrückt oder fein gehackt

4–5 Zweige Thymian, Blättchen gehackt

4 TL getrockneter Oregano

1 große Pastinake, in mundgerechte Stücke geschnitten

½ kleiner Butternut-Kürbis, geschält und gewürfelt

1 kleine bis mittelgroße Süßkartoffel, gewürfelt

1 kleiner Blumenkohl, klein gehackt

Salz und schwarzer Pfeffer aus der Mühle

2–3 gute EL Dijonsenf

2 EL Hefeflocken

4 EL Hafermilch

Saft von 1 unbehandelten Zitrone

800 ml–1 l Gemüsebrühe

400 g Riesenbohnen (aus der Dose), abgegossen, abgespült

Beilagen nach Wahl

Sauerteigbrot

herzhafte Granola/ geröstete Nusskerne

Kokosjoghurt

knuspriger Grünkohl (S. 298)

Tipps:

Dieses Rezept lässt sich gut abwandeln: Ihr könnt jedes Wurzelgemüse verwenden, das ihr gerade im Haus habt. Oder ihr nehmt, was gerade erhältlich ist. Yamswurzel und Kartoffeln sorgen für ein bodenständiges Aroma, während Rüben geschmacklich eher an Staudensellerie oder Radieschen erinnern. Fenchel passt auch gut dazu; er gehört ebenfalls zur bescheidenen Wurzelgemüsefamilie und wird ähnlich wie Karotten angebaut. Bereitet gleich mehrere Portionen von diesem Rezept zu, da es sich gut im Kühlschrank aufbewahren lässt.

Rosenkohl

Ein edles, eigenartiges Gemüse mit unverwechselbarem Geschmack, das allerdings nicht überall auf Begeisterung stößt (ich war ein komisches Kind, denn ich habe meine Begeisterung für Rosenkohl schon früh entdeckt!). Ich freute mich riesig über die Nachricht von einem Mädchen, das an einem Event teilgenommen hatte, bei dem ich fürs Kochen zuständig gewesen war. Der Rosenkohl hatte ihr so gut geschmeckt, dass sie mich um das Rezept bat. Bei der Zubereitung mancher Gemüsesorten klammern wir uns zu oft an bekannte Rezepte: Aber einfach nur Dämpfen reicht beim Rosenkohl eben nicht aus. Ich hatte ihn gebraten und mit ein paar weiteren Lieblingsgemüsesorten der Saison in einen Salat gegeben. Manchmal brate ich eine Portion in etwas Olivenöl, Salz und Pfeffer und gebe sie dann in den Kühlschrank, sodass ich später andere Gerichte mit dem fertigen Rosenkohl verfeinern kann. Eine meiner größten Entdeckungen ist die Kombination von Rosenkohl und Kimchi.

Tipps:

Geraspelt, geviertelt, im Ganzen … Rosenkohl ist vielseitig – und alles ist essbar. Einige verwenden nur die Blätter und werfen Herz und Strunk – das Beste – weg. Entfernt die äußeren Blätter und schneidet die Röschen am Strunk kreuzweise ein. Rosenkohl schmeckt fantastisch, wenn man ihn einfach mit ein wenig Öl und ein paar Gewürzen nach Wahl brät – dies gilt auch für andere Gemüsesorten. Gebraten hält er sich gut im Kühlschrank und kann so jederzeit irgendwo hineingeworfen werden. Lasst euch vom Geruch, der beim Kochen entsteht, nicht abschrecken – er schmeckt trotzdem ganz wunderbar!

Ein Kimchi für alle – die erfahrenen Fermentierer und die Anfänger. Dieses kinderleichte Rezept ergibt die perfekte Beilage für unzählige Gerichte, ob als Tacotopping (S. 195 und 228) oder als Toastbelag – unbedingt probieren!

Ergibt 1 großes Glas Kimchi

ROSENKOHLKIMCHI FÜR JEDEN TAG

Kohl, Rosenkohl, Apfel und Meersalz in einer großen Schüssel vermengen. Mit den Händen vorsichtig kneten, ohne den Apfel zu zerdrücken. Abdecken und 1 Stunde durchziehen lassen, damit das Gemüse weicher wird. Wer genügend Zeit hat, kann es bis zu 4 Stunden durchziehen lassen, damit der Fermentationsprozess in Gang kommt.

Danach die Flüssigkeit komplett abgießen und die Mischung unter fließend kaltem Wasser abspülen. In ein Sieb geben und abtropfen lassen.

Zwiebel, Knoblauch, Ingwer und Zucker mit dem Pürierstab (oder im Mixer) zu einer Paste verarbeiten. Die koreanischen Chiliflocken untermengen. Durchziehen lassen.

Kohl, Rosenkohl und Apfel in einer sauberen Schüssel mit der Zwiebelpaste vermengen. Koriandersamen und Sojasauce zugeben. Gut vermengen, sodass das Gemüse rundum gut bedeckt ist. Dann die Mischung in ein sauberes Schraubglas (Höhe ca. 18 cm) oder Einmachglas füllen.

65–125 ml Wasser (vielleicht auch etwas mehr) in die Schüssel gießen und die Schüssel schwenken, um anhaftende Reste zu lösen. Dann alles in das Einmachglas gießen. Den Inhalt zusammendrücken und das Glas fest verschließen.

Bei Zimmertemperatur mindestens 3 Tage durchziehen lassen. Je länger ihr wartet, desto stärker ist die Fermentierung. Ihr könnt das Glas auch in eine größere Schüssel stellen, um eventuell austretende Flüssigkeit aufzufangen. Das Kimchi ist im Kühlschrank bis zu 6 Monate haltbar.

- 1 mittelgroßer Kohl (Wirsing, China-, Spitzkohl), in dünne Streifen geschnitten
- 400 g Rosenkohl, geviertelt
- 1 kleiner Apfel, Kerngehäuse entfernt, in dünne Scheiben oder Juliennes geschnitten
- 55 g feines Meersalz (von guter Qualität)
- 1 mittelgroße Zwiebel, in dünne Ringe geschnitten
- 4 Knoblauchzehen, zerdrückt oder fein gehackt
- 2 TL Ingwer, gerieben oder fein gehackt
- 2 TL Rohrrohr-/brauner Zucker
- 2 EL koreanische Chiliflocken oder -pulver
- 2 TL Koriandersamen, zerdrückt
- 1 EL Sojasauce

Tipps:

Falls ihr das Kimchi im Kühlschrank aufbewahren wollt, solltet ihr stets eine saubere Gabel verwenden, wenn ihr etwas aus dem Glas holt. Sonst geraten unerwünschte Bakterien hinein und ruinieren den Fermentationsprozess, sodass das Gemüse nicht mehr darmfreundlich ist. Ihr könnt auch andere Kohlsorten für dieses Kimchi verwenden und schrumpeliges Gemüse aufbrauchen. Kimchi passt auch zu gebratenem Reis – kombiniert mit eurem Lieblingsgemüse der Saison, Reis nach Wahl, etwas Sojasauce und Chili ist es der Hit!

Im Winter sind Blutorangen ein absolutes Muss, finde ich. Ihr süß-säuerliches Aroma gibt manchen Gerichten, wie z. B. diesem Salat, den nötigen Kick. Die Mischung aus Buchweizen und Gemüse liefert unterschiedlichste Texturen. Das spritzige Blutorangenaroma vereint die einzelnen Komponenten. Das Rezept ergibt eine tolle Beilage zu kräftigen Gerichten. Der Buchweizen wird als Getreide für Salat oft vernachlässigt, zählt aber zu meinen Lieblingsgetreidesorten. Er ist vielseitig und glutenfrei und bietet eine tolle Abwechslung, wenn es euch mit dem Reis mal langweilig wird und ihr dennoch etwas Leichteres als Pasta wollt. Funfact: Obwohl der Buchweizen eigentlich zu den Samen zählt, kann er wie Getreide verwendet werden.

Für 4 Personen als Beilage, für 2 als Hauptgericht

ROSENKOHL-BUCHWEIZEN-SALAT

mit Blutorangen-Dressing

Falls der Buchweizen noch nicht geröstet ist, den Backofen auf 180 °C (Umluft) vorheizen. Den Buchweizen gründlich abspülen, bis das Wasser klar bleibt. Mit einem sauberen Geschirrtuch trocken tupfen und dann gleichmäßig auf einem Backblech verteilen. 20 Minuten rösten, bis er goldbraun ist.

500 ml Wasser in einem Topf zum Kochen bringen. 1 TL Salz und den gerösteten Buchweizen zufügen. Einen Deckel auflegen und aufkochen. Die Temperatur reduzieren und zugedeckt 10 Minuten köcheln lassen.

Dann (vorsichtig abgießen, falls noch Flüssigkeit im Topf ist) vom Herd nehmen und das zerlassene Kokosöl zufügen. Mit einer Gabel auflockern, dann den Deckel auflegen und beiseitestellen. Alle Zutaten für das Dressing verrühren und in den Kühlschrank stellen.

Rosenkohl, Rotkohl und Apfel mit Staudensellerie, Koriandergrün, Minze, Frühlingszwiebeln und Orangenschale in eine Schüssel geben. 1 gute Prise Salz zufügen und alles vorsichtig mit den Händen durchkneten.

Für den Salat

- 150 g (geschälte) Buchweizensamen, möglichst geröstet
- Salz
- 1 EL zerlassenes Kokosöl
- 400 g Rosenkohl, in feine Streifen geschnitten
- 1 kleiner oder ½ größerer Rotkohl, in feine Streifen geschnitten
- 1 Apfel (möglichst fest), Kerngehäuse entfernt, in feine Streifen geschnitten
- 2 Stangen Staudensellerie, fein aufgeschnitten
- 1 gute Handvoll Koriandergrün, grob gehackt, plus etwas zum Servieren
- einige Blätter Minze, grob gehackt, plus etwas zum Servieren
- 4 Frühlingszwiebeln, in dünne Ringe geschnitten
- Abrieb von ½ unbehandelten Blutorange (den Abrieb der anderen Hälfte für das Dressing verwenden)
- schwarzer Pfeffer aus der Mühle
- 2 EL Sesamsamen, leicht geröstet

Buchweizen, Dressing, restliche Orangenschale (vom Salat), Salz und Pfeffer zufügen. Mit den Händen erneut vermengen und die Buchweizenkörnchen voneinander lösen. Mit Sesamsamen und restlichen frischen Kräutern bestreuen.

Hinweis:

Durch das Rösten bleibt der Buchweizen in Form und erhöht seine Nährstoffdichte. Die durchs Rösten gehärteten Samen zerfallen nicht so leicht, wenn sie zu lange gekocht werden. Den Buchweizen vor dem Rösten unbedingt abspülen, dadurch wird er besser verdaulich.

Tipps:

Der Salat ist im Kühlschrank 3 Tage haltbar. Er macht sich wunderbar als Sandwichbelag, wenn ihr noch ein paar Salatblätter dazugebt. Das Rezept lässt sich auch als pfannengerührtes Gericht zubereiten, falls euch gerade nicht nach Rohkost ist. Dazu Salatzutaten und Dressing in eine Pfanne oder einen Wok geben und unter Rühren erhitzen. Erst dann den Buchweizen zufügen und alles vermengen. Oder den Buchweizen als Beilage servieren.

Für das Dressing

Abrieb von ½ und Saft von 2 unbehandelten Blutorangen (auch normale Orangen sind okay)

2 EL Soja- oder Tamarisauce

2 gute EL Tahini

1 EL Reisessig

1 Knoblauchzehe, zerdrückt oder fein gehackt

1 Prise Cayennepfeffer (nehmt so viel, wie ihr wollt)

Salz und schwarzer Pfeffer aus der Mühle

Topinambur

Diese hübschen, kleinen Knollen gehören zur Gattung der Sonnenblumen, ob ihr es glaubt oder nicht. Deswegen nennt man sie auch Erd- oder Knollensonnenblume. Das nussig-herzhafte Gemüse schmeckt wie eine Mischung aus Artischockenherz und allerbester Kartoffel, sieht aber etwas seltsam aus, eigentlich wie ein großes Stück Ingwerknolle. Ihr frisches Aroma hat eine leicht erdige Note. Je nach Zubereitungsart erinnern sie auch ein wenig an Staudensellerie. Als Kind kannte ich dieses Gemüse nicht. Ich habe es erst entdeckt, als ich begann, essen zu gehen und mein in Teilzeitjobs verdientes Geld in diversen Restaurants zu lassen, ob ich es mir nun leisten konnte oder nicht … ja, so war und bin ich eben. Ich weiß noch, dass eines meiner Lieblingsrestaurants im Südosten Londons sie als Probiergericht auf die Karte setzte, woraufhin ich sie natürlich sofort (mehrfach!) testen musste. Ich war froh, dass Topinambur zum Dauergast auf der Karte wurde. Bei Topinambur mit thailändisch anmutendem Erdnuss-Zitronengras-Dressing war die Sauce ebenso perfekt wie die Garzeit der Knollen, die im Inneren cremig-zart und außen herrlich knusprig waren. So wurde das Curry auf S. 334 im Lauf der Jahre zu einem meiner Lieblingsgerichte, das ich daheim und auf Retreats koche, wenn Topinambur gerade Saison hat. Die Topinambursaison ist ziemlich lang: Sie tauchen erstmals im November auf und halten sich bis zum März, von Anfang bis Ende in Höchstform. In rauen Mengen genossen, führen sie manchmal zu Blähungen – also haltet euch besser etwas zurück!

Tipps:

Ihr könnt Topinambur-Knollen wie Kartoffeln lagern. Wenn mir nichts Besseres einfällt, bereite ich sie auch so zu: »Zerdrückt« schmecken sie besonders köstlich, da die Schale herrlich knusprig wird. In dünne Scheiben geschnitten und gebraten machen sie sich gut in Salaten, Suppen oder sogar als Croûtons. Farblich gibt es eine große Bandbreite, weshalb ihr euch nicht wundern dürft, wenn ihr sehr helle oder sogar lilafarbene Exemplare entdeckt. Putzt sie ordentlich und bereitet sie dann in Stücken oder im Ganzen zu.

Bei Risotto kann man sich kreativ verausgaben, neue Gemüsesorten und Aromen ausprobieren und konventionelle mit ungewohnten Zutaten kombinieren. Topinambur schmeckt aromatisch und verleiht jedem Gericht ein süßes, nussiges Aroma – also die perfekte Risottozutat. Lauch habe ich schon als Kind geliebt, am besten in große Stücke geschnitten, gedämpft und dann mit einem ordentlichen Stück Butter und einer Prise Salz serviert. Dieses Geschmackserlebnis wollte ich natürlich duplizieren, allerdings ein wenig aufgepeppt und ohne Milchprodukte: Darf ich vorstellen – mein Lauch »in Butter«, einer meiner Klassiker. Die Mischung aus Oliven- und Kokosöl erzeugt dieses herrliche Butteraroma, bei dem einem das Wasser im Munde zusammenläuft. Auf Toast ergibt der Lauch ein Häppchen im Bruschettastil, womit ihr nicht nur euch selbst, sondern auch Gäste und Freunde beeindrucken könnt.

Für 4 Personen

RISOTTO MIT TOPINAMBUR UND BUTTERLAUCH

Den Backofen auf 180 °C (Umluft) vorheizen. Die Topinamburviertel auf einem mit Backpapier belegten Backblech verteilen (siehe Tipp, S. 35) und mit 1–2 EL Öl beträufeln. Mit Salz und Pfeffer würzen und 20 Minuten backen. Sie sollen knusprig und goldbraun werden, in der Mitte aber weich sein. Inzwischen das Risotto zubereiten. Topinambur aus dem Backofen nehmen und beiseitestellen.

1 EL Öl in einer großen Pfanne erhitzen. Die Zwiebel im heißen Öl anbräunen, den Staudensellerie zufügen und einige Minuten mitbraten. Den Knoblauch in die Pfanne geben und braten, bis er duftet. Ständig umrühren, damit nichts anbrennt.

Muskatnuss und Risottoreis einrühren, bis der Reis rundum bedeckt ist. Bei schwacher Hitze den Weißwein zugießen. Sobald dieser etwas verdampft ist und der Reis ihn absorbiert hat, die Brühe unter Rühren schöpflöffelweise zugeben. Bei schwacher Hitze garen und weiter so verfahren.

Für das Risotto

200 g Topinambur, geviertelt

natives Olivenöl extra oder Kokosöl

Salz und schwarzer Pfeffer aus der Mühle

1 große Zwiebel, fein gehackt

1 Stange Staudensellerie, fein gehackt

2 Knoblauchzehen, zerdrückt oder fein gehackt

1 TL frisch geriebene Muskatnuss

350 g Risottoreis

250 ml Weißwein

1,4 l Gemüsebrühe (Rezept S. 352)

Abrieb und Saft von 1 unbehandelten Zitrone

60 g Hefeflocken

2 gute EL Tahini

2 EL gehackte Nusskerne (Haselnusskerne, Mandeln, Cashewnusskerne)

Wenn die Hälfte der Brühe zugegeben wurde, den Reis mit Salz und Pfeffer würzen, Zitronensaft, -abrieb und Hefeflocken zufügen und alles gut vermengen.

Die restliche Brühe nach und nach zugießen, bis der Reis weich ist, aber noch etwas Biss hat. Vielleicht wird nicht die gesamte Brühe benötigt, doch das Risotto sollte weder zu trocken noch zu feucht sein. Falls nötig, erneut salzen und pfeffern.

Den Lauch zubereiten, während das Risotto köchelt: Oliven- und Kokosöl bei schwacher bis mittlerer Hitze in einem kleinen Topf erwärmen und den Lauch darin weich braten. Dabei nach und nach 2 EL Wasser zufügen.

Kurkuma, Paprikapulver und Salz zugeben und unter Rühren einige weitere Minuten garen. Der Lauch verfärbt sich bräunlich oder gelblich, wird sehr weich und zerfällt. Danach vom Herd nehmen und zum Warmhalten einen Deckel auflegen.

Topinambur ins fertige Risotto geben und vorsichtig untermengen. Falls das Risotto zu kompakt wirkt, zum Auflockern etwas mehr Brühe oder Wasser zugießen. Tahini und die Hälfte des Lauchs zugeben und vorsichtig einrühren. Mit dem restlichen Lauch und den gehackten Nusskernen krönen und servieren.

Für den Butterlauch

2 EL natives Olivenöl extra

1 EL Kokosöl

1 große oder 2 kleinere Stangen Lauch, längs halbiert, in schmale Streifen geschnitten

¼ TL gemahlene Kurkuma

¼ TL Paprikapulver (geräuchertes Paprikapulver passt hier auch gut)

1 gute Prise Salz

Tipps:

Der Lauch passt nicht nur hervorragend zum Risotto, sondern macht sich auch bestens als Bruschetta- oder Röstbrotbelag. Ordentlich auf eine Scheibe Sauerteigbrot häufen und mit 1 Prise Salz, Pfeffer und Chiliflocken würzen. Wer's kreativ mag, würfelt eine saisonale Frucht wie Apfel oder Birne und gibt sie dazu. So wird aus Röstbrot eine schicke Sache oder einfach mal was Neues.

Ich werfe liebend gern ungewöhnliche Zutaten in meine Gerichte und bin dabei ein wenig Topinambur-fanatisch – regelmäßig landen die Knollen in meinem Curry. Eine simple Angelegenheit, die ihr mit den geliebten Wintergewürzen verfeinern könnt. Das Curry köchelt, bis es schön aromatisch ist, sodass die drei sensationellen Zutaten perfekt zur Geltung kommen.

Für 4 Personen

CURRY AUS TOPINAMBUR, ERDNUSSBUTTER UND KOKOSMILCH

mit Basilikum und Koriandergrün

Die Zwiebel in etwas Wasser in einer Pfanne dünsten, bis sie weich ist. Noch 1 Schuss Wasser zugeben und dann bei schwacher Hitze Knoblauch, Ingwer, Kurkuma, 1 Prise Pfeffer, Koriandersamen und Kreuzkümmelsamen zufügen und dünsten, bis kein Wasser mehr in der Pfanne ist.

Bei weiterhin schwacher Hitze Paprikaschote, Chili, Kokosmilch, Limettensaft und -abrieb, Erdnussbutter, Sojasauce, Topinambur und Kohlgemüse zufügen. Gut vermengen und zum Kochen bringen. Dann die Temperatur reduzieren, köcheln lassen und 1 gute Prise Salz und Pfeffer zugeben.

125–250 ml Wasser zugießen (etwas weniger, wenn das Curry dickflüssig sein soll), das Gemüse unter gelegentlichem Rühren garen und die Sauce eindicken lassen. Die Hälfte des Basilikums plus die Hälfte des Koriandergrüns zufügen und weiterköcheln lassen.

Inzwischen den Reis kochen.

Sobald die Topinamburen gar sind (sollten sich leicht mit einem Messer durchstechen lassen), restliches Basilikum zugeben und mit Salz und Pfeffer würzen.

Zum Servieren Reis in Schüsseln füllen, darauf das Curry geben und mit zerdrückten Erdnüssen und dem restlichen Koriandergrün bestreuen.

- 1 Zwiebel, fein gehackt
- 2 Knoblauchzehen, zerdrückt oder fein gehackt
- 5 cm Ingwer, gerieben (zusätzlich ein 5-cm-Stück Galgant wäre toll)
- 1 EL frische oder 1 TL gemahlene Kurkuma, plus
- 1 Prise schwarzer Pfeffer aus der Mühle
- 2 TL Koriandersamen
- 2 TL Kreuzkümmelsamen
- 1 mittelgroße rote Paprikaschote, Kerne entfernt, fein gehackt
- 2–4 rote Chilischoten (je nachdem, wie scharf ihr es haben wollt)
- 400 ml Kokosmilch (aus der Dose)
- Abrieb und Saft von 1 unbehandelten Limette
- 4–6 gute EL Erdnussbutter (crunchy oder creamy)
- 2 EL Soja- oder Tamarisauce
- 350 g Topinambur, in mundgerechte Stücke geschnitten
- 1 kleiner Blumenkohl/Brokkoli/Romanesco/Kohl, grob gehackt (oder 1–2 gute Handvoll Rosenkohl oder Blattkohl – oder ein anderes Gemüse aus der Kohlfamilie, das euch schmeckt!)

»

Im tiefsten Winter

Tipps:

Dieses Curry enthält eine ganze Reihe an Zutaten und frische und gemahlene Gewürze. Falls ihr ein unkompliziertes Curry bevorzugt, könntet ihr das Harissa-Rezept von S. 361 nehmen und noch Zwiebel, Ingwer, Galgant (falls vorhanden) und frisches Koriandergrün sowie etwas Wasser dazugeben. Danach fügt ihr Kokosmilch, Erdnussbutter und Gemüse hinzu.

Wer ein wenig variieren oder das Curry in einer anderen Jahreszeit zubereiten möchte, hat beim Gemüse reichlich Auswahl (S. 334) und kann die Topinambur auch durch ein anderes stärkehaltiges Gemüse, wie z. B. Kartoffeln, ersetzen.

Salz

1 gute Handvoll frisches Basilikum, gehackt

1 gute Handvoll Koriandergrün, mit Stängeln, fein gehackt

Zum Servieren

250–350 g Reis nach Wahl oder ein anderes (Pseudo-) Getreide

2–4 EL Erdnüsse, leicht geröstet, zerdrückt

Der Salbei erinnert mich immer an eine Geschäftsreise in die Toskana, wo ich es mit dem Würzen der Gerichte etwas übertrieben habe. Ich pflückte dafür nahezu alle Blätter der kleinen Pflanze, die im Garten hinterm Haus wuchs, und entdeckte erst später, dass um die Ecke noch mehr Pflanzen standen. Knuspriger Salbei ist einfach unschlagbar. Bei diesem schlichten Rezept wird das intensive Aroma der Topinambur durch die zarte Zitrusnote, den Knoblauch und den wärmenden Salbei ausbalanciert. Die perfekte winterliche Beilage zu einem dunkelgrünen Blattsalat.

Für 4–5 Personen als Beilage

GEBACKENER TOPINAMBUR UND KARTOFFELN

mit ganzen Knoblauchzehen und knusprigem Salbei

Den Backofen auf 200 °C (Umluft) vorheizen. Ein Backblech mit einer Backmatte (siehe Tipp, S. 35) belegen.

Kartoffeln und Topinambur in einer großen Rührschüssel mit 2 EL Wasser vermengen, bis die Stücke rundum angefeuchtet sind. Dann Knoblauch, Zitronensaft und -abrieb, geräuchertes Paprikapulver und den fein gehackten Salbei zufügen. Mit Salz und Pfeffer würzen.

Gleichmäßig auf dem Backblech verteilen und 20 Minuten backen.

Das Backblech aus dem Backofen nehmen. Das Gemüse mit 2 EL Olivenöl beträufeln. Wenn man das Olivenöl erst jetzt zugibt, werden Kartoffeln und Topinambur schön knusprig. Erneut mit Salz und Pfeffer würzen, wieder in den Backofen schieben und weitere 20 Minuten backen.

Kartoffeln und Topinambur aus dem Backofen nehmen. Sie sollten goldbraun und knusprig sein, aber im Inneren schön weich. Zum Test mit einem scharfen Messer einstechen.

2 TL Olivenöl in einer kleinen Pfanne erhitzen und 1 Prise Salz zugeben. Die ganzen Salbeiblätter zugeben und bei mittlerer Hitze knusprig braten. Dies geht ganz schnell – aufpassen, dass die Blätter nicht anbrennen.

Zum Servieren Kartoffeln und Topinambur in eine Schüssel füllen. Mit dem knusprigen Salbei bestreuen. Guten Appetit!

- 3 mittelgroße Kartoffeln, in mundgerechte Stücke geschnitten
- 500 g Topinambur, in mundgerechte Stücke geschnitten
- 8 Knoblauchzehen, zerdrückt
- Abrieb und Saft von 1 unbehandelten Zitrone
- 1 TL geräuchertes Paprikapulver
- 35 g frischer Salbei, die Hälfte der Blätter fein gehackt, die andere Hälfte ganz lassen
- Salz und schwarzer Pfeffer aus der Mühle
- 2 EL natives Olivenöl extra, plus 2 TL

Tipps:

Kalt schmeckt dieses Gericht auch sehr gut: einfach etwas mehr Zitronensaft und -abrieb und 1–2 EL Tahini zugeben, gut vermengen und als Salat servieren. Ihr könnt das Gemüse mit einer Gabel oder dem Kartoffelstampfer leicht zerdrücken. Die Reste lassen sich gut verwerten, z. B. in winterlichen Aufläufen wie auf S. 342.

Dieses schlichte Gericht wird goldgelb und knusprig gebacken und mit hausgemachter Harissa gewürzt. Die perfekte Beilage zu einem winterlichen Salat. Aber auch zu Hummus mit Knoblauch schmeckt es herrlich.

Für 4–6 Personen

GEBACKENER TOPINAMBUR

mit hausgemachter Harissa

Den Backofen auf 180 °C (Umluft) vorheizen. Für die Harissa die getrockneten Chilis (beide Sorten, falls ihr 2 Sorten verwendet) in eine Schüssel geben, mit heißem Wasser übergießen, sodass sie gut bedeckt sind, und dann 15 Minuten einweichen.

Koriander-, Kümmel- und Kreuzkümmelsamen bei mittlerer Hitze ohne Öl leicht rösten, bis sie duften und zu springen beginnen. In den Mörser geben und mit dem Stößel zu einem feinen Pulver zerstoßen. Oder im Mixer bzw. in der Gewürzmühle zerkleinern.

Knoblauch, Ingwer, Paprikapulver und Meersalz zu dieser Samenmischung geben. Zerstoßen oder zerkleinern, dann Zitronensaft und -abrieb, Essig und Tomatenmark zugeben und vermengen, bis eine homogene Paste entsteht. Im Mörser wird die Paste etwas stückiger.

Die Chilis nach dem Einweichen abgießen und Stängel und Samen entfernen. In den Mixer oder Mörser geben und etwas mehr Salz und Pfeffer zufügen. Gründlich zerkleinern. Wer anfangs den Mörser verwendet hat, kann nun für den letzten Arbeitsschritt alle Zutaten in den Mixer geben.

Langsam das Öl oder Wasser zugießen und unterarbeiten. Je nach gewünschter Konsistenz benötigt man etwas mehr oder weniger davon. Mit Salz und Pfeffer abschmecken – ihr könnt auch etwas mehr Zitronensaft zugeben, falls das Aroma etwas säuerlicher werden soll.

Für die Harissa (ergibt ca. 1 mittelgroßes Glas oder 16 EL)

10 große getrocknete Chilischoten, mild bis mittelscharf

5–7 getrocknete Arbol-Chilischoten (sehr scharfe Chilisorte – je nach gewünschter Schärfe könnt ihr auch weniger verwenden und zusätzlich normale getrocknete Chilis zugeben)

2 TL Koriandersamen

1 TL Kümmelsamen

1 guter EL Kreuzkümmelsamen

3–5 Knoblauchzehen, zerdrückt oder fein gehackt

1 daumengroßes Stück Ingwer, fein gerieben

2 TL geräuchertes Paprikapulver

1 gute Prise Meersalz (Menge nach Belieben)

Abrieb und Saft von ½ unbehandelten Zitrone

1 EL Apfelessig (oder Weißweinessig)

1 EL Tomatenmark

Salz und schwarzer Pfeffer aus der Mühle

65 ml natives Olivenöl extra von guter Qualität oder Wasser (für alle, die eine Harissa ohne Öl bevorzugen. Ich nehme hier gern Öl, das ich dann bei dem Gericht, für das ich die Harissa verwende, weglasse. Aber das bleibt ganz euch überlassen – das Öl intensiviert allerdings das Aroma)

Die Harissa hält sich in einem Schraubglas 1 Monat im Kühlschrank und im Gefrierschrank noch länger.

Die Topinambur-Knollen in einen Topf mit kaltem Wasser und Salz geben. Einen Deckel auflegen und zum Kochen bringen. Dann die Temperatur reduzieren und 15 Minuten köcheln lassen, bis sie weich sind. Abgießen und auf einem Backblech verteilen.

Die Topinamburen mit der Rückseite eines Löffels oder der Unterseite eines Glases/einer Tasse flach drücken. 1 TL Harissa auf jeder Knolle verstreichen. Mit Hefeflocken bestreuen, dann wenden und erneut mit Harissa bestreichen.

Die zerdrückten Knollen backen, bis sie oben angebräunt sind. Dann wenden und die andere Seite anbräunen lassen, bis sie schön knusprig werden. Dies dauert etwa 10 Minuten.

Mit ein wenig Dressing nach Wahl beträufeln, mit Nüssen oder Sesamsamen bestreuen und dann servieren.

Für den Topinambur (für 4 Personen als Hauptgericht, für 6 als Beilage)

450 g Topinambur, gut geputzt und gewaschen

1 guter TL Salz

2 EL Hefeflocken (nicht unverzichtbar, aber eine tolle Würze)

Zugaben nach Wahl

cremiges Dressing aus dem Kapitel »Grundrezepte«, S. 356 (mit Seidentofu, Tahini etc.)

geröstete Nusskerne, zerdrückt

Sesamsamen

Tipps:

Harissa friert man am besten in einem Eiswürfelbehälter ein. So hält sie sich länger, und ihr könnt die gefrorenen Harissawürfel gut zu verschiedenen Gerichten geben. Harissa passt wunderbar zu Pastasaucen, Suppen, Eintöpfen, mexikanischen Gerichten, ja sogar zu Grundrezepten für Hummus oder Dressings (S. 361). Dieses Gericht ist die ideale Ergänzung zu einem grünen Salat und lässt sich gut in Hummus dippen.

Süßkartoffeln

Vielleicht habt ihr schon gedacht, dass ich »normales« Gemüse gar nicht mag? Dann betrachtet doch mal die unterschätzte Schönheit der Süßkartoffel: Trotz ihres schlichten Äußeren ist sie in gekochtem Zustand ungemein attraktiv und enthält ein süßes, reichhaltiges Fruchtfleisch. Beide Sorten (weißes/oranges Fruchtfleisch) dieses edlen Wurzelgemüses schmecken süßlich, wobei die weiße Sorte etwas aromatischer duftet. Süßkartoffeln sind heutzutage fast das ganze Jahr über erhältlich, haben ihre Hochzeit aber im tiefsten Winter. Püriert lassen sie sich für viele Gerichte verwerten. Ob als Kuchen, Burger/Pattys, doppelt gebacken, geröstet oder gebraten – von Süßkartoffeln bekomme ich nie genug. Obwohl, wenn ich so nachdenke ... ich hatte mal eine Phase, in der ich in kurzer Zeit viel zu viele Süßkartoffeln gegessen hatte und danach eine Pause einlegen musste. Ich glaube, ich habe es in meinem Leben ganze zwei Monate ohne Süßkartoffel ausgehalten, bevor meine Sehnsucht die Oberhand gewann. Das Rezept auf S. 348, in dem sie im Ganzen gebacken und mit knusprigen Kichererbsen und einem cremigen Dressing serviert werden, stellte ein würdiges Wiedersehen dar.

Meine Liebe zu spannenden Konsistenzen und Zutatenkombinationen kommt bei der Zubereitung von Süßkartoffeln deutlich zum Ausdruck. Sie sind vielseitig, machen satt und sind unglaublich gesund. Da sie recht süß schmecken, benötigen sie ein Gegengewicht aus Fetten, zitronigen und salzigen Aromen und einer knusprigen Komponente, die alle fein ausbalanciert sein sollten! Falls ihr sie noch nie »doppelt gebacken« habt, könnt ihr euch auf ein besonderes Erlebnis freuen. Stellt euch das cremigste und köstlichste Kartoffelpüree aller Zeiten vor, das in einer herrlich salzigen Schale serviert wird.

Tipps:

Süßkartoffeln lassen sich gut in größeren Portionen zubereiten: Im Ganzen 40 Minuten backen, aus dem Backofen nehmen, abkühlen lassen und dann in den Kühlschrank stellen. In einer Dose halten sie sich dort 4–5 Tage. Ihr könnt sie jederzeit weiterverwenden, ob als Snack oder als Zutat in anderen Gerichten, sogar für Süßspeisen. Ihr einzigartiges Aroma wird noch intensiver, wenn ihr sie nach dem Backen nicht gleich verwendet. Ob ihr die Süßkartoffeln nun absichtlich im Voraus gebacken oder am Vortag zu viele zubereitet habt – sie lassen sich im Vergleich zu manch anderem Gemüse hervorragend weiterverwerten. Ihr könnt Brot oder Kuchen daraus zaubern, sie ins Porridge geben, als herzhaftes Frühstück verzehren oder in Süßkartoffeltoasts verwandeln (supergut!): Dazu die Süßkartoffeln im Backofen per Grillfunktion anbräunen oder in Scheiben schneiden und in den Toaster stecken. Danach mit euren deftigen Lieblingszutaten belegen.

Dieses Rezept entstand vor ein paar Jahren, als ich im Winter längere Zeit in Großbritannien verbrachte. Hier werden zwei meiner Favoriten kombiniert – Eintopf und Gebackenes. Mein Dad war ein großer Fan der Bratform, die meist zum Einsatz kam, wenn wir nur wenige Dinge im Kühlschrank hatten oder es bequem erschien. Diese Vorliebe habe ich übernommen. Für dieses Rezept werden Spalterbsen mit nahrhaften Süßkartoffeln gebacken und mit dem milden Umami-Aroma von Pilzen kombiniert. Immer wenn ich dieses Gericht zubereite, denke ich voll Liebe an meinen Dad.

Für 6 Personen

SPALTERBSEN-SÜSSKARTOFFEL-AUFLAUF MIT ROSMARIN

Den Backofen auf 190 °C (Umluft) vorheizen. Spalterbsen mit 750 ml Gemüsebrühe in einem Topf zum Kochen bringen. Dann die Temperatur reduzieren und die Spalterbsen 20 Minuten köcheln lassen, bis sie weich sind. Danach mit Salz und Pfeffer würzen und beiseitestellen.

1 Schuss Öl bei mittlerer Hitze in einem Topf erwärmen und Zwiebel, Karotte, Staudensellerie und Lauch darin weich braten. Die Pilze in einem anderen Topf bei schwacher Hitze in der Sojasauce dünsten. Vom Herd nehmen, sobald sie weich und etwas dunkler sind, und dann beiseitestellen.

Rosmarin, Thymian, Oregano und Knoblauch zu Zwiebel, Karotte, Staudensellerie und Lauch geben. Einige Minuten mitbraten. Falls die Mischung zu trocken wirkt, einfach 1 Schuss Wasser zufügen. Sobald die Mischung duftet, Kokos-Aminos zugeben und mit Salz und Pfeffer abschmecken.

Spalterbsen, Pilze und Zwiebelmischung vermengen und mit 50 ml Brühe in eine große Auflaufform füllen.

Die Süßkartoffeln gut waschen, mit einem scharfen Messer, Gemüseschäler oder einer Gemüsemandoline in dünne Scheiben schneiden (max. 1 cm dick).

200 g getrocknete Spalterbsen, mind. 2–4 Stunden eingeweicht

800 ml–1 l Gemüsebrühe

Salz und schwarzer Pfeffer aus der Mühle

natives Olivenöl extra

1 große Zwiebel, fein gehackt

1 große Karotte, fein gehackt

2 Stangen Staudensellerie, mit Blättern, fein gehackt

1 große Stange Lauch, längs halbiert, grob gehackt

500 g weiße Champignons, in dünne Scheiben geschnitten

2–3 EL Soja- oder Tamarisauce

1 großer Zweig frischer Rosmarin, fein gehackt, oder 2 gute TL getrockneter Rosmarin, plus mehr zum Bestreuen

1 kleiner/mittelgroßer Zweig Thymian, fein gehackt, oder 1 guter TL getrockneter Thymian

2 TL getrockneter Oregano

4 Knoblauchzehen, zerdrückt oder fein gehackt

2 EL Kokos-Aminos, Liquid Aminos oder Aceto balsamico (oder eine Mischung)

2 mittelgroße Süßkartoffeln

1 Prise Chiliflocken

Die Süßkartoffeln auf der Gemüsemischung in der Auflaufform verteilen, falls nötig, erneut mit Salz und Pfeffer würzen, und mit den Chiliflocken und dem restlichen Rosmarin bestreuen. Auf mittlerer Schiene 40–50 Minuten backen. Die Flüssigkeit verdampft dabei und die Spalterbsen werden noch weicher. Die Oberfläche bräunt an und die Süßkartoffeln werden durchgegart. Falls der Auflauf zu trocken wirkt, die restliche Brühe (ca. 200 ml) nach und nach zugießen, damit die Süßkartoffeln nicht anbrennen. Aus dem Backofen nehmen und vor dem Servieren einige Minuten durchziehen lassen.

Tipps:

Für dieses Gericht könnt ihr jede Süßkartoffelsorte verwenden oder aber gleich normale Kartoffeln nehmen, die ihr allerdings etwas länger kochen müsst. Dazu schmeckt eine cremige Sauce oder veganer Käse. Ideen findet ihr bei den Grundrezepten (S. 356 und 364). Kombiniert den Auflauf mit frischem grünem Gemüse oder tunkt die saftigen Reste auf dem Teller mit eurem Lieblingsbrot auf.

Im tiefsten Winter

Saucen auf Cashewbasis haben mein Leben verändert: Ich liebe schlichte Gerichte mit aufregender Sauce oder Kräutern (was auf dieses Rezept definitiv zutrifft). Bei den Zutaten ist getrockneter Oregano angegeben, aber hier könnt ihr eurer Fantasie freien Lauf lassen. Dieses Püree macht sich auch gut auf Pies oder Aufläufen, ja sogar in Quesadillas (S. 346).

Für 4–6 Personen als Beilage

SÜSSKARTOFFEL-GRÜNKOHL-PÜREE

mit Cashewsauce und Kräutern

Für die Sauce alle Zutaten mit 180 ml Wasser im Mixer glatt pürieren. Falls die Sauce dünnflüssiger sein soll, mehr Wasser zugießen. Mit Salz und Pfeffer würzen.

Für das Püree Grünkohl in einem großen Topf mit kaltem Wasser und Salz zum Kochen bringen und garen, bis die Blätter leuchtend grün und die Stängel etwas weicher sind. Danach abgießen und beiseitestellen.

Süßkartoffelwürfel, 2 ganze Knoblauchzehen und 2 TL Salz in einen Topf geben. Mit kaltem Wasser bedecken und zum Kochen bringen. Dann die Temperatur reduzieren und köcheln lassen, bis die Kartoffeln weich sind. Danach abgießen und wieder in den Topf geben.

Grünkohl, Olivenöl, zerdrückte Knoblauchzehen, Dijonsenf, Pflanzenmilch, Oregano und Frühlingszwiebeln zufügen. Die Zutaten pürieren, bis die gewünschte Konsistenz erreicht ist. Ich mag es leicht stückig, aber ihr könnt sie auch fein pürieren. Mit Salz und Pfeffer würzen. Falls das Püree zu fest ist, noch 1 Schuss Pflanzenmilch zugießen.

Mit 1 Klecks Cashewsauce beträufeln. Die Sauce kann kalt oder heiß serviert werden. Die Sauce zum Erhitzen mit etwas Wasser in einen kleinen Topf gießen und unter Rühren bei schwacher Hitze aufwärmen. Dabei dickt die Sauce etwas ein. Saucenreste halten sich im Kühlschrank bis zu 5 Tage und können für Salate oder gegrilltes Gemüse verwendet werden.

Für die Sauce (ergibt ca. 450 g)

240 g rohe Cashewnusskerne, über Nacht eingeweicht

1 gute Handvoll frische gemischte Kräuter (Petersilie, Koriandergrün, Dill, Basilikum, Oregano – worauf auch immer ihr Lust habt oder was gerade erhältlich ist – bei den getrockneten Varianten nehmt ihr 2 gute EL)

1–2 TL Apfel- oder Weißweinessig

2 Knoblauchzehen, zerdrückt oder fein gehackt

Abrieb und Saft von 1 unbehandelten Zitrone

1 EL Meersalz

schwarzer Pfeffer aus der Mühle

Für das Püree

7–8 Stängel Grünkohl oder ein anderes dunkles Blattgemüse, Blätter grob gehackt, Stängel fein gehackt

Salz

5 kleine bis mittelgroße Süßkartoffeln, gut gewaschen und gewürfelt

2 EL natives Olivenöl extra

5 Knoblauchzehen: 2 im Ganzen, 3 zerdrückt oder fein gehackt

2 EL Dijonsenf

125 ml Pflanzenmilch, plus etwas mehr, falls das Püree zu trocken ist

1 guter EL getrockneter Oregano

ca. 6 Frühlingszwiebeln, fein gehackt

schwarzer Pfeffer aus der Mühle

Bei diesem Rezept geht es darum, vorhandene Zutaten zu verwerten: So entsteht ein buntes Durcheinander von Aromen, Gemüse, Getreide, Hülsenfrüchten und Nusskernen. Das passende Dressing schmeckt süßlich mit Chilikick. Wie der Rezeptname schon sagt, könnt ihr bei diesem extrem wandelbaren Salat viele Zutaten ersetzen!

Für 4–6 Personen

SÜSSKARTOFFELSALAT MIT MAROKKANISCHEN GEWÜRZEN (ALLES, WAS DA IST)

Alle Zutaten für das Dressing im Mixer einige Minuten pürieren. Wer keinen Mixer hat, vermengt alles mit einer Gabel oder einem Schneebesen. Mit etwas zusätzlichem Wasser erhält man ein dünnflüssiges Dressing.

Hirse oder anderes Getreide garen. Die Garzeiten variieren je nach Getreide – für Hirse Wasser mit Salz zum Kochen bringen, Hirse zugeben und 20 Minuten köcheln lassen, bis sie gar ist.

Die Süßkartoffeln in einen großen Topf mit kaltem Wasser geben und 1 Prise Salz zufügen. Zum Kochen bringen, dann die Temperatur reduzieren und 20 Minuten köcheln lassen, bis sie weich und zart, aber nicht zu matschig sind. Abgießen und beiseitestellen. Ich esse diesen Salat gern warm, aber ihr könnt die Süßkartoffeln auch in eine Schüssel mit kaltem Wasser legen, damit sie schneller abkühlen.

Karotten, Staudensellerie, Lauch und Grünkohl in eine andere Schüssel geben. Apfel- oder Weißweinessig und 1 TL Salz zufügen. Das Gemüse mit den Händen vermengen und sanft kneten, bis es etwas weicher wird.

Hirse, Süßkartoffeln, Bohnen, frische Kräuter, Nusskerne und Kreuzkümmelsamen zufügen. Mit Salz und Pfeffer würzen und das Dressing darübergießen. Pur servieren oder mit Topping nach Wahl. Ich gebe gern noch 1 Spritzer Zitronen- oder Limettensaft und 1 Prise Chiliflocken dazu.

Für das Dressing

2 EL Dattelsirup

2 EL natives Olivenöl extra

Saft von 1 unbehandelten Zitrone

2 TL Dijonsenf

2 cm Ingwer, gerieben

2 kleine Knoblauchzehen, zerdrückt

je ½ TL gemahlener Koriander, Kreuzkümmel und Cayennepfeffer

¼ TL Zimtpulver

Für den Salat

100 g Hirse (oder ein anderes (Pseudo-)Getreide; weglassen, falls es ein leichter Salat sein soll)

Salz

2 mittelgroße Süßkartoffeln, gut abgespült, gewürfelt

2 Karotten, in Streifen gehobelt (jegliche Sorte, also lila, orange, gelb)

1 Bund Staudensellerie, in Streifen gehobelt oder mit Blättern dünn aufgeschnitten

2 mittelgroße Stangen Lauch, längs halbiert, grob gehackt

einige Stängel Grünkohl, grob gehackt (Stängel mitverwenden oder in die Brühebox geben)

1 TL Apfel- oder Weißweinessig

400 g Bohnen/ Kichererbsen (aus der Dose; jegliche Sorte; weglassen, falls es ein leichter Salat sein soll)

1 gute Handvoll frische Kräuter (Koriandergrün, Minze, Petersilie), gehackt

50 g Nusskerne (Pistazien, Mandeln, Haselnusskerne etc.), gehackt und leicht geröstet

1 EL Kreuzkümmelsamen, leicht geröstet

schwarzer Pfeffer aus der Mühle

Dieses Gericht, das bei meinen Freunden, bei Gästen auf Events und bei mir daheim sehr gut ankommt, solltet ihr euch merken, da ihr die meisten Zutaten wahrscheinlich eh im Haus habt. Quesadillas zählen zu meinen mexikanischen Lieblingsgerichten – sie machen ordentlich was her, sind aber ganz einfach in der Zubereitung. Also die perfekte Wahl, wenn ihr die Leute mal ein wenig beeindrucken wollt.

Für 2 Personen als Hauptgericht, für 4 als Beilage/ Snack

QUESADILLAS MIT SÜSSKARTOFFEL UND CANNELLINI-BOHNEN

Für die Füllung Wasser in einem Topf zum Kochen bringen. 1 gute Prise Salz und die Süßkartoffelwürfel zufügen. Aufkochen, dann die Temperatur reduzieren und 10–12 Minuten köcheln lassen, bis die Süßkartoffeln weich sind. Abgießen und wieder in den Topf geben. Mit einer Gabel oder einem Kartoffelstampfer zerdrücken. Danach beiseitestellen.

Das Kokosöl in einer Pfanne erhitzen. Die Zwiebel zugeben und anbräunen, mit Salz und Pfeffer würzen. Die Temperatur reduzieren und Misopaste, Ahornsirup, Chilischoten, Knoblauch und Korianderstängel einrühren. Ständig rühren, damit der Knoblauch nicht anbrennt.

Paprikapulver, gemahlenen Kreuzkümmel und Korianderblätter zufügen und 1 Minute mitbraten. Die Mischung in eine Schüssel füllen und die Bohnen und das Süßkartoffelpüree zugeben. Erneut salzen und pfeffern. Wer es scharf mag, gibt noch 1 Prise Chili extra zu.

Die Mischung mit einer Gabel vermengen. Sie wird nicht völlig homogen, sondern bleibt etwas stückig. Dann Koriandergrün, Hefeflocken, Limettensaft und -abrieb unterrühren. Falls der Salat zu trocken ist, etwas Olivenöl oder Wasser zugeben.

Salz

4 Tortillas (hausgemachte Version, S. 370, aber auch gekaufte sind in Ordnung)

Für die Füllung

1 große Süßkartoffel, mit Schale, gewürfelt

1–2 EL Kokosöl

1 kleine rote Zwiebel, fein gehackt

schwarzer Pfeffer aus der Mühle

1 EL Misopaste

1 EL reiner Ahornsirup oder ein anderes Süßungsmittel

1 kleine rote Chilischoten, fein gehackt

2 Knoblauchzehen, zerdrückt oder fein gehackt

1 kleine Handvoll Koriandergrün, Blätter und Stängel getrennt, gehackt

2 TL geräuchertes Paprikapulver

2 TL gemahlener Kreuzkümmel

400 g Cannellinibohnen (aus der Dose), abgegossen und gut abgespült (oder 125 g getrocknete Bohnen, über Nacht eingeweicht und dann weich gekocht)

4 gute EL Hefeflocken

Abrieb und Saft von 1 unbehandelten Limette

natives Olivenöl extra zum Verdünnen

Für die Quesadillas 1 Schuss Öl in einer Pfanne erhitzen. 1 Tortilla hineinlegen und von beiden Seiten leicht anbraten. Auf niedrigste Temperatur reduzieren und die Hälfte der Füllung auf der Tortilla verstreichen. 1 weitere gebratene Tortilla darauflegen. Je nach Größe der Tortillas eine entsprechende Menge an Füllung verwenden. Vorsichtig braten, bis die Tortilla an der Unterseite allmählich anbräunt und Blasen bekommt. Wenden und von der anderen Seite braten. Mit der zweiten Quesadilla ebenso verfahren. Dabei die erste Quesadilla entweder im Backofen warm halten oder auf einen Teller legen und mit einem Topfdeckel oder Geschirrtuch abdecken.

Die fertigen Quesadillas mit einem scharfen Messer oder Pizzarad vierteln. Es macht nichts, wenn ein wenig Füllung herausquillt. Am besten warm servieren. Pur oder mit gewünschten Würzzutaten und Beilagen servieren!

Tipps:

Statt Cannellinibohnen könnt ihr auch andere weiße Bohnen verwenden. Wer es typisch mexikanisch mag, kann auch mal schwarze Bohnen ausprobieren. Mit frischem Mais, Salsa und Salat wird daraus ein klassisch mexikanisches Festmahl. Die Quesadillas schmecken zur Abwechslung auch mal als herzhaftes Frühstück oder zum Brunch.

Süßkartoffeln im Ganzen zu backen, ist eine der tollsten Zubereitungsmethoden. Die Schale karamellisiert, das Innere wird weich und süß, bewahrt aber sein kräftiges Aroma. Dieses Rezept ist einfach und macht trotzdem etwas her: Die Kichererbsen mit Biss und das cremige Dressing sorgen für die perfekte Balance von Texturen und Aromen. Ein praktisches Abendessen für die Woche. Und die Reste lassen sich bestens verwerten!

Für 4 Personen

GEBACKENE SÜSSKARTOFFEL MIT KNUSPRIGEN KICHERERBSEN

und Tahini-Dressing

Falls ihr getrocknete Kichererbsen zubereiten wollt, müsst ihr sie über Nacht in Wasser mit 1 Prise Salz einweichen. Danach abgießen und gut abspülen und in einem Topf mit kaltem Wasser bedecken. Das Verhältnis von Wasser zu Kichererbsen sollte 2:1 betragen. 1 gute Prise Salz zugeben, einen Deckel auflegen und zum Kochen bringen. Dann die Temperatur reduzieren und mindestens 40 Minuten köcheln lassen. Danach abgießen, abspülen und beiseitestellen.

Den Backofen auf 200 °C (Umluft) vorheizen. Die Süßkartoffeln waschen und mit einem scharfen Messer rundherum mehrmals 1 cm tief einstechen. Auf ein Backblech legen und 30–40 Minuten backen, bis die Schale goldbraun und das Innere weich ist. Manchmal tritt eine karamellartige Flüssigkeit aus den Süßkartoffeln aus, was aber nicht schlimm ist.

Die Kichererbsen in einer großen Schüssel mit Olivenöl, Kreuzkümmel, Korianderstängeln, Paprikapulver, Gewürznelken, Kurkuma, Knoblauch, 1 gute Prise Salz, Pfeffer und Korianderblättern vermengen. Den Zitronensaft zufügen. Auf einem Backblech verteilen und 20–30 Minuten backen, je nachdem wie knusprig die Kichererbsen werden sollen. Die Kichererbsen nach 15 Minuten Backzeit herausnehmen, mit Zitronenabrieb bestreuen und anhaftende Kichererbsen vom Backblech lösen.

Alle Zutaten für das Dressing (außer Wasser/Pflanzenmilch) im Mixer pürieren. Falls ihr keinen Mixer habt,

600 g gekochte Kichererbsen (1 ½ Dosen), abgegossen, oder 300 g getrocknete Kichererbsen

Salz

4 mittelgroße Süßkartoffeln mit Schale

2–4 EL natives Olivenöl extra

4 gute TL gemahlener Kreuzkümmel

2 TL geräuchertes Paprikapulver

1 TL gemahlene Gewürznelken

1 TL gemahlene Kurkuma

5 Knoblauchzehen, zerdrückt oder fein gehackt

2 TL schwarzer Pfeffer aus der Mühle

1 kleine Handvoll Koriandergrün, Blätter und Stängel getrennt und fein gehackt

Abrieb von ½ und Saft von 1 unbehandelten Zitrone

3 Frühlingszwiebeln, fein gehackt

frischer Schnittlauch (nach Belieben, falls er gerade Saison hat; passt hier hervorragend)

Für das Dressing

Abrieb von ½ und Saft von 2 unbehandelten Zitronen

2–4 EL Tahini (je nachdem, wie dickflüssig das Dressing sein soll)

2 gestr. EL Dijonsenf

1 EL Chilisauce (nach Belieben)

2 EL Soja- oder Tamarisauce

2 TL Apfelessig

2 TL getrockneter Oregano

Wasser oder Pflanzenmilch, falls es cremiger werden soll

könnt ihr die Zutaten auch mit einer Gabel oder einem Schneebesen verrühren. Zum Verdünnen langsam etwas Wasser (oder Pflanzenmilch) zugießen und weiterrühren, bis das Dressing die gewünschte Konsistenz hat. Dann beiseitestellen.

Zum Servieren die Süßkartoffeln längs halbieren. Mit den knusprigen Kichererbsen bestreuen und mit dem Tahini-Dressing beträufeln. Mit Koriandergrün, Frühlingszwiebeln und, falls vorhanden, Schnittlauch bestreuen.

Tipps:

Es gibt verschiedene Süßkartoffelsorten, von denen manche eine violette Schale und weißes Fruchtfleisch, andere dagegen eine orange Schale und ebenfalls weißes Fruchtfleisch haben. Ihr könnt jede Sorte verwenden. Probiert das Rezept doch mal mit Harissa oder Pesto auf den Süßkartoffeln oder als Zugabe zu den Kichererbsen, wenn sie gebacken werden.

Im tiefsten Winter

Grund-
rezepte

Als wahre Königin der Würzzutaten und als Küchenprepperin habe ich dieses Kapitel meinen bewährten Grundrezepten gewidmet. Viele davon kommen im Buch immer wieder zum Einsatz, andere tauchen gelegentlich auf. Hier lernt ihr, wie ihr ganz fix Brühe, Pesto, Harissa und sogar veganen Käse zubereitet. Ihr entdeckt die Geheimnisse der Hummusherstellung, lernt, was ihr mit Gemüseblättern und -abschnitten anstellen könnt oder wie man aus Obst ein herrliches Kompott köchelt. Und ihr erfahrt, wie ihr Fladenbrote selbst backt. Das Schöne daran ist, dass ihr diese Gerichte zu jeder Jahreszeit zaubern könnt, denn sie lassen sich schnell an eure Bedürfnisse und an den Inhalt eures Kühl- und Vorratsschranks anpassen. Sobald ihr ein Grundrezept beherrscht, dürft ihr eurer Kreativität freien Lauf lassen.

Noch besser – über Reste braucht ihr euch keine Gedanken zu machen. Viele der folgenden Rezepte ergeben mehr als eine Portion. Jedes Rezept ist mit Hinweisen versehen, was sich damit sonst noch so anstellen lässt: Wie ihr z. B. Harissa in ein cremiges Salatdressing verwandelt oder aus übrig gebliebenem Nussmus eine schnelle Nussmilch zaubert. Indem ihr Alltags- oder Lieblingssaucen/-würzzutaten zu Hause zubereitet, vermeidet ihr Verpackungsmüll und vergnügt euch nebenbei in der Küche.

Eine Brühe aus Gemüseabfällen

Eine der besten Methoden zur Reduzierung von Lebensmittelverschwendung und Verpackungsmüll ist die selbst gekochte Brühe, die auch noch tausendmal besser als gekaufte schmeckt. Ihr könnt dafür verwenden, was ihr wollt – Staudensellerieabschnitte, Karottengrün, Blumenkohlblätter, Tomatenkerne etc., die ihr mit Knoblauch und getrockneten Kräutern auskocht.

Gemüsereste zu sammeln, ist ganz einfach: Ich stelle einen Behälter oder ein Schraubglas in meinen Gefrierschrank. Für die Brühe werfe ich alles in einen Topf, fülle ihn bis zum Rand mit Wasser und würze das Ganze mit Salz und Pfeffer (oder ich lasse das Salz weg und salze später das fertige Gericht). Ihr könnt auch schrumpelige Kräuter oder Gewürze, Lorbeerblätter, Kräuterstängel, ganze Knoblauchzehen und eine zusätzliche Zwiebel hineinwerfen.

Dies sind zwei meiner Klassiker – eine Standardbrühe mit ein paar Zusätzen und eine asiatisch angehauchte Brühe, die ich für Nudelgerichte verwende. Brühe ist nicht nur eine gute Basis für Suppen oder Eintöpfe, sondern passt als Geschmacksverstärker auch super zu Risotto, Dressing und Saucen.

RESTE-BRÜHE

Standard:
- so viele Gemüseabschnitte wie möglich (aber mindestens 2 große Tassen voll)
- Salz und schwarzer Pfeffer aus der Mühle
- Zugabe nach Belieben: frische oder getrocknete Kräuter und Gewürze (Thymian, Rosmarin, Oregano, Chili, Lorbeerblätter), ganze Knoblauchzehe (zerdrückt), extra Zwiebel

Asiatisch:
- so viele Gemüseabschnitte wie möglich (aber mindestens 2 große Tassen voll)
- 2–4 EL Sojasauce oder 1–2 EL Misopaste
- 15 g getrocknete Pilze (oder mehr) jeglicher Sorte
- 1 kleines Stück Ingwer, in dünne Scheiben geschnitten
- Knoblauchzehen (Menge nach Belieben)
- Salz und schwarzer Pfeffer aus der Mühle
- Zugabe nach Belieben: Tomatenmark, Dulse-Flocken oder getrocknete Algen, Chilischote, Gewürznelke

Für beide Brühen die jeweiligen Zutaten in einen Topf geben (gefrorenes Gemüse nicht auftauen). Die Zutaten knapp mit Wasser bedecken, salzen und pfeffern. ½–1 Stunde köcheln lassen (je nach Füllhöhe und gewünschter Stärke der Brühe). Das Wasser färbt sich bald gelbbraun; je dunkler die Farbe, desto intensiver das Aroma. Vom Herd nehmen und die Brühe durch ein Sieb in eine Schüssel abseihen. Die Reste kompostieren. Bei der asiatischen Brühe könnt ihr die Pilze auch drinlassen.

Wer eine besonders feine Brühe möchte, seiht sie nochmals ab. Durch einen Trichter in ein Schraubglas oder in einen verschließbaren Behälter füllen und im Kühlschrank aufbewahren oder einfrieren. Wenn ich eine große Portion koche, stelle ich meist ein großes Schraubglas in den Kühlschrank und friere den Rest ein, damit ich sie später bei Bedarf verwenden kann. Ihr könnt auch einen Teil in Eiswürfelbehälter füllen und die Würfel dann einzeln zu Gerichten geben.

Hinweis:

Nicht auf Gemüse beschränken, sondern auch Obstabschnitte (besonders Kerngehäuse von Äpfeln/Birnen) in die Brühebox geben. Sie sorgen wie Karotten für eine süßliche Note.

Dressings

Bei Dressings kommt es vor allem auf Intuition an ... vertraut eurem Geschmackssinn und mixt so das perfekte Dressing. Ich teile Dressings meist in zwei Kategorien auf – vinaigretteartige und cremige. Sobald ihr die Grundprinzipien verinnerlicht habt, entwickelt ihr problemlos kreative Dressings, die auf euren eigenen Vorlieben oder den Anforderungen eines bestimmten Gerichts basieren. Wichtig sind die Grundaromen: Salz, Säure/Essig, Öl/Fett und ein Süßungsmittel. Es müssen nicht immer alle Aromen enthalten sein, da das Basisgericht bereits eine gewisse Geschmacksrichtung hat. Aber wenn die verschiedenen Elemente nicht im Gleichgewicht sind, solltet ihr euch auf diese Grundaromen besinnen. Ihr seid nicht auf einen einzigen Vertreter pro Grundaroma festgelegt: Meine beiden Hauptzutaten für Dressings sind meist Zitronensaft und Senf, die genau genommen zu den Säuren zählen, aber unterschiedlichen Zwecken dienen. Dazu kommen weitere Elemente zur Ergänzung und als Gegengewicht.

Rechts stehen einige Beispiele für die unterschiedlichen Aromagruppen. Auf den nächsten Seiten kombinieren wir die Elemente miteinander, um daraus die beiden oben genannten Dressingtypen zu zaubern. Dabei wird euch noch der Punkt Schärfe auffallen, mit dessen Vertretern ihr ein Dressing pikanter machen könnt. Jedes Dressing lässt sich zudem durch Kräuter/Gewürze nach Wahl aufpeppen.

Salz: Salz, Soja-/Tamarisauce, Aminos, Misopaste

Säuren (Essig/Zitrusfrüchte): Zitrone, Orange, Limette, Knoblauch, Senf (jegliche Sorte), Essig (jegliche Sorte), Pickle- oder Kaperneinlegflüssigkeit, Ingwer, Schalotten oder Zwiebeln (fein gehackt)

Fette/fetthaltige Zutaten: Öle (jegliche Sorte), Tahini, Nussmuse, vegane Butter, Joghurt, Seidentofu, Pflanzenmilch, Avocado, Hummus

---

Süßungsmittel: Ahorn-, Dattel-, Agavensirup, Honig, Kristallzucker, Melasse, weiche Trockenfrüchte

---

Schärfe: getrocknete oder frische Chili, Chilisauce, Sweet Chili Sauce (gehört auch zur Kategorie Säure/Essig)

Kräuter/Gewürze: frische Kräuter (fein gehackt), Oregano, Kreuzkümmel (Samen oder gemahlen), Koriander (Samen oder gemahlen)

Grundrezepte

VINAIGRETTEN

Eine Vinaigrette enthält eine Säure (Essig, Zitrusfrucht, Mischung), etwas Salz und ein Fett (meist in Ölform). Gelegentlich gebe ich noch ein Süßungsmittel wie Ahornsirup zu. Sehr schlichte Salate verfeinere ich gern mit Oregano. Vinaigretten lassen sich gut im Kühlschrank aufbewahren und für Salate, Gemüse, Getreide, wie z. B. Couscous, oder sogar als Dip für frisches Brot verwenden. Zu Beginn mische ich Säure und Öl im Verhältnis 1:1, aber das könnt ihr ganz flexibel handhaben. Falls ihr ein Süßungsmittel verwendet, solltet ihr es esslöffelweise zufügen. Es ist immer gut, bewährte Kombinationen in der Hinterhand zu haben.

Beim Mixen fangt ihr mit der Säure an und gießt dann langsam unter Rühren das Öl zu, bis die richtige Konsistenz und das gewünschte Aroma erreicht sind. Auf diese Weise wird das Dressing nicht zu schwer, sondern bleibt schön spritzig. Ihr könnt es mit dem Schneebesen oder einem kleinen Rührgerät verrühren. Zusätze wie Zwiebel oder Knoblauch lassen sich gut im Mixer vermengen. Oder ihr gebt alle Zutaten in ein Schraubglas und schüttelt es kräftig.

Wenn ihr weitere Zutaten einrührt, geht ihr besser langsam vor. Das Dressing sollte schön ausgewogen und nicht zu dominant sein. Falls ihr Kräuter und Gewürze verwendet, vergesst nicht, dass das Dressing (wie bei Knoblauch und Chili) durch langes Marinieren geschmacksintensiver wird. Denkt daran, dass die Einlegeflüssigkeit von Kapern und Pickles meist salzig ist. Ihr solltet sie also zugeben, bevor ihr das Dressing salzt.

Hier kommen ein paar meiner Dressingklassiker. Einige enthalten mehr als eine Säuresorte, wobei das Verhältnis 1:1 dennoch gültig bleibt.

DIJON UND AHORNSIRUP

Ergibt ca. 250–315 ml

85 ml Apfelessig
125 ml natives Olivenöl extra
2 EL reiner Ahornsirup
1 guter EL Dijonsenf
½ TL Meersalz
1 Prise schwarzer Pfeffer aus der Mühle

ZITRONE UND KNOBLAUCH

Ergibt ca. 250–315 ml

125 ml Zitronensaft, plus etwas Abrieb von 1 unbehandelten Zitrone
125 ml natives Olivenöl extra
2 TL reiner Ahornsirup oder Honig
½ TL Meersalz
1 große Knoblauchzehe, zerdrückt oder fein gehackt
1 Prise schwarzer Pfeffer aus der Mühle

VINAIGRETTE MIT ACETO BALSAMICO

Ergibt ca. 250–315 ml

125 ml Aceto balsamico
125 ml natives Olivenöl extra
1 TL reiner Ahornsirup
2 EL Zitronensaft
½ TL Meersalz
1 Prise schwarzer Pfeffer aus der Mühle
2 EL getrockneter Oregano

Jeweils die Zutaten verrühren, im Mixer vermengen oder im Schraubglas schütteln. Soll der Knoblauch im Zitronen-Dressing ganz fein werden, benutzt am besten den Mixer.

CREMIGE DRESSINGS

Cremige Dressings basieren auf einem Fett/Öl und einer Säure und enthalten die üblichen Zusätze wie Salz, Süßungsmittel, Kräuter/Gewürze etc. Ihr könnt verschiedene Fette/Öle kombinieren oder aber ein Fett/Öl und eine cremige Komponente wie Seidentofu oder Pflanzenmilch nehmen. Obwohl das Dressing eine cremige Konsistenz hat und ein Fett/Öl enthält, heißt das noch lange nicht, dass es »fettig« und ungesund ist. Mit diesen Dressings lassen sich schlichte Salate verfeinern. Oder ihr verwendet das Dressing für Tacos, einen Nudelsalat oder als Würzsauce.

Diese Dressings sind im Kühlschrank gut haltbar und lassen sich bestens abwandeln, wenn ihr die anderen Zutaten langsam unterrührt, bis die gewünschte Konsistenz und das erhoffte Aroma erreicht sind. Cremige Dressings dicken im Kühlschrank noch etwas ein – zum Verdünnen einfach Wasser oder etwas mehr Zitronensaft zugießen.

Im Gegensatz zu den Vinaigretten folge ich hier keinem bestimmten Zutatenverhältnis. Als Basis mische ich meist 1:1, aber wenn alle restlichen Zutaten erst einmal eingerührt sind (Süßungsmittel/Salziges/Kräuter etc.), ergibt sich zum Schluss oft ein Verhältnis von 1:1:1. Die Zutaten werden in der gleichen Reihenfolge wie bei der Vinaigrette gemischt. Wie ihr sie vermengt, hängt von euren Geräten ab.

Hier stelle ich euch einige meiner Lieblingsdressings vor: Den Anfang macht meist Tahini, denn es lässt sich gut kombinieren und sorgt sofort für Cremigkeit. Auf S. 371 findet ihr außerdem ein Rezept für ein Seidentofu-Dressing, das ihr leicht abwandeln könnt.

EINFACHES TAHINI-DRESSING

Ergibt ca. 250–280 ml

125 ml Tahini (möglichst dünnflüssig)

65 ml Wasser (zum Verdünnen)

65 ml Zitronensaft

Salz und schwarzer Pfeffer aus der Mühle

¼ TL Knoblauchpulver

TAHINI-DRESSING MIT ZUGABE

Ergibt ca. 200 ml

125 ml Tahini (möglichst dünnflüssig)

2–4 EL Wasser oder Pflanzenmilch

1–2 EL Soja-/Tamarisauce/Aminos

Saft von 1 unbehandelten Zitrone, plus etwas Abrieb

1–2 EL reiner Ahornsirup oder süße Chilisauce

1 Knoblauchzehe, zerdrückt oder gehackt

1 EL getrockneter Oregano

Salz und schwarzer Pfeffer aus der Mühle

TAHINI-DRESSING MIT INGWER UND MISO

Ergibt ca. 200 ml

125 ml Tahini (möglichst dünnflüssig)

1 kleines Stück Ingwer, fein gehackt oder gerieben

1–2 Knoblauchzehen, zerdrückt

1 guter EL Miso (jegliche Sorte)

1 EL Soja-/Tamarisauce/Aminos

1 EL Essig nach Wahl

1 EL Süßungsmittel nach Wahl

Wasser zum Verdünnen

schwarzer Pfeffer aus der Mühle

NUSSMUS-DRESSING

Ergibt ca. 200–250 ml

- 125–150 g Nussmus (Erdnuss, Mandel etc.)
- Saft von 1 unbehandelten Zitrone oder 2 kleineren unbehandelten Limetten, plus etwas Abrieb
- 1–2 EL Soja-/Tamarisauce
- 1–2 EL Süßungsmittel nach Wahl
- 1 Prise Chiliflocken oder 1 Spritzer Chilisauce
- Wasser oder Pflanzenmilch zum Verdünnen
- Salz und schwarzer Pfeffer aus der Mühle

Jeweils die Zutaten verrühren, im Mixer vermengen oder im Schraubglas schütteln. Falls nötig, mit Wasser verdünnen. Und ganz nach euren eigenen Vorstellungen aufpeppen.

HUMMUS: BASICS UND MEHR

Für die folgenden Hummusvarianten nehmt ihr einfach das Grundrezept als Ausgangsbasis. Bei manchen Rezepten benötigt ihr mehr Olivenöl/Wasser oder Zitronensaft, was aber (ebenso wie andere Ergänzungen) aufgeführt wird. Die Zutaten werden jeweils auf die gleiche Art vermengt.

Ergibt 6–10 Portionen, je nach Größe/Verwendung

Grundrezept

- 400 g Kichererbsen (aus der Dose), gut abgespült
- 2 Knoblauchzehen, zerdrückt
- Saft von 1 großen unbehandelten Zitrone, plus ein wenig Abrieb
- 2 gute EL Tahini
- 2–4 EL natives Olivenöl extra/Wasser oder eine Mischung
- 1 Prise Chiliflocken
- Salz und schwarzer Pfeffer aus der Mühle

Die Kichererbsen in den Mixer geben. Knoblauch, Zitronensaft und -abrieb, Tahini, Olivenöl/Wasser (mit 2 EL beginnen und langsam mehr zugeben, bis die gewünschte Konsistenz erreicht ist), Chiliflocken und 1 ordentliche Prise Salz und Pfeffer zufügen. Glatt und cremig pürieren. Wer stückigen Hummus bevorzugt, hört früher auf.

Entweder sofort servieren oder im Kühlschrank aufbewahren. Zum Feuchthalten mit etwas Olivenöl beträufeln. Im Kühlschrank bis zu 5 Tage haltbar.

Ihr könnt so ziemlich jedes Gewürz oder Kraut einrühren. Auf der folgenden Seite findet ihr einige meiner Lieblingsvarianten. Wenn die frischen Zutaten gerade keine Saison haben, könnt ihr den Hummus immer noch mit Gewürzen wie gemahlenen oder ganzen Koriander-/Kreuzkümmelsamen, Paprikapulver (edelsüß/geräuchert), Fenchel- oder Kümmelsamen, Oregano usw. verfeinern. Oder ihr mischt es gleich mit Harissa oder Pesto aus diesem Kapitel. Nehmt einfach, was ihr gerade habt und mögt.

Tipp:

Je nachdem, wie empfindlich euer Magen-Darm-Trakt ist, gibt es einen tollen Trick zur Hummuszubereitung: Bewahrt einen Teil der Garflüssigkeit der Kichererbsen auf (aus Topf oder Dose) und verwendet statt Leitungswasser ein paar EL davon. So bekommt ihr einen außergewöhnlich glatten, cremigen Hummus. Ihr braucht euch auch nicht auf Kichererbsen beschränken; weiße oder Riesenbohnen sind zum Beispiel ebenfalls äußerst hummustauglich.

ROTE-BETE-KREUZKÜMMEL-HUMMUS

Zutaten des Grundrezepts (siehe vorige Seite)

150 g gegarte Rote Bete

1–2 TL Kreuzkümmelsamen

1 TL gemahlener Kreuzkümmel

2–4 EL natives Olivenöl extra/Wasser

1 Prise Chiliflocken (wenn's etwas schärfer sein darf)

Die Zutaten in den Mixer geben, dann die restlichen Zutaten zufügen. Pürieren, bis die gewünschte Konsistenz erreicht ist (Aufbewahrung siehe Grundrezept).

—

ZITRONE-KORIANDER-HUMMUS

Zutaten des Grundrezepts (siehe vorige Seite)

20–40 g frisches Koriandergrün (je nachdem, wie intensiv es schmecken soll)

Saft von 1 unbehandelten Zitrone, plus ein wenig Abrieb

½ EL Sojasauce

Die Grundzutaten in den Mixer geben, dann die restlichen Zutaten zufügen. Pürieren, bis die gewünschte Konsistenz erreicht ist (Aufbewahrung siehe Grundrezept).

—

BASILIKUM-BLATTSPINAT-HUMMUS

Zutaten des Grundrezepts (siehe vorige Seite)

20–25 g frisches Basilikum (für diese Variante könntet ihr auch 2 gute EL Pesto zugeben, falls ihr kein frisches Basilikum habt)

100 g frischer Blattspinat

2–4 EL natives Olivenöl extra/Wasser

Die Grundzutaten in den Mixer geben, dann die restlichen Zutaten zufügen. Das Olivenöl/Wasser dabei anfangs langsam zugießen. Pürieren, bis die gewünschte Konsistenz erreicht ist (Aufbewahrung siehe Grundrezept).

—

KÜRBISHUMMUS

Zutaten des Grundrezepts (siehe vorige Seite)

250–350 g Kürbis jeglicher Sorte (Menge je nachdem, ob das Gericht kichererbsiger oder kürbisartiger schmecken soll)

Saft von ½–1 Zitrone

2–4 EL natives Olivenöl extra/Wasser/eine Mischung

Den Kürbis in Stücke schneiden und in kochendem Wasser 12–15 Minuten garen, bis er weich ist und sich ein eingestochenes Messer leicht herausziehen lässt. Oder im auf 200 °C (Umluft) vorgeheizten Backofen 25 Minuten backen, bis er weich ist. In jedem Fall danach abkühlen lassen.

Die Grundzutaten in den Mixer geben, dann die restlichen Zutaten zufügen. Pürieren, bis die gewünschte Konsistenz erreicht ist (Aufbewahrung siehe Grundrezept).

—

PESTO: WALNUSSBASIS PLUS SAISONALE ZUGABEN

Wer behauptet, dass Pesto nur Basilikum enthalten muss? Ich experimentiere je nach Jahreszeit gern mit anderen Gemüsesorten und Kräutern. Vermengt werden die Pestos immer auf die gleiche Art, was ganz fix geht. Entweder glatt pürieren oder leicht stückig lassen.

Für 6–8 Personen

Grundrezept

- 150 g Walnusskerne
- 4 Knoblauchzehen, zerdrückt oder fein gehackt
- 1–2 gute Handvoll frisches Basilikum
- Abrieb von 1 und Saft von 2 unbehandelten Zitronen
- 125–250 ml natives Olivenöl extra
- 6 gute EL Hefeflocken
- 1 Prise Chiliflocken
- Salz und schwarzer Pfeffer aus der Mühle
- 1 Prise frisch geriebene Muskatnuss
- 1 Prise Cayennepfeffer (für ein wenig Schärfe)

Alle Zutaten im Mixer zu einer Paste pürieren. Bei Bedarf extra Olivenöl zum Verdünnen zugeben.

Einfache Ergänzungen: Die folgenden Varianten tauchen im Buch zu den verschiedensten Jahreszeiten auf. Aber ihr könnt aus dem Karottengrün-Pesto ebenso gut ein Beteblätter- oder Staudensellerieblätterpesto machen. Oder ihr werft noch frische Kräuter hinein und erhaltet dann ein etwas anderes Endergebnis.

Tipps:

Ich rate immer dazu, mit etwas weniger Olivenöl anzufangen – nachgießen könnt ihr bei Bedarf ja ohne Probleme. Vielleicht wollt ihr lieber ein Pesto mit etwas mehr Biss? Bevor ihr das Pesto wieder in den Kühlschrank stellt, solltet ihr es mit etwas Olivenöl beträufeln.

GRÜNKOHLPESTO

- 200 g Grünkohl (Cavolo nero oder eine andere Sorte) mit Stängeln
- 150 g Walnusskerne
- 2 Knoblauchzehen, zerdrückt oder fein gehackt
- 1–2 gute Handvoll frisches Basilikum
- Abrieb von 1 und Saft von 2 unbehandelten Zitronen
- 250–350 ml natives Olivenöl extra
- 6–8 gute EL Hefeflocken
- 1 Prise Chiliflocken
- Salz und schwarzer Pfeffer aus der Mühle

Den Grünkohl 5–6 Minuten dämpfen, bis er etwas zusammengefallen ist. Vom Herd nehmen und unter fließend kaltem Wasser abschrecken. Abgießen und mindestens auf Zimmertemperatur abkühlen lassen. Danach grob hacken.

Walnusskerne, Knoblauch, Basilikum, Zitronensaft und -abrieb und Olivenöl im Mixer zu einer groben Paste zerkleinern. Grünkohl, Hefeflocken, Chili und 1 gute Prise Salz und Pfeffer zufügen und erneut pürieren, bis die Mischung homogener wird. Zum Verdünnen nach Belieben 1 Schuss Olivenöl zugießen. Mit Salz und Pfeffer abschmecken.

In ein Schraubglas füllen. Sofort verwenden oder mit etwas Olivenöl beträufeln und im Kühlschrank aufbewahren.

KAROTTENGRÜN-PESTO

- Karottengrün von 1 kg Karotten
- 1 gute Handvoll frisches Basilikum (oder Petersilie, falls kein Basilikum erhältlich ist, oder eine Mischung)
- 50 g Walnusskerne (Mandeln, Cashewnusskerne oder Haselnusskerne passen ebenso gut, oder eine Mischung)
- 4 gute EL Hefeflocken
- 4 kleine Knoblauchzehen, zerdrückt oder fein gehackt
- 125–250 ml natives Olivenöl extra
- Abrieb und Saft von 1 unbehandelten Zitrone
- 1 Prise Chiliflocken
- Salz und schwarzer Pfeffer aus der Mühle

Das Karottengrün waschen und hacken. Da die Blätter recht zäh sein können, ist es besser, sie klein zu hacken – so bleiben sie im Mixer nicht an der Klinge hängen.

Mit Basilikum, Walnusskernen, Hefeflocken, Knoblauch, Olivenöl, Zitronensaft und -abrieb, Chiliflocken, Salz und Pfeffer im Mixer zu einer glatten Paste pürieren. Falls nötig, extra Olivenöl zugießen. In eine Schüssel oder einen luftdichten Behälter füllen.

BROKKOLIPESTO

- 180–225 g Brokkoli, mit Stängeln, grob gehackt (evtl. auch kleiner hacken, damit die Garzeit nicht zu lang wird)
- 150 g Walnusskerne
- 4 Knoblauchzehen, zerdrückt oder fein gehackt
- 1–2 gute Handvoll frisches Basilikum
- Abrieb von 1 und Saft von 2 unbehandelten Zitronen
- 250–350 ml natives Olivenöl extra
- 6–8 gute EL Hefeflocken
- 1 Prise Chiliflocken
- Salz und schwarzer Pfeffer aus der Mühle

Den Brokkoli 6 Minuten dämpfen, bis er weich ist. Vom Herd nehmen und unter fließend kaltem Wasser abschrecken. Abgießen und komplett abkühlen lassen.

Walnusskerne, Knoblauch, Basilikum, Zitronensaft und -abrieb und Olivenöl im Mixer zu einer groben Paste zerkleinern. Brokkoli, Hefeflocken, Chiliflocken und 1 gute Prise Salz und Pfeffer zufügen und pürieren, bis die Mischung allmählich homogener wird. Nach Belieben mit 1 Schuss Olivenöl verdünnen. Mit Salz und Pfeffer abschmecken.

Das Pesto in ein Schraubglas füllen und servieren oder im Kühlschrank aufbewahren. Dort ist es bis zu einer Woche haltbar. (Nach Belieben mit etwas mehr Olivenöl beträufeln.)

CHIMICHURRI

Diese Kräutersauce macht sich gut in Dressings, auf Toast, zu gegrilltem Gemüse, in Aufläufen, auf Pizza oder im Nudelsalat. Sie wird wie andere Würzzutaten in einem Schraubglas/luftdichten Behälter im Kühlschrank aufbewahrt und sollte innerhalb von einem Monat aufgebraucht werden. Saisonale Varianten sind ganz unkompliziert: Statt frischer Petersilie nehmt ihr Koriandergrün oder nach Belieben andere frische Kräuter bzw. eine Mischung. Eine sommerliche Note erhaltet ihr, wenn ihr ein wenig Minze zugebt. Neben frischen Kräutern könnt ihr zur Abwechslung auch Gemüse verwenden. Auf S. 197 findet ihr als herbstliche Alternative eine Version mit Beteblättern.

Ergibt 1 mittelgroßes Glas (12 gehäufte EL)

—

- 2 gute Handvoll Petersilie, mit Stängeln, fein gehackt
- 2 EL Kapern, abgeseiht
- 2 Knoblauchzehen, zerdrückt oder fein gehackt
- 2–3 EL natives Olivenöl extra
- 1 TL Apfelessig
- Saft von 1 unbehandelten Zitrone, plus etwas Abrieb
- 1 Prise Chiliflocken
- Salz und schwarzer Pfeffer aus der Mühle

Petersilie, Kapern, Knoblauch, Olivenöl, Apfelessig, Zitronensaft und -abrieb, Chili, Salz und Pfeffer im Mixer zu einer Paste pürieren. Bei Bedarf mit etwas mehr Salz und Pfeffer würzen und ein wenig extra Olivenöl zugießen, falls die Mischung zu trocken ist.

Ihr könnt natürlich mehr Öl zugießen oder die Kräutersauce stärker pürieren, bis die gewünschte Konsistenz erreicht ist.

—

HARISSA

Es ist immer praktisch, etwas Harissa im Kühlschrank zu haben, mit der ihr gebratenes Gemüse, Dressings, Hummus, gebackenen Käse oder Saucen verfeinern und aufpeppen könnt. Eine mildere Variante lässt sich schnell nachwürzen. Oder ihr wandelt das Grundrezept mit 1 guten Handvoll Koriandergrün oder Petersilie ab.

Ergibt 1 mittelgroßes Glas (16 EL)

—

- 10 große getrocknete Chilischoten, mild bis mittelscharf
- 5–7 getrocknete Arbol-Chilischoten (diese mexikanische Sorte ist sehr pikant. Nehmt also nach Belieben weniger oder lasst sie ganz weg und verwendet dafür mehr von den normalen getrockneten Chilis)
- 2 TL Koriandersamen
- 1 TL Kümmelsamen
- 1 guter EL Kreuzkümmelsamen
- 3–5 Knoblauchzehen, zerdrückt oder fein gehackt
- 1 cm Ingwer, fein gerieben oder gehackt
- 2 TL geräuchertes Paprikapulver
- 1 gute Prise Meersalz
- Abrieb und Saft von ½ unbehandelten Zitrone
- 1 EL Apfelessig (oder Weißweinessig)
- 1 EL Tomatenmark
- 1 TL schwarzer Pfeffer aus der Mühle
- 65–85 ml natives Olivenöl extra von guter Qualität oder Wasser (ich nehme hier lieber Öl und verwende im Hauptgericht dafür weniger Öl – durch das Öl schmeckt die Harissa wesentlich intensiver)

Getrocknete Chilischoten (oder beide Chilisorten, falls ihr auch Arbol verwendet) in einer Schüssel mit heißem Wasser bedecken und 15 Minuten einweichen.

Koriander-, Kümmel- und Kreuzkümmelsamen bei mittlerer Hitze ohne Fett leicht rösten, bis sie duften und zu springen beginnen. Im Mörser mit dem Stößel oder in einer kleinen Gewürzmühle/in einem Mixer zu Pulver verarbeiten.

»

Knoblauch, Ingwer, Paprikapulver und Salz zugeben. Etwas zerstoßen oder mahlen, dann Zitronensaft, -abrieb, Essig und Tomatenmark zufügen und alles zu einer homogenen Paste verarbeiten (im Mörser bleibt die Paste ein wenig stückig).

Die eingeweichten Chilischoten abgießen. Stängel und Kerne entfernen. In den Mörser oder die Gewürzmühle geben und etwas mehr Salz und Pfeffer zufügen. Gut zerstoßen oder zerkleinern. Wer ursprünglich alles im Mörser zerkleinert hat, kann die Mischung nun auch in einen Mixer füllen.

Bei eingeschaltetem Mixer langsam Öl oder Wasser zugießen – je nach gewünschter Konsistenz etwas mehr oder weniger. Ich mag meine Harissa lieber dickflüssig, da ich gern andere Gerichte damit verfeinere. Mit Salz und Pfeffer abschmecken und nach Belieben noch 1 Spritzer Zitronensaft zugeben, damit die Harissa eine säuerliche Zitrusnote bekommt.

Die Harissa hält sich in einem Schraubglas im Kühlschrank etwa 1 Monat, tiefgefroren noch länger.

NUSSMUS

Dieses Rezept ist supereinfach, hat aber einen Haken – ihr braucht einen Hochleistungsmixer. Ihr könnt natürlich auch einen normalen, nicht ganz so leistungsstarken Mixer verwenden, aber dann dauert es womöglich etwas länger, und der Mixer droht zu überhitzen. Im Anschluss findet ihr ein Grundrezept, das ihr mit verschiedenen Nusskernen und Zusätzen (siehe Vorschläge) abwandeln könnt. Ihr seid auch nicht auf eine einzige Nusssorte festgelegt. Nusskerne enthalten bereits Öl, weshalb ihr keines mehr zugeben müsst (außer bei einem normalen Mixer).

Ergibt ca. 500 g Nussmus

—

500 g Nusskerne nach Wahl (Mandeln, Erdnusskerne ohne Haut, Macadamia-, Pekan-, Para-, Hasel-, Cashewnusskerne etc. oder eine Mischung)

1 gute Prise Salz

Zugaben nach Belieben: Kakaopulver, Zimtpulver, Muskatnuss, Kardamom (nach Belieben grün und weiß), Kokosraspel, Kokosöl, Sesamöl, Tahini, Ahorn- oder Dattelsirup, extra Salz

Damit Nusskerne aromatischer schmecken, röstet man sie zuerst. Den Backofen auf 180 °C (Umluft) vorheizen. Die Nusskerne auf einem großen Backblech verteilen und 8–12 Minuten goldbraun rösten. Kleinere rösten schneller, also nicht anbrennen lassen. Das Blech nach der Hälfte der Backzeit rütteln, damit die Nusskerne rundum geröstet werden. Zum Schluss aus dem Backofen nehmen und auf Zimmertemperatur abkühlen lassen.

Die Nusskerne in den Mixer füllen, Salz zufügen und pürieren. Eventuell kurz stoppen und die Seitenwände abschaben. Per Pulse-Funktion pürieren, bis die gewünschte Konsistenz erreicht ist. Je länger, desto cremiger. In ein Schraubglas füllen und auf Zimmertemperatur abkühlen lassen. Dann mit einem Deckel verschließen.

Varianten: Manchmal gebe ich für eine salzige Version noch mehr Salz zu. Für eine Salted-Caramel-Nussbutter könntet ihr auch noch 1 Schuss Ahorn- oder Dattelsirup zugießen. Gewürze nur nach und nach zugeben.

Tipps:

Mit der gleichen Methode könnt ihr auch Samen verarbeiten. Eine crunchy Butter erhaltet ihr, wenn ihr nach dem Rösten 1 Handvoll Nusskerne grob zerkleinert. Den Rest pürieren und die zerdrückten Kerne erst vor dem Einlagern unterrühren.

NUSS-/SAMENMILCH

Nuss- und Samenmilch lassen sich wirklich ganz leicht herstellen, ob ihr's glaubt oder nicht! Dafür braucht ihr nicht unbedingt einen Hochleistungsmixer, aber er erleichtert die Arbeit ungemein. Auch ein Nussmilchbeutel oder ein Mulltuch sind praktisch. Ihr müsst nichts Schickes oder Teures kaufen. Aber was man hat, das hat man. Ein kleiner Tipp, falls ihr keinen Hochleistungsmixer habt: Nehmt ein paar gehäufte EL Nussbutter statt der ganzen Nusskerne und püriert sie mit Wasser (Menge hängt davon ab, wie dickflüssig eure Milch werden soll). Ich empfehle für eine cremige Konsistenz, also nicht zu dick-, aber auch nicht zu dünnflüssig, 2–3 gehäufte EL auf 500 ml Wasser.

Ich kaufe immer ungesalzene, ungeröstete Nüsse/Samen. Manchmal röste ich sie selbst ein wenig, um mal ein anderes Aroma auszuprobieren, aber meistens verwende ich sie roh. Mein nächster Tipp wäre, die Nüsse/Samen am besten über Nacht, aber zumindest 2 Stunden in fast kochendem Wasser einzuweichen. Samen brauchen nicht ganz so lang, also reichen 2 Stunden im Wasser. Nach dem Einweichen lassen sie sich leichter pürieren. Ich finde, sie schmecken auch intensiver. Gebt die Nüsse/Samen in eine Schüssel und bedeckt sie mit dem Wasser. Falls ihr sie über Nacht einweicht, solltet ihr sie in den Kühlschrank stellen. Falls ihr keinen Nussmilchbeutel habt, könnt ihr zum Abseihen auch ein Mulltuch oder einen anderen Stoff verwenden. Nicht alle Nusskerne müssen nach dem Einweichen abgeseiht werden. Ich seihe Cashewkerne oder Macadamianüsse meist nicht ab, da sie so cremiger werden. Aber Mandeln bleiben z. B. etwas stückig und werden besser abgeseiht. Kürbiskerne und Hanfsamen muss man auch nicht abseihen.

Für die Nuss- oder Samenreste findet ihr auf S. 367 ein Granola-Rezept. Bei Nussmengen und Gewürzen seid ihr ganz flexibel. Ihr könntet auch mit Cookies experimentieren (Rezept, S. 369) oder mit Energiebällchen, für die ihr noch Trockenobst und andere Zutaten dazugebt. Die Nussreste lassen sich natürlich einfrieren, sodass ihr sie später ganz nach Belieben verwenden könnt, z. B. für Brösel oder für ein herzhaftes knuspriges Topping.

Ergibt ca. 1,5 l Milch (je nach verwendeter Nussmenge und Dickflüssigkeit)

70–140 g Nusskerne/Samen nach Wahl (je mehr, desto cremiger und dickflüssiger wird die Milch), über Nacht eingeweicht oder mit fast kochendem Wasser übergossen und mind. 2 Stunden eingeweicht

1 l Mineralwasser ohne Kohlensäure

1 Prise Salz

Zugaben nach Belieben: entkernte Medjool-Datteln, Ahorn-, Dattel-, Agavensirup, Zimtpulver oder andere Gewürze, Vanilleextrakt

Die eingeweichten Nüsse/Samen abgießen und abspülen. In einen Hochleistungsmixer füllen, Wasser und Salz zugeben. Weitere Zutaten nun in kleiner Menge zugeben, dann probieren und nach Belieben noch mehr zufügen.

Auf hoher Stufe 1 ½–2 Minuten zerkleinern. Die Nüsse/Samen sollen komplett püriert sein, sodass ihr eine cremige, schäumende Milch erhaltet.

Durch Nussmilchbeutel oder Mulltuch langsam und vorsichtig in eine Schüssel abgießen. Je nach Menge in 1 oder 2 Portionen. Den Beutel oder das Mulltuch mit einer Hand fassen und vorsichtig ausdrücken, sodass die verbliebene Flüssigkeit austritt. Ihr könnt den Beutel auch vorsichtig zwirbeln.

»

Es verbleibt eine trockene Masse im Beutel/Tuch. Ihr könnt sie entweder kompostieren oder für Granola (S. 367) oder andere Rezepte verwenden (Vorschläge siehe vorige Seite).

Die Flüssigkeit in ein großes Schraubglas oder einen Glasbehälter umfüllen. Verschlossen im Kühlschrank aufbewahren.

Hinweise:

Die Milch vor der Verwendung ein wenig schütteln, da sich die einzelnen Komponenten bei längerem Stehen absetzen. Sie hält, je nach Zutaten, 3–5 Tage. Ich gebe immer 1 Prise Salz zu. Mit einer Dattel oder einem Süßungsmittel hält sie etwas länger. Gelegentlich friere ich einen Teil der Milch in einem Eiswürfelbehälter ein, um sie später für Smoothies oder Eiskaffee zu verwenden. Wer eine dickflüssige Milch möchte (die ich gern zum Curry gebe), nimmt 200–250 g Nüsse. Macht sich auch gut als Kaffeeweißer oder Schaum.

—

KÄSE AUF NUSSBASIS

Diese nussbasierten Käsesorten eignen sich wunderbar als Topping, aber auch als Füllung für Gemüse. Alle drei Varianten lassen sich mit getrockneten Kräutern oder Gewürzen verfeinern; die gebackenen sogar mit einem Klecks Pesto oder Harissa. Ihr könnt auch frische Kräuter nehmen, allerdings muss die Mischung vielleicht etwas länger püriert werden und bekommt eine andere Konsistenz. Ich gebe gern noch geräuchertes Paprikapulver zur Cashewgrundlage und serviere den Käse dann auf einer Platte. Falls ihr einen béchamelartigen Käse für eine Lasagne oder einen anderen Auflauf braucht, könntet ihr das Rezept für gebackenen Cashew- oder Mandelkäse verwenden, allerdings ohne ihn zu backen.

Im Kühlschrank in einem luftdichten Behälter bis zu zwei Wochen haltbar. Der Parmesan hält sich ein wenig länger, aber ihr solltet ihn vor dem Essen trotzdem etwas genauer ansehen.

—

GEBACKENER CASHEWKÄSE

Ergibt 1 großes Stück mit ca. 20 Portionen

240 g Cashewnusskerne (am besten über Nacht, aber mind. 2 Stunden in kochendem Wasser eingeweicht)

Saft von 1 unbehandelten Zitrone, plus etwas Abrieb

1 TL Apfelessig

60–90 g Hefeflocken

2–4 gute TL getrockneter Oregano/Thymian/Rosmarin oder eine Mischung

1–2 EL Dijonsenf

2 Knoblauchzehen, zerdrückt oder fein gehackt

125 ml Pflanzenmilch

Salz und schwarzer Pfeffer aus der Mühle

Den Backofen auf 160 °C (Umluft) vorheizen. Die Cashewkerne abgießen und abspülen. Dann in einen Hochleistungsmixer geben und Zitronensaft und -abrieb, Apfelessig, Hefeflocken, 3 EL Kräuter, Senf, Knoblauch, Pflanzenmilch und 125–250 ml Wasser zufügen. Mit Salz und Pfeffer würzen und pürieren. Die Mischung sollte homogen werden, was einige Minuten dauern kann. Je nach Mixer müssen die Seitenwände mehrfach abgeschabt werden. Falls die Mischung zu zäh ist, einfach noch 1 Schuss Wasser zugießen. Die Masse sollte so dickflüssig sein, dass sie nicht von einem Löffel tropft.

Ein flaches Backblech mit Backpapier belegen (siehe Tipp, S. 35) und die Cashewmasse in der Mitte platzieren. Ich häufe sie gern in der Mitte zu einem Berg auf. Dann mit einem Pfannenwender oder der Rückseite eines Löffels flach drücken und verteilen. Mit 1 guten Prise Salz und den restlichen getrockneten Kräutern bestreuen.

Auf mittlerer Schiene 30–40 Minuten backen. Die Backzeit variiert je nach Ofentyp. Die knusprige Oberseite der Cashewmasse weist nun Risse auf und ist schön goldbraun. Das Innere ist etwas weicher. Den fertigen Cashewkäse aus dem Backofen nehmen, abkühlen und etwas fest werden lassen.

Nach Belieben mit etwas Olivenöl beträufeln und warm servieren oder kalt über Salat bröckeln. In einem luftdichten Behälter könnt ihr den Käse 7–10 Tage (falls ihr ihm so lange widerstehen könnt) im Kühlschrank aufbewahren.

—

NUSSPARMESAN

Ergibt 120 g oder 1 kleines Glas

—

60 g rohe Cashewnusskerne

35 g rohe Sonnenblumenkerne

1 TL Salz

3 gute EL Hefeflocken

¼ TL Knoblauchpulver

¼ TL gemahlene Kurkuma

Cashewkerne, Sonnenblumenkerne, Salz, Hefeflocken, Knoblauchpulver und Kurkuma im Mixer zu einer krümeligen Masse verarbeiten. Nicht zu stark pürieren.

—

In ein Schraubglas oder einen Behälter mit luftdichtem Deckel füllen. Im Kühlschrank bis zu 3 Wochen haltbar.

—

GEBACKENER MANDELFETA

Ergibt 1 großes Stück (von dem vielleicht etwas übrig bleibt)

—

115 g Mandeln (mind. 2 Stunden, besser noch über Nacht eingeweicht)

Saft von 1 unbehandelten Zitrone, plus etwas Abrieb

1 guter TL Salz

1 TL Miso (vorzugsweise gelb oder hell)

2 TL getrockneter Oregano

2 Knoblauchzehen, zerdrückt oder fein gehackt

1 TL Apfelessig

1 Prise schwarzer Pfeffer aus der Mühle

125 ml Pflanzenmilch

2–3 gute EL Hefeflocken

Die Mandeln abgießen und abspülen. Mandeln, Zitronensaft und -abrieb, Salz, Miso, Oregano, Knoblauch, Apfelessig, Pfeffer, Pflanzenmilch, Hefeflocken und 100–125 ml Wasser im Hochleistungsmixer vermengen, bis eine homogene Masse entsteht. Bei Bedarf mehr Wasser zugeben, um eine glattere Konsistenz zu erzielen. Die Mischung wird nicht völlig homogen, sondern ist noch leicht stückig und erinnert damit ein wenig an Fetakäse.

Auf ein eingeöltes oder mit Backpapier belegtes Backblech geben (siehe Tipp, S. 35). Die Schicht sollte relativ dick und gleichmäßig sein; auf die Form kommt es nicht an. Mit extra Salz bestreuen und dann 30–40 Minuten backen. Der Feta bräunt allmählich an und wird an der Oberseite knusprig. Auf Druck fühlt er sich fester an. Dann aus dem Backofen nehmen und abkühlen lassen.

Ganz nach Belieben mit extra Olivenöl beträufeln und warm servieren. Oder kalt über einen Salat bröckeln. In einem luftdichten Behälter könnt ihr den Käse 7–10 Tage (falls ihr ihm so lange widerstehen könnt) im Kühlschrank aufbewahren.

KNUSPERMÜSLI

Dieses Basisrezept bildet die Grundlage, auf der ihr mit verschiedenen Aromen und/oder Konsistenzen aufbauen könnt. Probiert doch gleich mal eine größere Portion aus: Bei dieser Menge könnt ihr jede Woche verschiedene Varianten testen, ohne dass euch eine Sorte langweilig wird und ihr sie im Schrank vergesst. Mein wichtigster Tipp: Granola benötigt Salz. Das Salz ist hier ebenso wichtig wie bei jedem anderen Gericht. Von den angegebenen Gewürzen fügt ihr ganz nach eurem Geschmack mehr oder weniger zu. Fette, Ballaststoffe, Proteine, Kohlenhydrate und Süßungsmittel sind in diesem Grundrezept genau aufeinander abgestimmt. Aber natürlich könnt ihr mehr Obst oder Nüsse verwenden. Meine Lieblingsvarianten stelle ich euch auf S. 367 vor.

Ergibt 500 g
—

Die Basis

- 180 g Haferflocken (ich mische gern kernige und zarte)
- 150 g geschälte Buchweizensamen
- 70 g gehackte Nusskerne (Mandeln, Cashewnusskerne, Walnusskerne)
- 35 g Sesamsamen (weiß oder schwarz)
- 35 g Sonnenblumenkerne, Kürbiskerne, Kokos-Chips oder eine Mischung
- 4 TL Gewürzmischung (entweder Fertigmischung oder Zimtpulver, Kardamom, Muskatnuss etc. nach eigenem Geschmack vermengen)
- ca. ½ TL Salz
- 4–6 EL Süßungsmittel nach Wahl (Ahorn-, Dattel-, Agavensirup)
- 1–2 EL zerlassenes Kokosöl
- 1 mittelgute Handvoll Trockenobst (gehackte Datteln, Feigen, Sultaninen, Rosinen, Gojibeeren etc.)

Den Backofen auf 180 °C (Umluft) vorheizen. Haferflocken, Buchweizensamen, Nusskerne, Sesamsamen und weitere Samen/Kerne in einer großen Schüssel mischen. Gewürzmischung und Salz zufügen und gründlich vermengen. Eine kleine Mulde in die Mitte drücken.

Süßungsmittel nach Wahl und Kokosöl in die Mulde gießen (jeweils mit der geringeren Menge anfangen) und alles gut vermengen. Ich mische die Zutaten gern mit den Händen, da ich so am besten merke, ob sie gut aneinanderhaften. Ansonsten mehr Süßungsmittel und Kokosöl zugießen. Die Mischung soll an den Händen kleben, aber nicht zu sehr. Wenn man die Zutaten zwischen den Fingern zusammendrückt, sollten sie feste Krümel bilden.

Den Granola-Mix auf dem Backblech verteilen und flach drücken. Auf mittlerer Schiene 10 Minuten backen. Dabei gut im Auge behalten, damit nichts anbrennt.

Aus dem Backofen nehmen und leicht abkühlen lassen. Dann das Trockenobst zugeben, gründlich vermengen und mit den Fingern einige Krümel zusammenpressen und den Rest flach drücken. Wieder in den Backofen schieben und weitere 5–8 Minuten backen. Die exakte Backzeit hängt von der verwendeten Obstsorte ab. Erneut gut im Auge behalten, damit nichts anbrennt.

Aus dem Backofen nehmen und abkühlen lassen. In einem Schraubglas oder einem luftdichten Behälter bis zu 2 Monate haltbar.

—

Varianten:

Das Salz habe ich bereits erwähnt. Für das Grundrezept benötigt man ½ TL. Wer sein Knuspermüsli salzig mag (so wie ich!), gibt zum Schluss mehr Salz zu, am besten in Flockenform. Erst 1 kleine Prise, dann probieren, und bei Bedarf nochmals nachsalzen.

Ich mag Granola mit viel Obst, weshalb ich manchmal die zusätzlichen Samen weglasse und sie durch Sultaninen ersetze. Dann gebe ich noch getrocknete Datteln dazu. Ich liebe die Mischung aus getrockneter Feige, Kardamom und Tahini. Wenn ihr Tahini als flüssige Fettkomponente verwendet, solltet ihr mit 2 EL anfangen (am besten dünnflüssiges Tahini) und zuerst weniger Süßungsmittel nehmen. Danach entsprechend anpassen.

Und nun ist noch der Kakao an der Reihe: Für die angeführte Menge an Granola könnt ihr 2 EL reines Kakaopulver zufügen und dazu die höhere Menge an Süßungsmittel und Kokosöl, als Gegengewicht zur zusätzlichen Trockenzutat. Beim Vermengen dürft ihr noch nachjustieren. Wer es besonders schokoladig mag, gibt als Special noch zerbröckelte Zartbitterschokolade hinzu. So erinnert es eher an ein Dessert. Probiert das Knuspermüsli vielleicht als Crumble-Topping auf gebackenen Früchten oder als kleine abendliche Nachspeise mit etwas Kokosjoghurt.

Tipps:

Nach dem Vermengen solltet ihr überprüfen, ob euer Knuspermüsli feucht genug ist – es sollte an euren Fingern kleben. Je klebriger es ist, desto mehr Klümpchen bilden sich beim Backen. Eine zu trockene oder lockere Mischung schmeckt zwar auch gut, hat aber eine völlig andere Konsistenz. Presst ein paar Brösel mit den Fingern zusammen – falls sie nicht wieder auseinanderfallen, habt ihr gewonnen! Die Backzeit variiert je nach Ofentyp. Die Brösel sollten nach dem Backen goldbraun sein. Die Mischung brennt schnell an, besonders, wenn sie Trockenobst enthält. In einem luftdichten Behälter/Schraubglas ist sie bis zu 2 Monate haltbar.

MÜSLI AUS NUSS-/SAMENMASSE

Ergibt 1 große Portion/großes Einmachglas

- 220–250 g Nusskern- oder Samenmasse (Reste von der Nussmilchzubereitung)
- 2 EL Abrieb von 1 unbehandelten Orange
- 1 EL Abrieb von 1 unbehandelten Zitrone
- 3 EL Orangensaft oder 1 EL reiner Orangenextrakt
- 1 Stück frischer Ingwer, fein gerieben oder gehackt
- 1 EL Zimtpulver
- 1 EL reiner Vanilleextrakt
- 4–6 EL Dattelsirup (je nach Leckermaulgrad und Granola-Konsistenz)
- 30–35 g Kürbiskerne, zerdrückt oder im Mixer kurz zerkleinert
- 2 EL Sesamsamen
- 15–25 g Kokosraspel
- ½ TL Salz
- 2–4 EL Kokosöl
- Zugaben nach Belieben: Trockenobst wie Rosinen, Gojibeeren, Cranberrys, Samen wie Hanf-, Lein- oder Chiasamen, Kokos-Chips

Den Backofen auf 180 °C (Umluft) vorheizen. Ein großes Backblech mit Backpapier belegen (siehe Tipp, S. 35).

Alle Zutaten in einer großen Schüssel mischen (Menge des Dattelsirups abschätzen, je nachdem, wie viele Klümpchen ihr haben wollt).

Die Mischung auf dem Backpapier verteilen und 30 Minuten backen. Aufpassen, da sie leicht anbrennt. Die Mischung nach der Hälfte der Backzeit noch einmal vermengen, damit alles gleichmäßig gebacken wird. Die Klümpchen vorsichtig bewegen, damit sie nicht zerfallen.

Aus dem Backofen nehmen und abkühlen lassen. Trockenobst zufügen, falls ihr es nicht backen wolltet. Auch die restlichen Zugaben werden nun untergerührt.

PFANNKUCHEN

GRUNDREZEPT: (SÜSSE) BUCHWEIZENPFANNKUCHEN)

Für 2 Personen: Ergibt je nach Größe ca. 6 dünne Pfannkuchen

—

60 g Buchweizenmehl

40 g Haferflocken, plus 1 EL (siehe Variante)

½ TL Backpulver

1 Prise Salz

1–2 TL Zimtpulver

1 EL Ahornsirup

125–185 ml ungesüßte Pflanzenmilch

Kokosöl (nach Belieben zum Braten)

Toppings nach Wahl

frisches Obst der Saison

Knuspermüsli

Nusskerne/Kerne/ Kokos-Chips

Kompott

Joghurt

Ahornsirup

Zitronensaft

Für die Pfannkuchen Buchweizenmehl, Haferflocken, Backpulver, Salz, Zimtpulver, Ahornsirup und Pflanzenmilch im Mixer (oder mit einem Schneebesen) vermengen, bis der Teig dickflüssig und cremig ist. Der Teig sollte homogen sein, aber es dürfen noch ein paar Haferflockenstückchen darin herumschwimmen.

Bei einer guten Pfanne mit Antihaftbeschichtung benötigt ihr das Kokosöl nicht unbedingt.

Den Teig in die Pfanne gießen (entweder für 4 kleine oder 2 große Pfannkuchen). 3–4 Minuten backen, bis sich an der Oberseite der Pfannkuchen Blasen bilden und die Ränder allmählich anbräunen. Wenden und von der anderen Seite backen.

Warm mit Toppings nach Wahl servieren.

—

Varianten:

Aus diesem Rezept für süßen Teig lässt sich ganz leicht eine herzhafte Version zaubern: Lasst den Ahornsirup weg, ersetzt das Zimtpulver durch Kurkuma und gebt 1 TL getrockneten Oregano dazu. Wer will, kann auch noch andere gemahlene Gewürze unterrühren. Beim Backen geht ihr wie im Grundrezept vor. Auch eine Variante mit Kakao ist supereinfach: Den extra EL kernige Haferflocken durch Kakaopulver ersetzen und noch 1 weiteren EL dazugeben (beide gehäuft). Vielleicht benötigt ihr etwas mehr Flüssigkeit.

Tipps:

Falls ihr eine größere Portion zubereitet, könnt ihr die fertigen Pfannkuchen im leicht aufgeheizten Backofen warmhalten. Macht die Pfannkuchen so groß oder klein, dick oder dünn, wie ihr wollt.

—

GRUNDREZEPT: (HERZHAFTE) KICHERERBSENPFANNKUCHEN

Ergibt 4 Stück (oder 8, je nach Größe)

—

100 g Kichererbsenmehl, gesiebt

1 Prise Salz

2 gute Handvoll Kräuter nach Wahl, fein gehackt (Petersilie, Koriandergrün, Basilikum oder eine Mischung)

Kokosöl zum Braten

Toppings nach Wahl

frisches grünes Gemüse der Saison

Kräuter, Frühlingszwiebeln

Kokosjoghurt

Sesamsamen

Kichererbsenmehl, 300 ml Wasser (Zimmertemperatur), Salz und Kräuter in einer Schüssel (oder im Mixer) vermengen. 10 Minuten ruhen lassen, damit der Teig andickt. Es bilden sich vielleicht einige Bläschen, was ganz natürlich ist.

Ein wenig Kokosöl in einer großen, flachen Pfanne erhitzen. Etwas Teig ins heiße Öl geben (ein Viertel oder ein Achtel der Mischung, je nachdem, wie viele Pfannkuchen ihr möchtet) und gleichmäßig dünn verteilen. Nach 30 Sekunden sollte der Teig Blasen werfen und langsam fest werden.

Den Pfannkuchen mit einem Pfannenwender lockern und wenden. Sobald er von beiden Seiten angebräunt ist (nach ca. 60 Sekunden), auf einen Teller gleiten lassen und die restlichen Pfannkuchen zubereiten.

Mit Toppings oder Beilagen nach Wahl warm servieren.

Tipps:

Diese Pfannkuchen erinnern an ein traditionelles Socca-Rezept. Ihr könnt den Teig auch länger stehen lassen, wenn er stärker fermentieren soll.

Varianten:

Ihr könnt getrocknete Gewürze zum Grundteig geben, ob gemahlen oder im Ganzen. Ich mag z. B. eine Mischung aus Kreuzkümmel-, Kümmel- und Fenchelsamen. Oder ihr verfeinert den Teig beim Vermengen mit Zwiebel oder Knoblauch oder bestreut die Pfannkuchen nach dem Wenden damit. Ich nehme dafür oft Frühlingszwiebeln. Esst die Pfannkuchen als herzhaftes Frühstück, zum Brunch oder als Beilage. Perfekt zum Auftunken von Sauce und als Beilage für Currys!

BESTES GRUNDREZEPT FÜR COOKIES

Ergibt 10–12 Cookies

1 EL gemahlene Leinsamen

3 EL Pflanzenmilch nach Wahl

65 ml Nussmus (creamy oder crunchy)

50 g Kokos-/Palmzucker/anderer Rohzucker

1 TL Vanilleextrakt

2 EL Ahornsirup

60 g Dinkelmehl (Buchweizenmehl, Vollkornmehl oder andere körnige Mehlsorten passen ebenso gut)

60 g Hafermehl/gemahlene Haferflocken

22 g ganze Haferflocken (zart oder kernig bleibt euch überlassen)

1 gute Prise Salz

1 TL Backpulver

45 g Knusperzutat nach Wahl (gehackte Nusskerne, Kerne, Schokolade)

Den Backofen auf 180 °C (Umluft) vorheizen. Leinsamen und Pflanzenmilch in einer kleinen Schüssel zu einer dickflüssigen, kompakten Masse vermengen (sie dient als Ei-Ersatz). Zum Quellen beiseitestellen.

Nussmus, Zucker, Vanilleextrakt und Ahornsirup in einer weiteren Schüssel mischen. Die Leinsamenmischung zufügen und vorsichtig vermengen.

Dinkel- und Hafermehl, ganze Haferflocken, Salz und Backpulver zugeben und vorsichtig unterheben.

Knusperzutat nach Wahl zufügen und vermengen, bis sich ein Teig bildet und die Zutat gleichmäßig verteilt ist.

Den Teig zu gleich großen Kugeln (10–12 Stück) formen, ein wenig rollen und dann auf einem mit Backpapier belegten Backblech verteilen. Danach die Kugeln mit der Hand oder einer Gabel etwas flach drücken – so backen sie gleichmäßiger.

»

12–14 Minuten backen, bis sie oben goldbraun sind. Sie sollten außen fest und innen weich sein. Gut im Auge behalten, damit sie nicht anbrennen. Ihr werdet sehen, dass sie beim Backen leicht zerlaufen, bis sie die Größe klassischer Cookies haben.

Tipps:

Für dieses Rezept nehme ich am liebsten Pekannüsse und Mandelmus, aber ihr könnt natürlich eure Lieblingszutaten verwenden. Mit gehackter Schokolade erhaltet ihr traditionellere Cookies. Mit 1 Prise Salz zusätzlich habt ihr Salted Cookies. Oder ihr bestreut die Cookies 3 Minuten vor Ende der Backzeit mit Salzflocken.

ALLROUNDER: TACO, TORTILLA ODER FLADENBROT

Ergibt ca. 8–10 kleine Tacos, 4–6 Tortillas oder 4–5 Fladenbrote

---

300 g Weizenmehl, plus mehr zum Ausrollen
½ TL Salz
2 EL natives Olivenöl extra, plus mehr zum Braten

Mehl und Salz in einer Schüssel mischen. Langsam Öl und 190–210 ml Wasser zugießen. Zu einem Teig kneten und bei Bedarf mehr Wasser zugießen. Falls die Mischung zu feucht ist, noch ein wenig Mehl einarbeiten. 8 Minuten ruhen lassen.

Arbeitsfläche, Hände und Nudelholz bemehlen. Den Teig in gleiche Teile schneiden und zu Kugeln formen. Die genaue Anzahl hängt davon ab, welche Art von Brot ihr backen wollt.

Die Teigkugeln mit dem Nudelholz ausrollen. Dicke und Größe bleibt euch überlassen – die jeweiligen Backzeiten unterscheiden sich kaum. Es macht nichts, wenn ihr keinen perfekten Kreis hinbekommt.

Dann eine Pfanne mit ein wenig Olivenöl einfetten. Das Öl erhitzen, bis es schön heiß ist. Den ausgerollten Teig hineingeben (so viele Kreise, wie hineinpassen) und 2 Minuten backen. Der Teig geht etwas auf/bläht sich auf und bräunt an der Unterseite an – nun wenden und von der anderen Seite backen. Weiter so verfahren, bis der Teig aufgebraucht ist.

Warm servieren. Unter einem Geschirrtuch warmhalten, bis der Teig ganz aufgebraucht ist.

Tipp:

Die Pfanne sollte vor dem Backen richtig heiß sein. Wischt sie ab und zu aus, falls ihr keine Pfanne mit Antihaftbeschichtung habt. Zwischendurch nochmals mit Olivenöl einfetten.

Varianten:

Dies ist bei mir zu Hause eines meiner Standardrezepte. Falls ich kein Brot im Haus habe, kann ich diese Brote ganz fix backen, um ein eher leichtes Gericht etwas sättigender zu machen. Ihr könnt auch andere Mehlsorten wie Vollkorn- oder Dinkelmehl verwenden – so erhaltet ihr eine tolle, etwas nussigere Version. Oder rührt doch mal andere gemahlene Gewürze unter oder etwas Oregano. Diese luftig-leichten Brote lassen sich in grandiose Chapatis verwandeln: Dafür müsst ihr sie ganz dünn ausrollen. Falls ihr irgendwo Atta-Mehl bekommt, werden eure Chapatis echt traumhaft. Atta-Mehl besteht aus Vollkornweizen, der auf besondere Art gemahlen wird. Mengenmäßig bleibt alles beim Alten. Dieses Mehl ist gut online erhältlich, und sogar einer der Läden in meinem Viertel verkauft es in einer rustikalen, zugeschnürten Papiertüte!

BEERENKOMPOTT

Ergibt ca. 500–750 g Kompott

500–750 g frische oder TK-Beeren (Erdbeeren, entsteinte Kirschen, Blaubeeren, Himbeeren etc. oder eine Mischung)

Saft von 1 unbehandelten Zitrone, plus etwas Abrieb

1 Prise Salz

Zugaben nach Wahl: Ingwer (fein gerieben), Orangensaft/-abrieb, andere Süßungsmittel, Chiasamen (für ein sehr dickflüssiges Kompott), gemahlene gemischte Gewürze, gemahlene Gewürznelken

Einen Topf 2 cm hoch mit Wasser füllen. Obst, Zitronensaft und -abrieb zufügen und bei mittlerer Hitze erwärmen. 1 Prise Salz einrühren. Zum Kochen bringen, dann die Temperatur reduzieren.

Gelegentlich umrühren und die Früchte dabei vorsichtig zerdrücken. Weitere Zutaten nach Belieben zufügen.

Weitere 12–15 Minuten köcheln lassen, bis das Kompott dickflüssig und homogen ist. Immer wieder umrühren, damit es nicht anbrennt.

Vom Herd nehmen und in ein Schraubglas, einen Behälter oder eine Schüssel füllen. Auf Zimmertemperatur abkühlen lassen und dann mit einem Deckel verschließen. Zum Eindicken und Festwerden in den Kühlschrank stellen.

Direkt kalt aus dem Kühlschrank servieren oder langsam wieder aufwärmen.

MAYONNAISE MIT SEIDENTOFU

Ergibt 1 kleines Schraubglas (ca. 580 ml)

300 g Seidentofu

1 ½ TL Apfelessig

1 guter EL Dijonsenf

1 Knoblauchzehe, zerdrückt oder fein gehackt

Saft von 1 kleinen unbehandelten Zitrone, plus etwas Abrieb

Salz und schwarzer Pfeffer aus der Mühle

Alle Zutaten mit 2 EL Wasser im Mixer zu einer cremigen Mayonnaise vermengen. Bei Bedarf mit mehr Wasser verdünnen.

Varianten:

Getrocknete Kräuter wie Oregano, Thymian und Rosmarin machen aus dieser Mayonnaise eine Art Ranch-Style-Dressing. Auch geräuchertes Paprikapulver mixe ich gern unter. Oder einen Klecks Pesto, um einen cremigen Pestodip zu erhalten. Durch den Seidentofu wird die Mayonnaise schön dickflüssig und cremig. Eine tolle asiatische Variante erhaltet ihr mit etwas Misopaste sowie 1 Schuss Soja- und Chilisauce.

SCHNELLE PICKLES

Ich bin ein großer Fan von Eingelegtem. Pickles könnte ich den ganzen Tag lang essen, da ich Salziges mit Essiggeschmack einfach liebe. Manchmal muss ich mich echt zurückhalten. Die Essignote sorgt bei vielen Gerichten für das nötige Gleichgewicht und vereint die Aromen, ohne dass man noch eine zusätzliche Säure benötigt. Man kann so ziemlich alles einlegen – die perfekte Lösung für vernachlässigte Gemüsereste.

Diese einfachen Pickles sind im Kühlschrank einige Wochen haltbar. Das Gemüse wird weicher und fermentiert leicht. Wenn ihr ein wenig davon aus dem Glas herausnehmt, sollte die Gabel/der Löffel unbedingt sauber sein, damit der Fermentationsprozess nicht unterbrochen wird und das Gemüse ein wenig länger hält. Dies sind einige meiner Lieblings-Pickle-Rezepte, aber ihr könnt euch bei Aromen, Kräutern, Gewürzen und sogar Essig und Süßungsmitteln kreativ verausgaben oder die Sachen verwenden, die ihr im Haus habt. Ehe ihr euch verseht, werdet ihr alles einlegen wollen, was ihr in die Finger bekommt. Für diese Mischung müsst ihr das Gemüse nicht erhitzen, aber ihr könnt es natürlich garen (abkühlen lassen, bevor ihr es in den Kühlschrank stellt).

Einige Regeln:

Im Schraubglas bleibt immer etwas Einlegflüssigkeit übrig, nachdem ihr das Gemüse herausgefischt habt. Wenn ihr euch an die Sauberkeitsregel gehalten habt, könnt ihr diese Flüssigkeit für eine neue Runde Pickles verwenden, da der Fermentationsprozess bereits begonnen hat. Ihr könnt sie auch zu Dressings geben oder einen Schluck nehmen (darmfreundlich!).

—

ROTE-ZWIEBEL-PICKLES

Dies ist eine meiner Lieblingssorten: Die leuchtend rosa Färbung ist wirklich etwas Besonderes (ich hab's sonst nicht so mit Pink). Ihr könnt jede Zwiebelsorte verwenden und noch getrocknete Kräuter dazugeben, vielleicht sogar eine ganze Knoblauchzehe oder zur Verschärfung 1 Prise Chiliflocken. Zwiebel-Pickles passen wunderbar zu Currys oder Thai-Gerichten und machen sich sexy in Sandwiches. Falls ihr schon wisst, dass ihr die angegebene Menge ganz schnell aufbraucht, könnt ihr auch mehr Zwiebeln nehmen. Im Kühlschrank halten sich die Pickles einige Wochen.

Ergibt 1 kleines bis mittelgroßes Glas

—

1–2 große rote Zwiebeln, in dünne Ringe geschnitten

125 ml Apfelessig

2–4 EL Reisessig

1 guter EL Zucker nach Wahl

1 guter TL Salz (möglichst von guter Qualität)

Die Zwiebeln in ein Schraubglas füllen. 250 ml Wasser, Apfel- und Reisessig, Zucker und Salz in einer weiteren Schüssel vermengen, bis sich Zucker und Salz aufgelöst haben.

Die Mischung über die Zwiebeln im Schraubglas gießen und 1 Stunde bei Zimmertemperatur ohne Deckel durchziehen lassen.

Entweder sofort verwenden/servieren oder mit verschlossenem Deckel im Kühlschrank aufbewahren und bei Bedarf verwenden.

—

KAROTTE-INGWER-PICKLES

Für dieses koreanisch inspirierte Gericht eignet sich Gemüse wie Radieschen/Rettich anstelle von oder zusammen mit den Karotten. Anderes festes Gemüse wie Rote Bete macht sich hier auch ganz prächtig. Bei Bete gebe ich noch Koriandersamen dazu, als Gegengewicht zum erdigen Aroma.

Ergibt 1 mittelgroßes bis großes Glas

—

- 450 g Karotten, in Juliennestreifen oder dünne Scheiben geschnitten
- 200–250 ml Apfelessig (oder Reisessig)
- 1–2 EL reiner Ahornsirup
- ½ EL Salz (möglichst Meersalz von guter Qualität)
- 1 kleines Stück Ingwer, in dünne Scheiben geschnitten
- 1 Knoblauchzehe, in dünne Scheiben geschnitten

Karotten vor dem Zerkleinern gut waschen. Wenn es mit dem Julienneschäler nicht mehr weitergeht, schneidet ihr den Mittelteil der Karotte in Scheiben, um nichts wegwerfen zu müssen und verschieden Formen zu erhalten.

250 ml Wasser, Essig, Ahornsirup, Salz, Ingwer und Knoblauch vermengen, umrühren und einige Minuten warten, bis sich das Salz aufgelöst hat.

Die Karotten in ein entsprechend großes Schraubglas geben und mit der Flüssigkeit bedecken – falls nötig, mehr Wasser oder Essig zugießen.

24 Stunden verschlossen im Kühlschrank durchziehen lassen. Dann öffnen und genießen. Je länger die Karotten durchziehen, desto weicher und aromatischer werden sie.

—

GURKE-KRÄUTER-PICKLES

Diese Pickles sind im Handumdrehen einsatzbereit. Ihr könnt sie 10 Minuten durchziehen lassen oder schnell zubereiten, bevor ihr ein anderes Gericht kocht. Ich mag sie gern kalt, weshalb ich sie nach der Zubereitung sofort in den Kühlschrank stelle und erst zum Essen wieder heraushole. Verfeinert werden sie durch zerdrückte ganze Knoblauchzehen. Je länger ihr sie durchziehen lasst, desto weicher wird der Knoblauch. Im Sommer ist Dill die klassische Ergänzung. Ich bin verrückt nach diesen Pickles, die mich an meine Zeit in Los Angelos erinnern.

Ergibt 1 mittelgroßes bis großes Glas

—

- 2 kleine Gurken oder 1 große
- Apfel- oder Weißweinessig (oder eine Mischung), zum kompletten Bedecken der Gurke
- 1 TL Zucker nach Wahl (Kokos-, Palm, Rohrohrzucker etc.)
- 1 TL Koriandersamen
- 1 TL Kreuzkümmelsamen
- ½ EL Salz
- 1 kleine Handvoll frische Kräuter (Dill, Koriandergrün, Petersilie oder eine Mischung), zerkleinert

Gurken bis zum Mittelteil in Streifen schälen. Streifen und Mittelteil fein hacken und in eine Schüssel geben.

Essig, Zucker, Koriander-, Kreuzkümmelsamen, Salz und Kräuter zufügen und vermengen, bis alles gut bedeckt ist und die Gurken komplett von Flüssigkeit bedeckt sind (dazu reichlich Essig verwenden).

Entweder sofort servieren oder gleich in ein Schraubglas/einen luftdichten Behälter füllen und im Kühlschrank aufbewahren.

—

Danksagung

Ich dachte, ein Kochbuch zu schreiben, würde immer mein Traum bleiben. Deshalb bin ich allen Beteiligten unglaublich dankbar. Dieses Buch wurde nicht als Solotrip geschrieben und wäre ohne all diese fantastischen Leute niemals entstanden.

Danke an meine Mum und meinen Dad, die mir von früher Kindheit an gezeigt haben, dass es ein Leben jenseits von Salt-and-Vinegar-Chips oder Philadelphiakäse-Trauben-Bagels gibt. Dad, du konntest schon immer ein Gericht aus dem Nichts zaubern. Und Mum, dein Bulgurauflauf schmeckt einfach am besten. Danke, dass ihr an mich geglaubt und mich auf meinen kulinarischen Reisen unterstützt habt. Danke auch an meine restliche Familie – eure Unterstützung bedeutet mir unfassbar viel.

Danke an meinen Bruder Elliot, einen außerordentlichen Wortschöpfer, der vermutlich froh sein wird, dass ich ihm am Telefon keine Fünf-Wort-Sätze mehr vorlese, um zu testen, wie sinnvoll sie sind, und dass ich ihn nicht mehr bitte, ein Gemüse »auf andere Art« zu beschreiben. Danke dir, dass dir meine »Buchplaudereien« nie langweilig geworden sind.

Danke an Paul, der mir gestanden hat, dass er von Kürbis die Nase voll hat, selbst ein Jahr später noch, und mir höflich mitteilte, dass der Knollensellerie bei uns weiterhin Hausverbot hat. Danke, dass du während meiner vielen dramatischen Buchmomente für mich da warst, dass du alles, was ich koche, aufisst, und dass du mich immer unterstützt.

Danke an Deb und Andy, durch die mein Aufenthalt in Australien ganz außergewöhnlich wurde. Ihr habt mich zur Gemüsekennerin gemacht und mich ermutigt. Deb, ich werde immer von deinen Tofu-Dressings, deinem Nudelsalat und Pastinakennussbraten träumen. Andy, ich werde nie vergessen, Sriracha auf meine knusprigen Kartoffeln zu geben.

Danke an meine besten Freunde (ihr wisst, wer gemeint ist), dass ihr mich auf diesem unglaublichen Trip unterstützt und meine Gerichte probiert habt, mir Feedback gegeben, Tempeh-Bolognese für mich gekocht und mir drei Sorten Senf gekauft habt, einfach so. Ihr seid die besten Freunde, die man sich vorstellen kann.

Danke an meine Agentin Rachel, die diesen Traum wahr werden ließ. Sie hat stets an mich und meine Arbeit geglaubt, hat mich bei jedem Schritt unterstützt und mir Dinge erklärt, von denen ich dachte, dass ich sie nie verstehen würde.

Danke an das unglaubliche Team bei Michael Joseph, an alle, die mit diesem Projekt zu tun hatten: Ione, danke, dass du schon vor unserem Kennenlernen an mein Buch geglaubt und mir dabei geholfen hast, meine Vorstellungen zu verwirklichen. Danke an das fantastische Team, dessen Arbeit so ein schönes Buch hervorgebracht hat.

Danke an meine Traumfotografin Issy. Danke für die Kicherpausen beim Fotoshooting, danke, dass du mich ermutigt hast, meine Komfortzone zu verlassen, und Blattsalat in etwas Ansehnliches verwandelt hast. Emily, dein Talent für Prop und Food Styling ist unglaublich. Danke, dass du mir einige der tollsten Styling-Tipps verraten hast und ehrlich zu mir warst, was die Anzahl an Zutaten für diesen marokkanischen Salat anging. Danke an Clare, Liam, Ben und Octavia, an eure unvergleichlichen Koch-, Probier- und Knoblauchhackkünste. Ihr wart tolle Assistenten und Assistentinnen – mit euch waren Shooting-Tage etwas ganz Besonderes.

Und zum Schluss ein großes Dankeschön an alle anderen, an all meine Retreatgäste, Supper-Club-Besucher, Kunden etc. ... und an euch, meine Leserinnen und Leser. Ohne eure Unterstützung und eure Geschmacksknospen wäre dieses Buch nicht so fantastisch geworden. Danke.

Register

A

Abfall 7
Aioli; Gebackene Aubergine mit Raucharoma, grünem Blattgemüse und veganer 86
Allrounder: Taco, Tortilla oder Fladenbrot 370
Alufolie 35
Äpfel 306
   Apfel-Rosenkohl-Salat 312
   Bete-Hirse-Salat in Tahini-Dill-Dressing 190
   Brokkolisalat 30
   Dänische Apfel-Walnuss-Brötchen 309
   Gegrillte Gemüsespieße und Brombeer-Chimichurri mit Raucharoma 183
   Gewürzter Apfel-Crumble 308
   Grünkohlsalat mit gerösteten Walnusskernen, Brombeeren und Gerste 215
   Kühlschranksalat mit Rhabarber-Dressing 60
   Kurkumapfannkuchen mit gewürztem Apfel und Brombeercoulis 180
   Rosenkohl-Buchweizen-Salat mit Blutorangen-Dressing 327
   Rosenkohlkimchi für jeden Tag 326
   Salat aus geraspeltem Blumenkohl und Brokkoli mit Spargel und zerbröckeltem Mandelfeta 44
   Staudenselleriesuppe mit Kokosmilch, weißen Bohnen und Sauerteig-Croûtons 316
Aprikosen 74
   Aprikosen-Getreide-Salat mit gerösteten Walnusskernen und grünem Gemüse 77
   Gebackene Aprikosen mit Kümmel und gerösteter Quinoa 79
   Mehrkornpfannkuchen und Aprikosen mit Ahornsirup und Kardamom 76
   Sauerteig-Panzanella-Salat mit gebackenen Aprikosen und Fenchel 104
Artischocken in Weißweinsauce; Cremige weiße Bohnen mit Zucchini und 95

Asiatische Gemüsebrühe 352
Auberginen 80
   Aubergine mit Ingwer, Petersilie und Miso 84
   Baba Ganoush 85
   Gebackene Aubergine mit Raucharoma, grünem Blattgemüse und veganer Aioli 86
   Gebackene Auberginen mit Ras el-Hanout und Tahini-Tapenade 88

B

Baba Ganoush 85
Backpapier 35
Balinesische Frühlingssuppe 64
Basilikum-Blattspinat-Hummus 358
Beerenkompott 371
Bestes Grundrezept für Cookies 369
Bete siehe Rote Bete und Varianten
Bete-Hirse-Salat in Tahini-Dill-Dressing 190
Birchermüsli aus dreierlei Getreide mit Rhabarberkompott und Kardamom 58
Birnen 280
   Birnen-Zwiebel-Chutney und gebackener Cashewkäse mit Raucharoma 285
   Birnenkuchen upside-down 282
   Bruschetta mit gesalzener Birne und Blumenkohl-Pâté 38
   Gebackene Birnen mit Ahornsirup und Thymian 284
   Kichererbsendosa, Birne und Kohl mit Za'atar und Tahini-Sauce 288
   Knollensellerie aus der Grillpfanne mit Sataysauce und Birnen-Pickle 254
Blattsalat 150
   Blattsalat mit Erbsen und grünen Bohnen in Dill-Dressing 156
   Caesar Salad aus Blumenkohl mit knusprigen Dicken Bohnen und Tahini-Dressing 42
   Gebratener Blattsalat mit Tahini-Dressing, Kapern und Sauerteig-Croûtons 152
   Kichererbsen-Sandwich mit Schnittlauch 154

Blattgemüse: Aprikosen-Getreide-Salat mit gerösteten Walnusskernen und grünem Gemüse 77
Balinesische Frühlingssuppe 64
Bete-Hirse-Salat in Tahini-Dill-Dressing 190
Dinkelpizza mit geröstetem Fenchel, Kohl und Tofucreme 105
Fenchel-Kohlrabi-Salat 103
Gebackene Aubergine mit Raucharoma, grünem Blattgemüse und veganer Aioli 86
Herzhaftes Hirseporridge mit Frühkartoffeln und Miso 116
Kühlschranksalat mit Rhabarber-Dressing 60
Salat aus Knollenselleriestreifen mit grünem Blattgemüse und gerösteten Samen und Kernen 253
Staudenselleriesalat mit Chicorée, Walnüssen und Bulgur 319
Staudenselleriesuppe mit Kokosmilch, weißen Bohnen und Sauerteig-Croûtons 316
Tomatensalat mit Orzo und knusprigem Blattgemüse 170
Blattspinat: Basilikum-Blattspinat-Hummus 358
Blattsalat mit Erbsen und grünen Bohnen in Dill-Dressing 156
Brokkolisalat 30
Grünes Risotto 28
Blumenkohl 32
   Blumenkohl-Carbonara mit Pesto-Rest 36
   Blumenkohl-Pâté 37
   Bruschetta mit gesalzener Birne und Blumenkohl-Pâté 38
   Caesar Salad aus Blumenkohl mit knusprigen Dicken Bohnen und Tahini-Dressing 42
   Gebackener Blumenkohl mit Harissa 40
   Gebackener Blumenkohl und Brokkolini mit Sesamsamen und Tofucreme 34
   Gemüse aus dem Ofen mit Kräutern und gerösteten Nusskernen 210

Knoblauch-Blumenkohl-Couscous mit Erbsensprossen und Dicken Bohnen 53
Salat aus geraspeltem Blumenkohl und Brokkoli mit Spargel und zerbröckeltem Mandelfeta 44
Wurzelgemüse-Chowder mit Staudensellerie, Thymian und Riesenbohnen 322
Blutorangen-Dressing; Rosenkohl-Buchweizen-Salat mit 327
Bohnen 17 (für Rezepte mit grünen Bohnen, siehe Kategorie)
Balinesische Frühlingssuppe 64
Bruschetta mit Dicken Bohnen 49
Caesar Salad aus Blumenkohl mit knusprigen Dicken Bohnen und Tahini-Dressing 42
Cremige weiße Bohnen mit Zucchini und Artischocken in Weißweinsauce 95
Die besten Riesenbohnen meiner Mum 167
Fregola mit Dicken Bohnen, Zitrone und Nuss-Parmesan 50
Grünes Risotto 28
Hummus mit Dicken Bohnen und Minze 52
Kartoffelpüree mit weißen Bohnen und Senf mit gebratenem Spargel und Brokkolini 68
Knoblauch-Blumenkohl-Couscous mit Erbsensprossen und Dicken Bohnen 53
Langsam gegarte Rauch-Tomaten mit Kirschen, Riesenbohnen und Basilikum 164
Quesadillas mit Süßkartoffel und Cannellinibohnen 346
Rustikale Kürbistacos mit Harissa und Püree aus schwarzen Bohnen 228
Staudenselleriesuppe mit Kokosmilch, weißen Bohnen und Sauerteig-Croûtons 316
Süßkartoffelsalat mit marokkanischen Gewürzen 345
Tacos mit Bete und weißen Bohnen mit Chimichurri aus Beteblättern und Kapern 195
Wurzelgemüse-Chowder mit Staudensellerie, Thymian und Riesenbohnen 322
Zucchinilasagne 92

Brokkoli 26
Brokkolipesto 360
Brokkolisalat 30
Gebackener Blumenkohl und Brokkolini mit Sesamsamen und Tofucreme 34
Gemüse aus dem Ofen mit Kräutern und gerösteten Nusskernen 210
Grünes Risotto 28
Kartoffelpüree mit weißen Bohnen und Senf mit gebratenem Spargel und Brokkolini 68
Salat aus geraspeltem Blumenkohl und Brokkoli mit Spargel und zerbröckeltem Mandelfeta 44
Brombeeren 178
Gegrillte Gemüsespieße und Brombeer-Chimichurri mit Raucharoma 183
Grünkohlsalat mit gerösteten Walnusskernen, Brombeeren und Gerste 215
Kurkumapfannkuchen mit gewürztem Apfel und Brombeercoulis 180
Sahnige Zitronenlinguine mit gebackenen Schalotten und Brombeeren 186
Brot: Bruschetta mit Dicken Bohnen 49
Bruschetta mit gesalzener Birne und Blumenkohl-Pâté 38
Caesar Salad aus Blumenkohl mit knusprigen Dicken Bohnen und Tahini-Dressing 42
Gebratener Blattsalat mit Tahini-Dressing, Kapern und Sauerteig-Croûtons 152
Kichererbsen-Sandwich mit Schnittlauch 154
Sauerteig-Panzanella-Salat mit gebackenen Aprikosen und Fenchel 104
Staudenselleriesuppe mit Kokosmilch, weißen Bohnen und Sauerteig-Croûtons 316
Brötchen; Dänische Apfel-Walnuss- 309
Brühebox 352
Bruschetta mit Dicken Bohnen 49
Bruschetta mit gesalzener Birne und Blumenkohl-Pâté 38
Buchweizenpfannkuchen; (Süße) 368
Butter«-Karottenpüree mit Gewürzen 139

C

Caesar Salad aus Blumenkohl mit knusprigen Dicken Bohnen und Tahini-Dressing 42
Carbonara mit Pesto-Rest; Blumenkohl- 36
Cashewkäse mit Kirsch-Salsa 132
Cashewnusskerne (für weitere Rezepte, in denen alternativ Cashewnusskerne verwendet werden können, siehe Nusskerne): Balinesische Frühlingssuppe 64
Birnen-Zwiebel-Chutney und gebackener Cashewkäse mit Raucharoma 285
Cashewkäse mit Kirsch-Salsa 132
Fregola mit Dicken Bohnen, Zitrone und Nuss-Parmesan 50
Gebackene Aubergine mit Raucharoma, grünem Blattgemüse und veganer Aioli 86
Gebackener Cashewkäse 364
Nussparmesan 365
Rhabarber-Cashew-Cheesecake 56
Salat aus grünen Bohnen mit Steinobst, Pistazien, Nuss-Parmesan und schwarzem Reis 146
Süßkartoffel-Grünkohl-Püree mit Cashewsauce und Kräutern 344
Cheesecake; Rhabarber-Cashew- 56
Cherry Breakfast Crumble mit Milch aus gerösteten Kokosflocken 126
Chimichurri 361
Gegrillte Gemüsespieße und Brombeer-Chimichurri mit Raucharoma 183
Knollenselleriesteaks mit Kapern und Petersilien-Chimichurri 256
Tacos mit Bete und weißen Bohnen mit Chimichurri aus Beteblättern und Kapern 195
Chilischoten: Curry aus Topinambur, Erdnussbutter und Kokosmilch 334
Gebackener Topinambur mit hausgemachter Harissa 338
Harissa 361
Quesadillas mit Süßkartoffel und Cannellinibohnen 346
Staudenselleriesalat mit Chicorée, Walnüssen und Bulgur 319
Chutney und gebackener Cashewkäse mit Raucharoma; Birnen-Zwiebel- 285
Cookies; Bestes Grundrezept für 369

Couscous mit Erbsensprossen und Dicken Bohnen; Knoblauch-Blumenkohl- 53
Cremige Dressings 356
Cremige weiße Bohnen mit Zucchini und Artischocken in Weißweinsauce 95
Cremiger Staudensellerie mit Kichererbsen 320
Cremiges Erbsendal mit Kürbiscurry 234
Croûtons; Staudenselleriesuppe mit Kokosmilch, weißen Bohnen und Sauerteig- 316
Crumble: Cherry Breakfast Crumble mit Milch aus gerösteten Kokosflocken 126
   Gewürzter Apfel-Crumble 308
Curry: Curry aus Topinambur, Erdnussbutter und Kokosmilch 334
   Cremiges Erbsendal mit Kürbiscurry 234

D

Dänische Apfel-Walnuss-Brötchen 309
Dicke Bohnen 46 (für Rezepte siehe Bohnen)
Die besten Riesenbohnen meiner Mum 167
Dijon- und Ahornsirup-Vinaigrette 354
Dinkelpizza mit geröstetem Fenchel, Kohl und Tofucreme 105
Dip aus gebackenen Karotten, Ingwer und Kichererbsen 140
Doppelt gegarte Maronen in Butter-Knoblauchsauce mit Senfkörnern 275
Dressings 353
   Cremige Dressings 356
   Vinaigretten 354
   Dijon und Ahornsirup-Vinaigrette 354
   Einfaches Tahini-Dressing 356
   Nussmus-Dressing 357
   Tahini-Dressing mit Ingwer und Miso 356
   Tahini-Dressing mit Zugabe 356
   Vinaigrette mit Aceto Balsamico 354
   Zitrone und Knoblauch-Vinaigrette 354

E

Einfacher Tomatensalat 168
Einfaches Tahini-Dressing 356
Erbsen: Blattsalat mit Erbsen und grünen Bohnen in Dill-Dressing 156
   Cremiges Erbsendal mit Kürbiscurry 234
   Spalterbsen-Süßkartoffel-Auflauf mit Rosmarin 342
Erdnussbutter: Curry aus Topinambur, Erdnussbutter und Kokosmilch 334
   Knollensellerie aus der Grillpfanne mit Sataysauce und Birnen-Pickle 254
   Nussmus-Dressing 357
Esskastanien siehe Maronen

F

Falafeln mit Grünkohl, Kürbis- 222
Faule-Tage-Pasta mit Grünkohl-Knoblauch-Sauce 216
Fenchel 100
   Dinkelpizza mit geröstetem Fenchel, Kohl und Tofucreme 105
   Fenchel-Kohlrabi-Salat 103
   Pesto-Gnocchi mit gebackenem Fenchel und knusprigen Kartoffelschalen 108
   Sauerteig-Panzanella-Salat mit gebackenen Aprikosen und Fenchel 104
   Sommerlicher Nudelsalat mit gegrillter Aubergine, Steinobst und gehobeltem Fenchel 82
Fladenbrot; Allrounder: Taco, Tortilla oder 370
Fladenbrote aus Bete und Kichererbsenmehl mit Kürbispüree und schnellen Pickles 193
Fregola mit Dicken Bohnen, Zitrone und Nuss-Parmesan 50
Frühkartoffeln 110
Frühlingszwiebeln: Aubergine mit Ingwer, Petersilie und Miso 84
   Bete-Hirse-Salat in Tahini-Dill-Dressing 190
   Fenchel-Kohlrabi-Salat 103
   Gebackene Süßkartoffel mit knusprigen Kichererbsen und Tahini-Dressing 348
   Herzhaftes Hirseporridge mit Frühkartoffeln und Miso 116
   Knoblauch-Blumenkohl-Couscous mit Erbsensprossen und Dicken Bohnen 53
   Kohl-Ramen mit hausgemachten Ramennudeln 262
   Nudeln mit Knusper-Grünkohl und Miso-Pilzen 298
   Rosenkohl-Buchweizen-Salat mit Blutorangen-Dressing 327
   Salat aus geraspeltem Blumenkohl und Brokkoli mit Spargel und zerbröckeltem Mandelfeta 44
   Salat aus zerdrückten Kartoffeln mit schnellen Gurken-Dill-Pickles 114
   Süßkartoffel-Grünkohl-Püree mit Cashewsauce und Kräutern 344
   Thai-Nudeln mit Tahini 148

G

Gebackene Aprikosen mit Kümmel und gerösteter Quinoa 79
Gebackene Aubergine mit Raucharoma, grünem Blattgemüse und veganer Aioli 86
Gebackene Auberginen mit Ras el-Hanout und Tahini-Tapenade 88
Gebackene Birnen mit Ahornsirup und Thymian 284
Gebackene Karotten mit Kirsch-Salsa und Karottengrün-Pesto 136
Gebackene Kirschen mit Sumach und Tahini-Orangen-Kekse 128
Gebackene Pastinaken mit Grünkohl-pesto 206
Gebackene Süßkartoffel mit knusprigen Kichererbsen und Tahini-Dressing 348
Gebackener Blumenkohl mit Harissa 40
Gebackener Blumenkohl und Brokkolini mit Sesamsamen und Tofucreme 34
Gebackener Cashewkäse 364
Gebackener Kohl mit Ahornsirup-Glasur und cremigen Kichererbsen 260
Gebackener Mandelfeta 365
Gebackener Topinambur mit hausgemachter Harissa 338
Gebackener Topinambur und Kartoffeln mit ganzen Knoblauchzehen und knusprigem Salbei 337
Gebratene Sri-Lanka-Bohnen mit Schalotten 144
Gebratener Blattsalat mit Tahini-Dressing, Kapern und Sauerteig-Croûtons 152
Gefüllte Zucchini mit Walnusspesto und veganem Ricotta 98
Gegrillte Gemüsespieße und Brombeer-Chimichurri mit Raucharoma 183

Register 377

Gemüse (Sorten wählbar): Kühlschranksalat mit Rhabarber-Dressing **60**
Nudelauflauf mit Gemüse und gebackenen Tomaten **160**
Gemüse aus dem Ofen mit Kräutern und gerösteten Nusskernen **210**
Gemüsebrühe **352**
Gemüsebrühe, Asiatische **352**
Getreide: Aprikosen-Getreide-Salat mit gerösteten Walnusskernen und grünem Gemüse **77**
    Bete-Hirse-Salat in Tahini-Dill-Dressing **190**
    Birchermüsli aus dreierlei Getreide mit Rhabarberkompott und Kardamom **58**
    Blattsalat mit Erbsen und grünen Bohnen in Dill-Dressing **156**
    Gebackene Aprikosen mit Kümmel und gerösteter Quinoa **79**
    Gebackene Auberginen mit Ras el-Hanout und Tahini-Tapenade **88**
    Gemüse aus dem Ofen mit Kräutern und gerösteten Nusskernen **210**
    Grünkohlsalat mit gerösteten Walnusskernen, Brombeeren und Gerste **215**
    Herzhaftes Hirseporridge mit Frühkartoffeln und Miso **116**
    Knuspermüsli **366**
    Polnische Kohlrouladen **269**
    Rosenkohl-Buchweizen-Salat mit Blutorangen-Dressing **327**
    Staudenselleriesalat mit Chicorée, Walnüssen und Bulgur **319**
    Süßkartoffelsalat mit marokkanischen Gewürzen **345**
    Warmer Slaw mit Wintergemüse und Getreide **267**
    Wildpilze, Hirse und grüne Harissa **294**
Gewürzter Apfel-Crumble **308**
Gnocchi: Rote-Bete-Gnocchi mit Grünkohlpesto **198**
    Pesto-Gnocchi mit gebackenem Fenchel und knusprigen Kartoffelschalen **108**
Grüne Bohnen **142**
    Gebratene Sri-Lanka-Bohnen mit Schalotten **144**
    Salat aus grünen Bohnen mit Steinobst, Pistazien, Nuss-Parmesan und schwarzem Reis **146**
    Thai-Nudeln mit Tahini **148**

    Blattsalat mit Erbsen und grünen Bohnen in Dill-Dressing **156**
Grünes Risotto **28**
Grünkohl **212**
    Apfel-Rosenkohl-Salat **312**
    Faule-Tage-Pasta mit Grünkohl-Knoblauch-Sauce **216**
    Gebackene Pastinaken mit Grünkohlpesto **206**
    Grünkohlpesto **359**
    Grünkohlsalat mit gerösteten Walnusskernen, Brombeeren und Gerste **215**
    KürbisFalafeln mit Grünkohl **222**
    Mit schwarzem Reis gefüllter Kürbis **225**
    Nudeln mit Knusper-Grünkohl und Miso-Pilzen **298**
    Rote-Bete-Gnocchi mit Grünkohlpesto **198**
    Süßkartoffel-Grünkohl-Püree mit Cashewsauce und Kräutern **344**
    Süßkartoffelsalat mit marokkanischen Gewürzen **345**
Gurken: Gurke-Kräuter-Pickles **373**
    Salat aus zerdrückten Kartoffeln mit schnellen Gurken-Dill-Pickles **114**
    Fladenbrote aus Bete und Kichererbsenmehl mit Kürbispüree und schnellen Pickles **193**

H

Harissa **361**
    Birnen-Zwiebel-Chutney und gebackener Cashewkäse mit Raucharoma **285**
    Gebackener Blumenkohl mit Harissa **40**
    Gebackener Topinambur mit hausgemachter Harissa **338**
    Rustikale Kürbistacos mit Harissa und Püree aus schwarzen Bohnen **228**
    Wildpilze, Hirse und grüne Harissa **294**
(Herzhafte) Kichererbsenpfannkuchen **368**
Herzhaftes Hirseporridge mit Frühkartoffeln und Miso **116**
Hülsenfrüchte **17**
Hummus **357**
    Basilikum-Blattspinat-Hummus **358**
    Hummus aus gebackener Bete und Schalotte gekrönt von Pilzen mit Sojaglasur **201**

    Hummus mit Dicken Bohnen und Minze **52**
    Kürbishummus **358**
    Rote-Bete-Kreuzkümmel-Hummus **358**
    Zitrone-Koriandergrün-Hummus **358**

I

Im Ganzen gebackener Knollensellerie mit Pilzsauce **246**
Im Ganzen gebackener Kürbis mit Knoblauch und Rosmarin **237**

K

Kansui **262**
Karotten **134**
    Butter«-Karottenpüree mit Gewürzen **139**
    Balinesische Frühlingssuppe **64**
    Dip aus gebackenen Karotten, Ingwer und Kichererbsen **140**
    Fladenbrote aus Bete und Kichererbsenmehl mit Kürbispüree und schnellen Pickles **193**
    Gebackene Karotten mit Kirsch-Salsa und Karottengrün-Pesto **136**
    Gemüse aus dem Ofen mit Kräutern und gerösteten Nusskernen **210**
    Karotte-Ingwer-Pickles **373**
    Kichererbsen-Sandwich mit Schnittlauch **154**
    Kichererbsendosa, Birne und Kohl mit Za'atar und Tahini-Sauce **288**
    Spalterbsen-Süßkartoffel-Auflauf mit Rosmarin **342**
    Süßkartoffelsalat mit marokkanischen Gewürzen **345**
    Thai-Nudeln mit Tahini **148**
Karottengrünpesto **360**
Kartoffeln **110**
    Gebackener Topinambur und Kartoffeln mit ganzen Knoblauchzehen und knusprigem Salbei **337**
    Gemüse aus dem Ofen mit Kräutern und gerösteten Nusskernen **210**
    Herzhaftes Hirseporridge mit Frühkartoffeln und Miso **116**
    Kartoffelpüree mit weißen Bohnen und Senf mit gebratenem Spargel und Brokkolini **68**
    Pasta in Maronen-Salbei-Creme **276**
    Pastinaken-Kartoffel-Sellerie-Püree mit herzhaftem Granola **211**
    Pesto-Gnocchi mit gebackenem Fenchel und knusprigen Kartoffelschalen **108**

Röstkartoffeln mit Petersilie, Knoblauch und Estragon 112
Rote-Bete-Gnocchi mit Grünkohlpesto 198
Salat aus zerdrückten Kartoffeln mit schnellen Gurken-Dill-Pickles 114
Zweifach gebackene Kartoffeln mit Zucchinifüllung 118

Käse auf Nussbasis 364
Birnen-Zwiebel-Chutney und gebackener Cashewkäse mit Raucharoma 285
Cashewkäse mit Kirsch-Salsa 132
Fregola mit Dicken Bohnen, Zitrone und Nuss-Parmesan 50
Gebackener Cashewkäse 364
Gebackener Mandelfeta 365
Gefüllte Zucchini mit Walnusspesto und veganem Ricotta 98
Nussparmesan 365
Salat aus geraspeltem Blumenkohl und Brokkoli mit Spargel und zerbröckeltem Mandelfeta 44
Salat aus grünen Bohnen mit Steinobst, Pistazien, Nuss-Parmesan und schwarzem Reis 146
Tomatenviertel aus dem Ofen mit veganen Fetastückchen 173
Zucchinilasagne 92

Kekse: Bestes Grundrezept für Cookies 369
Gebackene Kirschen mit Sumach und Tahini-Orangen-Kekse 128

Kichererbsen 17
Caesar Salad aus Blumenkohl mit knusprigen Dicken Bohnen und Tahini-Dressing 42
Cremiger Staudensellerie mit Kichererbsen 320
Dip aus gebackenen Karotten, Ingwer und Kichererbsen 140
Gebackene Süßkartoffel mit knusprigen Kichererbsen und Tahini-Dressing 348
Gebackener Kohl mit Ahornsirup-Glasur und cremigen Kichererbsen 260
Hummus 357
Kichererbsen-Sandwich mit Schnittlauch 154
KürbisFalafeln mit Grünkohl 222
Süßkartoffelsalat mit marokkanischen Gewürzen 345
Wildpilze, Hirse und grüne Harissa 294

Zweifach gebackene Kartoffeln mit Zucchinifüllung 118

Kichererbsenmehl: Fladenbrote aus Bete und Kichererbsenmehl mit Kürbispüree und schnellen Pickles 193
(Herzhafte) Kichererbsenpfannkuchen 368
Kichererbsendosa, Birne und Kohl mit Za'atar und Tahini-Sauce 288

Kirschen 124
Cashewkäse mit Kirsch-Salsa 132
Cherry Breakfast Crumble mit Milch aus gerösteten Kokosflocken 126
Gebackene Karotten mit Kirsch-Salsa und Karottengrün-Pesto 136
Gebackene Kirschen mit Sumach und Tahini-Orangen-Kekse 128
Langsam gegarte Rauch-Tomaten mit Kirschen, Riesenbohnen und Basilikum 164

Knoblauch-Blumenkohl-Couscous mit Erbsensprossen und Dicken Bohnen 53
Knoblauchreis mit karamellisierten Zwiebeln und Pilzen 300

Knollensellerie 244
Im Ganzen gebackener Knollensellerie mit Pilzsauce 246
Knollensellerie aus der Grillpfanne mit Sataysauce und Birnen-Pickle 254
Knollenselleriesteaks mit Kapern und Petersilien-Chimichurri 256
Pastinaken-Kartoffel-Sellerie-Püree mit herzhaftem Granola 211
Risotto mit Knollensellerie und Maronen, mit Olivenöl und Zitronenabrieb verfeinert 250
Salat aus Knollenselleriestreifen mit grünem Blattgemüse und gerösteten Samen und Kernen 253

Knuspermüsli 366
Knuspermüsli mit Kürbis- und Nusskernen 220

Kohlgemüse 258 (für Rezepte mit Blumenkohl, Grünkohl oder Rosenkohl, siehe die jeweilige Kategorie)
Curry aus Topinambur, Erdnussbutter und Kokosmilch 334
Gebackener Kohl mit Ahornsirup-glasur und cremigen Kichererbsen 260
Kichererbsendosa, Birne und Kohl mit Za'atar und Tahini-Sauce 288
Kohl nach polnischer Art mit Knoblauch und Lorbeerblättern 266

Kohl-Ramen mit hausgemachten Ramennudeln 262
Polnische Kohlrouladen 269
Rosenkohl-Buchweizen-Salat mit Blutorangen-Dressing 327
Rosenkohlkimchi für jeden Tag 326
Warmer Slaw mit Wintergemüse und Getreide 267

Kohlrabi-Salat; Fenchel- 103

Kokoschips/-mehl/-raspeln: Birchermüsli aus dreierlei Getreide mit Rhabarberkompott und Kardamom 58
Birnenkuchen upside-down 282
Cherry Breakfast Crumble mit Milch aus gerösteten Kokosflocken 126
Knuspermüsli 366
Knuspermüsli mit Kürbis- und Nusskernen 220
Müsli aus Nuss-/Samenmasse 367
Nudeln mit Knusper-Grünkohl und Miso-Pilzen 298
Schwarzer Reissalat mit Kokos und gebackenem Spargel mit Balsamicoglasur 66

Kokosmilch: Cremiges Erbsendal mit Kürbiscurry 234
Curry aus Topinambur, Erdnussbutter und Kokosmilch 334
Gebackene Birnen mit Ahornsirup und Thymian 284
Pumpkin-Pie-Parfait 230
Staudenselleriesuppe mit Kokosmilch, weißen Bohnen und Sauerteig-Croûtons 316

Kokosnuss (frisch): Gebratene Sri-Lanka-Bohnen mit Schalotten 144

Kompotte: Beerenkompott 371
Birchermüsli aus dreierlei Getreide mit Rhabarberkompott und Kardamom 58

Kuchen: Birnenkuchen upside-down 282
Rhabarber-Cashew-Cheesecake 56

Kühlschranksalat mit Rhabarber-Dressing 60

Kürbis 218
Cremiges Erbsendal mit Kürbiscurry 234
Fladenbrote aus Bete und Kichererbsenmehl mit Kürbispüree und schnellen Pickles 193
Gegrillte Gemüsespieße und Brombeer-Chimichurri mit Rauchamora 183

Register 379

Gemüse aus dem Ofen mit Kräutern und gerösteten Nusskernen 210
Im Ganzen gebackener Kürbis mit Knoblauch und Rosmarin 237
KürbisFalafeln mit Grünkohl 222
Kürbishummus 358
Mit schwarzem Reis gefüllter Kürbis 225
Pumpkin Spice Latte 233
Pumpkin-Pie-Parfait 230
Rustikale Kürbistacos mit Harissa und Püree aus schwarzen Bohnen 228
Wurzelgemüse-Chowder mit Staudensellerie, Thymian und Riesenbohnen 322
Kurkumapfannkuchen mit gewürztem Apfel und Brombeercoulis 180

L

Langsam gegarte Rauch-Tomaten mit Kirschen, Riesenbohnen und Basilikum 164
Lauch: Brokkolisalat 30
  Grünes Risotto 28
  Grünkohlsalat mit gerösteten Walnusskernen, Brombeeren und Gerste 215
  Mit schwarzem Reis gefüllter Kürbis 225
  Pilzrisotto mit Estragon 292
  Risotto mit Knollensellerie und Maronen, mit Olivenöl und Zitronenabrieb verfeinert 250
  Risotto mit Topinambur und Butterlauch 332
  Spalterbsen-Süßkartoffel-Auflauf mit Rosmarin 342
  Wurzelgemüse-Chowder mit Staudensellerie, Thymian und Riesenbohnen 322

M

Mandeln (für weitere Rezepte, in denen alternativ Mandeln verwendet werden können, siehe Nusskerne): Brokkolisalat 30
  Gebackene Kirschen mit Sumach und Tahini-Orangen-Kekse 128
  Gebackener Mandelfeta 365
  Gefüllte Zucchini mit Walnusspesto und veganem Ricotta 98
  Pastinaken-Kartoffel-Sellerie-Püree mit herzhaftem Granola 211
  Salat aus geraspeltem Blumenkohl und Brokkoli mit Spargel und zerbröckeltem Mandelfeta 44
  Tomatenviertel aus dem Ofen mit veganen Fetastückchen 173
  Zucchinilasagne 92
Maronen 272
  Doppelt gegarte Maronen in Butter-Knoblauchsauce mit Senfkörnern 275
  Nussbraten mit Maronen 278
  Pasta in Maronen-Salbei-Creme 276
  Risotto mit Knollensellerie und Maronen, mit Olivenöl und Zitronenabrieb verfeinert 250
Mayonnaise mit Seidentofu 371
Mehrkornpfannkuchen und Aprikosen mit Ahornsirup und Kardamom 76
Mindesthaltbarkeitsdatum 21
Mit schwarzem Reis gefüllter Kürbis 225
Müll siehe Abfall
Müsli 366
  Müsli aus Nuss-/Samenmasse 367
  Birchermüsli aus dreierlei Getreide mit Rhabarberkompott und Kardamom 58
  Knuspermüsli mit Kürbis- und Nusskernen 220

N

Nudeln: Blumenkohl-Carbonara mit Pesto-Rest 36
  Fregola mit Dicken Bohnen, Zitrone und Nuss-Parmesan 50
  Kohl-Ramen mit hausgemachten Ramennudeln 262
  Nudelauflauf mit Gemüse und gebackenen Tomaten 160
  Nudeln mit Knusper-Grünkohl und Miso-Pilzen 298
  Pasta in Maronen-Salbei-Creme 276
  Sahnige Zitronenlinguine mit gebackenen Schalotten und Brombeeren 186
  Sommerlicher Nudelsalat mit gegrillter Aubergine, Steinobst und gehobeltem Fenchel 82
  Thai-Nudeln mit Tahini 148
  Tomatensalat mit Orzo und knusprigem Blattgemüse 170
Nuss-/Samenmilch 363
Nussbraten mit Maronen 278
Nussbraten mit Pastinaken 207
Nussmus 362
Nussmus-Dressing 357
Nusskerne (für Rezepte mit Cashewnusskernen, Mandeln oder Walnusskernen, siehe die jeweilige Kategorie): Cherry Breakfast Crumble mit Milch aus gerösteten Kokosflocken 126
  Gebackene Aubergine mit Raucharoma, grünem Blattgemüse und veganer Aioli 86
  Gebackene Karotten mit Kirsch-Salsa und Karottengrün-Pesto 136
  Gebratener Blattsalat mit Tahini-Dressing, Kapern und Sauerteig-Croûtons 152
  Gemüse aus dem Ofen mit Kräutern und gerösteten Nusskernen 210
  Gewürzter Apfel-Crumble 308
  Grünes Risotto 28
  Karottengrünpesto 360
  Kartoffelpüree mit weißen Bohnen und Senf mit gebratenem Spargel und Brokkolini 68
  Knuspermüsli 366
  Knuspermüsli mit Kürbis- und Nusskernen 220
  Kühlschranksalat mit Rhabarber-Dressing 60
  Mit schwarzem Reis gefüllter Kürbis 225
  Nuss-/Samenmilch 363
  Nussbraten mit Maronen 278
  Nussbraten mit Pastinaken 207
  Nussmus 362
  Pilzrisotto mit Estragon 292
  Rhabarber-Cashew-Cheesecake 56
  Risotto mit Topinambur und Butterlauch 332
  Sommerlicher Nudelsalat mit gegrillter Aubergine, Steinobst und gehobeltem Fenchel 82
  Süßkartoffelsalat mit marokkanischen Gewürzen 345
Nussparmesan 365

O

Oliven: Gebackene Auberginen mit Ras el-Hanout und Tahini-Tapenade 88

P

Panzanella-Salat mit gebackenen Aprikosen und Fenchel; Sauerteig- 104
Paprikaschoten: Curry aus Topinambur, Erdnussbutter und Kokosmilch 334
  Thai-Nudeln mit Tahini 148

Pasta in Maronen-Salbei-Creme 276
Pasta siehe Nudeln
Pastinaken 204
   Gebackene Pastinaken mit Grünkohlpesto 206
   Gemüse aus dem Ofen mit Kräutern und gerösteten Nusskernen 210
   Nussbraten mit Maronen 278
   Nussbraten mit Pastinaken 207
   Pastinaken-Kartoffel-Sellerie-Püree mit herzhaftem Granola 211
Parmesan, Nuss- 365
Pesto 359
   Blumenkohl-Carbonara mit Pesto-Rest 36
   Brokkolipesto 360
   Gebackene Karotten mit Kirsch-Salsa und Karottengrün-Pesto 136
   Gebackene Pastinaken mit Grünkohlpesto 206
   Gefüllte Zucchini mit Walnusspesto und veganem Ricotta 98
   Grünes Risotto 28
   Grünkohlpesto 359
   Karottengrünpesto 360
   Pesto-Gnocchi mit gebackenem Fenchel und knusprigen Kartoffelschalen 108
   Rote-Bete-Gnocchi mit Grünkohlpesto 198
   Zucchinilasagne 92
Pfannkuchen 368
   (Herzhafte) Kichererbsenpfannkuchen 368
   Kurkumapfannkuchen mit gewürztem Apfel und Brombeercoulis 180
   Mehrkornpfannkuchen und Aprikosen mit Ahornsirup und Kardamom 76
   (Süße) Buchweizenpfannkuchen 368
Pickles, Schnelle 372
   Fladenbrote aus Bete und Kichererbsenmehl mit Kürbispüree und schnellen Pickles 193
   Gurke-Kräuter-Pickles 373
   Karotte-Ingwer-Pickles 373
   Knollensellerie aus der Grillpfanne mit Sataysauce und Birnen-Pickle 254
   Rote-Zwiebel-Pickles 372
   Salat aus zerdrückten Kartoffeln mit schnellen Gurken-Dill-Pickles 114
Pilze 290
   Asiatische Gemüsebrühe 352
   Faule-Tage-Pasta mit Grünkohl-Knoblauch-Sauce 216

   Gegrillte Gemüsespieße und Brombeer-Chimichurri mit Raucharoma 183
   Gemüse aus dem Ofen mit Kräutern und gerösteten Nusskernen 210
   Hummus aus gebackener Bete und Schalotte gekrönt von Pilzen mit Sojaglasur 201
   Im Ganzen gebackener Knollensellerie mit Pilzsauce 246
   Knoblauchreis mit karamellisierten Zwiebeln und Pilzen 300
   Kohl-Ramen mit hausgemachten Ramennudeln 262
   Nudeln mit Knusper-Grünkohl und Miso-Pilzen 298
   Nussbraten mit Pastinaken 207
   Pilzbällchen Marinara 296
   Pilzrisotto mit Estragon 292
   Pilzsauce 293
   Polnische Kohlrouladen 269
   Spalterbsen-Süßkartoffel-Auflauf mit Rosmarin 342
   Wildpilze, Hirse und grüne Harissa 294
Pistazien, Nuss-Parmesan und schwarzem Reis; Salat aus grünen Bohnen mit Steinobst 146
Pizza mit geröstetem Fenchel, Kohl und Tofucreme, Dinkel- 105
Polnische Kohlrouladen 269
Porridge mit Frühkartoffeln und Miso; Herzhaftes Hirse- 116
Pumpkin Spice Latte 233
Pumpkin-Pie-Parfait 230
Püree: »Butter«-Karottenpüree mit Gewürzen 139
   Fladenbrote aus Bete und Kichererbsenmehl mit Kürbispüree und schnellen Pickles 193
   Kartoffelpüree mit weißen Bohnen und Senf mit gebratenem Spargel und Brokkolini 68
   Pastinaken-Kartoffel-Sellerie-Püree mit herzhaftem Granola 211
   Rustikale Kürbistacos mit Harissa und Püree aus schwarzen Bohnen 228
   Süßkartoffel-Grünkohl-Püree mit Cashewsauce und Kräutern 344

Q

Quesadillas mit Süßkartoffel und Cannellinibohnen 346
Quinoa siehe Getreide

R

Radieschen: Kühlschranksalat mit Rhabarber-Dressing 60
   Salat aus grünen Bohnen mit Steinobst, Pistazien, Nuss-Parmesan und schwarzem Reis 146
Ramen mit hausgemachten Ramennudeln; Kohl- 262
Ras el-Hanout und Tahini-Tapenade; Gebackene Auberginen mit 88
Reis (für Risotto-Rezepte, siehe Kategorie): Curry aus Topinambur, Erdnussbutter und Kokosmilch 334
   Knoblauchreis mit karamellisierten Zwiebeln und Pilzen 300
   Mit schwarzem Reis gefüllter Kürbis 225
   Tomaten mit Reisfüllung (Yemista) 170
Rhabarber 54
Rhabarber-Cashew-Cheesecake 56
Riesenbohnen meiner Mum, Die besten 167
Risotto: Grünes Risotto 28
   Pilzrisotto mit Estragon 292
   Risotto mit Knollensellerie und Maronen, mit Olivenöl und Zitronenabrieb verfeinert 250
   Risotto mit Topinambur und Butterlauch 332
   Salat aus grünen Bohnen mit Steinobst, Pistazien, Nuss-Parmesan und schwarzem Reis 146
   Schwarzer Reissalat mit Kokos und gebackenem Spargel mit Balsamicoglasur 66
Rosenkohl 324
   Apfel-Rosenkohl-Salat 312
   Rosenkohl-Buchweizen-Salat mit Blutorangen-Dressing 327
   Rosenkohlkimchi für jeden Tag 326
   Röstkartoffeln mit Petersilie, Knoblauch und Estragon 112
Rote Bete und Varianten 188
   Bete-Hirse-Salat in Tahini-Dill-Dressing 190
   Fladenbrote aus Bete und Kichererbsenmehl mit Kürbispüree und schnellen Pickles 193
   Gegrillte Gemüsespieße und Brombeer-Chimichurri mit Raucharoma 183
   Hummus aus gebackener Bete und Schalotte gekrönt von Pilzen mit Sojaglasur 201

Rote-Bete-Gnocchi mit Grünkohlpesto **198**
Rote-Bete-Kreuzkümmel-Hummus **358**
Tacos mit Bete und weißen Bohnen mit Chimichurri aus Beteblättern und Kapern **195**
Rote-Zwiebel-Pickles **372**
Rustikale Kürbistacos mit Harissa und Püree aus schwarzen Bohnen **228**

S

Sahnige Zitronenlinguine mit gebackenen Schalotten und Brombeeren **186**
Salate: Apfel-Rosenkohl-Salat **312**
   Aprikosen-Getreide-Salat mit gerösteten Walnusskernen und grünem Gemüse **77**
   Bete-Hirse-Salat in Tahini-Dill-Dressing **190**
   Blattsalat mit Erbsen und grünen Bohnen in Dill-Dressing **156**
   Brokkolisalat **30**
   Caesar Salad aus Blumenkohl mit knusprigen Dicken Bohnen und Tahini-Dressing **42**
   Einfacher Tomatensalat **168**
   Fenchel-Kohlrabi-Salat **103**
   Gebratener Blattsalat mit Tahini-Dressing, Kapern und Sauerteig-Croûtons **152**
   Grünkohlsalat mit gerösteten Walnusskernen, Brombeeren und Gerste **215**
   Kühlschranksalat mit Rhabarber-Dressing **60**
   Rosenkohl-Buchweizen-Salat mit Blutorangen-Dressing **327**
   Salat aus geraspeltem Blumenkohl und Brokkoli mit Spargel und zerbröckeltem Mandelfeta **44**
   Salat aus grünen Bohnen mit Steinobst, Pistazien, Nuss-Parmesan und schwarzem Reis **146**
   Salat aus Knollenselleriestreifen mit grünem Blattgemüse und gerösteten Samen und Kernen **253**
   Salat aus zerdrückten Kartoffeln mit schnellen Gurken-Dill-Pickles **114**
   Salat aus Zucchinistreifen mit Zitrone und Knoblauch **97**
   Sauerteig-Panzanella-Salat mit gebackenen Aprikosen und Fenchel **104**
   Schwarzer Reissalat mit Kokos und gebackenem Spargel mit Balsamicoglasur **66**
   Sommerlicher Nudelsalat mit gegrillter Aubergine, Steinobst und gehobeltem Fenchel **82**
   Staudenselleriesalat mit Chicorée, Walnüssen und Bulgur **319**
   Süßkartoffelsalat mit marokkanischen Gewürzen **345**
   Tomatensalat mit Orzo und knusprigem Blattgemüse **170**
   Tomatensalat mit Staudensellerie, Fenchel und Kapern **168**
   Warmer Slaw mit Wintergemüse und Getreide **267**
Salsa: Cashewkäse mit Kirsch-Salsa **132**
   Gebackene Karotten mit Kirsch-Salsa und Karottengrün-Pesto **136**
Sandwich mit Schnittlauch; Kichererbsen- **154**
Sataysauce und Birnen-Pickle; Knollensellerie aus der Grillpfanne mit **254**
Sauerteig-Panzanella-Salat mit gebackenen Aprikosen und Fenchel **104**
Schnelle Pickles **372**
Schwarzer Reissalat mit Kokos und gebackenem Spargel mit Balsamicoglasur **66**
Sellerie, Knollen- **244**
Sellerie, Stauden- **314**
Sommerlicher Nudelsalat mit gegrillter Aubergine, Steinobst und gehobeltem Fenchel **82**
Spalterbsen-Süßkartoffel-Auflauf mit Rosmarin **342**
Spargel **62**
   Balinesische Frühlingssuppe **64**
   Kartoffelpüree mit weißen Bohnen und Senf mit gebratenem Spargel und Brokkolini **68**
   Salat aus geraspeltem Blumenkohl und Brokkoli mit Spargel und zerbröckeltem Mandelfeta **44**
   Schwarzer Reissalat mit Kokos und gebackenem Spargel mit Balsamicoglasur **66**
Spinat siehe Blattspinat
Staudensellerie **314**
   Blattsalat mit Erbsen und grünen Bohnen in Dill-Dressing **156**
   Caesar Salad aus Blumenkohl mit knusprigen Dicken Bohnen und Tahini-Dressing **42**
   Cremiger Staudensellerie mit Kichererbsen **320**
   Gebackener Kohl mit Ahornsirup-glasur und cremigen Kichererbsen **260**
   Kichererbsen-Sandwich mit Schnittlauch **154**
   Knoblauch-Blumenkohl-Couscous mit Erbsensprossen und Dicken Bohnen **53**
   Risotto mit Topinambur und Butterlauch **332**
   Rosenkohl-Buchweizen-Salat mit Blutorangen-Dressing **327**
   Salat aus geraspeltem Blumenkohl und Brokkoli mit Spargel und zerbröckeltem Mandelfeta **44**
   Salat aus zerdrückten Kartoffeln mit schnellen Gurken-Dill-Pickles **114**
   Schwarzer Reissalat mit Kokos und gebackenem Spargel mit Balsamicoglasur **66**
   Spalterbsen-Süßkartoffel-Auflauf mit Rosmarin **342**
   Staudenselleriesalat mit Chicorée, Walnüssen und Bulgur **319**
   Staudenselleriesuppe mit Kokosmilch, weißen Bohnen und Sauerteig-Croûtons **316**
   Süßkartoffelsalat mit marokkanischen Gewürzen **345**
   Tomatensalat mit Staudensellerie, Fenchel und Kapern **168**
   Wurzelgemüse-Chowder mit Staudensellerie, Thymian und Riesenbohnen **322**
   Zweifach gebackene Kartoffeln mit Zucchinifüllung **118**
Steinobst: Salat aus grünen Bohnen mit Steinobst, Pistazien, Nuss-Parmesan und schwarzem Reis **146**
   Sommerlicher Nudelsalat mit gegrillter Aubergine, Steinobst und gehobeltem Fenchel **82**
Suppe: Balinesische Frühlingssuppe **64**
   Staudenselleriesuppe mit Kokosmilch, weißen Bohnen und Sauerteig-Croûtons **316**
(Süße) Buchweizenpfannkuchen **368**
Süßkartoffeln **340**

Gebackene Süßkartoffel mit knusprigen Kichererbsen und Tahini-Dressing 348
Quesadillas mit Süßkartoffel und Cannellinibohnen 346
Spalterbsen-Süßkartoffel-Auflauf mit Rosmarin 342
Süßkartoffel-Grünkohl-Püree mit Cashewsauce und Kräutern 344
Süßkartoffelsalat mit marokkanischen Gewürzen 345
Wurzelgemüse-Chowder mit Staudensellerie, Thymian und Riesenbohnen 322

T

Tacos: Allrounder: Taco, Tortilla oder Fladenbrot 370
  Rustikale Kürbistacos mit Harissa und Püree aus schwarzen Bohnen 228
  Tacos mit Bete und weißen Bohnen mit Chimichurri aus Beteblättern und Kapern 195
Tahini-Dressing mit Ingwer und Miso 356
Tahini-Dressing mit Zugabe 356
Thai-Nudeln mit Tahini 148
Tofu: Dinkelpizza mit geröstetem Fenchel, Kohl und Tofucreme 105
  Gebackener Blumenkohl und Brokkolini mit Sesamsamen und Tofucreme 34
  Mayonnaise mit Seidentofu 371
Tomaten 158
  Aprikosen-Getreide-Salat mit gerösteten Walnusskernen und grünem Gemüse 77
  Balinesische Frühlingssuppe 64
  Dinkelpizza mit geröstetem Fenchel, Kohl und Tofucreme 105
  Gebackene Auberginen mit Ras el-Hanout und Tahini-Tapenade 88
  Langsam gegarte Rauch-Tomaten mit Kirschen, Riesenbohnen und Basilikum 164
  Nudelauflauf mit Gemüse und gebackenen Tomaten 160
  Pilzbällchen Marinara 296
  Polnische Kohlrouladen 269
  Rustikale Kürbistacos mit Harissa und Püree aus schwarzen Bohnen 228
  Sauerteig-Panzanella-Salat mit gebackenen Aprikosen und Fenchel 104

Thai-Nudeln mit Tahini 148
Tomaten mit Reisfüllung (Yemista) 170
Tomatensalat auf dreierlei Art 168
Tomatensalat mit Orzo und knusprigem Blattgemüse 170
Tomatensalat mit Staudensellerie, Fenchel und Kapern 168
Tomatenviertel aus dem Ofen mit veganen Fetastückchen 173
Zucchinilasagne 92
Topinambur 330
  Curry aus Topinambur, Erdnussbutter und Kokosmilch 334
  Gebackener Topinambur mit hausgemachter Harissa 338
  Gebackener Topinambur und Kartoffeln mit ganzen Knoblauchzehen und knusprigem Salbei 337
  Risotto mit Topinambur und Butterlauch 332
Tortillas siehe Tacos

U

Unverpacktläden 18

V

Vinaigrette mit Aceto Balsamico 354
Vinaigretten 354

W

Walnusskerne: Apfel-Rosenkohl-Salat 312
  Aprikosen-Getreide-Salat mit gerösteten Walnusskernen und grünem Gemüse 77
  Brokkolipesto 360
  Dänische Apfel-Walnuss-Brötchen 309
  Fenchel-Kohlrabi-Salat 103
  Gebackene Pastinaken mit Grünkohlpesto 206
  Grünkohlpesto 359
  Grünkohlsalat mit gerösteten Walnusskernen, Brombeeren und Gerste 215
  Karottengrünpesto 360
  Pesto 359
  Pesto-Gnocchi mit gebackenem Fenchel und knusprigen Kartoffelschalen 108
  Pilzbällchen Marinara 296
  Polnische Kohlrouladen 269
  Rote-Bete-Gnocchi mit Grünkohlpesto 198

Staudenselleriesalat mit Chicorée, Walnüssen und Bulgur 319
Zucchinilasagne 92
Warmer Slaw mit Wintergemüse und Getreide 267
Wein: Cremige weiße Bohnen mit Zucchini und Artischocken in Weißweinsauce 95
  Faule-Tage-Pasta mit Grünkohl-Knoblauch-Sauce 216
  Nudelauflauf mit Gemüse und gebackenen Tomaten 160
  Pilzrisotto mit Estragon 292
  Risotto mit Knollensellerie und Maronen, mit Olivenöl und Zitronenabrieb verfeinert 250
  Risotto mit Topinambur und Butterlauch 332
  Wildpilze, Hirse und grüne Harissa 294
  Wurzelgemüse-Chowder mit Staudensellerie, Thymian und Riesenbohnen 322

Z

Zitrone und Knoblauch-Vinaigrette 354
Zitrone-Koriandergrün-Hummus 358
Zucchini 90
  Bruschetta mit Dicken Bohnen 49
  Cremige weiße Bohnen mit Zucchini und Artischocken in Weißweinsauce 95
  Fenchel-Kohlrabi-Salat 103
  Gefüllte Zucchini mit Walnusspesto und veganem Ricotta 98
  Kichererbsen-Sandwich mit Schnittlauch 154
  Salat aus Zucchinistreifen mit Zitrone und Knoblauch 97
  Zucchinilasagne 92
  Zweifach gebackene Kartoffeln mit Zucchinifüllung 118
Zweierlei griechische Tomaten 170
Zweifach gebackene Kartoffeln mit Zucchinifüllung 118

Zubereitungshinweise
Löffelmaßangaben: Falls nicht anders angeführt, sind stets gestrichene Löffel gemeint. EL und TL sind Abkürzungen für Esslöffel und Teelöffel.
Backofen: Der Ofen sollte stets auf die angegebene Temperatur vorgeheizt werden. Die angegebenen Temperaturen gelten für konventionelle Backöfen mit Umluft. Beim Backen und Garen mit Ober-/Unterhitze muss die Temperatur jeweils um etwa 20 °C erhöht werden. Backt und gart stets in der Ofenmitte. Obst und Gemüse vor der Verarbeitung immer waschen, putzen oder bei Bedarf schälen.

Titel der englischen Originalausgabe:
»The Whole Vegetable«

First published in Great Britain by Michael Joseph, an imprint of Penguin Books. Penguin Books is part of the Penguin Random House group of companies.

Copyright © Sophie Gordon, 2022
Food photography © Issy Croker, 2022
Illustrations © Holly Ovenden, 2022

Deutsche Erstausgabe
1. Auflage 2023
© by ars vivendi verlag
GmbH & Co. KG
Bauhof 1, 90556 Cadolzburg
Alle Rechte vorbehalten
www.arsvivendi.com

Deutsche Übersetzung: Manuela Schomann
Lektorat: Annerose Sieck
Satz: Sonja Svetlik
Redaktion: Denise Maurer

Druck: GPS, Velden
Printed in Europe

ISBN 978-3-7472-0458-0